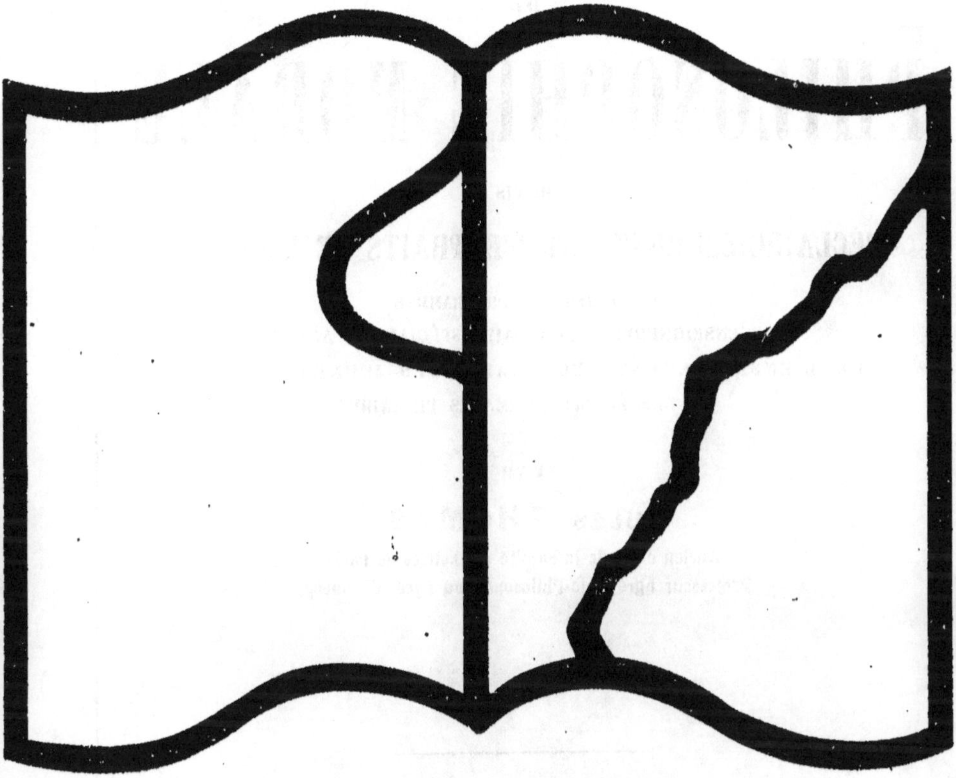

Texte détérioré — reliure défectueuse

NF Z 43-120-11

Symbole applicable
pour tout, ou partie
des documents microfilmés

PRINCIPES
DE
PHILOSOPHIE MORALE

SUIVIS

D'ÉCLAIRCISSEMENTS ET D'EXTRAITS DE LECTURES

CONFORMES AUX PROGRAMMES
DE L'ENSEIGNEMENT SECONDAIRE SPÉCIAL (6º ANNÉE),
DE L'ENSEIGNEMENT SECONDAIRE DES JEUNES FILLES,
ET DES ÉCOLES NORMALES PRIMAIRES

PAR

Jules THOMAS

Ancien élève de la Faculté des Lettres de Paris
Professeur agrégé de Philosophie au Lycée d'Annecy.

PARIS
ANCIENNE LIBRAIRIE GERMER BAILLIÈRE ET Cie
FÉLIX ALCAN, ÉDITEUR
108, BOULEVARD SAINT-GERMAIN, 108
—
1890

LIBRAIRIE FÉLIX ALCAN
108, BOULEVARD SAINT-GERMAIN, PARIS

BAIN (Alex.). **La Science de l'Éducation.** 1 vol. in-8°, 5° édit., cart. 6 fr.

BARNI (Jules). **La Morale dans la démocratie.** 2° édition, précédée d'une notice sur la vie et les travaux de l'auteur, par M. D. Nolen, 1 vol. in-8°. . . . . 5 fr.

— **Histoire des Idées morales et politiques en France au dix-huitième siècle.** 2 vol. in-18. . . . . 7 fr.

— **Les Moralistes français au dix-huitième siècle.** 1 vol. in-18. 3 fr. 50

BAUTAIN. **La philosophie morale.** 2 vol. in-8°. . . . . . . 12 fr.

BEAUSSIRE (Émile). **Les Principes du droit.** 1 vol. in-8°. . . 7 fr. 50

COSTE (Ad.) **Les Conditions sociales du bonheur et de la force.** 3° édit. augmentée d'une préface nouvelle. 1 vol. in-18 . . . . 2 fr. 50

FAVRE (Mme Jules), née Velten. **La Morale des stoïciens.** 1 vol. in-18 . . . . 3 fr. 50

— **La Morale de Socrate.** 1 vol. in-18. . . . . 3 fr. 50

La Morale d'Aristote. 1 vol. in-18. . . . . 3 fr. 50

FONSEGRIVE (G.-L.). **Essai sur le libre arbitre, sa théorie et son histoire.** 1 vol. in-8°. 10 fr.

FOUILLÉE (Alfred). **Critique des Systèmes de morale contemporains.** 1 vol. in-8°. . . . . 7 fr. 50

— **La Liberté et le Déterminisme.** 2° édit. 1 vol in-8° . . . . 7 fr. 50

GUILLY. **La Nature et la Morale.** 1 vol. in-18. 2° édit. . . . . 2 fr. 50

GUYAU (M.). **La Morale d'Épicure et ses rapports avec les Doctrines contemporaines.** 1 vol. in-8°, 3° édit. . . . . 7 fr. 50

— **La Morale anglaise contemporaine,** Morale de l'utilité et de l'évolution. 2° édition, 1 vol. in-8° . . . . 7 fr. 50

— **Esquisse d'une Morale sans obligation ni sanction.** 1 vol. in-8° . . . . 5 fr.

HERBERT SPENCER **Les Bases de la Morale évolutionniste.** 1 vol. in-8°, 3° édit., cart. . . . . 6 fr.

— **De l'éducation intellectuelle, morale et physique.** 1 vol. in-8°, 3° édition . . . . 5 fr.

KANT. **Traité de Pédagogie,** traduit de l'allemand par Jules Barni, avec préface, sommaires analytiques, notes et lexique, par R. Thamin, 1 vol. in-18. . . . . 1 fr. 50

MARION (H.). **De la Solidarité morale.** Essai de psychologie appliquée. 1 vol. in-8°, 2° édition. . . . . 5 fr.

JANET (Paul). **Histoire de la Science politique dans ses rapports avec la Morale.** 2 vol. in-8°, 3° édition. . . . . 20 fr.

SCHOPENHAUER (A.). **Le libre Arbitre,** trad. par M. S. Reinach, 3° édition, 1 vol. in-18. . . . . 2 fr. 50

— **Le Fondement de la Morale,** traduit par M. A. Burdeau, 3° édition. 1 vol. in-18. . . . . 2 fr. 50

— **Aphorismes sur la Sagesse dans la vie,** trad. par M. J.-A. Cantacuzène. 4° édit. 1 vol. in-8°. . . . . 5 fr.

STUART MILL. **L'Utilitarisme.** 1 vol. in-18. 2° édit. . . . . . 2 fr. 50

TISSOT. **Principes de Morale.** 1 vol. in-8°. . . . . 6 fr.

ÉVREUX, IMPRIMERIE DE CHARLES HÉRISSEY

PRINCIPES
DE
PHILOSOPHIE MORALE

A LA MÊME LIBRAIRIE

Autres Ouvrages de M. Jules THOMAS

PRINCIPES
DE
PHILOSOPHIE SCIENTIFIQUE
1 vol. in-8º

AVEC ÉCLAIRCISSEMENTS ET CHOIX DE LECTURES

6º ANNÉE DE L'ENSEIGNEMENT SECONDAIRE SPÉCIAL

(*Sous presse, paraîtra le* 1er *janvier* 1890.)

COURS
DE
MORALE PRATIQUE
1 vol. in-18

4º ANNÉE DE L'ENSEIGNEMENT SECONDAIRE SPÉCIAL

(*Sous presse, paraîtra le* 1er *avril* 1890.)

ÉVREUX, IMPRIMERIE DE CHARLES HÉRISSEY

PRINCIPES
DE
PHILOSOPHIE MORALE

SUIVIS

D'ÉCLAIRCISSEMENTS ET D'EXTRAITS DE LECTURES

CONFORMES AUX PROGRAMMES
DE L'ENSEIGNEMENT SECONDAIRE SPÉCIAL (6ᵉ ANNÉE),
DE L'ENSEIGNEMENT SECONDAIRE DES JEUNES FILLES,
ET DES ÉCOLES NORMALES PRIMAIRES

PAR

JULES THOMAS

Ancien élève de la Faculté des Lettres de Paris
Professeur agrégé de Philosophie au Lycée d'Annecy

PARIS

ANCIENNE LIBRAIRIE GERMER BAILLIÈRE ET Cⁱᵉ

FÉLIX ALCAN, ÉDITEUR

108, BOULEVARD SAINT-GERMAIN, 108

1890

Tous droits réservés.

ENSEIGNEMENT SECONDAIRE SPÉCIAL. (SIXIÈME ANNÉE.

PROGRAMME DE PHILOSOPHIE MORALE

I. — Les faits de l'ordre moral; leurs caractères propres. (Ch. I.)
La liberté. (Ch. II, III, IV.)
La responsabilité. (Ch. V.)
La personnalité morale. (Ch. VI.)

II. — Les fins de la vie humaine. (Ch. VII, VIII, IX, X.)
Le bonheur; l'utilité. (Ch. VII.)
Le devoir. (Ch. VIII.)
Platon. (Ch. IX.) Les Stoïciens. (Ch. X.) Kant. (Ch. VIII et XI, § 2.

III. — *L'Individu.* — Devoirs envers la personne morale. (Ch. XI.)
La dignité humaine. (Ch. XI, § 2.)

IV. — *La famille.* — (Ch. XVII.) Sa constitution morale. (Ch. XVIII). — L'esprit de famille. (Ch. XVIII, éclaircissements.) L'autorité dans la famille. (Ch. XVII, éclaircissements, et XVIII, § 2.)

V. — *La société.* — Le droit et les droits. (Ch. XII.)
Respect de la personne dans les autres hommes. L'esclavage, le servage. (Ch. XIV.)
Les abus de pouvoir. (Ch. XV, § 3.)

VI. — Respect de la personne dans ses croyances et ses opinions. (Ch. XV.)
Liberté religieuse et philosophique. (Ch. XV, § 1.)
Tolérance. (Ch. XV, § 1, 2, 3.)

VII. — Respect de la personne dans ses biens; principe de la propriété. (Ch. XVI.)

VIII. — La justice et la charité; formes diverses de la charité ; le devouement. (Ch. XIII.)

IX. — La patrie, la nation, ce qui la constitue. La puissance publique. L'État et les lois. Fondement de l'autorité publique. Le gouvernement. Devoirs et droits des gouvernants. (Ch. XIX.)

X. — Sanctions de la morale. (Ch. XX.)
Dieu. (Ch. XXI.)
La religion naturelle. (Ch. XX, XXI, XXII.)

ÉCOLES NORMALES PRIMAIRES. (DEUXIÈME ANNÉE.)

PROGRAMME DU COURS DE MORALE (10 JANVIER 1889)

MORALE THÉORIQUE. — PRINCIPES

Introduction. — Objet de la morale. (Ch. I, § 1, 2.)*

La conscience morale. — Discernement instinctif du bien et du mal; comment il se développe par l'éducation. (Ch. VIII, § 1 à 3.)*

La liberté (Ch. II, III, IV) *et la responsabilité.* — Conditions de la responsabilité; ses degrés et ses limites. (Ch. V.)

L'obligation et le devoir. (Ch. VIII, § 5, et Ch. XI, § 7). — Caractères de la loi morale. (Ch. VIII.) — Insuffisance de l'intérêt personnel comme base de la morale. (Ch. VII). — Insuffisance du sentiment comme principe unique de la morale. (Ch. VII, § 5 à 19; ch. XIII, § 7 à 20; ch. VIII, § 15 à 20.)

Le bien et le devoir pur. (Ch. VIII, IX, X.) — Dignité de la personne humaine. (Ch. XI.)

Les sanctions de la morale. — Rapports de la vertu et du bonheur. (Ch. XX.)
    Sanction individuelle (satisfaction morale et remords). Sanctions sociales. (Ch. XX.)
    Sanctions supérieures : la vie future (Ch. XXII, et Dieu (Ch. XXI.)

MORALE PRATIQUE. — APPLICATIONS

Devoirs individuels. — Leur fondement. (Ch. XI.)
    Principales formes du respect de soi-même. Les vertus individuelles (tempérance, prudence, courage, respect de la vérité, de la parole donnée, etc.). (Ch. XII, § 9 à 17.)*

Devoirs de famille. — La famille : son importance morale et sociale. (Ch. XVII et XVIII.)
    Devoirs domestiques. (Ch. XVIII.)*

Devoirs généraux de la vie sociale. — Le droit. Rapports des personnes entre elles. (Ch. XII, § 1 à 8.)
    Divisions des devoirs sociaux*.
    Devoirs de justice et devoirs de charité. (Ch. XIII.)

* Voir la table des matières du *Cours de morale pratique.*

Devoirs de justice. — Respect de la personne dans sa vie*.
    Dans sa liberté. (Ch. XIV.)
    Dans son honneur et sa réputation*.
    Dans ses opinions et ses croyances. (Ch. XV.)
    Dans ses biens. (Ch. XVI.)*
    Caractère sacré des promesses et des contrats*.

Devoirs civiques. — L'État. (Ch. XIX.) Fondement de l'autorité publique. (Ch. XIX, § 1 à 10.) La souveraineté nationale. Sa légitimité. (Ch. XIX, § 13 à 17.)
Ses limites : la liberté de conscience. (Ch. XV.)
La liberté individuelle. (Ch. XIV.)
La propriété. (Ch. XVI.)
Son exercice : le suffrage universel. (Ch. XIX, § 17.)
Ses agents : le pouvoir législatif, exécutif, judiciaire*.
Devoirs des citoyens : le patriotisme. (Ch. XIX, § 20, 21.) L'obéissance aux lois*.
L'impôt. (Ch. XVI*.) Le service militaire*. Le vote*. L'obligation scolaire*.

ENSEIGNEMENT SECONDAIRE DES JEUNES FILLES
(QUATRIÈME ANNÉE)

PROGRAMME DU COURS DE MORALE (28 JUILLET 1882)

MORALE THÉORIQUE

Le devoir et le plaisir : vrai rôle du plaisir et du sentiment en morale.
Le devoir et l'intérêt : rapports de l'intérêt privé et de l'intérêt public avec la morale.
Le devoir pur.

NOTIONS HISTORIQUES

Étude critique des grands systèmes de morale, examen de la *morale d'Épicure*, de la *morale de la sympathie*, de la *morale militaire* et de la *morale de Kant*.
Lecture et analyse de quelques ouvrages de morale.

PRÉFACE

Les livres où la science morale est vulgarisée ne manquent pas en France. Il n'y en aura jamais trop. Celui-ci peut donc, à la rigueur, se passer d'excuse. Il ressemble du reste à ses devanciers, au moins en ce qu'il prétend répondre à un besoin nouveau.

Les programmes de l'Enseignement secondaire spécial comprennent depuis 1886, en quatrième année, un cours de *Morale pratique*, et, en sixième année, un second cours de *Philosophie morale*, et un troisième de *Philosophie scientifique*. Le travail que nous présentons contient l'enseignement que nous avons donné dans ces classes.

Il y a, nous le savons, de bons traités élémentaires sur les diverses questions indiquées. Il n'en est pas, à notre connaissance, qui ait été fait complètement en vue des trois programmes. Celui de *Philosophie scientifique* est étudié dans un seul des ouvrages parus depuis 1886 pour l'Enseignement spécial, et nulle part nous n'avons vu séparées la *morale pratique* et la *philosophie morale*, comme si ces deux cours ne s'adressaient pas à des élèves différents. Or, le but à atteindre était, selon toute apparence, de donner aux enfants qui après la quatrième année quittent les classes, des notions précises sur les devoirs les plus généraux de la vie pratique, sans cependant les initier aux théories et aux controverses qui portent sur les principes mêmes de la morale, tandis que le cours de sixième année devait être un examen de ces principes et une justification théorique des préceptes énoncés dans le cours élémentaire, en un mot, une sorte de pendant, pour l'enseignement spécial, de ce qu'est la classe de philosophie dans l'enseignement classique.

Si les deux cours de morale n'avaient pas ces fins distinctes, on ne s'expliquerait pas que le second fût comme une reproduction du premier, sur nombre de questions qui nous ont paru devoir être exposées par des méthodes différentes. D'une part nous avons tâché de faire dans le cours de quatrième année non pas un catéchisme pratique dont les formules seraient confiées à la mémoire ou à l'imagination, mais une sorte de casuistique des devoirs particuliers. Ainsi, l'enfant qui n'aura plus peut-être d'autre occasion pour discuter sa conduite d'une manière désintéressée, trouvera là comme une école du raisonnement en matière de morale. D'autre part, nous avons dans le cours de sixième année tenté de présenter les principes de l'Ethique comme ceux d'une science. En réservant pour le premier cours le développement des devoirs spéciaux, nous avons esquissé dans le second une philosophie de la conduite quant à l'accomplissement des principales fonctions morales de l'individu, de la famille, du citoyen, de la société humaine.

Il nous a semblé regrettable que la morale pratique fût apprise avant la théorie et sans elle. Si celui qui enseigne s'en tient aux termes du programme, il n'a pas, en quatrième année, à justifier les devoirs prescrits ni même à les déduire d'une autorité rationnelle. On provoque ainsi la curiosité philosophique d'enfants de quatorze à seize ans sans la satisfaire, ou, pour le mieux, en remettant cette satisfaction après deux années pendant lesquelles la curiosité aura cessé d'être entretenue. Il faut reconnaître cependant que, malgré d'intéressantes exceptions que nous avons eu le bonheur de constater et d'encourager, ce besoin de pousser plus loin l'étude des questions morales est assez rare. La plupart du temps, le premier cours suffit aux besoins de ceux qui l'écoutent et, s'il se trouve parmi eux de plus avides de théorie, ce n'est peut-être pas un mauvais moyen de les retenir au Lycée que de reporter les études critiques à la sixième année. Nous pensons que notre cours de *Morale pratique* pourra tenir en éveil de telles dispositions, s'il s'en rencontre, car de nombreux renvois y indiquent les parties des *Principes de philosophie morale* où les questions correspondantes sont reprises et développées à un point de vue théorique.

Cette méthode nous a permis de donner une plus grande place dans ce dernier volume : 1° à l'examen des questions d'intérêt suprême, telles que la *liberté*, la *responsabilité*, la *personnalité* ; 2° à l'exposé des fins de la vie humaine : le *bonheur*, le *devoir* ; 3° à la partie historique des systèmes de morale qui ne sont représentés dans le programme que par les noms de Platon, de Kant, des Stoïciens. Nous avons voulu que les jeunes gens de l'enseignement spécial, pour qui nous avons fait depuis plusieurs années ces leçons, fussent aussi bien informés que nos autres élèves de la quatrième année dans l'Enseignement secondaire des jeunes filles, à qui leur programme prescrit une *étude critique* des grands systèmes, contenue dans notre *Philosophie morale*.

Les matières du programme de troisième année, dans ce dernier enseignement, sont traitées dans notre cours de *morale pratique*, et les deux volumes répondent dans leur ensemble au programme des Écoles normales primaires, pour cette partie des études. Quant à nos élèves de la classe de philosophie, tous ces chapitres leur ont été exposés sous forme de leçons, non sans quelque profit, à ce qu'il nous a semblé.

Pour les uns et pour les autres, nous avons fait en classe une série de lectures commentées qui mettaient sous les yeux les textes mêmes des auteurs étudiés. Ce n'est pas une médiocre entreprise pour l'élève que de se procurer tous les volumes nécessaires à ces exercices, et nous avons remarqué, en outre, que l'indication des passages à lire, au bas des pages d'un cours, constituait presque toujours un conseil purement platonique à la curiosité des jeunes lecteurs. On trouvera donc les principaux extraits groupés à la suite de chaque chapitre dans les *Principes de philosophie morale*. Ils développent et complètent les parties correspondant à leur numéro d'ordre dans le chapitre qui précède et sont d'ordinaire la source des théories morales exposées ou combattues.

Pour les *Principes de philosophie scientifique*, nous nous sommes inspiré de la note annexée au programme de 1886 en introduisant soit dans le texte, soit à la suite de chaque chapitre, sous forme d'*éclaircissements*, des fragments d'auteurs indiqués. Nous croyons en cela avoir été utile aux professeurs et aux élèves, car quelques-uns des ouvrages consultés sont épuisés ou devenus rares; d'autres sont assez volumineux pour que la recherche des pages vraiment appropriées à l'enseignement soit laborieuse. Nous ne nous sommes pas astreint, du reste, à ceux que mentionne la liste officielle et nous avons fait de nombreux emprunts, tant pour la *morale* que pour la *logique*, à des contemporains qui nous ont autorisé à orner notre modeste ouvrage de morceaux tirés de leurs publications.

La doctrine présentée n'est plus, aujourd'hui, nouvelle en France. Cependant nous croyons être des premiers à l'exposer dans un livre consacré aux classes des lycées et collèges de garçons et de filles et même aux écoles normales. Une expérience de dix années nous garantit qu'elle se laisse parfaitement recevoir des jeunes gens et même des jeunes filles à qui nous l'avons expliquée. Nous aurions le prix de nos efforts si nous n'étions pas désavoué par son principal représentant.

Jules Thomas.

Octobre 1889.

PRINCIPES
DE
PHILOSOPHIE MORALE

PREMIÈRE PARTIE
PRINCIPES DE LA MORALE

CHAPITRE PREMIER
LES FAITS DE L'ORDRE MORAL

1. L'existence de faits irréductibles à la matière est l'objet du débat entre les matérialistes et les spiritualistes. — Y a-t-il des faits d'ordre moral ? De la réponse à cette question dépend l'existence même de la morale. Il est clair, en effet, que si l'homme, qu'elle se propose de conduire, n'était rien de plus qu'un certain arrangement de parties matérielles, il pourrait bien encore avoir ses lois, mais elles seraient simplement celles de la physique, et nous n'aurions pas même à poser les questions que les leçons suivantes vont chercher à résoudre. Ce premier point est si important que dès l'origine de la philosophie, les penseurs se sont partagés en deux grands courants dont les uns, et ce sont même les plus anciens (1), prétendent que toute réalité est ce que nous voyons, ou touchons, et qu'il n'existe rien de tel que l'âme : ce sont les *matérialistes*; les autres prétendent que tout n'est pas dit quand on a assigné les éléments de la matière et leurs lois et qu'il reste encore à étudier une réalité, supérieure peut-être, mais au moins différente, l'esprit : ce sont les *spiritualistes* (2).

(1) Voir Éclaircissement I à la fin de ce chapitre.
(2) Les mots esprit, âme, ont encore un sens matérialiste dans leur étymologie : *spiritus* veut dire souffle, de même que *anima* (vent). Le mot grec *psuché* par lequel nous désignerons les faits *psychiques* a le même sens. Le terme que les philosophes grecs ont employé le plus nettement opposé à la pure matière est *nous*, employé déjà par Pythagore (vi° siècle av. J.-C.) et surtout par Anaxagore de Clazomènes (Ionie) (500-428 av. J.-C.), le maître ou plutôt l'inspirateur de Socrate qu'on a pu regarder comme le premier ancêtre du spiritualisme.

Pour se prononcer sur la question qui divise tous les philosophes en deux camps, il y a un moyen plus expéditif que de refaire l'histoire des systèmes et de comparer leurs arguments, c'est de passer une revue sommaire des phénomènes donnés à la connaissance (1).

2. Vue sommaire des objets des sciences, distinctions entre eux. — Nous verrons ainsi apparaître tout un ordre de faits, tels que : juger, conclure, aimer, souffrir, hésiter, décider, regretter, faits que nous appellerons psychologiques ou simplement moraux et qui se distinguent nettement d'un autre ordre de faits tels que : solidifier, entrer en fusion, luire d'un éclat métallique, germer, réfracter, que nous appellerons en général faits physiques. Ce point acquis, et après avoir indiqué les caractères que présentent en commun les phénomènes du premier genre, nous aurons à déterminer les espèces différentes qu'il contient et à rechercher si dans ce monde, appelé moral par opposition au monde physique, il se trouve un domaine spécial de la moralité, objet d'une étude particulière que les anciens ont appelée *Éthique* et les modernes *Morale* (2).

De plus, s'il y a là l'objet d'une *science* ayant sa méthode propre, nous aurons à déterminer son contenu, à dire au moins quelles sont les questions principales qu'elle traite et par quelles solutions elle s'achève.

Or, il est généralement admis que certaines sciences, appelées *physiques*, étudient le monde extérieur sous les divers aspects qui, pour notre sensibilité, sont pesanteur, chaleur, sonorité, etc. ; d'autres, appelées *naturelles*, envisagent en outre la vie chez les êtres végétaux et animaux, soit dans ses manifestations actuelles, soit dans son histoire ; d'autres enfin ont pour objet les rapports de la quantité, soit en eux-mêmes, soit dans leurs applications à l'étendue, à la figure, au mouvement, ce sont les

---

(1) Pour cette revue générale des phénomènes, voir nos *Principes de Philosophie scientifique*, ch. I.

(2) Le mot *moral* correspond au nom *mœurs* qui vient du latin *mores*, pluriel de *mos*, habitude. Les bonnes ou les mauvaises mœurs sont des attitudes constantes (en latin *habitus*, manière d'être) que nous prenons dans notre conduite. En grec, le mot *êthos*, disposition habituelle, mœurs, a formé *êthikê*, science des mœurs, par lequel Aristote désignait ses ouvrages de morale : *Livres éthiques* adressés à son fils Nicomaque. — Au XVe siècle, l'évêque Oresme forma le mot *morale* dans ses traductions d'Aristote entreprises pour la première fois en français sur la prière du roi Charles V, qui ne pouvait pas lire assez couramment les traductions latines. Les traductions d'Oresme furent imprimées en 1488.

sciences *exactes* (1). L'objet commun à toutes ces sciences est l'*ordre naturel* ou physique.

3. Les points de vue les plus généraux de la pensée (catégories) montrent les différences des phénomènes. — Or, voici les caractères que nous trouvons à tous les faits qui le constituent. Nous nous placerons successivement, pour les déterminer, aux points de vue les plus généraux que puisse aborder la pensée, les *catégories*, disposées, pour les besoins de l'analyse, selon un ordre de complexité croissante dans lequel chacun conditionne les suivants, et où chacun apporte quelque chose de nouveau.

4. La qualité. — Les faits physiques sont connus par les sens. Les faits de conscience par la réflexion. — Et tout d'abord, au point de vue de leur *qualité*, les phénomènes physiques, pris dans leur ensemble, nous sont connus par les sens aidés quelquefois des instruments qui en précisent et en étendent la portée (2). Ainsi, c'est ou par la sensation de chaleur ou par la vue des variations de la colonne mercurielle dans le thermomètre que nous connaissons la température. C'est à tous nos sens et exclusivement à eux que nous recourons pour déterminer les qualités physiques ou chimiques des corps. Leur témoignage est non seulement nécessaire, mais suffisant. Quand ils nous ont *traduit* en sensations visuelles, tactiles, sonores, etc., les mouvements qui se passent dans l'univers physique, nous avons tout ce qu'il nous est possible de connaître sur ce sujet (3).

Au contraire, les faits moraux échappent entièrement à l'observation des sens; on ne peut voir ni toucher un désir, une intention, un raisonnement; il faut, pour connaître de tels objets, rentrer en soi-même, recourir à un mode spécial d'observation qui est la réflexion. La tentative de connaître l'âme par la physiologie du cerveau est une chimère qui se renouvelle de

---

(1) Voir une classification plus détaillée des sciences dans les *Principes de Philosophie scientifique*, ch. III, IV et V.
(2) Voir les *Principes de Philosophie scientifique*, ch. VII.
(3) Il est vrai que les *faits* ne suffisent pas pour constituer une science, mais l'ordre systématique et causal dans lequel ils sont connus scientifiquement n'est plus donné par les *sens*, mais pensé par l'*entendement*.

temps en temps dans l'histoire de la philosophie, mais qui se trouve toujours également absurde (1).

5. Les faits physiques n'existent même que traduits en faits psychiques. — Mais, dit-on, quand je vois une figure contractée, rouge, des sourcils froncés, des dents grinçantes, je puis bien dire : Voilà un homme en colère. — Non, ce que je vois n'est pas la colère, mais seulement ses symptômes, ses signes extérieurs qui *traduisent* pour moi un état d'âme analogue à ceux que j'ai moi-même exprimés de la même façon. De la ressemblance des signes, *j'induis* celle des états de conscience signifiés. Mais il n'y a pas là observation directe d'un fait moral par la vue. La seule chose que je puisse connaître directement, c'est ce qui se passe en moi, ce sont mes impressions, tout le reste est objet de croyance ou de raisonnement (2). Et l'univers physique lui-même n'existe pour moi que parce qu'il m'est représenté, traduit en états de conscience (3).

En effet, les physiciens entendent par *corps* tout ce qui affecte nos sens, ou bien tout ce qui peut produire la sensation, comme couleur, odeur, saveur, son, chaleur, résistance. Mais ce ne sont là que des états de notre conscience. Assurément, quelque chose doit correspondre, dans l'univers physique, à ces phénomènes qui le représentent en nous. Ce quelque chose est réduit, depuis les profondes analyses de Descartes, à un pur mouvement qui, transmis par des appareils distincts, les organes, donne lieu, dans la conscience à des sensations distinctes. Le vulgaire considère les qualités sensibles comme inhérentes aux corps, mais la réflexion nous montre que si les phénomènes de mouvement, d'une part, et les états de la sensibilité, d'autre part, se correspondent à peu près comme un texte latin et sa traduction française, il n'y a aucune ressemblance de nature entre les deux termes de ce couple harmonique, pas plus, dit M. Huxley, qu'entre une poésie et la bouche de celui qui la récite. Les phé-

---

(1) Ce fut l'illusion du médecin allemand Gall (1758-1828), inventeur de la Phrénologie (phrén=cerveau) ou science de la divination des facultés de l'esprit d'après les bosses du crâne; il fut suivi par le littérateur suisse Lavater (1741-1801) et par le médecin français Broussais (1772-1838). Aug. Comte, fondateur du positivisme (1798-1857) érigea en principe l'impossibilité d'atteindre les faits psychiques autrement que par la physiologie. Dans une seconde phase de sa vie il combattit ce principe. (V. Ravaisson, *Rapport sur la philosophie au* XIXe *siècle*.)

(2) Voir Éclaircissement II.

(3) Voir plus loin (p. 7, note 1). C'est là le sens vrai de l'idéalisme, v. p. 13.

nomènes mécaniques, physiques, organiques, toutes nos façons de concevoir l'être, ne sont, à tout prendre, que des formes de la pensée (1). Il n'y a donc pas pour nous, à parler rigoureusement, dit M. Rabier (2), des phénomènes physiques, il ne peut y avoir que des phénomènes psychologiques. Quand l'astronome regarde un astre dans sa lunette, ce qu'il perçoit n'est rien de plus que ses propres sensations. D'après cet examen des différences *qualitatives* entre les divers ordres de faits, il y a un monde de la conscience, qui non seulement est autre que celui de la matière, mais est l'unique moyen de connaître ce dernier. Puisque les lois inférieures (physiques, organiques) ne sont intelligibles, elles-mêmes qu'en tant que représentées, c'est-à-dire ramenées à la conscience, extraites de la conscience, « l'unité du monde se fait, pour nous, à ce point de vue ; à tout autre qu'on imagine, le monde échappe à la connaissance (3) ».

6. La quantité. — Elle s'applique aux faits physiques, et non aux autres. — En passant maintenant aux autres points de vue généraux que nous avons appelés *catégories*, nous préciserons les caractères de ce monde mental dont l'existence nous paraît acquise et nous y verrons, sous les catégories supérieures telles que *causalité*, *finalité*, se dégager un ordre de phénomènes proprement moraux, comme sous les catégories inférieures *qualité*, *succession*, *quantité*, *étendue*, le monde mental se distingue du monde matériel ou physique, l'*inétendu* de l'*étendu* (4). En effet, ce dernier monde est susceptible de *mesure* dans ses éléments, et ceux-ci le sont dans leur intensité, leur nombre, leur forme, leur mouvement, leur étendue parce qu'ils sont des *quantités*. On évalue numériquement les lois de la chute d'un corps, la hauteur d'un arbre. Tout, dans la nature physique se fait par poids, nombre, mesure (5). Et rien ne peut être objet de science sans être déterminé numériquement.

Mais s'il est vrai que les faits de conscience sont des touts

---

(1) Voir Éclaircissement IV.
(2) *Psychologie*, p. 28.
(3) Renouvier, *Essais de critique générale*; IIe Essai, *Psychologie*, Ier vol., p. 356, 2e édit., 1875.
(4) Voir Éclaircissement III.
(5) C'est la grande pensée du système pythagoricien ; c'est le principe du *mécanisme* cartésien, fondement de toute la science de la nature chez les modernes. Voir *Princ. de Philos. scientif.*, ch. v et vii et l'Éclaircissement correspondant.

composés de parties(1), peut-on leur appliquer une détermination précise en quantité? On parle bien de la profondeur d'un chagrin, de la grandeur d'une espérance. Mais où est l'unité de mesure nécessaire pour exprimer en chiffres cette profondeur par rapport à d'autres du même genre? Pour qu'une grandeur soit susceptible de mesure, il faut qu'elle soit décomposable en éléments respectivement égaux ; c'est ce qu'il est impossible d'obtenir pour des objets comme les passions, ou la volonté(2). Là est la limite infranchissable des sciences de la mesure.

7. La position. — Les faits physiques en ont une dans l'étendue. Les faits mentaux sont inétendus. — Les faits physiques se produisent *quelque part :* la circulation du sang dans les veines, la couleur sur des surfaces comprises entre des limites : ces faits ont un lieu, ils sont localisables. En quel endroit de l'espace localiserons-nous l'amour maternel, le raisonnement du philosophe, la décision d'Auguste pardonnant à Cinna? Est-ce sérieusement qu'on peut confondre le viscère cardiaque avec le cœur qui aime? Ce n'est pas plus sérieusement qu'on prétendrait assigner à la pensée son siège dans le cerveau. Le Dr Broca pensait avoir prouvé que la mémoire et le langage ont leur siège dans la troisième circonvolution frontale de l'hémisphère gauche du cerveau (3). En effet, ces deux fonctions mentales disparaissent quand cette partie de l'organe est lésée ou supprimée. Il en résulte bien que les faits de conscience ont leurs conditions physiologiques, mais nullement qu'un phénomène soit la même chose que ses conditions. Concluons : les faits moraux ne sont rien d'étendu. Ils n'existent que s'ils sont donnés dans une conscience particulière, dans la mienne : mon plaisir n'existe que si je la connais; dès que je l'ignore, il n'est plus. Trop heureux les laboureurs, dit Virgile (4), s'ils connaissaient leur bonheur! Oui, mais ce bonheur-là est un pur néant, puisqu'ils n'en ont pas conscience. Au contraire, les faits physiques peuvent exister

---

(1) « L'unité, la pluralité, et le tout, leur synthèse, prennent place dans les phénomènes, sans exception. » Renouvier. *Psych.* I, 314. V. plus loin p. 18, note.

(2) Voir Eclaircissement V.

(3) Encore cette localisation est-elle bien vague, car on sait qu'en cas de paralysie d'un des hémisphères, l'autre peut se *substituer* et remplir les fonctions qu'on croyait spéciales à la partie lésée. (V. Revue scientifique, 12 janvier 1878, un extrait de Ferrier, *les Fonctions du cerveau.*)

(4) *Géorgiques*, II, 457.

dans l'espace sans être donnés à telle conscience déterminée (1). Ainsi, avant d'avoir entendu parler des découvertes de Claude Bernard, j'ignorais que mon foie sécrétât du sucre, ce qui n'empêchait pas la fonction glycogénique de s'accomplir en moi à mon insu. L'humanité tout entière a ignoré jusqu'à Harvey (1628) que le sang circule dans les veines (2).

8. La succession. — Les faits physiques sont mesurables dans leur durée. Les faits mentaux sont intemporels. — Non seulement les faits physiques sont localisables, dans l'espace ; mais encore ils le sont *dans le temps*. Ils se produisent à telle heure, durent tant de secondes ou de jours ou d'années, et finissent précisément à telle date. Il faut un certain nombre de secondes pour qu'une plaque photographique reçoive l'empreinte de la lumière. Il faut 365 jours à la terre pour accomplir sa révolution solaire. Les espaces parcourus sont proportionnels au carré des temps ; la vitesse acquise par un corps qui tombe est proportionnelle à la durée de la chute.

Les faits mentaux, d'autre part, en tant qu'événements de notre histoire intime, ont bien une date et sont distribués par la mémoire selon l'ordre de la succession des temps dans notre vie passée, ou par l'imagination dans la vie future (3) ; ils n'existent pour la conscience qu'à la condition d'être déterminés comme des intervalles de durée entre des limites qui sont les instants. Mais les conditions d'un phénomène, les circonstances dans lesquelles il peut apparaître sont autre chose que son essence même ; du reste, il est impossible de déterminer d'une façon précise combien de temps dure un raisonnement qui surgit tout d'un coup dans l'esprit, entre quelles limites précises de temps se place une passion. Par exemple : à quel moment précis naît et meurt le sentiment romantique en France ? La division des événements historiques par siècles ou époques est toujours

---

(1) Ils sont alors des objets de connaissance au moins *possible;* ils *sont*, pour un sujet quelconque, ne fût-ce que pour eux-mêmes, car s'ils n'étaient pour aucune conscience, ni réelle, ni possible, ils ne seraient pas. Le monde extérieur, dit Stuart-Mill, est une « *possibilité permanente* de sensations ». V. *Philosophie de Hamilton*, ch. xi et xii. Trad. Cazelles ; 1869. Alcan. V. Éclaircissement VI.

(2) Voir Éclaircissement VII. — William Harvey (né 1578), professeur d'anatomie au Collège de Londres, disciple de Fabrique d'Acquapendente, de qui il avait appris l'existence des valvules des veines. V. Flourens, *Histoire de la découverte de la circulation du sang*. 1857, Garnier.

(3) V. Éclaircissement VIII. — Taine, *Intelligence*, t. II, p. 53, 55, 56.

arbitraire. « Il est possible que la colère soit lente ou rapide à venir ou à tomber, dit Aristote (1), mais il n'y a pas de vitesse à envisager dans l'acte d'être en colère : pas plus que dans l'acte de jouir. » Un mouvement qui dure un temps donné n'est complet qu'après l'écoulement de sa durée totale; un plaisir, au contraire, est complet dans sa forme, à chaque instant isolé du temps pendant lequel il dure (2). On parle de la rapidité de la pensée qui ne met aucun temps à se transporter, par exemple, de Paris à Calcutta. Il n'y a là aucune rapidité à envisager; c'est seulement une opposition de conceptions qui se fait en dehors de toute considération de durée. Il y a bien des esprits qualifiés *lents*, comme Rousseau, qui n'avait pas le don de la répartie et ne trouvait le *mot* à dire que sur l'escalier, en sortant; ou des esprits *vifs* comme ceux qui font des jeux de mots. Mais cette différence s'explique par le fait que, pour les premiers, les rapports qui relient deux idées ne se présentent pas d'eux-mêmes, comme pour les seconds.

Quelques psychologues allemands contemporains, Wundt (3), Weber (4), Fechner (5), ont essayé de mesurer la durée des actes psychiques. Ils calculent pour cela le temps qui s'écoule entre une excitation nerveuse et la sensation qu'elle provoque; ou bien entre une impression visuelle comme celle que reçoit l'employé du télégraphe, qui voit l'aiguille du récepteur marquer une lettre, et le mouvement de la main par lequel il note la lettre. On a depuis longtemps remarqué que les observateurs astronomes ont une *lenteur* personnelle variable dans l'acte d'indiquer au crayon sur le papier, l'heure où un astre entre dans le champ de la lunette; l'un marquera, par exemple, midi juste, l'autre marquera en plus ou en moins un dixième ou une demi-seconde; souvent même les différences sont d'une seconde, ce qui est d'une grande importance dans les calculs astronomiques. Aussi a-t-on noté avec soin l'*équation personnelle* qui vicie les calculs. Mais jusqu'ici, la *mesure* des sensations n'a donné aucun résultat positif. Même si elle devenait un jour exacte, cela ne changerait rien à la thèse que nous soutenons.

---

(1) *Eth. Nic.* X, 1173, a. 34. Edition *Bekker*, Berlin, 1831.
(2) A. Hannequin, *Morale à Nicomaque*, liv. X, p. 18 et 98. Hachette, 1886.
(3) Professeur à l'Université de Leipsig.
(4) Professeur de physiologie, fondateur de ce qu'on appelle la *psycho-physique*.
(5) Professeur honoraire à l'Université de Leipsig.

Car si l'on peut mesurer le temps pendant lequel sont en exercice les organes particuliers des sensations, elles-mêmes échappent à la mesure de durée; mais en tout cas ce qu'il y a de supérieur dans la série des phénomènes mentaux, la pensée, la passion, la volonté, n'est plus, en aucun sens de l'ordre temporel (1).

9. La causalité. — Elle entraîne universellement les faits physiques; cet enchaînement peut être rompu dans les faits mentaux, par la liberté. — Si nous passons au point de vue de l'enchaînement plus ou moins rigoureux des phénomènes par rapport à ceux d'entre eux qui suffisent et sont nécessaires pour les déterminer, autrement dit, par rapport à leurs *causes*, nous voyons que le domaine entier de la réalité se partage en deux : d'un côté, invariabilité apparente de l'ordre des antécédents et des conséquents, *nécessité*, en un mot; de telle sorte qu'on peut prévoir infailliblement, par exemple, étant donnée telle combinaison d'hydrogène et d'oxygène, qu'il se produira de l'eau; de l'autre côté, régularité beaucoup moins apparente dans l'enchaînement des faits, de telle sorte que malgré la probabilité qu'un ivrogne endurci cède une fois de plus à la tentation de boire, si l'occasion lui est offerte, on ne puisse *parier à coup sûr* pour cette alternative plutôt que pour son contraire. Ainsi, d'une part, *nécessité* dans l'ordre physique d'autre part, *contingence* dans l'ordre moral, et possibilité, dans ce dernier cas, qu'une volonté énergique intervienne pour déjouer les prévisions, même les plus probables, autrement dit, *liberté* (2).

Il y a dans l'univers physique des modes de production invariables et inviolables; c'est ce qu'on appelle des *lois* par une extension de ce terme, qui proprement et primitivement signifie seulement une règle prescrite à nos actions par une autorité qui les gouverne. On dit que les lois de la nature sont constantes pour exprimer que les choses se passent *comme si* une autorité invincible eût ordonné qu'elles fussent comme elles sont. Il y a

---

(1) V. Jules Lequier, cité par Renouvier, *Psych.*, II, 381 et 411. La nécessité alléguée pour l'ordre physique doit s'entendre en ce sens que les phénomènes de cet ordre sont rigoureusement enchaînés à celles de leurs conditions qui sont données. Mais nous verrons plus loin que tout phénomène physique n'a pas forcément et toujours des conditions invariables de sa manifestation. Certains faits se produisent d'une façon, qui pourraient se produire d'une autre. Il en est qui échappent entièrement à ces prévisions; il y a donc aussi une place pour la *contingence* dans la nature physique. V. ch. III.

(2) Voir Ribot : *Psychologie allemande contemporaine*, ch. VII. *De la durée des actes psychiques*, 1879, Alcan.

là une fiction du langage qui engendre l'équivoque. D'autre part, quand on dit que ces lois sont inviolables, on les compare à tort aux lois que les êtres intelligents se donnent et qu'ils violent si facilement. La vérité est que nous ne pouvons pas faire que les lois de la nature soient autres qu'elles ne sont. Nous nous heurterions en cela à une contradiction : ce qui est, est; et il ne dépend pas de nous qu'il soit autrement (1). Nous ne sommes pas entièrement impuissants en présence de la nature, mais nous ne pouvons agir sur elle qu'en nous conformant à ses lois. Nous pouvons emprisonner la vapeur et nous en faire un moyen de traction, mais c'est en tenant compte des lois de la dilatation. Huxley a très bien comparé l'homme, en face de la nature, à un joueur d'échecs devant un adversaire qu'on ne peut prendre en défaut ni abuser, mais qui paye largement les coups gagnés (2).

Au contraire, l'action que nous pouvons exercer sur la nature morale est manifestement plus libre. Non pas que tout ici soit contingence et irrégularité. En effet, on peut par exemple prévoir avec un certain degré de probabilité quels seront, sur les esprits d'une génération d'écoliers, les effets d'un programme nouveau d'enseignement. Si l'on s'en tient à des moyennes flottantes dans leurs chiffres, presque tous les actes de la vie sociale et même de la vie individuelle comportent des retours périodiques d'après lesquels se règle la conduite. Ainsi, on prévoit d'une façon suffisamment exacte le rendement possible des impôts pour établir le budget d'un état une année d'avance. Mais le monde de la conscience *individuelle* est par excellence celui de la liberté. Nous ne pouvons pas faire, assurément, de notre cœur et de notre esprit, tout ce que nous voudrions, mais ils sont manifestement dans notre dépendance. Ainsi, d'abord toutes nos fonctions intellectuelles, perception, mémoire, imagination, raisonnement, sont si singulièrement modifiées quand elles deviennent *attentives*, qu'on peut dire que si l'erreur n'est pas toujours et entièrement de notre fait, au moins n'arrive-t-il

---

(1) On peut considérer comme avantageuse cette impuissance de l'homme à modifier les lois de la nature physique; car si chacun de nous était mis en demeure de disposer seulement des lois de son corps, peu d'hommes seraient assez bons physiologistes pour organiser le jeu de leurs fonctions de respiration ou de digestion. Souhaiter que l'ordre des choses change selon les variations de nos goûts et de nos intérêts, et même *prier* l'Auteur de cet ordre d'y faire des exceptions en notre faveur est un symptôme d'infériorité intellectuelle. V. Eclaircissement VII, à la fin.

(2) Eclaircissement IX.

jamais que nous en soyions absolument irresponsables. Mais qu'est l'attention, sinon l'imposition d'une règle de la volonté à l'exercice de l'intelligence, de telle sorte qu'en toute circonstance, avant de nous prononcer sur l'évidence la plus frappante des sens ou de l'entendement, il nous soit toujours possible de suspendre l'affirmation en songeant à nos erreurs anciennes, fondées sur des évidences cependant aussi fortes, et faire ainsi du doute un usage toujours possible et toujours salutaire (1).

Il est peut-être moins manifeste que nous ayons une action directrice sur l'autre partie de notre âme, le cœur. L'amour ne se commande pas, dit-on d'ordinaire, ni l'antipathie. Mais n'est-il pas vrai qu'on peut dompter une passion comme la colère, non seulement dans ses manifestations extérieures sur la physionomie et dans l'attitude du corps, mais encore au fond du cœur même?

<blockquote>Allons ferme mon cœur, pas de faiblesse humaine (2)!</blockquote>

Celui qui dit cela sent bien qu'il peut commander à ses sentiments. Puisque c'est quelquefois un devoir d'aimer, malgré les antipathies, comme le montre Socrate à son fils Lamproclès qui supportait moins patiemment que lui le mauvais caractère de Xantippe (3); puisque c'est un devoir de faire taire nos sympathies, ainsi qu'on le recommande aux jurés des cours d'assises, il faut bien que cela soit possible, autrement le devoir d'impartialité serait une recommandation aussi vaine qu'absurde. En fait, n'arrive-t-il pas que, malgré les divisions passionnées des partis, les adversaires rendent quelquefois publiquement hommage à l'honnêteté et même au talent des adversaires et avouent l'injustice de leurs propres amis? Si donc nous ne pouvons pas tout, nous pouvons au moins beaucoup sur notre cœur comme sur notre pensée et cela suffit pour faire de nous-même un autre, meilleur ou pire, mais tel au moins que cette intervention dans la destinée de chacun, soit une œuvre de sa liberté.

10. L'idée de cause est tirée de la conscience et transférée au dehors. — Je pourrais ajouter que l'idée de cet enchaînement causal que nous croyons trouver dans le monde, vient, à vrai dire,

---

(1) V. Renouvier. *Psych.*, II, p. 147 et 151 et surtout p. 349.
(2) Molière. *Tartuffe*, acte IV, sc. III.
(3) Xénophon. *Mémoires sur Socrate*, liv. II.

exclusivement de la conscience et que le type même en est la volonté, seule force libre, seule cause véritable qu'il nous soit donné de comprendre. Ainsi, loin d'étendre le règne de la nécessité causale du monde à la conscience, comme le font les déterministes, afin de tout ramener à l'unité, il serait possible, si l'on précise ce qu'on dit en plaçant des forces et des causes dans la nature, d'étendre jusqu'à elle la contingence que nous trouvons en nous et de faire ainsi, du moins à un certain point de vue, l'unité des choses au profit de la liberté, comme nous l'avons vue, plus haut, se faire au point de vue de la conscience. Non pas qu'alors la nature puisse cesser jamais d'être ce qu'elle est, savoir une spontanéité pure et incapable de modifier d'elle-même le sens ni la direction de son mouvement ; mais, entre les séries de ces mouvements réels dont chacune est nécessaire dans sa teneur, et non dans l'ordre de succession de l'une à l'autre, d'autres séries, toujours possibles, prendraient place, et pourraient devenir réelles elles-mêmes en constituant, sous l'influence de la liberté, avec les premières, des arrangements nouveaux. L'opposition entre la nécessité du monde physique et la liberté du monde moral subsisterait ; car le physique étant toujours ce qui ne se fait pas de soi-même, mais ce qui sert à faire, deviendrait le *moyen* d'une autre chose, savoir, celle qui d'elle-même se fait, la liberté, *fin* vers qui gravite tout le reste. Et ainsi, au lieu d'avoir une simple opposition entre deux mondes étrangers l'un à l'autre, celui de la chose et celui de la conscience, nous avons une relation harmonique entre deux termes inséparables et solidaires, la *nature* et la *personne*. « Toutes les lois données et nécessaires de l'univers, dit M. Renouvier, sont en partie subordonnées à celle qui *n'est pas*, mais qui *se fait* actuellement par l'homme, et ainsi l'ordre du monde, en cette partie, n'est jamais qu'un ordre en voie de formation (1). »

11. La finalité. — Elle a son type dans la conscience et sert, par extension, à comprendre le monde. — L'idée de ce rapport de moyen à fin nous révèle un nouveau point de vue, celui de la *finalité*, dont le monde de la moralité est l'expression la plus haute. En effet, sans fins proposées à l'agent moral par sa raison, pas de tendance au meilleur pour lequel sa passion s'échauffe, et pas de devoir pour sa volonté. C'est parce que

(1) *Psychologie*, II, p. 359.

nous ne sommes pas bornés à la considération des causes, c'est-à-dire des conditions d'existence et des lois, c'est-à-dire des modes généraux de l'existence, que nous pouvons envisager une *destinée* à atteindre pour chacun de nous ; et si ce point de vue nous est interdit, notre être n'a plus de sens et notre vie d'êtres passionnés, raisonnables, responsables n'est plus qu'une absurdité.

Au contraire, non seulement le monde inorganique peut être connu et compris sans être envisagé comme un système de moyens adaptés à une fin, mais la science, ou ce qu'on appelle l'esprit de la science, a pour première règle d'éliminer de la connaissance des êtres toute explication tirée de leurs buts, de leur utilité ou des intentions qu'aurait eues le créateur ou la nature en les disposant les uns pour les autres. En ce sens, on possèderait tout ce que peut atteindre le savoir positif dès qu'on a assigné ce *par quoi* un fait a lieu, la manière dont il se produit, et il deviendrait inutile ou dangereux pour la discipline de l'esprit de chercher *pour quoi*, en vue de quoi une chose a lieu. Les choses n'ont pas de destinées, et peuvent être suffisamment connues sans cela. C'est là le point de vue *mécaniste*, qui s'oppose, depuis Descartes, au point de vue *finaliste* ou *téléologique* (1) dont Aristote revendiquait l'introduction dans la conception scientifique du monde.

Il est vrai qu'une grande partie de l'univers l'animal, et même le végétal, serait difficilement intelligible pour nous s'il nous était interdit d'y voir un ordre selon lequel certaines fins ou fonctions sont accomplies par la subordination harmonieuse de certains moyens ou organismes. Mais c'est, encore une fois, en transportant au dehors ce que nous trouvons en nous-mêmes que nous pouvons saisir le monde en l'interprétant à la lumière de cet ordre des fins dont nous sommes à la fois le siège et le type. La nature ne nous montre, en réalité, que des faits qui s'accompagnent ou se suivent, et nulle part nous ne saisissons en elle des tendances en train de se manifester. Il faut, pour lui appliquer ce mode d'interprétation intentionnelle, l'animer, la passionner, la personnifier. A défaut de toute explication par les causes, celle qui se tire des fins peut se présenter, et souvent même d'une façon efficace, puisqu'elle peut nous mettre sur la voie de l'explication légitime, mais il ne faut pas oublier qu'en cédant au besoin finaliste de notre pensée, nous concevons la

(1) Du grec *télos*, fin.

nature sous une forme qui est propre à l'homme et qu'on appelle à cause de cela anthropomorphisme (1).

12. Conclusion. — En résumé, tous les points de vue que nous avons pris sur les phénomènes qui constituent la réalité nous ont amenés à cette conclusion : il y a un monde mental dont la forme suprême est le monde moral. En face de la nature sensible, mesurable, étendue, se place la conscience, inétendue, morale, siège de la liberté et théâtre du développement de la forme la plus parfaite de l'être, la personne.

Ces idées de liberté et de personnalité soulèvent à leur tour tant de questions qu'il est indispensable d'y revenir pour en préciser le sens et la portée.

ÉCLAIRCISSEMENTS

I

Qu'il y a des phénomènes d'ordre moral ; le matérialisme les nie en les réduisant à ceux de la matière ; le spiritualisme les rétablit.

« Ramener une chose, pour en rendre raison, à une chose d'un ordre moins élevé, c'est l'expliquer par sa *matière ;* donc le matérialisme est l'explication du supérieur par l'inférieur. » (Ravaisson. *La philosophie en France au* XIX° *siècle*, p. 78.) Dans cette théorie, parmi les attributs plus ou moins élevés de ce qu'on veut regarder comme la matière, ce sont encore les inférieurs qui sont appelés à expliquer les supérieurs. Il arrive de là que ceux des matérialistes qui bornent la spéculation à l'état présent des choses (2) sont conduits à fixer l'essence de l'univers dans les phénomènes purement mécaniques, le mécanisme (en d'autres termes, les lois de figure et de mouvement) étant ce qu'il y a de conditions les plus simples à la base de tout dans la nature. Et ceux des matérialistes qui se rendent compte de l'univers par une évolution (3), vont encore plus loin, car ils donnent au tout le rien *pour commencement* et à chacune des choses, celle qui ne la contient pas, *pour cause*, en ayant soin seulement de diminuer l'importance des degrés d'une chose à l'autre afin de diminuer d'autant notre étonnement.

---

(1) Du grec *anthrôpos*, homme, et *morphê*, forme.
(2) C'est-à-dire ceux qui ne sont pas les adhérents de l'hypothèse historique de l'*Évolution*. Ainsi, parmi les anciens, Démocrite ; et parmi les modernes, Hobbes, La Mettrie, d'Holbach.
(3) Par exemple, Herbert Spencer, et Haeckel.

Il est très logique en effet que l'explication du supérieur par l'inférieur aboutisse à l'explication de quelque chose par rien quand on descend jusqu'en bas l'échelle des conditions des choses.

Le matérialisme est une doctrine aussi ancienne que la philosophie (1); il n'en est pas de même du spiritualisme qui est un produit de pensée raffinée et artificielle. Si le spiritualisme n'était qu'une méthode opposée aux systèmes qui prétendent expliquer le supérieur par l'inférieur *et l'en déduire;* une revendication rationnelle du droit d'envisager, dans le monde, des causes de nature intellective et des fins, des destinées pour les êtres personnels ; une analyse des notions ou idées qu'on ne peut ramener aux principes appelés matériels (ou plutôt, que ces principes mêmes supposent) le spiritualisme ne serait pas une hypothèse et un dogme, mais bien une philosophie critique, et, selon nous, la vraie philosophie. Le pythagorisme, le platonisme et l'aristotélisme ont été en grande partie cela parmi les doctrines grecques.

Critique philosophique, vol. VIII, pp. 34, 65.

II

Nous ne connaissons directement les faits psychologiques qu'en nous, et c'est par un raisonnement analogique que nous les supposons en autrui.

Les groupes de phénomènes dont se forment les individus sont d'apparence sensible, et en cela évidents. Mais l'individualité que nous concevons spontanément ne s'arrête pas là. Par exemple, de la similitude d'un grand nombre de faits que nous voyons réunis chez les animaux, avec ceux qui se rattachent à notre être propre, nous concluons qu'ils sentent aussi. Notre conviction se fonde sur une puissante *analogie*, sur une *induction* naturelle, presque invincible, et que pourtant une illustre école a eu le triste courage de repousser résolument (2).

Quand nous croyons que les autres hommes sont hommes comme nous, c'est à une induction plus forte encore que nous cédons, mais enfin à une induction. Nous ne savons pas par évidence que nos semblables pensent, car il faudrait pour cela que leurs pensées appartinssent à notre conscience. Dans la *supposition* qu'ils pensent en effet, nous obtenons à l'aide des *signes* une certaine communication avec eux, et par suite un tel nombre de vérifications constantes de notre hypothèse (jointes à l'*argument analogique* des actes et des constitutions apparentes, visibles) (3) que le doute n'est jamais tenable pour nous. Il n'en

---

(1) Voyez en effet l'ouvrage de Lange, traduit en français par Pommerol, *Histoire du matérialisme et critique de son importance à notre époque*, 2 vol., Reinwald, 1879.

(2) Descartes et son école considéraient les animaux comme de simples machines. V. *Discours de la méthode*, Ed. Brochard, p. 69 et 129. Alcan.

(3) C'est-à-dire, ce que nous voyons de la constitution des animaux ne peut s'expliquer que par analogie avec la nôtre, par des états d'âme traduits comme les nôtres, au moyen de mouvements qui en sont les signes.

faut pas tant pour croire fermement : l'induction naissante est aussi forte, en effet, que l'induction mille fois vérifiée ; mais, à l'état le plus élémentaire, elle est moins évidence qu'instinct : *Incipe, parve puer* (1).

RENOUVIER. *Essais de critique générale ;* II° *Essai, Psychologie,* t. II, p. 240, 2° éd., 1875.

III

Parallélisme des faits psychiques et moraux.

On peut admettre le parallélisme entre les deux ordres de faits cérébraux et psychiques, sans en conclure autre chose que la parfaite unité de l'être humain, quelle que soit la diversité de ses organes et de ses fonctions. « Je crois, dit l'éloquent professeur anglais Tyndall, défendant contre le reproche de matérialisme les physiologistes qui cherchent les correspondances entre les phénomènes intellectuels et les opérations du cerveau, je crois que tous les grands penseurs qui ont étudié ce sujet sont prêts à admettre l'hypothèse suivante : que tout acte de conscience, que ce soit dans le domaine des sens, de la pensée ou de l'émotion, correspond à un certain état moléculaire défini du cerveau, que ce rapport du physique à la conscience existe invariablement, de telle sorte qu'étant donné l'état du cerveau, on pourrait en déduire la pensée ou le sentiment correspondant (2), ou qu'étant donné la pensée ou le sentiment, on pourrait en déduire l'état du cerveau ; mais je ne crois pas que l'esprit humain, restant constitué tel qu'il est aujourd'hui, puisse aller au delà. Je ne crois pas que le matérialisme ait le droit de dire que le groupement de ces molécules et leurs mouvements expliquent tout. » Nous croyons que la sagesse scientifique ne peut tenir un autre langage. La physiologie constate seulement des rapports entre les phénomènes organiques et les phénomènes psychiques (3) ; mais elle se trompe quand elle les confond : des coïncidences ne sont pas des identités. Elle se trompe également quand elle tranche la grande et délicate question de savoir si le cerveau est le sujet ou simplement l'organe de la vie psychique : des conditions ne sont pas des causes.

VACHEROT. *La Science et la Conscience,* chap. I, p. 29 et 30. Paris, Germer-Baillière.

---

(1) Incipe, parve puer, risu cognoscere matrem ; Virgile, *Églogues,* IV, vers 60. Le poète s'adresse à un nouveau-né et lui dit : « Commence, petit enfant, à reconnaître ta mère à son sourire. » Les mouvements de physionomie de la mère sont des signes d'après lesquels l'enfant infère spontanément les sentiments maternels.

(2) Cela ne serait possible que si le physiologiste était en même temps un parfait psychologue.

(3) La physiologie est essentiellement impuissante à faire des constatations de ce genre. Elles n'appartiennent qu'à la psychologie comparée.

IV

Toutes nos conceptions de l'existence sont une forme quelconque de la pensée.

Ne croyez pas un instant qu'il s'agisse ici de purs paradoxes ou de subtilités. Pour peu que vous réfléchissiez aux faits les plus communs, vous reconnaîtrez que ce sont des vérités irréfragables. Ainsi, par exemple, je prends une bille, et je reconnais que c'est un petit corps rouge, rond, dur, unique. Cette couleur rouge, cette forme ronde cette résistance, cette unité, nous appelons tout cela des qualités de la bille, et dire que ces qualités sont des modes de notre propre conscience, dont nous ne pouvons même pas concevoir l'existence dans la bille, semble de prime abord le comble de l'absurdité.

Mais considérez la couleur rouge. Comment se produit cette sensation du rouge? Les ondes d'une certaine matière des plus ténues, dont les particules vibrent avec une rapidité extrême, bien que cette rapidité soit loin d'être la même pour chacune d'elles, rencontrent la bille, et celles de ces ondes qui vibrent à un certain taux se réfléchissent sur sa surface, dans tous les sens. L'appareil optique de l'œil rassemble un certain nombre de ces ondes, et les dirige de telle sorte, qu'elles frappent la surface de la rétine, membrane des plus délicates se rattachant à la terminaison des fibres du nerf optique. Les impulsions de cette matière si ténue, l'éther, affectent cet appareil et les fibres du nerf optique d'une certaine façon; le changement qui s'effectue dans les fibres du nerf optique produit d'autres changements dans le cerveau, et ces changements déterminent, d'une façon qui nous est inconnue, la sensation ou la conscience de la couleur rouge. Si la rapidité de vibration de l'éther, ou si la nature de la rétine pouvaient être changées, la bille restant la même, elle ne nous paraîtrait plus rouge, elle aurait pour nous une autre couleur. Il y a bien des gens affectés d'un certain état de la vision appelé daltonisme (1), et qui consiste dans l'incapacité de reconnaître une couleur d'une autre. Un daltonique pourrait dire que cette bille est verte, et il aurait raison, comme nous avons raison en disant qu'elle est rouge. Mais comme la bille ne peut être par elle-même à la fois verte et rouge, ceci montre que la qualité du rouge réside en notre conscience et non dans la bille.

De même, il est facile de voir que la rondeur et la solidité sont des formes de notre conscience appartenant à ces groupes que nous appelons les *sensations de la vue et du toucher*. Si la surface de la cornée était cylindrique, nous aurions d'un corps rond une notion bien différente de celle que nous en avons, et si la force de nos organes, celle de nos muscles devenait cent fois plus grande, notre bille nous semblerait molle comme une boulette de mie de pain.

(1) Dalton, physicien et chimiste anglais (1766-1844), affecté de cette maladie de la vision, la signala le premier.

Il peut sembler étrange de dire que même l'unité de la bille se rapporte à nous; mais des expériences fort simples prouvent qu'il en est réellement ainsi, et que les deux sens sur lesquels nous pouvons compter le plus peuvent se contredire l'un l'autre sur ce point même. Prenez la bille dans les doigts, regardez-la comme à l'ordinaire; la vue et le toucher s'accordent, elle est unique. Louchez maintenant, la vue vous dira qu'il y a deux billes, tandis que le toucher affirme qu'il n'y en a qu'une. Puis, rendez aux yeux leur position normale, et prenez la bille entre la pulpe des doigts index et médius après les avoir croisés l'un sur l'autre, le toucher vous dira alors qu'il y a deux billes, et la vue, qu'il n'y en a qu'une, et cependant le toucher réclame notre confiance, quand nous nous adressons à lui, tout aussi absolument que la vue.

Ainsi, quoique puisse être notre bille par elle-même, je ne puis la connaître que sous la forme d'un faisceau de pensées conscientes qui me sont propres.

Après avoir commencé par déclarer que le doute est un devoir, Descartes trouva la certitude dans la conscience seule; le résultat nécessaire de sa manière de voir est le système qui mérite le nom d'*idéalisme*, c'est-à-dire la doctrine qui professe que quoi que puisse être l'univers, tout ce que nous en pouvons savoir se réduit au tableau que nous en retrace la conscience (1). Ce tableau peut être ressemblant à la chose, bien que nous ne puissions pas nous expliquer comment cette ressemblance est possible.

Pour tous les besoins pratiques de l'existence humaine, il suffit que les résultats vérifient la confiance que nous inspire ce tableau de la pensée consciente, et que par ce moyen nous soyons mis à même de marcher avec assurance en cette vie.

Ainsi la méthode, ou la voie qui mène à la vérité, indiquée par Descartes, nous mène tout droit à l'idéalisme critique de son grand successeur Kant. C'est cet idéalisme qui déclare que le fait ultime de toute connaissance est un état de la conscience, ou en d'autres termes un phénomène mental; affirmant par conséquent que la plus haute certitude, et même la seule certitude absolue, est celle de l'existence de l'esprit pensant.

HUXLEY. *Les Sciences naturelles et les problèmes qu'elles font surgir*, ch. XIV. — *Sur le Discours de la Méthode*, p. 459 et suivantes. Traduct. française, 1887. J.-B. Baillière.

V

L'application de la quantité à l'ordre moral est illégitime.

Le mot *grandeur*, lorsqu'on l'applique aux qualités de l'ordre de perfection, n'a d'aucune manière, pas même d'une manière confuse et obscure, le sens quantitatif qu'il prend lorsqu'on parle d'une vraie

---

(1) Voy. p. 4, § 5.

collection d'objets distincts, matériels ou intellectuels, ou bien du volume et du poids d'un corps, et, en général, de la force mécanique, du mouvement, de la durée et de l'étendue. On peut d'ailleurs s'expliquer le rapprochement qu'établit le double usage de ce mot par la clarté des idées mathématiques, par leur importance dominante dans notre constitution mentale. On ne pense rien que sous la condition et, pour ainsi dire, au travers de ces lois intellectuelles du nombre, du temps et de l'espace qui sont à la base de notre esprit. Elles nous servent à symboliser les phénomènes qu'elle ne régissent pas. Par les figures qu'elles introduisent dans le langage et qui viennent de notre tendance naturelle à lier toutes nos pensées et à les réduire en un seul et même système, elles se font un empire apparent au delà de celui qui leur appartient réellement. Nous sommes dupes de ces figures, parce qu'elles nous sont si familières et si nécessaires que nous n'en voyons plus l'origine et la vraie nature. On sait que l'effort constant de la philosophie est de se mettre en garde contre les illusions qui viennent de cette source, contre les fantômes de race (*idola tribus*) qui ont dès l'origine passé dans le langage, et que celui-ci renvoie ensuite fortifiés et grossis à l'esprit dont il les a reçus.

Une association de similarité une fois établie entre les deux espèces de phénomènes (d'ordre passionnel et moral d'une part et phénomènes d'ordre mécanique et matériel d'autre part,) nous tendons à substituer comme un équivalent, dans notre représentation, à l'idée des premiers celle des seconds, qui est plus claire et plus simple, qui laisse une trace plus durable dans la mémoire et dans l'imagination, qui se trouve identique en tous les esprits et qui pour chacun est d'une expérience plus ancienne et plus constante.

A la tendance spontanée qui se manifeste et s'impose dans le langage vient s'ajouter la tendance systématique de la science. Une science parait à peine digne de ce nom, tant qu'elle n'est pas parvenue à appliquer la mesure aux phénomènes qu'elle a pris pour objets d'étude, et à trouver sous ces phénomènes, tels qu'ils sont donnés dans l'expérience, l'exactitude et la clarté souveraine des idées mathématiques. C'est ainsi qu'elle se fonde et s'achève, c'est de là que vient son autorité.

La science proprement dite ne semble pouvoir envisager le monde que comme un système mécanique et géométrique. C'est son point de vue. Elle nous conduit et nous habitue à vouloir tout y ramener, et à nous faire l'illusion que nous y avons réussi, en négligeant et tenant pour non avenue la part de réalité qui n'y rentre pas.

PILLON. *Critique philosophique*, vol. XX, p. 44.

VI

Sans une conscience quelconque, le monde externe n'existe pas.

Le savant physicien anglais Tyndall ne peut s'empêcher de sourire quand il voit, dans les livres de géologie et de paléontologie la description brillante de ce qu'était le monde avant l'apparition des animaux. On parle, dit-i, ld'une terre couverte de forêts verdoyantes, baignée de lumière, puis brusquement secouée par des éruptions volcaniques, par des explosions d'un effet grandiose ; on nous représente l'atmosphère chargée d'épaisses vapeurs, théâtre d'orages sans pareils. S'il n'y avait vraiment alors ni un œil pour voir, ni une oreille pour entendre, toute cette description est vaine et imaginaire ; il n'y avait ni lumière, ni couleur, le monde n'était que ténèbres et ce fracas d'orages que silence. Quand nous en parlons, c'est que nous nous y transportons avec notre imagination et nos sens. Apparemment quelque chose avait lieu au dehors, nous ne le nions pas ; et la science nous apprend qu'en effet, quelque chose d'extérieur fait impression sur nos sens et donne lieu aux perceptions. Mais ce qui est certain, c'est que ce quelque chose ne ressemble pas à la perception intérieure que nous en avons. Pascal s'écrie : « Le silence éternel de ces espaces m'effraye ! » (Art. XXV, p. 17. Ed. HAVET.)

H. MARION. *Psychologie*, p. 284. (A. Colin et Cie.)

VII

Nous ignorons le mécanisme des phénomènes organiques qui se passent en nous.

Nos actes volontaires se composent de deux parties : d'abord nous désirons accomplir une certaine action ; puis d'une façon dont nous ne nous rendons pas compte, nous mettons en mouvement un mécanisme qui accomplit ce que nous désirons. Mais nous avons si peu une action directe sur ce mécanisme, que neuf fois sur dix l'homme ne sait même pas qu'il existe.

Supposons qu'on veuille lever le bras et le faire tourner en rond. Rien n'est plus facile. Mais, pour la plupart, nous ne savons pas que des nerfs et des muscles interviennent pour produire ce mouvement, et le meilleur anatomiste d'entre nous se trouverait singulièrement embarrassé, si on lui demandait de diriger la succession et la force relative des nombreux changements nerveux qui sont la cause immédiate de ce mouvement fort simple.

De même dans la parole. Combien d'hommes savent que la voix se produit dans le larynx et se modifie par la bouche ? Parmi les personnes qui ont reçu une bonne éducation, combien d'entre elles comprennent comment se produit la voix, comment elle se modifie ? Il n'existe pas d'homme assurément qui saurait faire prononcer une phrase à un autre, en admettant qu'il eût un pouvoir illimité sur tous les nerfs qui aboutissent à la bouche et au larynx de celui-ci. Et cependant, quand on veut dire quelque chose, rien n'est plus simple ; nous désirons émettre certaines paroles, nous touchons le ressort de la machine aux paroles, et les voilà émises. C'est comme quand le fontainier de Descartes voulait faire jouer telle ou telle machine hydraulique, il n'avait qu'à tourner un robinet, et ce qu'il désirait s'effectuait. C'est parce que le corps est une machine que l'éducation est possible. L'éducation consiste à former des habitudes, à surcharger d'une organisation artificielle l'organisation naturelle du corps, de façon que des actes demandant d'abord un effort conscient finissent par devenir inconscients et s'effectuent machinalement. Si l'acte qui demandait d'abord la connaissance distincte et la volition de tous ses détails nécessitait toujours le même effort, l'éducation deviendrait impossible.

(HUXLEY. *Les Sciences naturelles et les problèmes qu'elles font surgir*, ch. XIV, p. 475 et 476.)

VIII

● Les événements de la conscience se disposent d'eux-mêmes selon une série successive par des tâtonnements semblables à des coups de bascule.

Toute image, à plus forte raison toute série d'images, a une durée. D'où il suit que toute image, occupant un fragment du temps, possède deux bouts, l'un antérieur, plus voisin des événements précédents, l'autre postérieur, plus voisin des événements ultérieurs (1), le premier contigu au passé, le second contigu à l'avenir (2). Il en est d'un simple son, d'une couleur aperçue en un clignement d'œil, d'une brève sensation de chaleur, d'odeur ou de contact dont nous ne distinguons pas les parties successives, comme d'une course en voiture ou d'une promenade à pied dont nous distinguons les parties successives.

Je rencontre par hasard dans la rue une figure de connaissance, et je me dis que j'ai déjà vu cet homme. Au même instant cette figure recule dans le passé et y flotte vaguement sans se fixer encore nulle part. Elle persiste en moi quelque temps et s'entoure de détails nouveaux : « Quand je l'ai vu, il était tête nue, en jaquette de travail, peignant, dans un atelier; c'est un tel, telle rue. Mais quand l'ai-je vu? Ce n'est pas hier, ni cette semaine, ni récemment. J'y suis; il m'a dit ce jour-là qu'il attendait pour partir les premières pousses des feuilles. C'était avant le printemps. A quelle date au juste? Ce jour-là, avant de monter chez lui, j'avais vu des branches de buis aux omnibus et dans les rues : c'était le dimanche des Rameaux. » Remarquez le voyage que vient de faire la figure intérieure, ses divers glissements en avant, en arrière, sur la ligne du passé; chacune des phrases prononcées mentalement a été un coup de bascule.

Maintenant plaçons cette même image dans une situation inverse, c'est-à-dire de telle façon que son bout antérieur (3) et non plus son bout postérieur, soit adjacent au bout postérieur des sensations présentes. A l'instant, au lieu de glisser vers le passé, elle glisse vers l'avenir.

(1) Les derniers accomplis, les plus proches du moment présent.
(2) Contigu à l'événement qui suit immédiatement dans la conscience.
(3) Le premier de la série successive des éléments qui la composent.

Tel est le cas lorsque je prévois que je retournerai chez mon peintre. Plus ce glissement se répète au contact successif des prévisions que la figure rencontre dans son voyage, plus elle nous semble s'enfuir en avant et loin. A la fin elle se situe ; mais elle ne se situe d'une façon précise que par l'arrêt de sa projection.

Il faut qu'un nouveau détail intervienne pour donner, après les coups multipliés de bascule en avant, un coup de bascule en arrière, ce qui l'emboîte et l'intercale entre deux futurs.

Taine. Intelligence, IIe vol., p. 53. (Hachette et Cie.)

IX

L'homme a d'autant plus d'action sur la nature qu'il se conforme davantage aux *règles du jeu* des forces naturelles.

La vie, la fortune, le bonheur de chacun de nous, et en bonne partie de tous ceux qui se rattachent à nous, dépendent de la connaissance que nous pouvons avoir des règles d'un jeu infiniment plus difficile et plus compliqué que le jeu d'échecs. Il s'agit d'un jeu qui se joue depuis des siècles plus nombreux que nous ne savons les compter ; nous tous, hommes et femmes, sommes individuellement le joueur contre lequel la partie est engagée. L'échiquier, c'est le monde, dont les phénomènes naturels sont les pièces, et nous appelons lois de la nature les règles de ce jeu-là. Nous jouons contre un adversaire qui nous est caché ; nous savons qu'il ne triche pas, il ne fait pas de fautes, il est patient dans ses coups. Mais nous savons aussi, pour l'avoir appris à notre grand dommage, qu'il ne nous passe pas la moindre faute et n'a nul souci de notre ignorance ; les plus gros enjeux se payent aux bons joueurs avec ce genre de générosité surabondante par laquelle les forts témoignent leur amour de la force. Quant à celui qui joue mal, il est fait mat, sans hâte comme sans pitié.

L'éducation consiste à apprendre les règles de ce jeu formidable. En d'autres termes, l'éducation doit d'abord faire connaître à l'intelligence les lois de la nature, et par ce mot de nature, je n'entends pas seulement la matière et ses forces, mais aussi l'homme et sa manière d'agir ; puis elle façonnera nos affections et notre volonté de telle sorte que nous ayons toujours un désir ardent et sincère d'agir en harmonie avec ces lois. Pour moi, l'éducation comprend tout cela, ni plus ni moins.

Huxley. *Les Sciences naturelles et les problèmes qu'elles font surgir*, p. 44.

CHAPITRE II

LA LIBERTÉ. — I. LA THÈSE

LA CROYANCE PRATIQUE

1. Position du problème. — La liberté est impliquée dans la croyance que nous en avons. Cette croyance se manifeste : 1° sous forme de sentiment instinctif ; ou 2° de jugements réfléchis de l'ordre pratique, et 3° particulièrement dans le plus important de tous, le jugement par lequel nous affirmons le devoir et la moralité. C'est dans ces termes que nous présentons la *thèse* du libre arbitre (1).

Mais à cette thèse s'oppose l'*antithèse* du déterminisme, bien plus ancien et surtout plus fréquemment soutenu, du moins chez les philosophes. Il nous faudra développer cette doctrine de la nécessité, aussi fortement que possible, car elle a pour elle cette force qui résulte de la presque unanimité des suffrages de cette portion de l'humanité qui en est l'élite, puisque c'est celle qui pense.

Nous aurons donc à choisir entre ces deux thèses, à fournir les raisons de notre choix et à préciser la part de vérité que peut contenir, à notre sens, chacun des points de vue, c'est-à-dire à faire leur *synthèse*.

I. — LA THÈSE IMPLIQUÉE DANS LA CROYANCE AU LIBRE ARBITRE

2. Sentiment personnel de la possession de soi. — Dans bien des cas où nous avons agi en connaissance de cause, si nous regardons les motifs de l'action accomplie, nous avons la conviction que d'autres actes nous étaient possibles, que des motifs différents et exclusifs de ceux qui nous ont décidés auraient pu, au même instant, obtenir notre adhésion. Et nous

---

(1) V. Eclaircissement IV.

disons : « J'aurais pu ou j'aurais bien dû faire autrement. » — D'autre part, si une action est encore future et si nous envisageons les alternatives qui se présentent, nous croyons fermement n'être *forcés* à aucune. De tous les possibles qui sont en concurrence pour être réalisés, celui-là seul sera que nous aurons, à notre gré, appelé à l'existence. A tous les autres, nous nous sentons en puissance d'opposer un *veto* suspensif. Quelle que soit leur urgence, je puis leur dire :

> Vous prenez sur mon âme un trop puissant empire (1) !

et évoquer d'autres considérations du fond de ma mémoire et de mon imagination ; je puis enfin comparer, choisir ; j'ai les pouvoirs d'un chef de cet état qui est ma conscience, où je prends voix délibérative et décisive. — Il en résulte, pour passer de moi-même à autrui, que pour le témoin de mes actes, il est impossible de prévoir dans quel sens j'agirai ou de savoir comment j'aurais pu agir. Mes actes passés étaient, pour lui, non pas nécessaires, mais contingents ; mes actes futurs sont non pas déterminés, mais ambigus.

Voilà ce que semble déclarer la conscience de tout homme, au premier degré de la réflexion sur ses propres actes ; s'il insiste, voici ce que semble manifester l'analyse psychologique de tout acte réputé volontaire.

3. La liberté est impliquée dans l'analyse des quatre moments de l'acte volontaire. — Au lieu de céder à la première impulsion de l'instinct, comme les animaux dont la pensée est

> Un rêve intérieur qu'ils n'achèvent jamais (2),

l'homme peut réfléchir avant d'agir : il conçoit l'acte à faire. « Du sein de la représentation obscure ou confuse, en tous cas volontaire, voilà qu'il naît un effort pour maintenir et susciter ce phénomène imparfaitement présent, pour le poser plus net et le diviser selon ses conséquences (3). » — Puis, nous comparons les perfections relatives des fins diverses que nous pouvons poursuivre ou atteindre immédiatement ; nous tâchons de ne rien

---

(1) Corneille. *Cinna*, I.
(2) Leconte de Lisle. *Poèmes antiques*. Midi.
(3) Renouvier. *Psych.*, t. II, p. 308.

être et de ne rien devenir sans l'avoir consenti ou voulu, nous délibérons. C'est ce que fait Auguste lorsqu'il se demande l'attitude à prendre sur le cas de Cinna, de Maxime, d'Emilie. Un débat contradictoire s'institue en son âme, comme dans presque tous les héros de Corneille, Rodrigue, Curiace, Polyeucte et, si la liberté n'est qu'un vain nom, tous les drames où elle semble s'agiter sont des absurdités. — Le troisième moment est la résolution : c'est un acte d'autorité qui termine le débat ; un acte créateur qui réalise une des alternatives, un *fiat* (1). Le mot *résolution* par lequel on l'exprime encore est très expressif, il vient du latin *resolutum*, dénoué, déchaîné. La volonté libre est en effet une force de solution de la continuité dans les phénomènes. Un acte de volition consiste à défaire l'un des nœuds de la chaîne nécessaire des choses. — Enfin la décision prise, l'action commence, et toutes ses conséquences déroulent leur enchaînement, en vertu du pouvoir initiateur de la volonté. Liberté, pouvoir d'initier (2), termes synonymes, si l'on entend par commencement le premier terme d'une série qui n'est absolument pas déterminé par un antécédent quelconque.

4. Les jugements de responsabilité impliquent la liberté de l'agent. — L'histoire et la société confirment le témoignage de la réflexion individuelle. De tout temps la conscience publique a qualifié crimes certains actes et a déclaré leur auteur responsable, ce qui suppose qu'il a agi en connaissance de cause et avec liberté. On ne peut pas expliquer, sans cette supposition, la punition édictée par la loi civile, ni le blâme ou l'éloge distribués par l'opinion publique. Il est inutile et absurde d'imputer à bien ou à mal un acte à celui qui n'en est pas le véritable auteur. A cela, l'adversaire de la liberté répond que le châtiment est encore utile même à défaut de liberté d'abord chez le coupable, parce qu'il crée en lui un motif de ne plus transgresser la loi, et ensuite chez ceux qui pourraient être tentés de l'imiter parce que cet exemple leur prouve que la loi n'est pas un vain mot et crée en eux un motif nouveau de la respecter (3). Je réponds : on ne saurait nier le fait de l'intimidation possible ;

---

(1) *Genèse*, ch. I, v. 14. « *Fiat lumen... et factum est.* » Que la lumière soit, et elle fut.

(2) Le mot *initier* est plein de sens ; il désigne en effet le fait de commencer absolument, dans un esprit, la formation d'idées nouvelles, c'est-à-dire dont rien n'existait avant l'*initiation*.

(3) Fonsegrive. *Essai sur le libre arbitre*, 1887, p. 400. Alcan.

mais je nie qu'en l'absence de toute liberté chez l'agent, il y ait encore une punition, un coupable, une faute. Un juge qui prétendrait punir un irresponsable serait un imbécile ou un criminel. Non seulement la punition est alors *inutile*, puisque l'intimidation suffit, mais elle est *absurde* de la part du juge. J'ajoute qu'elle est *inique* aux yeux de l'innocent qui se reconnaît tel dans sa conscience. Je serais curieux de savoir comment un déterministe expliquerait cette révolte de la conscience violentée. Qu'elle procède d'une illusion de la liberté, c'est facile à dire, mais il faudrait nous faire la genèse et la justification de cette illusion, et nous verrons tout à l'heure que nous l'attendons encore.

5. La qualification des actes implique la liberté de leurs auteurs. — D'autre part, la conscience publique qualifiant les actes bons ou mauvais, suppose qu'étant ce qu'ils sont, ils auraient pu être autres, que le mal aurait pu, aurait dû être évité ; hypothèse dénuée de sens dans le cas où ces mêmes actes sont tout ce qu'ils pouvaient être, en vertu de leur nécessité. La naissance du mal et la responsabilité ne se comprennent que si, dans un acte, on fait la part du libre arbitre et celle des influences qu'il a subies, la part du devoir et celle de la solidarité des hommes et des choses. L'acte n'a pas été accompli par l'agent à cause et en vue du mal qu'il contenait, mais sous l'impression du mal envisagé comme bien, pour lui, en un certain sens ; de sorte qu'il a subi, en y consentant, un *vertige*, et n'a pas voulu se servir de sa réflexion, commencée ou prolongée au même moment et qui aurait pu le conduire à d'autres appréciations. Il y a eu abandon de cette autorité sur soi-même que les anciens appelaient force d'âme (*virtus*), mais abandon consenti, et la liberté se manifeste aussi nettement par son abstention que par son action. Cependant l'usage de cette liberté devient d'autant plus difficile qu'il est plus rare, parce que l'entraînement, le vertige moral devient de plus en plus puissant à mesure que la liberté abdique. Aussi, le premier devoir de l'homme est-il d'exercer sa liberté, de poser ainsi un fondement à la moralité de ses actes, en appelant des motifs de tout ordre à intervenir au cours de ses délibérations et en assurant ainsi, par l'éloignement de tout vertige, la prépondérance de la raison et l'accomplissement du devoir. Voilà comment s'expliquent, dans la thèse de la liberté, les notions morales sur lesquelles se fonde le jugement de la conscience publique.

6. Les démarches pour agir sur la conduite des hommes n'ont de sens que s'ils sont libres. — Enfin, si tout est nécessaire dans les actes humains, le langage universel est convaincu d'extravagance en tant qu'il exprime des conseils, des promesses, des prières. Si celui qui les fait ne croit pas à la liberté de celui à qui il s'adresse, et si celui-ci n'a pas le pouvoir d'en tenir compte, la société des hommes est une réunion d'aliénés. L'idée d'un *pouvoir être et faire autrement*, supposée dans toutes ces attitudes, est chimérique, et il y a contradiction entre l'opinion qui la maintient et la science qui la conteste. Cette contradiction, le savant la subit, et il est tenu de l'expliquer, puisqu'il ne saurait parvenir, quoi qu'il fasse, à en affranchir sa conscience d'homme (1).

Le déterministe entreprend cette explication. Les conseils, les prières, les promesses, dit-il, ne sont ni absurdes, ni inutiles, puisqu'ils servent à créer chez ceux qui en sont l'objet des motifs d'agir dans le sens que nous désirons ; ils créent des chances de plus pour que les actions demandées soient obtenues. Il est vrai que des chances contraires subsistent, mais cela se rencontre aussi, et surtout, dans l'hypothèse de la liberté. C'est même dans ce dernier cas que semble éclater l'inutilité de ces sortes de démarches. Les conseils, dit la vulgarité morale, sont faits pour n'être pas suivis, et les promesses pour être violées. Pour être bien persuadé qu'il en peut être autrement, il faut croire que la modification qu'ils apportent dans les dispositions mentales présentes doit changer nécessairement l'avenir, ce qui serait impossible si cet avenir était contingent (2).

Je réponds : il n'y a pas lieu de contester l'influence fréquemment et heureusement déterminante de la suggestion ou du contrat sur les actes, et plus généralement des motifs, sur la série des événements qui s'ensuivent. L'acte une fois commencé se développe dans ses conséquences avec une rigueur qui a la forme de la nécessité. Mais ce n'est pas là la question, et c'est enfoncer une porte qui s'ouvre d'elle-même que de nous présenter sous forme d'objection une proposition qui est essentielle à notre thèse de la liberté. La question est de savoir si une série de phénomènes mentaux peut être commencée ou interrompue par des initiatives véritables ; s'il dépend réellement de l'auteur de la

---

(1) Renouvier. *Psych.*, II, 55.
(2) Fonsegrive. *Essai sur le libre arbitre*, p. 400.

prière, du conseil, de la promesse d'introduire ces motifs d'agir, et s'il dépend de celui qui en reçoit l'influence d'en permettre ou d'en rompre le cours. Nous réclamons une place pour la liberté d'abord au début des séries mentales, puis dans leur teneur. Si l'on nous refuse toute initiative pour en déterminer, en changer, en suspendre ou en continuer le développement, alors les séries peuvent bien être données comme des fait historiques, mais il n'y a plus là ni conseil, ni promesse, ni prière. Il est certain que l'imposition des noms aux choses est arbitraire, mais c'est préparer volontairement l'équivoque et le sophisme que de laisser les mêmes termes pour désigner des choses qui changent tellement de signification, selon qu'on les regarde au point de vue de la nécessité ou à celui de la liberté. C'est tellement vrai que M. Rabier (1), qui présente la même défense du déterminisme que nous combattons, apporte d'autres noms pour désigner les choses ainsi modifiées : les conseils ou contrats sont, dit-il, des *poids*, des *digues* pour *incliner* et diriger la volonté.

7. La loi morale implique la liberté. — Enfin l'affirmation la plus haute de la conscience morale : *fais ton devoir*, nous paraît impliquer la liberté de celui à qui s'adresse cet ordre (2). On ne recommande pas à la pierre de tomber et on n'a pas à craindre que l'arbre viole la loi de l'absorption de l'acide carbonique. S'il ne dépend pas de nous de désobéir ou de nous conformer à la loi morale, elle cesse d'être raisonnable. Je dois, donc je puis. Si le déterministe intervient pour affirmer que l'idée de l'obligation a encore, même sans la liberté de l'agent, une utilité comme motif influent dont la simple représentation emporte l'adhésion de l'esprit et l'accomplissement de l'acte, je répondrai comme à la doctrine socratique de la connaissance du bien suffisante pour sa réalisation, que je puis connaître la loi et la violer (3).

En résumé, toute la conscience est pleine d'illusions sur les questions qui l'intéressent au plus haut point si la croyance universelle en la liberté n'est pas fondée.

(1) *Leçons de Psychologie*, p. 553.
(2) V. Éclaircissement II.
(3) V. plus loin, chap. IX.

II. — LA LIBERTÉ N'EST NI UN FAIT NI UN THÉORÈME

8. Qu'est-ce qu'un fait ? — Cependant cette illusion est possible. Il ne faut pas prendre nos besoins moraux pour la règle de la réalité, au moins sans avoir examiné ce qu'il peut y avoir de légitime dans le besoin qu'on attribue à la science en alléguant en son nom qu'il faut éliminer la liberté du monde pour qu'elle le saisisse.

Notre opinion est que la réalité de la liberté ne peut être : 1° ni vérifiée comme le serait un fait ; — 2° ni démontrée comme un théorème.

Qu'est-ce qu'un fait ? C'est une circonstance déterminée de telle sorte qu'un esprit sain et attentif puisse la connaître dès qu'elle est présentée à l'intuition sensible (et c'est là le vrai, l'unique sens de l'*évidence* : *videre* = voir), ou directement au sens intime (et en ce cas l'évidence n'est déjà plus qu'une métaphore). Ainsi, que l'Amérique existe, qu'on puisse obtenir de l'acide carbonique solide, ce sont là des faits sur la réalité desquels nous ne tolérons aucune opposition entre les esprits. S'il s'en produisait une, nous renverrions les opposants à la seule garantie que comporte un fait, le recours au fait lui-même. Que j'éprouve une appréhension avant de me jeter à la nage ou en commençant une conférence publique, ce sont là des faits que l'expérience intime me révèle avec une autorité qui exclut toute équivoque. Tout fait étant ainsi défini, aucun fait ne comporte, en tant que pur fait, de divergence d'opinions, puisqu'il est, de sa nature, antérieur à toute opinion émise à son sujet ; car ce n'est pas *opiner* que de dire : « Je vois, je sens », ou : « Je ne vois pas, je ne sens pas. »

9. Il ne saurait y avoir de divergences sur la liberté si elle était un fait. — Il n'est donc pas vrai que le libre arbitre soit un fait. Si cela était, pourquoi en disputerait-on ? Il n'est pas donné à l'expérience intime, ainsi que le pensait Maine de Biran. Ce philosophe croyait saisir dans l'effort musculaire la volonté libre en acte, se manifestant par le fait. Mais la sensation de l'effort exercé est un *résultat* de l'action volontaire ; elle est provoquée dans la conscience *après* que les muscles ont été contractés sous l'influence de notre résolution, elle n'est donc pas impliquée dans la conscience que nous avons de cette résolution qui la précède (1). De plus, la volonté n'agit pas directement sur les muscles ; elle ne le fait que par l'intermédiaire de l'imagination qui nous représente fortement les mouvements organiques à accomplir et qui est liée elle-même à ceux-ci en vertu d'une harmonie du physique et du moral sur laquelle nous nous expliquerons plus loin (2). Si l'on veut surprendre la volonté dans son action causale, c'est le phénomène de l'attention et de la réflexion qu'il faut étudier, c'est-à-dire cet appel, cette suspension, cette mise en jeu des idées que nous avons signalées plus haut dans l'acte de la délibération. Encore ne saisirons-nous là qu'un rapport entre les phénomènes, tandis que ce que nous cherchons, c'est l'essence de l'être lui-même. Ce qui est donné incontestablement à la conscience, c'est ma croyance à la liberté (3). Mais toute croyance est opinion, et une opinion est plus qu'un fait, comme une relation est plus qu'un terme, comme un collier est plus qu'une perle. Une opinion se discute, un fait ne se discute pas. Enfin, l'opinion dont il s'agit est énorme : elle implique que ce qui me paraît est vrai, uniquement parce qu'il me paraît; que je ne puis être le jouet d'une illusion ; prétention outrecuidante et injurieuse pour la presque unanimité des philosophes qui ont l'opinion contraire. Ainsi la prétendue preuve tirée de ce qu'on nomme le sentiment vif interne n'est qu'une proposition controversable, la plus controversée de toutes, mais qui se présente à moi instinctivement, aveuglément, alors qu'il y faudrait la pleine lumière de l'évidence. (V. Eclaircissement I.)

10. La liberté n'est pas démontrable. — La liberté peut-elle être démontrée comme un théorème? Démontrer, c'est faire reconnaître la vérité d'une proposition, en vertu d'une autre, en tant qu'impliquée dans une autre considérée elle-même comme admise. Or, de quelle prémisse tirerai-je cette proposition : *quelques actions sont libres*, si ce n'est d'une proposition qui sera elle-même ou un principe admis ou une proposition à démontrer? On ne me l'accordera pas comme principe, car ce serait accorder la conclusion; et si je m'efforce de la démontrer c'est que ce n'est pas un principe. Et c'est bien ce qui arrive; car, ainsi que nous l'avons vu, c'est par l'idée du devoir que se

---

(1) Voir William James. Le sentiment de l'effort. *Critique philosophique*, XVIII, p. 123.

(2) Renouvier. *Psych.*, I, p. 404. V. *Cours de morale pratique*, ch. II.

(3) V. Eclaircissement III.

garantit celle du libre arbitre, et s'il est vrai qu'il y a des philosophes pour qui une morale sans liberté est intelligible, il faut rendre hommage à la logique des philosophes empiristes, par exemple, qui nient à la fois la liberté et le devoir. Nous verrons du reste plus loin que la liberté est une donnée primitive, comme l'être lui-même, et indémontrable à ce titre. Enfin si elle était objet de *démonstration*, c'est qu'elle ne serait pas objet de constatation, et il ne faudrait plus que les mêmes personnes la présentassent comme un théorème en même temps que comme un fait; en outre, il n'y aurait pas plus de contestation sur la chose prouvée qu'il n'y en a sur le carré de l'hypothénuse. Or, les contestations sont nombreuses et puissantes.

11. Conclusion. — Ce qu'il y a d'incontestable sur ce point, c'est le fait même de la croyance à la liberté, croyance si générale que les déterministes les plus convaincus en théorie, se conduisent comme s'ils croyaient à la liberté; ils accusent, conseillent, promettent, comme les hommes ordinaires. Mais il faut reconnaître qu'une croyance ne garantit nullement la réalité de la chose crue. Les convictions les plus fermes peuvent être illusoires. Elles ont besoin d'être garanties par le contrôle de la réalité. Ce contrôle nous est impossible, puisque la liberté n'est pas un fait. Nous ne pouvons donc la présenter que comme croyance; mais nous lui chercherons une confirmation indirecte dans la critique de la croyance contraire. Il nous reste donc à examiner les objections du déterminisme.

ÉCLAIRCISSEMENTS

I

L'expérience est invoquée aussi bien par les partisans que par les adversaires de la liberté.

Quand Mill, en son *Système de Logique*, arrive à s'expliquer sur le fondement de l'induction et sur la portée universelle du principe de causalité, il obéit à des tendances inconciliables avec sa méthode. Il affirme énergiquement le principe que Hume a nié, lui aussi, pour le rétablir, le principe que *tout ce qui commence d'exister a une cause*. Et sur quoi se fonde cette affirmation ? Sur une induction, tirée de l'expérience qui ne nous a jamais montré de phénomènes sans cause. Et cette induction, sur quoi repose-t-elle ? Sur le principe de causalité, comme toutes les inductions possibles, selon Mill. Comment échapper au cercle vicieux que lui-même il confesse ingénument ? Par un *a priori ?* Mais il n'en veut point, et d'ailleurs on pourrait le mettre en doute. Par l'aveu d'une croyance ? Il faudrait le dire ; mais que prouverait-elle ? Au fond, il doit y avoir un peu de tout cela, si ce n'est un pur préjugé philosophique, une « idole de théâtre », dans l'esprit de Mill. Encore est-ce une sorte d'excuse, un moyen, quoique inavoué, de se mettre au-dessus du paralogisme patent. Mais regarder comme *un fait d'expérience* ce que rien ne nous empêche de nier de bonne foi, et ce dont chacun de nous est spontanément, à tout instant, enclin à penser le contraire ! comme un fait d'expérience, l'impossibilité que les mêmes antécédents et les mêmes circonstances des actes humains comportent jamais à l'avance d'autres conséquents que ceux que le fait, une fois accompli, met en évidence ! Il est en vérité curieux que l'expérience, invoquée si souvent par les partisans de la liberté à l'appui de leur thèse, soit prise par un autre bout et réclamée par les nécessitaires comme le fondement de la leur. Cette circonstance n'est à l'honneur de la logique ni des uns ni des autres ; mais elle constate bien la force réelle des convictions antagonistes, dans la vaine recherche des motifs externes par lesquels il leur serait donné de s'imposer l'une à l'autre.

RENOUVIER. Esquisse d'une classification systématique, *Critique Religieuse*, t. VI, p. 280.

II

C'est la conscience de l'obligation morale qui nous fait affirmer la liberté.

Que ce soit la moralité qui nous découvre le concept de la liberté, et, par conséquent, que ce soit la *raison pratique* qui, par ce concept, propose à la raison spéculative le problème le plus insoluble pour elle et le plus propre à l'embarrasser, c'est ce qui résulte clairement de cette considération : puisque, avec le concept de la liberté, on ne peut rien expliquer dans le monde des phénomènes, mais qu'ici le mécanisme de la nature doit toujours servir de guide, et qu'en outre, lorsque la raison pure veut s'élever à l'inconditionnel dans la série des causes, elle tombe dans une antinomie où, d'un côté comme de l'autre, elle se perd dans l'incompréhensible, tandis que le mécanisme est du moins utile dans l'explication des phénomènes, personne ne se serait jamais avisé d'introduire la liberté dans la science, si la loi morale et avec elle la raison pratique, n'était intervenue et ne nous avait imposé ce concept. L'expérience confirme aussi cet ordre de nos concepts. Supposez que quelqu'un prétende ne pouvoir résister à sa passion, lorsque l'objet aimé et l'occasion se présentent ; est-ce que, si l'on avait dressé un gibet devant la maison où il trouve cette occasion, pour l'y attacher immédiatement après qu'il aurait satisfait son désir, il lui serait encore impossible d'y résister ? Il n'est pas difficile de deviner ce qu'il répondrait. Mais si son prince lui ordonnait, sous peine de mort, de porter un faux témoignage contre un honnête homme qu'il voudrait perdre au moyen d'un prétexte spécieux, regarderait-il comme possible de vaincre en pareil cas son amour de la vie, si grand qu'il pût être? S'il le ferait ou non, c'est ce qu'il n'osera peut-être pas décider, mais que cela lui soit possible, c'est ce dont il conviendra sans hésiter. Il juge donc qu'il peut faire quelque chose, parce qu'il a la conscience de le devoir, et il reconnait ainsi en lui-même la liberté qui, sans la loi morale, lui serait toujours demeurée inconnue.

KANT. *Raison pratique*. Trad. Barni, p. 173.

III

La liberté est affirmée au nom d'une croyance, non par suite d'une démonstration.

L'existence de la liberté n'est qu'une vérité de sentiment, et non pas de discussion ; il est facile de s'en convaincre. Car le sentiment de notre liberté consiste dans le sentiment du pouvoir que nous avons de faire une action contraire à celle que nous faisons actuellement ; l'idée de la liberté est donc celle d'un pouvoir qui ne s'exerce pas au moment que nous le sentons : cette idée n'est donc qu'une opération de notre esprit, par laquelle nous séparons le pouvoir d'agir d'avec l'action même, en regardant ce pouvoir oisif (quoique réel) comme subsistant pendant que l'action n'existe pas. Ainsi la notion de la liberté ne peut être qu'une vérité de conscience. En un mot, la seule preuve dont cette vérité soit susceptible est analogue à celle de l'existence des corps ; des êtres réellement libres n'auraient pas un sentiment plus vif de leur liberté que celui que nous avons de la nôtre ; nous devons donc croire que nous sommes libres. D'ailleurs, quelles difficultés pourrait présenter cette grande question, si on voulait la réduire au seul énoncé net dont elle soit susceptible ? Demander si l'homme est libre, ce n'est pas demander s'il agit sans motif et sans cause, ce qui serait impossible, mais s'il agit par choix et sans contrainte ; et sur cela il suffit d'en appeler au témoignage universel de tous les hommes. Quel est le malheureux, prêt à périr pour ses forfaits, qui ait jamais pensé à s'en justifier en soutenant à ses juges qu'une nécessité inévitable l'a entrainé dans le crime ?

D'ALEMBERT. *Mélanges*, IV° vol. *Éléments de philosophie*, p. 82.

IV

Trois sens du terme liberté.

Certains termes du langage philosophique reçoivent des sens différents, ce qui est la source d'équivoques et de confusions d'idées. Entre ces sens différents il y a des rapports et des passages qui permettent d'aller de l'un à l'autre sans s'en apercevoir : de là nombre de sophismes que l'on trouve à la base des grands systèmes où le défaut d'analyse les a laissés s'introduire et où les défend ensuite la force des habitudes intellectuelles.

Le mot liberté est un de ces termes. On l'oppose à la *nécessité métaphysique*, au déterminisme rigoureux des phénomènes ; on l'oppose à la contrainte physique, à la contrainte employée par l'un contre l'autre. On l'oppose à la domination de la passion sur la raison, de la chair sur l'esprit.

L'homme est dit libre : 1° en tant que ses volitions ne sont pas nécessitées et ne pourraient être prévues par qui en connaîtrait exactement toutes les conditions antécédentes. Il est dit libre : 2° en tant qu'aucune contrainte ne l'empêche d'aller et de venir, d'exprimer ses idées, d'entendre et de connaître celles des autres, d'entrer en relation avec eux, etc. ; en un mot, d'exécuter les résolutions que sa volonté peut prendre d'après sa raison, sa conscience, ses sentiments. Il est dit libre enfin : 3° en tant qu'il est affranchi par le degré de sagesse et de vertu auquel il s'est élevé, des passions inférieures et des habitudes tyranniques qu'elles créent.

Voilà trois sens du mot liberté : 1° sens métaphysique ou aristotélicien ; 2° sens juridique et politique ; 3° sens moral et stoïcien. La liberté prise au premier sens est un postulat de l'obligation morale, une puissance d'option que la raison pratique croit pouvoir affirmer en s'affirmant elle-même ; elle n'est ni un droit à respecter, ni un devoir à accomplir. Prise au second, elle se présente comme un droit, par conséquent comme objet d'un devoir corrélatif. Pour qui l'entend au troisième sens, elle est l'idéal de perfection qui comprend ces trois vertus cardinales des anciens moralistes : la force, la prudence, et la tempérance ; elle est l'objet des devoirs envers soi-même.

Pillon. *Critique philosophique*, vol. XVII, p. 366.

CHAPITRE III

LA LIBERTÉ (Suite). — II. L'ANTITHÈSE

LE DÉTERMINISME

1. Les formes générales du déterminisme. — Les objections à la liberté viennent de trois sources différentes : 1° conceptions théologiques, comme la *prescience* de Dieu, incompatible avec la liberté de l'homme ; — 2° conceptions à tendance scientifique comme la *prévision* des actions humaines à l'aide du calcul des probabilités, ou bien le principe de la *conservation de la quantité d'énergie* dans le monde, qui semblent empêcher l'introduction de libres initiatives dans les événements ; — 3° conceptions de métaphysique rationnelle comme : (A) le principe de l'*unité de substance* de l'être, qui s'oppose à ce que les êtres particuliers se séparent et se rendent indépendants les uns des autres, ou (B) le principe de l'*unité de la cause* qui enchaîne chaque événement à toute la série de ses antécédents, ou enfin (C) le principe en vertu duquel chacune de nos actions ayant une *raison suffisante* qui la détermine, l'ordre universel est constitué de façon que nous n'y puissions introduire à notre gré un ordre particulier qui serait un désordre. Quelquefois cette dernière conception métaphysique affecte la prétention d'être fondée sur l'expérience psychologique et l'on invoque alors la présence constante en toutes nos résolutions d'un motif par lequel nous serions nécessités.

Ainsi, religion, science, métaphysique, expérience humaine, les plus grands biens de l'âme, semblent en contradiction avec cet autre bien, la liberté. On sent ici l'importance du problème. Cherchons donc si l'antinomie apparente subsiste dans la réalité (1).

---

(1) La doctrine proprement dite de la nécessité universelle ne commence, dans l'histoire des idées, qu'avec les systèmes de la philosophie grecque, avec le dogmatisme des premiers Ioniens (vii° et vi° siècles) avec l'esprit

I. — LE DÉTERMINISME THÉOLOGIQUE. LA PRESCIENCE DIVINE

2. Forme primitive du fatalisme. — Une des plus anciennes raisons de nier la liberté de l'homme est l'idée qu'on s'est faite de bonne heure de la puissance divine, qui, s'étendant à tout, empêche l'intervention efficace de l'homme dans sa destinée, malgré les apparences. A cette *toute-puissance* s'ajoute d'ordinaire un attribut corrélatif d'*infinie intelligence* par laquelle la cause de tous les événements les conçoit en même temps qu'elle les prédétermine et un troisième attribut l'*immuabilité* des décisions. C'est là le fond de la croyance hellénique au destin, force universelle à laquelle sont soumis les grands dieux eux-mêmes. Le *fatum* est ce qui est dit comme vrai éternellement. De là nous vient le mot *fatalité*. Encore aujourd'hui l'Orient est la terre du fatalisme. Là, l'homme est si peu de chose qu'il a la conviction profonde de l'inutilité de l'effort et à chaque événement heureux ou malheureux, il reconnaît l'action de la nécessité et déclare que « c'était écrit ». Du reste, le musulman est très logique dans son inertie ou dans son fanatisme; car, quoi qu'il fasse, son attitude est un cas de la nécessité à laquelle il croit. On ne peut agir sur lui qu'en essayant de le faire changer de croyance, entreprise hasardeuse.

3. Antinomie de la prescience et de la liberté. — Une forme systématique de ce fatalisme a été présentée dans toutes les controverses sur le libre arbitre depuis le moyen âge. La contradiction entre la prescience divine et la liberté, vivement sentie par saint Paul, a provoqué la dialectique de saint Augustin, saint Thomas, Luther, Leibnitz, etc. La thèse peut se résumer

---

absolu de la science appliqué à la conception de l'univers. Par contre, l'idée claire et nette de la liberté théorique, celle du pur accident dans le *petit monde* (Aristote, 384-322, et la *contingence des futurs*) et dans le *grand monde* (Épicure, 342-270 et le *clinamen*), en opposition avec l'enchaînement rigoureux des phénomènes du cosmos, ne se produira qu'avec un progrès de la réflexion et de la critique, à la faveur d'un commencement d'analyse psychologique. La psychologie, elle-même, à son début (Socrate, 470-400) tombera d'emblée sur le déterminisme, et cela toujours pour obéir à l'esprit de la science pure. Bientôt après, les deux systèmes s'éclaireront mutuellement en se combattant. (Luttes des stoïciens, épicuriens, académiciens, sceptiques, à partir du III° siècle. Chrysippe, le grand polémiste stoïcien, vit 280-207.) C'est une lutte qui n'aura plus de fin.

V. Renouvier. *Esquisse d'une Classification des systèmes philosophiques*, 1885, Paris. IV° opposition. *Critique religieuse*, t. VI, p. 197.

en trois points : 1° Dieu sachant de toute éternité ce que seront nos actes, ils ne peuvent être autrement qu'il les prévoit; ils sont donc prédéterminés ; 2° refuser à Dieu la prescience totale, c'est lui attribuer une ignorance inconciliable avec son intelligence infinie; 3° si Dieu connaissait nos actes seulement au fur et à mesure que nous les accomplissons, sa conscience serait à chaque instant modifiée et sa science serait successive et fragmentaire; il n'aurait plus ni intelligence parfaite ni immutabilité, et en outre il y aurait des actes qui ne procéderaient pas de sa puissance, de sa grâce. Il faut donc rejeter la liberté de l'homme comme inconciliable avec ces attributs de Dieu : 1° science; 2° puissance; 3° immutabilité.

4. Immoralité de la prescience. — On peut répondre que la puissance de Dieu, s'il a fait un monde comportant la liberté, n'est pas moindre que s'il en a décidé autrement. Mais assurément une création dans laquelle la morale est possible par l'exercice d'une liberté réelle serait plus digne de l'œuvre divine qu'une nature sans moralité. Si donc il a fallu, pour obtenir ce monde meilleur, sacrifier quelque chose de la prescience, nul doute que cette combinaison entre les mondes possibles n'ait été préférée par un Dieu aux yeux duquel nous supposons que le pur mécanisme a moins de valeur que la dignité humaine et le règne du devoir et de la justice. — Ce n'est nullement diminuer Dieu que de récuser en lui un attribut inconciliable avec sa perfection morale. Le Dieu de la métaphysique, synthèse d'attributs contradictoires, nous intéresse fort peu; il nous est impossible d'accorder le moindre respect à une personnalité divine qui ne serait pas avant tout une perfection morale. Si l'on nous donnait à choisir entre l'athéisme avec la liberté d'une part et d'autre part la nécessité avec le dieu des éléates, des péripatéticiens et autres constructeurs de l'absolu, nous choisirions la première alternative avec aussi peu d'hésitation qu'il en faut pour souffler sur un grain de poussière gênant au bout de la plume qui écrit. Au contraire c'est s'élever, selon nous, dans la conception de la divinité et en épurer la croyance que d'en éliminer tout ce qui n'est pas conforme au plus parfait idéal de la moralité; et la prescience est dans ce cas. — Au reste, il ne serait pas sérieux d'admettre que les hommes peuvent, lorsqu'ils se connaissent bien, prévoir généralement leurs dispositions et actions réciproques, tandis que toute prévision de ce genre serait refusée à Dieu, dont la pensée doit être plus haute et plus large que celle du plus habile psychologue. Dieu doit donc connaître d'avance beaucoup d'événements possibles ; mais il ne peut les saisir que comme tels, c'est-à-dire comme ambigus, et si cette science au contraire est totale et infaillible, c'en est fait de la liberté et du monde moral.

5. Vanité des tentatives de conciliation. — On dira que Dieu peut prévoir nos actes sans pour cela les déterminer ; qu'il peut savoir ce que je ferai sans que je sois gêné dans mon action. Mais sa prescience n'est sûre que si je ne puis pas la démentir par un brusque et arbitraire renversement de ma conduite. Ou bien on dira encore qu'il ne faut pas attribuer à l'intelligence suprême notre division du temps en passé, présent et futur ; qu'il voit tout en même temps et que sa science est une *omniscience*. Mais Dieu devant voir les choses comme elles sont, s'il les voit simultanées, c'est qu'elles sont simultanées ; et alors Homère, Diogène, Hoche, M. Thiers et moi nous sommes contemporains, ce qui est parfaitement inintelligible. De plus, si l'action de Dieu est hors des temps, comment distinguer cette action avant et après la création ? Enfin, si la personne divine est elle-même sans aucun rapport avec le temps, elle est en contradiction avec tout ce que je puis penser d'une existence quelconque ; c'est une pure abstraction, au lieu de la personne parfaite que je conçois sans cependant pouvoir l'imaginer. Comme celle-ci m'est précieuse plus que tout le reste, je sacrifie, pour la maintenir en ma croyance, toutes les divagations des métaphysiques à prétentions plus ou moins religieuses, et en la maintenant je conserve la moralité et la conscience avec sa condition essentielle, la loi de succession.

La thèse de la liberté subsiste donc, pour nous, quoiqu'il en coûte à la théologie déterministe.

II. — DÉTERMINISME SCIENTIFIQUE

6. Déterminisme fondé sur la statistique. — Quant au déterminisme qui se réclame de la science, il a d'abord une forme *mathématique*, puis une forme *mécanique*.

Au premier point de vue, l'on applique le calcul des probabilités à la prévision des actions humaines. Son principe étant que les possibilités respectives des événements se développent avec une tendance à équilibrer leurs chances d'apparition, surtout si l'on envisage de grands nombres, il en résulte que le caractère des actes libres (ambiguïté des futurs, impossibilité de la prévision), disparaît dans la régularité témoignée par les chiffres. Les principes du calcul des probabilités ont été formulés en France par Laplace dans la *Théorie analytique des probabilités* (1812). Un astronome et statisticien belge, Quetelet, qui vint en 1824 compléter à Paris ses études mathématiques et astronomiques, introduisit les principes de Laplace dans la science sociale et publia à ce sujet trois ouvrages : 1° *Lettres sur la théorie des probabilités appliquée aux sciences morales et politiques* (1846) ; — 2° *Du système social et des lois qui le régissent* (1848) ; — 3° *Théorie des probabilités* (1853). Enfin un Anglais, Henri-Thomas Buckle dans une *Histoire de la civilisation en Angleterre* restée inachevée, mais qui a excité à un haut degré l'intérêt dans sa patrie et a été traduite très vite sur le continent (1), a développé cette théorie déterministe. On sait que chaque nation fournit par an un nombre de mariages, de meurtres, de suicides, etc., qui tend à être constant. On peut même prévoir avec une faible erreur combien il y aura d'une année à l'autre de fautes de suscription sur les enveloppes des lettres confiées à la poste. Un négociant escompte le chiffre moyen d'affaires qu'il traite par an pour vendre son fonds de commerce. S'il n'y avait pas une nécessité profonde qui mène l'humanité, cette régularité des actes même les plus irréguliers en apparence ne se manifesterait pas. Le fait qu'ils sont prévus en exclut donc la liberté (2).

7. Les prévisions de la statistique ne sont qu'approximatives et n'engagent pas l'individu. — Il est étrange tout d'abord que, pour prouver la nécessité, on invoque une loi qui ne s'applique proprement qu'aux faits de tirage des *sorts*, dans lesquels les événements particuliers sont généralement considérés comme indéterminés. La loi des grands nombres est du reste une loi singulière dont le caractère propre est de s'assujettir les phénomènes que nulle loi d'ailleurs n'est capable de déterminer. Elle comporte des exceptions dont le calcul s'efforce de limiter les écarts : or, le déterminisme s'en sert pour

---

(1) Traduction française, par Baillot, 1865, librairie internationale.
(2) Sur la possibilité de prévoir les actes humains voir le morceau indiqué plus loin, p. 46, *note 1*.

soutenir une thèse qui ne comporte pas d'exceptions. Elle serait acceptable si elle se bornait à soutenir que les actes libres sont rares dans la vie humaine, mais ce serait admettre la liberté qu'on rejette (1). Et enfin, s'il est vrai que la prévision est possible encore qu'approximative pour les actes du même genre pris en grandes masses, il est faux qu'un individu soit par là même contraint d'avance à venir grossir, à tel jour, le nombre des crimes, des mariages, des erreurs qu'attend la statistique. Celle-ci échoue donc devant les résolutions personnelles et la mathématique n'est pas la loi de la conscience libre.

8. Déterminisme mécanique. — Principe de la conservation de la force. — La forme mécanique du déterminisme scientifique donne lieu à des difficultés plus sérieuses. C'est un principe admis par les savants que la somme de l'énergie actuelle et de l'énergie potentielle est constante dans l'univers. C'est-à-dire (puisqu'on ne saurait évaluer les forces physiques que par leurs effets, les mouvements), que tous les mouvements en cours d'exécution et tous ceux qui pourraient sortir de l'état de réserve où les maintiennent les forces actuellement en équilibre, constituent un nombre qui ne peut être ni augmenté, ni diminué. Rien ne peut être anéanti dans l'univers, rien n'y peut être introduit. Le travail se change en chaleur, la chaleur en lumière, mais, sous ces divers aspects, il y a la même quantité de force. Un organisme est une machine qui rend en activité les forces qu'elle absorbe en nourriture ou les conserve à l'état de tension, et disponibles pour une détente ultérieure. Tous les mouvements de notre corps, y compris ceux du cerveau, sont ainsi réglés par la loi de la mécanique universelle et comme aucun acte psychologique ne se produit sans un état correspondant du cerveau, toute notre vie mentale, nos résolutions, nos passions sont ainsi déterminées par le principe de l'unité et de la conservation des forces physiques, qui est le fondement même de la science moderne depuis Descartes (2).

9. C'est un fait que la volonté agit sur la représentation et celle-ci sur les mouvements de l'organisme. — On a toujours tort d'être en conflit avec une science. Cependant il ne faudrait pas que cette science se mît elle-même dans son tort en

(1) Renouvier. *Science de la morale*, II, 545.
(2) V. Eclaircissement I.

réclamant des objets qui ne sont pas de son domaine. Or, celui des *forces* n'est à la physico-mécanique que par métaphore (1). Il n'y a de force vraiment intelligible que dans la volonté agissant sur les phénomènes de la conscience. Et c'est parce que l'esprit voit d'abord en lui-même des désirs, des volontés comme antécédents des mouvements exécutés par l'organisme, qu'il transporte la même relation sous le nom de force dans les phénomènes mécaniques. — Cette équivoque dissipée, il reste que pour qu'un organe accomplisse un travail, la quantité de mouvement qu'il contient en puissance, non employée, doit passer à l'état d'activité; mais elle ne saurait d'elle-même rompre l'équilibre où elle était contenue. Donc la détente doit avoir lieu par le fait d'un mouvement qui ne fasse pas partie du système des mouvements précédents. Cette détente peut être, il est vrai, produite par une intervention extrêmement faible. Ainsi, lorsqu'un bloc de glace est en équilibre sur la crête de deux versants, la voix, le bruit des pas d'un touriste peut suffire à le détacher. Le frôlement de l'aile d'un oiseau peut faire rouler un léger bloc de neige qui grossit en tombant et devient avalanche. Est-il possible cependant que la volonté, phénomène mental, puisse déterminer cette détente dans un système de mouvements mécaniques ? Et cela ne reviendrait-il pas à dire que la force *décrochante* est mécaniquement nulle ? La première de ces deux questions est résolue s'il est vrai, comme le dit l'expérience, que tout mouvement est consécutif à la volonté par l'intermédiaire de la représentation imaginative. Une harmonie primitive est donc manifeste entre l'organisme et la conscience. Et s'il est vrai que le premier agit sur l'autre, comme le constatent avec nous les matérialistes, pour en tirer des conclusions opposées, la réciproque est également vraie; il y a un « ordre inverse de conditionnement (2) des

(1) En effet, les sciences particulières qu'on appelle physiques n'ont pour objet que des phénomènes successifs ou simultanés. L'étincelle électrique précède la combinaison des gaz qui forment l'eau dans l'eudiomètre; mais voir là une *force* productrice et des forces produites, c'est faire de la mythologie; peut-être le langage contraint-il le savant à introduire ces conceptions, mais il est bon de remarquer que c'est seulement par un abus de l'anthropomorphisme inhérent à toute parole humaine. La notion de force est exclusivement subjective dans son origine.

(2) Cet ordre inverse et cette réaction de la conscience sur l'organisme ont été analysés avec une grande profondeur par M. Renouvier, dans l'admirable chapitre XI du Ier vol. de la *Psychologie*, ainsi que la théorie que nous indiquons ici, d'après laquelle la volonté n'est jamais cause directe d'un mouvement organique, mais seulement condition d'une modification de la passion ou de l'imagination; puis, indirectement et par cet intermédiaire, elle devient condition d'une modification organique.

phénomènes », les supérieurs se subordonnent les inférieurs, l'âme réagit sur le corps et leur harmonie est la loi fondamentale de l'être : elle ne s'explique pas, elle se constate. Il est donc possible, pour répondre maintenant à la seconde question, qu'une force qui, mécaniquement, est nulle, détermine dans mon organisme un mouvement qui se propage ensuite dans l'univers, où, d'ailleurs, la somme des mouvements est restée constante. Ainsi le principe de la mécanique n'est pas en contradiction avec celui de la liberté.

III. — DÉTERMINISME MÉTAPHYSIQUE

Examinons maintenant les conceptions métaphysiques inconciliables avec la liberté. Elles ne sont du reste que des formes anciennes du déterminisme rajeunies par la science contemporaine.

10. Le Panthéisme, posant l'unité et la continuité de la substance, exclut la liberté. — *A)* Ainsi la question du mécanisme universel et la difficulté soulevée de nos jours encore par un savant allemand, M. Dubois-Reymond (1) au nom de la science n'est que le rajeunissement du vieil argument de la métaphysique panthéiste que nous trouvons déjà chez Parménide (vi° siècle av. J.-C.) et qui se reproduit aussi pur et aussi fort chez Spinoza (2). D'après ces deux maîtres du panthéisme, il ne saurait y avoir de création, ni d'annihilation d'être, car rien ne commence ; ce qui est, est éternellement, et nécessairement a été et sera. La forme de l'être seule change. Et il n'y a plus de distinction à établir entre un agent et un patient, car, dans l'unité continue, il n'y a pas d'effet qui se produise par le fait d'une cause entrant en acte, puisque le tout de ce qui doit être est déjà. —C'est là une doctrine invincible si l'on admet son point de départ : unité et indissolubilité de l'*être* ou *substance*. Au contraire, si l'on soutient la distinction et la discontinuité des phénomènes et la possibilité pour une cause d'entrer en jeu (3), il faut

---

(1) Dans un discours prononcé le 8 juillet 1880 devant l'Académie de Berlin sur « *Les sept énigmes du monde* » et résumé par M. Secrétan, *Revue philosophique*, XIII, p. 180.

(2) Né à Amsterdam, 1632-1677.

(3) La liberté est en effet essentiellement un pouvoir de *commencer* d'une façon absolue une série de phénomènes (voir p. 25, n. 2). Jules Lequier a analysé avec une éloquence dramatique ce phénomène initiateur dans des pages posthumes dont M. Renouvier a inséré de beaux fragments dans le II° vol. de *Psychologie*, p. 370 à 422. *Id.*, p. 160, quelques détails biographiques,

rejeter avec le point de départ du panthéisme toutes ses conséquences.

11. Le principe de la causalité transitive supprime la distinction des termes et fait remonter la cause à l'infini. — *B)* Si l'on se place maintenant au point de vue de la métaphysique rationnelle qui réclame comme principe d'explication universelle la loi de causalité soutenue par Descartes, Leibnitz et Kant lui-même, on relègue la liberté en dehors du monde des phénomènes pour soumettre ce dernier tout entier à la nécessité causale. Nous avouerons qu'un acte libre est inconciliable avec un univers où tout s'enchaînerait rigoureusement selon l'ordre des causes et des effets. Et nous avouons aussi que la causalité est la loi de tous les faits explicables. Mais rien ne dit que tous les faits quelconques soient explicables; il peut s'en trouver qui dépassent notre puissance de comprendre sans pourtant violenter notre besoin de n'admettre aucune contradiction, par exemple le commencement du monde, la liberté et d'autres (1). Helmholtz a fort bien montré, selon nous, que ce principe de causalité est de nature intellectuelle et subjective et qu'il ne régit pas forcément toute la réalité présentée à notre esprit (2). De plus, dans l'hypothèse de la causalité universelle un acte causal, c'est-à-dire sans cause lui-même, un fait d'initiative, de commencement véritable ne se comprend plus. La cause elle-même disparaît; et nous retrouvons la formule panthéiste qui fait le fond de toute doctrine déterministe : « Tout est, rien ne commence. » L'effet est déjà dans la cause et n'a besoin, pour être, que d'en sortir. La cause elle-même ne fait que changer d'état, elle devient effet : *transit ad effectum*, de là le nom de cause *transitive*, qui n'est qu'un synonyme de la substance unique du panthéisme. Autre forme de l'idole, mais toujours la même idole. Supposons même qu'on puisse, pour éviter les faits de commencement, c'est-à-dire de liberté, remonter de cause en cause et cela sans fin ; on se réfugie donc dans l'absurdité de la série infinie actuellement réalisée des faits, et l'idée même de la causalité se perd dans la contradiction. C'est pour éviter cet écueil que nous posons des premiers commencements qui n'ont pas de

---

(1) L'inimaginable, l'inexplicable n'est pas forcément le contradictoire. En ce sens, il peut y avoir des faits sans cause avant eux, et qui sont causes eux-mêmes de ce qui procède d'eux. Ils sont inexplicables, parce qu'ils servent à expliquer.

(2) V. Eclaircissement III.

causes, tant il s'en faut qu'on doive regarder tout fait comme ayant une cause.

12. Du reste, l'universalité absolue du rapport causal n'est qu'une hypothèse mal fondée. — Que dire, après cela, de la grossière tentative de l'empirisme contemporain, en particulier chez Stuart-Mill (*Logique*, liv. III, ch. iv et v) qui prétend invoquer l'expérience à l'appui d'un principe tel que celui de la causalité, dont on se représente l'extension et la portée plus grandes que le domaine entier de l'expérience qu'elle régit ? Après coup, assurément, dans tous les genres de faits, tout se classe et se lie ; le passé est actuellement nécessaire, puisque nulle force au monde ne peut, aujourd'hui, faire qu'il n'ait pas été ; mais rien n'empêche de concevoir que d'autres liaisons, un tout autre classement étaient possibles. « Un grain de sable de plus ou de moins dans l'uretère de Cromwell et l'histoire de l'Angleterre est renversée (1). » « Le nez de Cléopâtre, s'il eût été plus court, toute la face de la terre aurait changé (2). » C'est là le point de vue *uchronique* que nous opposerons tout à l'heure à la philosophie déterministe de l'histoire (3). Du reste, pour l'empirisme, cette liaison unilinéaire des phénomènes est simplement posée, mais jamais démontrée. Lorsque Stuart-Mill s'efforce de faire cette démonstration, c'est à l'induction fondée sur l'expérience qu'il a recours. La causalité, selon lui, est la plus forte de toutes les inductions, leur résultat dernier ; mais une fois obtenue et soutenue par elles, elle leur sert de fondement à son tour. Si ce n'est pas là un cercle aussi vicieux que possible, les mots n'ont plus de sens. Et si l'on prétend dépasser l'expérience à l'aide de l'induction, c'est qu'on fait appel à une croyance ; mais à choisir entre les croyances, je préfère, puisqu'elles sont toutes libres, celle qui me fait homme à celle qui me fait machine. La thèse de Mill, comme les deux précédentes, est donc une fantaisie de métaphysique absolutiste et rien de plus.

13. Le principe de raison suffisante exclut la liberté par un retour au panthéisme. — *C*) Quant au principe de *Raison suffisante*, invoqué par Leibnitz dans la *Théodicée* (1710) et la *Mona-*

---

(1) Renouvier. *Psychologie*, II, p. 80.
(2) Pascal. *Pensées*, III, § 7, éd. Havet.
(3) V. également les *Principes de philosophie scientifique*, ch. vii, sur la *Méthode en histoire*.

dologie (1714) pour rendre compte de tous les faits, il est, selon nous, dans le même cas (1). Selon ce philosophe, tout ce qui arrive a sa raison d'être qui détermine suffisamment et qui même justifie sa production. « Le présent est gros de l'avenir et plein du passé; » chaque événement a sa raison suffisante dans ceux qui le précèdent et sert lui-même de raison suffisante à ceux qui suivent. De là l'optimisme dont se raille avec tant de raison Voltaire dans ses *Discours* en vers et dans *Candide*. Dans l'ordre universel ainsi constitué *a priori* en vertu d'un choix de Dieu entre les possibles, parmi lesquels le monde actuel était le moins mauvais, l'homme n'est plus l'homme; il n'y a plus en lui que les pièces d'un ensemble dont l'arrangement a sa raison d'être ailleurs qu'en lui-même; il n'y a plus de personnalité distincte et séparée, mais un ordre unique; ni causalité même, puisqu'il n'y a plus de commencement. Nous retrouvons encore une fois le panthéisme. Du reste, le fait de substituer l'idée de *raison* à celle de *cause* indique bien que l'on perd la notion de la causalité vraie, laquelle est donnée surtout dans l'homme qui agit, qui veut, qui sent, qui décide, et beaucoup moins nettement dans l'homme qui pense et raisonne, à moins que l'on ne consente à reconnaître que la raison, la pensée, peuvent être des instruments au service de la volonté.

IV. — DÉTERMINISME PSYCHOLOGIQUE

14. Appels du déterminisme à l'expérience. — Au reste, le déterminisme tiré de la loi de causalité absolue, de la raison suffisante, principes posés *a priori*, a trois formes *a posteriori*, c'est-à-dire fondées sur l'expérience. Il est bien, d'une part, le soutien secret du déterminisme que nous appelons statistique, mécanique; mais, d'autre part, il semble avoir une confirmation dans le relevé des faits qui constitue la base du déterminisme : 1° *ethnologique*, c'est-à-dire fondé sur l'influence de la race et du milieu; 2° *physiologique*, c'est-à-dire fondé sur l'influence de notre tempérament physique, et 3° enfin *psychologique*, c'est-à-dire fondé sur l'influence des motifs. C'est donc enlever une grande partie de leur force à ces systèmes empiriques que de montrer la faiblesse de leur cheville ouvrière, le

---

(1) V. Eclaircissement II.

principe *a priori* de la causalité universelle. Du reste, les deux premières formes du déterminisme empirique (ethnologique, physiologique) ne sont elles-mêmes que des exemples de l'influence des mobiles et motifs, ont la même valeur et prêtent aux mêmes objections. Nous les réunirons donc sous le même chef : déterminisme psychologique.

15. Action déterminante des influences psychiques, physiologiques, anthropologiques. — La thèse du déterminisme psychologique se pose ainsi : « Toute résolution a des motifs, et c'est le plus fort qui l'emporte. L'âme est comme une balance et les motifs sont les poids qui l'inclinent. Si l'on connaissait parfaitement le caractère d'un homme et les influences de toute nature qui agissent sur lui, on pourrait prédire ses actes aussi scientifiquement que le lever du soleil. Il y a, des motifs aux résolutions, la même conséquence que des causes aux effets. Si j'objecte que je me sens bien en puissance d'agir maintenant autrement que je n'agis, ou d'avoir suivi jadis une autre voie, on me répond : soit, mais à condition de ne plus envisager les mêmes motifs ou de les voir d'un autre œil. Ainsi la résolution ne change jamais sans que les motifs changent (1).

Ceci posé, en thèse générale, on invoque pour confirmation les diverses espèces d'influences qui pèsent sur nos résolutions. Tous les faits étant liés d'une façon indissoluble et continue d'après l'hypothèse, les faits physiques *produisent* les faits organiques, qui *produisent* les faits intellectuels, qui *produisent* les faits moraux. Et l'on fait d'abord appel à l'anthropologie qui prétend montrer que l'homme est simplement une résultante historique. — Il y a là du vrai ; mais la thèse ainsi énoncée est impuissante à sortir du vague et à expliquer nombre de faits qui la contredisent. On fait appel ensuite à la physiologie qui regarde l'homme comme l'effet pur de son tempérament, de son sexe, de son organisme ; là encore, beaucoup de vérité, mais au moins autant d'indécision dans les définitions et surtout autant de faits contraires à la thèse soutenue.

16. Réponse : Ordre inverse du conditionnement des phénomènes. — Nous avons démontré, du reste, pour opposer une

---

(1) V. sur la « Puissance de l'idée de nécessité » et sur l'influence des motifs le morceau de Jules Lequier, inséré dans la *Psychologie* de M. Renouvier, II° vol., p. 394.

thèse générale à la thèse de la continuité des phénomènes que, quant à leur espèce, les ordres de phénomènes sont irréductibles entre eux et disposés en séries distinctes et hiérarchiques (1). Quant à leur cause, nous avons reconnu avec l'empirisme et particulièrement avec le matérialisme qu'il y a bien un ordre de conditionnement des supérieurs par les inférieurs, mais la réciproque est tout aussi éclatante. Si l'armée d'Annibal s'engourdit, selon l'expression traditionnelle, dans les délices de Capoue, l'âme de Pascal, l'esprit de Voltaire triomphent d'un corps constamment malade ou débilité. Dans la vie actuelle, les fonctions organiques sont le soutien, la condition universelle des fonctions intellectuelles et morales, mais peut-être dans cette vie même ou du moins dans une autre en sera-t-il autrement ? Question réservée pour le chapitre où nous traitons de la Religion naturelle (2). Nous prétendons, en tout cas, qu'entre l'*excitation* physique faite sur nos sens par les agents externes, et la *réaction* également physique, mais d'abord physiologique transmise à l'organisme et par lui au monde externe pour répondre à l'action, il y a un *hiatus* que nulle physiologie ne peut combler, et qui est la conscience, la représentation, sur laquelle on ne niera plus que la volonté ait un pouvoir d'initiative. Cela suffit pour que l'homme ne soit pas un simple appareil de transmission, un lieu de passage, un moyen de communication des divers modes de mouvement.

17. Faiblesse de l'objection tirée de la liberté d'indifférence. — Cependant, si tout n'est pas vrai, il y a certainement du vrai, dans le déterminisme qui se fonde sur l'observation des faits de conscience. La liberté d'indifférence, ou l'action sans motif, opposée par Clarke à Leibnitz, n'est qu'une chimère. Il ne peut pas y avoir d'acte sans motif et si l'on coupe idéalement l'âne de Buridan selon un plan vertical passant par le milieu du corps, ni ce corps ni l'univers ne se trouvera partagé en deux parties égales. Donc il y a des raisons réelles, quoique non toujours apparentes pour qu'il aille vers une botte de foin plutôt que vers l'autre, n'y eut-il pour cela que ce motif : ne pas mourir de faim. De plus, on peut dire contre l'indifférentisme que seules les actions dont nous connaissons les motifs ont pour nous une importance morale et c'est de celles-là uniquement

---

(1) V. ch. I.
(2) V. particulièrement les ch. XX à XXII.

qu'il s'agit ici et non pas de celles qui pratiquement ont des motifs négligeables, et, en ce sens seulement, indifférents. Enfin, la volonté agissant toute seule, comme énergie pure, sans le moindre lien avec le reste de l'être intellectuel ou passionnel (1), est une idole de la doctrine qui met partout, même dans l'âme humaine, des *substances* qui, comme le mot l'indique, se tiennent à part, existent pour soi, sans relation, sans solidarité avec quoi que ce soit; ce sont des *absolus*, en un mot; c'est là le substantialisme.

18. L'indifférentisme et le déterminisme réalisent des abstractions: l'un, la volonté pure, l'autre, le motif pur. — Quant à la comparaison de la balance et des poids, nous dirons que l'évaluation quantitative et mécanique ne convient pas aux phénomènes psychiques et que la métaphore est trop grossière. Les motifs ne sont pas comme des poids, qui ont leur masse toute déterminée avant d'agir sur les plateaux; les motifs n'ont leur action qu'en nous, et par nous, ils sont nôtres et nous inclinent, si nous le voulons, sans nous nécessiter. A cela on objecte, il est vrai, que « si, dans nos actes, quelque chose est déterminé, et quelque chose ne l'est pas, le surcroît de détermination nécessaire pour que l'action commence vient donc d'une volonté elle-même absolument indépendante des motifs, et nous retombons dans la liberté d'indifférence (2) ». Nous répondrons : le vice du déterminisme psychologique, comme de l'indifférentisme est dans une vue incomplète de la réalité, et dans l'abus de l'abstraction, vice si ancien et si général parce qu'il est naturel à l'esprit humain comme l'anthropomorphisme et qui consiste à réaliser des idées, c'est-à-dire à considérer comme réalité existant à part dans la nature, se suffisant en quelque sorte à soi, ce qui peut être atteint *par la pensée*, sans considérer, en même temps qu'on le sépare, ses liens réels avec le tout dont il est une partie ou qualité. L'abstraction est la forme suprême de ce procédé de l'esprit qu'on appelle analyse et sans lequel aucune science, aucune partie de science n'est possible; car savoir, c'est d'abord distinguer ce qui est différent, avant de réunir ce qui est semblable ou simplement uni dans les objets.

19. L'analyse doit, assurément, séparer les fonctions irréductibles entre elles. — Or, les fonctions de la personne sont

(1) V. à ce sujet Eclaircissement IV. Et le chapitre sur la *Personnalité*.
(2) Souriau. Thèse sur l'*Invention*, 1881, p. 50.

certainement distinctes : la passion, d'où procèdent les mobiles de l'acte, est distincte de la pensée d'où procèdent les raisons d'agir, les motifs, et distincte encore du vouloir d'où procède l'acte lui-même; et c'est le fait d'une psychologie confuse et superficielle que de ne pouvoir s'élever jusqu'à la distinction nettement tranchée de ces fonctions diverses. C'est, par exemple, le défaut de l'analyse de Platon, chez lequel le vouloir se confond tantôt avec la raison (*nous*), tantôt avec le cœur (*thumos*); c'est encore celui de Descartes, chez lequel la pensée est bien distinguée comme fonction propre d'entendement, mais la volonté identifiée avec la passion ou désir ; c'est encore le défaut de la langue du XVII° siècle dans laquelle le mot *sentiment* désigne tout aussi bien la fonction de *juger* que celle de *sentir*. Et l'erreur du déterminisme psychologique est surtout dans la tendance à ramener l'opposition des passions et de la volonté à celle des passions entre elles, ce qui est facile en arrangeant les mots pour un moment et pour les besoins d'une théorie. Mais on se paye de mots quand on prétend que les passions les plus fortes l'emportent, car la force est un concept qui n'est pas de l'ordre du cœur (*finalité*), mais de l'ordre du vouloir (*causalité*), et une analyse psychologique est dépourvue de toute valeur si elle ne distingue pas entre le désir, passion produite en présence d'une fin et la fonction volontaire propre à réaliser cette fin, à la faire venir du possible à l'acte (1).

20. Mais, dans la réalité concrète, il y a solidarité constante entre les trois grandes fonctions mentales. — Mais si les trois fonctions sont irréductibles entre elles, elles sont cependant, en réalité, à ce point solidaires que non seulement elles ne peuvent s'exercer l'une sans l'autre, mais qu'elles ne peuvent même être conçues à l'état pur et séparé. Que serait une intelligence *pure*, sans passion ? Elle ne se proposerait pas même comme fin le vrai, et n'y *tendrait* pas. Tendance, finalité, sont des choses de l'ordre de la passion, et un esprit qui ne les contiendrait en aucun sens resterait comme un miroir sans lumière et sans objet à refléter. D'autre part, un esprit sans vouloir, en présence de plusieurs opinions, ne choisirait pas, ne se déciderait pas ; il n'exercerait pas la fonction d'*opiner*, parce que toute opinion est un acte de volonté. — Que serait une

---

(1) Renouvier. *Psych.*, I, p. 200 et suiv.

passion *pure*, sans élément intellectuel d'aucune sorte ? Tout désir implique d'abord la conception d'un état actuel ou initial de l'être qui comporte une imperfection, un manque, un défaut, puis un état final imaginé comme résolvant, satisfaisant, corrigeant l'état initial, et enfin une tendance de l'un à l'autre état. Un désir auquel manquerait l'un de ces éléments, dont les deux extrêmes au moins sont d'ordre intellectuel, serait pour nous radicalement inintelligible. — Que serait enfin une volonté pure sans pensée, ni passion ? Une force aveugle qui s'ignore et qui procède sans but ; pas même un instinct, car un instinct a au moins ce but : agir pour n'être pas immobile, agir pour être. La volonté sans mobile ni raison, conception typique de l'indifférence, n'est que le hasard et n'est même pas la force, car toute force implique une direction et une intensité et ces mots n'ont pas de sens s'ils ne sont rapportés au moins d'une façon générale l'un à l'ordre de l'intelligence, l'autre (*intendere*, tendre à) à celui de la passion.

21. Les métaphysiciens ont réalisé comme des êtres à part chacune de ces fonctions abstraites. — Assurément, selon nous, la thèse de la liberté a été si rarement comprise, parce que les penseurs qui ont le plus d'autorité sur le monde philosophique ont réalisé en leurs analyses incomplètes l'une de ces trois abstractions. Aristote a conçu ou cru concevoir un intellect pur, sans objet, et qui n'a d'autre fonction que de se penser lui-même (1) (*noêsis, noêseôs*). C'est la grande et constante chimère de la philosophie purement intellectualiste. Descartes n'a pas reculé devant la conception d'un Dieu en qui la volonté pure est antérieure à l'intelligence et à la moralité, de sorte que si ce Dieu, qu'il croit de beaucoup supérieur à Jupiter, avait voulu, il y aurait des cercles carrés et nos vertus seraient des vices (2). Enfin le quiétisme, la doctrine de l'amour pur, avec l'extase de Plotin ; l'abandon du jugement et la résignation de la volonté chez les mystiques peuvent nous donner l'idée de l'espèce d'aberrations où l'on tombe en concevant l'homme sous l'aspect exclusif de l'affectivité. Bornés au point de vue de l'analyse et des éléments que sépare son artifice ; hantés du reste par l'idole de l'absolu

---

(1) *Métaphysique*, livre XII, ch. IX, trad. Barthélemy Saint-Hilaire. Alcan.
(2) Que reste-t-il de Dieu après cela? Que respectons-nous, qu'adorons-nous en lui ? « *Ti an eiê to semnon?* » dit Aristote. *Métaphysique*, liv. XIII, ch. IX. V. J. Simon, *Devoir*, p. 284. V. l'Eclaircissement IV.

qu'ils ont cru apercevoir sous l'une ou l'autre de ces abstractions, de tels penseurs auxquels l'on ne saurait, sans leur faire grand tort, refuser le don de l'énergie théorique n'ont cependant pas pu se placer au point de vue de la synthèse réelle, et n'ont pas su intégrer, en leurs conclusions, les fonctions humaines qu'avait distinguées sans réserve leur science commençante. Ils n'ont pas senti l'union indissoluble et profonde et par suite n'ont fortement saisi dans la solidarité ni sa source qui est la liberté ni son essence qui est le déterminisme relatif des séries d'événements commencées ou suspendues par cette même liberté. Tel a été l'écueil des psychologues partisans de la nécessité, tel aussi celui de leurs adversaires, partisans de la volonté indifférente. Pour ces derniers, il faut avouer que ce n'est pas l'esprit d'aventure qui les a détournés de la vérité philosophique, mais plutôt une sorte d'infirmité spéculative jointe à une incroyable timidité en présence des alternatives logiques où se trouvent engagés, avec le problème de la liberté, les plus sérieux intérêts de la personne morale.

22. Conclusion : La séparation des fonctions est le fait non pas de la nature, mais de la liberté. — Le tort des deux systèmes contraires que nous rejetons en ce moment est donc la séparation entre la volonté et les motifs, conçue comme naturelle et antérieure à l'acte, tandis qu'elle n'est que le résultat, le fait même de l'action volontaire. Dans le premier cas, celui du déterminisme psychologique, le motif est conçu comme agissant naturellement seul ; dans le second cas, celui de l'indifférentisme, la volonté est conçue comme agissant naturellement seule. Mais la vérité est que la volonté, pour s'exercer, doit *se séparer* et non *être séparée* : elle retire son adhésion à l'un des possibles envisagés par l'intelligence et s'attache à un autre. Elle ne peut s'attacher qu'en se détachant. C'est une loi d'initiative qui modifie des lois de simple spontanéité. Dès qu'elle agit sur l'une de celles qui constituent le système du monde mental, elle y détermine une rupture d'équilibre au profit de la direction qu'elle y réalise, et toutes les autres lois se trouvent par là transformées en composantes ou résistantes du mouvement obtenu. Il n'y a là, nous nous en rendons bien compte, que des métaphores mécaniques, mais qui *traduisent* notre pensée. La volonté est donc bien séparée, mais non comme un absolu, et de sa nature ; elle l'est relativement à un motif, et de son fait, par son acte. Il n'y a que relations dans le monde de la conscience comme dans celui de l'univers, et c'est pour avoir voulu y trouver des absolus que la philosophie a toujours versé soit dans l'ornière du déterminisme, soit dans l'ornière de l'indifférence. A peine deux ou trois fois a-t-elle trouvé pour un instant la bonne voie de la liberté sous la conduite d'Aristote, d'Epicure, mais tous les autres philosophes l'ont ramenée aux fondrières.

Nous verrons, dans le chapitre suivant, quelle est la position de la question qui peut assurer la solution la plus efficace de si longues controverses.

ÉCLAIRCISSEMENTS

I

L'intervention de la liberté, dans l'ordre physique comme dans l'ordre mental, rend approximatives les prévisions les mieux fondées en apparence.

Toute la science justement supposable, la science accomplie, ne suffirait pas pour donner les moyens de déduire des états antérieurs du monde, son état futur exact et complet après un temps quelconque. La prévision n'est que partielle et approximative, là où elle est certaine ; ailleurs elle est conjecturale et plus ou moins probable : je dis partielle parce qu'elle porte principalement sur les phénomènes d'ordre général qui embrassent et conditionnent tous les autres (1) ; je dis approximative, parce que même ces grandes lois, où la part des actions humaines et libres semble nulle, ne laissent pas d'admettre dans leurs effets une intervention minime d'éléments imprévus et imprévoyables. Par exemple, le moindre déplacement volontaire d'un homme sur la surface du globe terrestre modifie, quoique dans des limites singulièrement étroites, mais enfin modifie peut-être et la marche de la planète et celle du soleil, et l'application de la loi de la gravitation, aussi loin que son empire s'étend d'astre en astre dans l'immensité.

Si nous passons de la sphère du monde à la sphère de l'homme et de ses lois propres, les mêmes considérations sont applicables. Seulement la part de l'imprévu grandit beaucoup, et cela moins encore dans les faits eux-mêmes que par l'importance du domaine ainsi créé : la morale. Celui qui, pour apprécier la valeur de la liberté, n'aurait égard qu'à sa portée en quelque sorte matérielle et n'envisagerait que les derniers résultats des événements libres dans la marche de l'humanité, perdant de vue les personnes individuelles, les temps définis, les rela-

(1) Et que ces phénomènes généraux ne peuvent être embrassés dans leur totalité.

tions passagères, celui-là verrait le principe de détermination effacer ou surmonter de plus en plus le principe des accidents.

RENOUVIER, 2ᵉ Essai, *Psychologie*, t. II, p. 337.

II

Le principe de toute raison suffisante est Dieu.

Maintenant il faut s'élever à la métaphysique, en nous servant du grand principe peu employé communément, qui porte que rien ne se fait sans *raison suffisante;* c'est-à-dire que rien n'arrive sans qu'il soit possible à celui qui connaîtrait assez les choses de rendre une raison qui suffise pour déterminer pourquoi il en est ainsi et non pas autrement. Ce principe posé, la première question qu'on a droit de faire sera pourquoi il y a plutôt quelque chose que rien. Car le rien est plus simple et plus facile que quelque chose. De plus, supposé que des choses doivent exister, il faut qu'on puisse rendre raison pourquoi elles doivent exister ainsi et non autrement.

Or, cette raison suffisante de l'existence de l'univers ne se saurait trouver dans la suite des choses contingentes, c'est-à-dire des corps et de leurs représentations dans les âmes ; parce que la matière étant indifférente en elle-même au mouvement et au repos, et à un mouvement tel ou autre, on n'y saurait trouver la raison du mouvement, et encore moins d'un tel mouvement. Et quoique le présent mouvement, qui est dans la matière, vienne du précédent et celui-ci encore d'un précédent, on n'en est pas plus avancé quand on irait aussi loin que l'on voudrait, car il reste toujours la même question. Ainsi il faut que la raison suffisante, qui n'ait plus besoin d'une autre raison, soit hors de cette suite des choses contingentes, et se trouve dans une substance qui en soit la cause ou qui soit un être nécessaire portant la raison de son existence avec soi ; autrement on n'aurait pas encore une raison suffisante où l'on pût finir. Et cette dernière raison des choses est appelée Dieu.

LEIBNITZ. *Principes de la Nature et de la Grâce*, § 7 et 8.

III

La loi de causalité universelle est imposée aux faits par la logique de l'esprit et n'est pas un résultat de l'expérience, malgré l'opinion de l'empirisme chez Stuart-Mill.

Nous sommes amenés à considérer la loi de causalité, au moyen de laquelle nous concluons de l'effet à la cause, comme une loi de notre pensée préalable à toute expérience. En général, nous ne pouvons obtenir aucun résultat d'expérience, relativement aux objets naturels, sans que la loi de causalité agisse déjà en nous ; elle ne peut donc pas être un résultat des expériences que nous faisons sur ces objets.

Cependant cette dernière opinion a trouvé bien des défenseurs : on a voulu voir dans la loi de causalité une loi naturelle acquise par induction. Stuart-Mill l'a récemment exposée de cette manière, et il a même examiné si elle devait nécessairement être applicable pour les habitants d'autres systèmes stellaires. Je me contenterai de faire remarquer que la démonstration empirique de la loi de la cause suffisante est bien difficilement acceptable. En effet, le nombre des cas où nous croyons pouvoir démontrer complètement le rapport causal des phénomènes naturels est bien peu considérable par rapport au nombre des cas où cette démonstration nous est encore complètement impossible. Les premiers appartiennent presque exclusivement à la nature inorganique, tandis que les cas non démontrés comprennent la plus grande partie des phénomènes de la nature organique. Pour les animaux et les hommes, nous admettons même avec certitude, d'après notre propre conscience, un principe de libre arbitre que nous sommes absolument obligés de soustraire à la dépendance rigoureuse de la loi causale ; malgré toutes les spéculations théoriques sur la fausseté possible de cette conviction, je crois que notre conscience naturelle ne s'en départira jamais. Ainsi ce sont précisément les cas les mieux et les plus exactement connus de nos actions que nous considérons comme des exceptions à cette loi. Si donc la loi causale était une loi d'expérience, sa démonstration inductive serait très peu satisfaisante. Nous pourrions tout au plus comparer son degré de causalité à celui des lois météorologiques, de la loi de rotation du vent, etc. On n'aurait plus rien à répondre aux physiologistes vitalistes qui considèrent la loi causale comme bonne pour la nature inorganique, mais qui, pour la nature organique, n'admettent son action que dans une sphère peu élevée.

La loi causale présente le caractère d'une loi purement logique, en ce que les conséquences qu'on en déduit ne se rapportent pas à l'expérience elle-même, mais à la manière de la comprendre, motif pour lequel il est impossible qu'elle soit jamais réfutée par l'expérience. En effet, lorsque nous nous heurtons à quelque difficulté dans l'application de la loi causale, nous n'en concluons pas qu'elle soit fausse, mais que nous ne connaissons pas encore complètement l'assemblage des causes qui agissent de concert dans le phénomène qui nous occupe. Et lorsqu'enfin nous sommes parvenus à comprendre certains phénomènes de la nature, d'après la loi causale, nous en déduisons qu'il existe, dans l'espace, certaines masses matérielles qui s'y meuvent et qui agissent les unes sur les autres avec certaines forces motrices.

HELMHOLTZ. *Optique physiologique*, trad. Javal, p. 592 et suiv. G. Masson, Paris.

IV

La volonté divine séparée de tout motif, d'après Descartes.

Les vérités métaphysiques, que vous nommez éternelles, ont été établies de Dieu et en dépendent entièrement, aussi bien que tout le reste des créatures. C'est en effet parler de Dieu comme d'un Jupiter

III. — LA LIBERTÉ (L'ANTITHÈSE)

ou d'un Saturne et l'assujettir au Styx et aux destinées que de dire que ces vérités sont indépendantes de lui. Ne craignez point, je vous prie, d'assurer et de publier partout que c'est Dieu qui a établi ces lois en la nature, ainsi qu'un roi établit les lois en son royaume... On vous dira que si Dieu avait établi ces vérités, il les pourrait changer comme un roi fait ses lois ; à quoi il faut répondre que oui, si sa volonté peut changer ; mais je les comprends comme éternelles et immuables, et je juge de même de Dieu.

Lettre 71 au R. P. MERSENNE.

Par exemple, il a créé le monde dans le temps, mais ce n'est pas pour avoir vu qu'il était meilleur de faire ainsi, et il n'a pas *voulu* que les trois angles d'un triangle fussent égaux à deux droits, parce qu'il a connu que cela ne se pouvait faire autrement, etc. Mais, au contraire, parce qu'il a voulu créer le monde dans le temps, pour cela il est ainsi meilleur que s'il eût été créé dès l'éternité ; et d'autant qu'il a voulu que les trois angles d'un triangle fussent nécessairement égaux à deux droits, pour cela, cela est maintenant vrai, et il ne peut pas en être autrement, et ainsi de toutes les autres choses... Ainsi une entière indifférence en Dieu est une preuve très grande de sa toute-puissance.

DESCARTES. *Rép. aux VIes objections.*

CHAPITRE IV

LA LIBERTÉ (Suite). — III. LA SYNTHÈSE

QUELQUES ACTES SONT LIBRES. — QUELQUES ACTES NE SONT PAS LIBRES

I. — POSITION DU DILEMME

1. Opposition métaphysique des deux thèses simplifiées : le Panthéisme ; la Liberté. — La thèse panthéiste est la plus ancienne, la plus profonde et la seule conséquente qu'on ait jamais opposée à celle de la liberté. Toutes les autres formes du déterminisme n'ont de force qu'en lui empruntant, sous des noms différents, son principe : continuité de l'être et des phénomènes (1), en dehors duquel on n'a fait intervenir dans le débat que des banalités, comme l'influence de la race, du milieu, du tempérament, ou des pauvretés comme l'indifférentisme de Bossuet, de Clarke et de Reid, ou la distinction entre les motifs et les mobiles, de Jouffroy. A la thèse de la nécessité de l'être, admise avec rigueur par Parménide et Spinoza, un philosophe contemporain a opposé avec non moins d'exactitude logique dans les conséquences la liberté et la discontinuité des phénomènes, c'est l'auteur des *Essais de critique générale*, qui plaçant avec plus de résolution encore que Kant la morale au centre et à la base de toute spéculation, et maniant avec une énergie trop peu commune le principe de contradiction, unique levier de la pensée logique, a rompu les chaînes de tous les préjugés qui recouvraient la question du libre arbitre.

2. Opposition logique des propositions contradictoires. — D'après ce dernier point de vue, à la proposition :

Aucun acte n'est contingent,

---

(1) V. Eclaircissement I.

il ne s'agit pas d'opposer la proposition contraire :

Tous les actes sont contingents,

ce qui serait la monomanie de la liberté en face de la monomanie nécessitaire (1), mais bien la contradictoire :

Quelques actes sont contingents.

Deux propositions sont *contradictoires*, quand l'une nie universellement ce que l'autre affirme seulement pour des cas particuliers. Et une telle opposition entre les propositions exige que l'une des deux soit vraie, parce que l'autre est nécessairement fausse. Il suffit donc de choisir, et l'on est forcé de choisir. Ce n'est pas cependant là un *pari* forcé, dans le genre de celui que propose Pascal au sujet de la vérité du catholicisme (2), car dans un pari les deux alternatives peuvent être également fausses parce qu'elles sont simplement *contraires*, et dans notre cas, par exemple, elles s'opposeraient ainsi :

Tous les actes sont nécessaires.
Aucun acte n'est nécessaire.

3. La science en général, n'existant pas, ne peut être opposée à la liberté. — Dans la question que nous agitons, si des deux contradictoires nous affirmons la particulière :

Quelques actes sont contingents (ou libres),

il en résultera qu'une autre proposition, opposée encore, mais seulement comme la négation à l'affirmation et non plus comme l'universel au particulier, et qui pour cela s'appelle *sub-contraire*, cette proposition :

Quelques actes ne sont pas libres (ou contingents),

sera vraie aussi et nous fournira un moyen de conciliation entre les deux doctrines, moyen impossible pour toute autre méthode.

« La liberté et la nécessité ne sauraient être ni simultanément vraies ni simultanément fausses, car de deux choses l'une, ou les actes humains sont tous et totalement prédéterminés par leurs conditions et antécédents, ou ils ne le sont pas tous et totalement. C'est ainsi que se pose la question logique. Le doute

---

(1) *Psych.*, II, p. 341.
(2) *Pensées*, art. X, § 1, p. 174, éd. Ernest Havet.

serait donc notre seule ressource ; mais le doute ne nous tire point de peine, quant à la morale : s'il est souvent légitime en face des théories, il est la mort de l'âme dans les choses pratiques, et touchant toute croyance d'où dépend la conduite de la vie... Un tel parti n'est tenable, s'il l'est, que pour le mystique, pour celui qui, sans s'arrêter à la contradiction, sape les fondements de la science, ensuite n'établit rien de net et de compréhensible. » C'est là le cas de Bossuet : « La première règle de *notre* logique, dit-il (1), c'est qu'il ne faut jamais abandonner les vérités une fois connues, quelque difficulté qu'il survienne, quand *on veut* les concilier ; mais qu'il faut au contraire, pour ainsi parler, tenir toujours fortement comme les deux bouts de la chaîne, quoiqu'on ne voie pas toujours le milieu par où l'enchaînement se continue. On peut toutefois chercher les moyens d'accorder ces vérités, pourvu qu'on soit résolu à ne pas les laisser perdre, quoi qu'il arrive de cette recherche, et qu'on n'abandonne pas le bien qu'on tient pour n'avoir pas réussi à trouver celui qu'on poursuit (2). » La discussion est permise, disait saint Augustin, pourvu qu'on ait d'abord une foi inébranlable : *disputare vis, nec obest, si certissima precedat fides*. Malheureusement, nous ne sommes pas logiquement autorisés à croire que nous tenons deux bouts de quelque chose, alors qu'il y a contradiction à se les représenter en cette qualité de bouts, c'est-à-dire joints en n'importe quelle manière.

II. — LES MOYENS D'OPTION

4. Ils sont empruntés : 1° à la morale ; 2° aux sciences ; 3° à la philosophie. — Ainsi donc, il faut *opter* ; la logique nous y contraint. Mais il faut encore trouver un moyen d'option : la morale nous guidera dans le choix à faire entre la thèse et la synthèse en nous indiquant dans quel sens se rencontre la satisfaction la mieux assurée de nos intérêts supérieurs ; dans laquelle des deux doctrines restent possibles la morale elle-même et ces autres biens : dignité de la personne, possibilité de la science, progrès libre en tant qu'œuvre de volonté personnelle, qualification des actes au point de vue d'un idéal

---

(1) Je souligne le mot *notre*, car il est heureux que cette logique ne soit que celle de Bossuet.
(2) *Traité du libre arbitre*, ch. IV, dernier paragraphe.

et enfin responsabilité. D'autre part, nous demanderons aux sciences des conceptions favorables à la solution désirée ; et une science au moins nous viendra en aide dans la personne de mathématiciens comme de Saint-Venant (1) et Boussinesq selon lesquels l'expression numérique des mouvements qui constituent l'univers comporterait en certaines circonstances des équations indéterminées, traductions expressives de l'indéterminisme de la nature (2). Nous rencontrons aussi chez les philosophes des conceptions qui aboutissent aux mêmes conclusions.

5. Conception philosophique de la contingence dans Aristote, Epicure, M. Boutroux.

— Ainsi, Epicure concevait dans les atomes un certain pouvoir de dévier librement de la chute rectiligne sous la loi de pesanteur (3), introduisant ainsi dans l'univers une sorte de liberté. Il empruntait le principe de la physique de Démocrite, encore accepté de nos jours par le matérialisme et d'après lequel le mouvement de la matière détermine la formation et l'existence de tous les êtres, y compris l'âme. Les chocs des atomes matériels suffisaient et suffisent encore aux matérialistes pour toute explication, ainsi qu'on peut s'en convaincre dès les premières lignes de la II° partie du livre de M. André Lefèvre (4) sur la philosophie. Epicure, qui, avant d'être un physicien, était un moraliste très convaincu de la réalité de la liberté humaine, la définit comme un pouvoir d'échapper à l'enchaînement sans fin des causes et de créer des séries nouvelles de phénomènes, et il place ce pouvoir dans ce qui, pour lui, représente le fond même de la réalité, l'atome. On a trouvé ridicule cette invention. Mais les mêmes critiques qui se moquent du *clinamen* des atomes chez Epicure trouvent sérieuse la conception des atomes chez Démocrite, qui forme des sensations et des idées avec des corpuscules insécables. Il y a des gens dont la logique est de bonne composition (5).

(1) V. Eclaircissement III.
(2) V. Eclaircissement IV.
(3) *Clinamen*, pouvoir de déclinaison. « Le principe leibnitzien de raison suffisante était déjà présent à l'esprit de Démocrite lorsqu'il faisait tomber les atomes primitivement en ligne droite parce qu'il n'y avait *aucune raison*, selon lui, pour qu'ils déviassent d'un côté plutôt que de l'autre ; et Epicure avait parfaitement conscience de l'atteinte qu'il portait à ce principe au nom de la conscience du libre arbitre, dans sa théorie du *clinamen*. » Boutroux. Ed. de la *Monadologie*, Delagrave, 1881, p. 158, note 2.
(4) *La philosophie*, 1 vol. de la Biblioth. des sciences contemporaines. Reinvald.
(5) V. Eclaircissement II.

Aristote avait, du reste, avant Epicure, fait voir, en se plaçant au point de vue de la science logique, l'impossibilité d'appliquer aux propositions portant sur l'avenir une détermination nécessaire ; ce qui est une autre façon d'enlever aux négateurs de la liberté le droit d'invoquer contre elle la nécessité absolue des prévisions en tout ordre de sciences. Enfin, de nos jours, M. Boutroux, dans sa thèse sur *la contingence des lois de la nature*, présente très fortement les conditions de l'hypothèse cosmique dont la morale a besoin, en montrant que la logique seule et non pas la nature peut être le domaine propre de la nécessité (1). Aussi notre choix entre la nécessité et la liberté sera guidé par des vues que ni la philosophie, ni la science, ni la morale ne sauraient désavouer.

6. Aucune science positive particulière ne peut mettre ses lois en conflit avec la liberté, loi d'ordre universel. — Dans le cas même où la science ou plutôt les sciences resteraient en contradiction avec la morale, c'est sans aucune hésitation que nous les sacrifierions à celle-ci ; car, selon nous, l'intérêt pratique prime de beaucoup l'intérêt spéculatif. Heureusement un tel sacrifice n'est nullement nécessaire. D'abord, « il est incontestable que l'objet de chaque science particulière est de former une chaîne des phénomènes qu'elle étudie et de supposer (2), et s'il se peut, de découvrir des lois par lesquelles ils soient tous invariablement liés. Or, qui dit loi, entend nécessité. Rien de plus légitime. Mais existe-t-il une science totale qui prétende lier ainsi tous les phénomènes de tout ordre ? » Cette science

---

(1) Un historien récent de la philosophie, M. A. Weber, va plus loin que nous en ce sens. Non seulement il place la contigence dans le monde matériel, mais il fait de la volonté, c'est-à-dire en somme, de la liberté, la substance même de l'être. « La volonté, dit-il, est l'être dans sa plénitude ; tout le reste n'est que phénomène. Séparées de l'effort qui les produit, les réalise, les constitue, la matière et la pensée ne sont que des abstractions : elles n'existent l'une et l'autre que par la volonté. La volonté est au fond de tout (Ravaisson), elle n'est pas seulement l'essence de l'âme humaine (Duns Scott, Maine Biran, Bartholomèss), le phénomène premier de la vie psychique (Wundt), mais le phénomène universel (Schopenhauer), le fond et la substance de l'être (Secrétan), le seul principe absolu (Schelling). A ce principe, comme dit Aristote, est suspendu le ciel et toute la nature. » Weber, *Histoire de la Philosophie européenne* ; 4° éd., 1886, Sandoz et Fischbacher, p. 553. — Nous trouvons là des inductions substantialistes dont il faudrait tout d'abord avouer le caractère hypothétique ; alors, on pourrait les opposer, à titre de croyances, à la croyance mécaniste du matérialisme. Mais il faut se garder de confondre ces assertions métaphysiques avec des données critiques.

(2) Descartes, *Disc. de la Méth.*, éd. Brochard, Alcan, p. 37 : « Conduire par ordre mes pensées..... en supposant même de l'ordre entre les objets qui ne se précèdent point naturellement les uns les autres. »

totale n'est pas faite ni faisable ; nous en donnons les raisons ailleurs (1). Restent donc les sciences particulières. Il n'en est aucune qui puisse se trouver à la gêne en touchant à cette limite où l'on s'arrête devant les actes libres. Une seule peut-être semblerait embarrassée par la liberté réelle de l'homme, ce serait la philosophie de l'histoire. Mais si nous avons des *systèmes* historiques qui représentent les événements après coup comme étant tout ce qu'ils pouvaient être ; autrement dit, si, en fait, tous ou à peu près tous les historiens philosophes sont déterministes, il s'en faut de beaucoup, du tout au tout peut-être, que la philosophie de l'histoire soit une science, et il est possible de concevoir sans la moindre contradiction un développement de l'histoire tel qu'il n'a pas été et tel qu'il aurait dû être (2). Il est donc permis de penser que les phénomènes ne sont pas tous assujettis à une loi unique. Il y a des *lois* dans l'univers, ou, à proprement parler, des modes invariables de production (3), qui sont l'objet de chaque science particulière. L'une de ces lois peut être la liberté qui s'insère entre les autres, les modifie par son intervention et comporte à son tour un enchaînement rigoureux de conséquences ajoutées à la solidarité universelle dès qu'elles sont entrées dans son concert.

Puisque ces sciences ne s'opposent pas à l'admission de la liberté, il ne nous reste qu'à montrer les raisons que nous avons de préférer la thèse indéterministe à l'antithèse déterministe.

III. — LES CONSÉQUENCES DE L'OPTION

A. — LES CONSÉQUENCES LOGIQUES

7. La nécessité aboutit au scepticisme. — Et d'abord indiquons les conséquences logiques des deux thèses. Si tout est nécessaire, tout état d'esprit est légitime, étant ce qu'il peut être et ne pouvant être autrement. Par conséquent, ce que nous appelons erreur est aussi légitime que ce que nous appelons vérité et il n'y a aucun moyen de discerner le faux du vrai. Rien n'est faux et rien n'est vrai ; les opinions sont ce qu'elles doivent être au moment où elles paraissent et le progrès

---

(1) Voir *Principes de philosophie scientifique*, ch. I.
(2) C'est le sujet d'un curieux ouvrage de M. Renouvier : *Uchronie*.
(3) Sur l'équivoque du mot *loi*, voir les *Principes de philosophie scientifique*, ch. VII. Et *Cours de morale pratique* ; premières données.

des sciences se fait de lui-même sans qu'on puisse garantir que la vérité d'aujourd'hui ne sera pas l'erreur de demain. Conclusion : scepticisme et indifférence.

8. L'illusion même de la liberté est inexplicable. — Ajoutons qu'en cette hypothèse, l'illusion même de la liberté ne s'explique pas. Il est en effet étrange que, placés à notre rang dans une suite de phénomènes nécessairement préordonnés, nous sommes néanmoins amenés nécessairement à supposer l'indétermination réelle de certains futurs. Il est étrange que l'*ordre des choses* se contrarie en produisant dans notre esprit l'apparence invincible de la liberté, « il est étrange que la loi de la nécessité implique la fiction de son propre renversement ». Et si cette fiction est vraiment illusoire, il ne suffirait pas de l'affirmer telle, il faudrait encore montrer comment elle a pu se produire et exposer intelligiblement les choses dans l'hypothèse contraire. Lorsque Copernic déclare que l'apparence d'un soleil tournant autour de la terre est fausse, il ne se borne pas à nier ce que *voyaient* Aristote et Ptolémée, il explique encore comment leur illusion s'est produite et, en outre, il met à sa place une théorie très satisfaisante et qui rend compte de tous les phénomènes. On ne renverse bien que ce que l'on remplace : c'est là ce que nous attendons encore des déterministes.

9. Dans la thèse de la liberté la science est possible et son progrès est œuvre humaine. — Au contraire, dans l'hypothèse de la liberté, si nous n'avons pas plus que dans l'autre un critère de la certitude, nous avons au moins un moyen d'éviter l'erreur et de *faire* la vérité. C'est la méthode de réflexion soutenue, la recherche constante, la critique, l'élimination des passions nuisibles, la satisfaction des justes instincts, l'équilibre observé entre la connaissance qui souvent nous fuit et la volonté prête à supposer ou à feindre la connaissance, c'est, en un mot, le sage exercice de la liberté. Chacun de nous est alors responsable de ses opinions, comme il l'est de ses actes moraux ; ou plutôt l'opinion même est et doit être un acte moral. Le progrès dans la science n'est plus alors, si on l'observe dans ses résultats, une simple superposition d'affirmations en couches successives et sans autre valeur que l'ordre historique ; et si on l'examine dans son cours, il n'est plus une *paléontologie*, mais une œuvre humaine, il est « la possibilité morale d'atteindre le vrai par l'application assidue d'une conscience toujours en éveil ». Il comporte la possibilité inverse de l'erreur, mais aussi son remède : la surveillance constante sur soi-même après les défaillances, et sa règle est l'examen toujours repris et maintenu comme préservatif de l'engourdissement possible dans l'évidence.

10. Toute certitude est œuvre de liberté. — En ce sens, il est donc vrai de dire que le savant *fait* la science, que l'homme qui pense *fait* la vérité. Ici les protestations ne manquent pas et d'abord chez M. Fouillée (1). M. Rabier (2) déclare que « l'homme qui prétendrait faire la vérité mériterait d'être enfermé, et non pas d'être cru ». A ce compte, il faudrait faire enfermer tous les savants et tous les philosophes, car nous ne voyons pas que les sciences ou la philosophie se fassent autrement que par l'intervention de certains hommes, à qui nous ne voulons pas faire l'injure de les considérer, quoiqu'ils semblent y tenir, comme de pures machines.

Assurément, « dans les sciences d'observation, les faits nous dominent et nous ne pouvons rien changer en eux » (3), mais nous pouvons changer quelque chose en nous-mêmes et nous mettre dans les meilleures dispositions pour observer. Dans les sciences de raisonnement, « nous sommes entraînés par la déduction à partir d'un premier axiome qui s'impose nécessairement » (4), nous dit-on encore. Mais il n'est rien, pas même un axiome, que mon esprit doive accepter sans prendre la peine d'examiner, au moins, s'il admet en cela une proposition raisonnable ou une sottise ; et quant à l'enchaînement des conséquences, s'il est le type même de la nécessité, encore faut-il reconnaître que parmi les déductions, les unes sont bien, les autres mal tirées, selon qu'on a fait plus ou moins attention ; or, qui dit examen et attention, dit liberté. L'être qui réfléchit est un animal perverti, déclare Rousseau ; soit, mais c'est le même être qui *fait* son salut et sa vérité. S'il est exact enfin de dire que c'est par la liberté qu'on entre dans le scepticisme (5), il n'est pas moins vrai que cette même liberté est l'*unique* moyen d'en sortir (6).

---

(1) *Liberté et déterminisme*, 2ᵉ éd., p. 127, Alcan.
(2) *Psychologie*, p. 555.
(3) Fonsegrive, *Essai sur le libre arbitre*, p. 407, Alcan.
(4) *Ibid.*
(5) *Ibid.*
(6) Nous essayons de faire voir dans les *Principes de philosophie scientifique*,

B. — LES CONSÉQUENCES MORALES

11. Avec la nécessité on aboutit au progrès social spontané ; et à l'inertie et au fanatisme des individus. — Passons aux conséquences morales, nous verrons que la liberté, si je l'affirme, non seulement est « la vie de la science que je poursuis », mais encore « la vie de ma personne ». Dans le système de la nécessité, s'il y a un progrès dans la marche de la civilisation, il ne se fait que par la force des choses. Il est donc fatal, sans participation des initiatives privées et par conséquent sans valeur morale. Si la conviction que la loi intime des événements est nécessaire pouvait entrer profondément et définitivement dans l'esprit et le cœur des hommes, il en résulterait, chez les âmes peu énergiques, un abandon à l'inaction et à la paresse complète. En effet, les choses se faisant d'elles-mêmes, nous n'avons qu'à nous croiser les bras et notre inertie est même une des conditions de l'évolution universelle tout aussi bien que notre activité, dans le cas où l'ordre des choses nous aurait amenés à y intervenir. Ou bien, au contraire, le résultat de la croyance en la nécessité, si notre nature nous poussait à l'action, aboutirait à la violence et au fanatisme, puisque cette poussée résultant de la nécessité universelle est légitime en soi et doit faire approuver tous les résultats de notre activité. Nous voyons même un effet de cette croyance au fatalisme des événements dans la théorie des hommes dits providentiels, lesquels, le plus souvent, loin de se considérer comme les manifestations les plus éclatantes de la liberté dans l'histoire, finissent par s'imaginer être des instruments de la nécessité. Ainsi Attila se laisse appeler « fléau de Dieu » ; ainsi Cromwell se croit appelé par la grâce céleste au protectorat, et Bossuet lui-même voit en lui un ouvrier de la Providence. De nos jours, c'est de la même façon que se présentent les prétendus *sauveurs* de la société. Tant il est vrai que « le fantôme de la nécessité pèse sur la nuit de l'histoire et que la liberté est à peine une aurore ».

au sujet de la méthode des sciences *morales*, que le type même de toute certitude se trouve dans ces dernières et nullement dans ce qu'on appelle les Sciences *positives* (voir ch. VIII). Ici, nous trouvons, il est vrai, des résultats de la critique qui sont scientifiques parce qu'ils sont à l'épreuve de l'expérience ou du raisonnement; mais là nous trouvons la critique elle-même à l'œuvre, puisque les prétendues Sciences *morales* ne sont autre chose que la simple *recherche*, c'est-à-dire la certitude à l'état vénatoire.

IV. — LA LIBERTÉ (LA SYNTHÈSE)

12. Avec la liberté la disparition du mal est œuvre humaine, et la qualification des actes, œuvre morale. — Au contraire, avec la liberté non seulement il est possible d'expliquer pourquoi le progrès a eu des moments d'arrêt et même des reculs — par exemple les mille années du moyen âge — mais encore de montrer que le passé aurait pu être meilleur qu'il n'a été, que l'avenir au moins sera comme nous le ferons, et que nous tenons entre nos mains les clefs de notre destinée. « Il n'y a pas alors de force des choses qui nous entraîne, puisque les choses ne sont pas elles-mêmes des forces : notre espèce n'est vouée ni au bien ni au mal nécessairement, elle aura le sort qu'elle méritera. Les lois de la nature ne se chargent pas toutes seules de nous amener à cet état de perfection qu'il est obligatoire de concevoir et dont il est juste de vouloir s'approcher ; et la réalisation de nos plus légitimes espoirs est subordonnée à l'accomplissement d'un devoir sacré, celui de faire disparaître le mal en nous et en dehors de nous dans la mesure de nos forces personnelles (1). » En outre, il est possible alors, mais alors seulement, de qualifier les actions comme bonnes ou mauvaises et non plus seulement comme utiles et nuisibles, et de justifier les croyances universelles que nous avons présentées au début de cette étude. Alors devient possible non seulement un monde de la science avec ses garanties contre le scepticisme, mais encore un monde de la moralité où intervient et se superpose la personne, auteur elle-même, et en même temps résultat de cette certitude et de cette moralité.

Ainsi, de même qu'en fait la liberté a été impliquée dans toutes les démarches de mon esprit dès le moment où j'ai commencé à réfléchir, et que la pensée libre a été le premier organe de mon savoir, quel qu'il soit ; de même aussi toutes mes croyances et toutes mes actions d'être moral, quoi qu'elles vaillent, ont eu pour première condition et pour point de départ la croyance à la volonté libre. La liberté est donc « essentiellement d'instinct humain et de raison pratique », condition de moralité et de certitude (2).

---

(1) J. Thomas. *Les théories du progrès*, 1883 ; voy. Critique Philosophique, t. XXIV, p. 112.
(2) Ces conséquences se retrouveront quand nous débattrons le problème du mal et de la vie future, ch. xx et xxii.

IV. — SOLUTION DU DILEMME

13. Il ne s'agit pas d'identifier des contradictoires. Cas de M. Fouillée. — Après avoir fait cette balance entre la thèse et l'antithèse, nous sommes donc fondés à choisir en faveur de la liberté contre la nécessité. Cependant c'est bien à une synthèse que nous voulons aboutir, sans prétendre, comme Spinoza, Hégel ou Chrysippe le Stoïcien, identifier des contradictoires, ou, comme M. Fouillée, concilier les inconciliables dans une *idée* de la liberté qui, d'elle-même, se réaliserait nécessairement.

Les anciens Grecs, avant la période de réflexion systématique ouverte au v° siècle par les controverses philosophiques, subissaient la double influence de l'idée de nécessité, impliquée dans la mythologie du Destin et de l'idée de la liberté, impliquée dans les commandements moraux. Ces deux tendances s'accusent naïvement dans Homère et les poètes gnomiques. « Il fallait arriver jusqu'à nos jours pour trouver la double subtilité d'une loi morale qui obligerait réellement, pendant que tous les actes possibles seraient réellement arrêtés d'avance et, par suite, forcés, et d'un libre arbitre trompeur, dont la conscience nécessaire, et nécessairement menteuse aurait tous les bons effets d'une vraie liberté, grâce au mirage créé par l'idéal dans un avenir ignoré. » L'illusion a, d'après cette théorie raffinée, les mêmes effets qu'aurait la réalité pour le progrès moral des individus et de l'espèce. Usant d'un artifice analogue à celui des philosophes dont les formules sont les variantes de celle-ci : « La liberté, c'est la nécessité », M. Fouillée développe une doctrine qu'on peut résumer ainsi : « La liberté, c'est l'apparence de la liberté. » Toute son étude est de prouver que la liberté purement idéale est l'agent nécessaire des biens et des progrès qu'on attendrait vainement d'une liberté réelle (1). »

14. Le choix se fait entre les contradictoires au moyen de la liberté elle-même. — Quelques actes sont libres; voilà ce que nous affirmons. Tous les actes sont nécessaires jusqu'à ce que la liberté y intervienne dans les limites de ce qui est

---

(1) Renouvier. *Esquisse d'une classification systématique des doctrines philosophiques*, IV° opposition. V. *Crit. relig.*, VI° vol., p. 195 et 202.

naturellement possible (et ces limites sont modifiées tous les jours par les applications de la science et les progrès de l'industrie), voilà ce que nous affirmons encore ; et les deux propositions ne reçoivent aucun démenti de l'expérience ni aucune protestation de la part de la morale. Elles donnent donc satisfaction à nos besoins les plus élevés : science, dignité morale, progrès.

Un vigoureux esprit (1) a mis en forme logique le raisonnement dont nous présentons la conclusion. Le dilemme entre la liberté et la nécessité s'offre ainsi à la réflexion :

1° Nécessité affirmée nécessairement ;
2° Nécessité affirmée librement ;
3° Liberté affirmée nécessairement ;
4° Liberté affirmée librement.

Si je suis pour la première proposition, comme d'autres sont pour la troisième, les deux propositions étant contradictoires et néanmoins affirmées nécessairement, j'aboutis au scepticisme et c'est le cas de Bossuet signalé plus haut.

Si je tiens pour la deuxième proposition, je joue un rôle de dupe. En effet, mon affirmation est libre et j'affirme la nécessité, je sacrifie la justice avec le monde moral, pouvant faire autrement.

Pour n'être pas dupe, je passe à la troisième proposition ; là, je me contredis, car j'affirme nécessairement que mon activité est libre. Mais s'il en est ainsi, ma fonction d'affirmer faisant partie de mon activité est donc libre aussi, et mon affirmation ne peut pas être nécessaire.

Reste donc la quatrième proposition. Par là j'échappe au scepticisme de la première proposition, je reste conséquent avec moi-même, et j'échappe à l'absurdité de la troisième ; je sauve en même temps le monde moral pour échapper à la duperie de la deuxième. J'opte donc en ce sens. Mais je ne prétends pas affirmer une évidence qui s'*impose* à moi comme à autrui ; je ne prétends pas être infaillible ni exclure des opinions contraires ; je sollicite l'adhésion des autres en les engageant à passer par les voies qui me conduisent à un résultat si avantageux. La liberté est donc, pour moi, la plus précieuse de toutes les croyances, et c'est une croyance sans laquelle la science et la morale sont impossibles. Par là, non seulement j'échappe au déterminisme mécanique ou

---

(1) Jules Lequier.

métaphysique dont je fais même un moyen au service de ma liberté, mais j'échappe encore au déterminisme psychologique. Je me décide par le motif que je crois le meilleur, mais c'est moi qui fais librement ma conviction sur la valeur de mes motifs.

ÉCLAIRCISSEMENTS

I

Toutes les philosophies déterministes sont des formes de panthéisme.

Il peut paraître hardi d'assimiler l'axiome démocritéen et matérialiste : *Ex nihilo nihil* (1) qui porte sur le jeu fatal des atomes éternels, avec un principe tel que celui de la chaîne providentielle (2) des stoïciens et des docteurs chrétiens (3), ou de l'enchaînement rationnel mental de Leibnitz et des psychologues nécessitaires. Qu'on y songe pourtant. Tous ces principes aprioristes, ou d'un apriorisme déguisé, puisqu'ils passent la portée de l'expérience possible, ont ceci de commun qu'ils supposent que *tout est précédé* : précédé en telle manière (sauf chez Epicure, dont le hasard atomique a trouvé peu de défenseurs) que les antécédents ne peuvent jamais avoir que les conséquents qu'on leur voit. C'est dire qu'il n'y a pas de cause première, ou cause non causée ; qu'il y a donc un procès régressif à l'infini des effets et des causes ; donc une *substance* de laquelle tout sort et se déroule éternellement et nécessairement, ou du moins une *loi*, un ensemble de lois qui ont le même sens que cette substance, en tant qu'on y conçoit enveloppés et prédéterminés tous les phénomènes qui se succèdent dans le temps sans commencement ni fin. Quelques distinctions qu'on doive admettre, à d'autres égards, entre les philosophies qui s'unissent dans cette formule fondamentale, leur substantialisme est certainement ce qu'on appelle un *panthéisme*.

RENOUVIER. *Esquisse d'une classification systématique; Crit. Relig.*, VI, p. 290.

(1) *Rien ne procède du néant;* c'est-à-dire tout phénomène est précédé d'une cause ce qui comporte une régression de cause en cause à l'infini. Rien n'est donc moins scientifique que cet aphorisme ressassé par nombre de savants et mêmes de philosophes, à moins qu'ils prétendent dire quelque chose d'intelligible en parlant de *remonter jusqu'à l'infini*. Nous avouons humblement que nous ne pouvons trouver aucun sens à cette expression.

(2) La chaîne du destin, ou de la nécessité, par laquelle les stoïciens pensaient que tout l'univers est enserré.

(3) Pour ces derniers, le dogme de la toute-puissance de Dieu n'est qu'une forme théologique de la nécessité universelle excluant toute liberté de la créature, notamment par la doctrine de la grâce et de la prédestination, v. ch., XXI.

II

La contingence des lois naturelles, d'après Epicure.

Etant posé ce principe : la solidarité de tous les êtres et l'unité de l'univers, on n'en peut tirer que deux conséquences : ou le déterminisme enveloppant l'homme et le monde, ou l'indéterminisme se retrouvant au fond de tout. Si on se borne à admettre dans les éléments des choses une spontanéité entendue à la façon de Leibnitz, et ne faisant qu'un avec la nécessité même, il sera désormais impossible de ne pas placer dans l'homme une nécessité identique. Il faut donc choisir. L'homme diffère assurément beaucoup des autres êtres de la nature ; mais ce n'est pas une simple différence qui existe entre la liberté et la nécessité, c'est une opposition, une contradiction; on ne peut sauter de l'une à l'autre. Si donc on place dans l'homme une « liberté indéterminée à l'égard de ses effets », il faut se résoudre à faire de cette liberté le fond des choses, la source même de l'être. Or, une telle liberté n'est plus seulement spontanéité, elle est indétermination, contingence ; elle est insondable, et cette insondabilité la constitue essentiellement. Ce sera donc l'indéterminé, le contingent, et, pour un spectateur du dehors, le hasard qu'il faudra placer à l'origine et au fond des choses.

Déjà la liberté humaine, que beaucoup de philosophes admettent, échappe évidemment à la raison ; car si on pouvait entièrement rendre raison d'un acte réputé libre, il se ramènerait à la prédominance de tel ou tel motif et rentrerait ainsi dans le domaine du déterminisme ; expliquer une chose, c'est la déterminer ; la liberté est donc essentiellement une puissance non rationnelle.

Si on n'hésite pas à placer, par une contradiction au moins apparente une puissance de ce genre dans un être raisonnable, nous ne voyons pas pourquoi on hésiterait à la placer dans des êtres non raisonnables. Il faut pousser jusqu'au bout sa pensée. Malebranche a dit, Kant et Schopenhauer ont répété que la liberté était un mystère : pourquoi l'homme aurait-il le privilège du mystère, et en supposant que ce mystère existe, pourquoi ne pas le placer au cœur même de l'être ? Epicure nous semble donc avoir raison, du moment où il voulait briser « la chaîne des causes », de ne pas avoir attendu l'apparition de l'homme dans le monde et d'avoir fait provenir le monde même de cette apparente exception à l'ordre du monde. Au point de vue logique, sa doctrine nous paraît parfaitement justifiable ; elle est plus conséquente que celle de beaucoup de nos modernes.

Est-elle pour cela la vérité ? L'*indéterminisme* représente-t-il plus exactement pour nous le fond des choses que le déterminisme ? C'est une tout autre question ; nous ne voulons pas tenter ici de résoudre le problème, nous avons voulu seulement l'élargir. Si on nous reproche, en poussant ainsi les choses à l'extrême, d'aboutir à l'absurde, nous répondrons que l'absurde est sans doute contenu dans le principe dont on part, et qu'il vaut mieux s'en rendre compte : nous préférons les philosophes qui veulent être tout à fait absurdes à ceux qui ne veulent l'être qu'à moitié ; ceux-là ont au moins le mérite de la logique. Hypothèse pour hypothèse, nous aimons cent fois mieux le *clinamen* épicurien que le libre arbitre vulgaire réservé à l'homme (1).

Guyau. *Morale d'Epicure*, p. 101. Alcan, 1884.

III

Objection du mécanisme à la contingence des lois physiques.

Le déterministe le plus résolu éprouve quelque peine à se persuader, en face des exigences de la vie pratique, que toute l'existence humaine n'est qu'une fable convenue, suivant laquelle une nécessité mécanique attribue à Caïus le rôle de criminel et à Sempronius celui de juge, moyennant quoi Caïus va se faire pendre, tandis que Caïus va déjeuner... Et quand Quételet (2) nous fait toucher du doigt la loi naturelle qui veut qu'il y ait, bon an mal an, tant de voleurs, tant d'assassins, tant de faussaires dans telle ville, il est pénible de se dire que si nous ne sommes pas de ceux-là, c'est que d'autres ont tiré les mauvais numéros à notre place...

Les tentatives de conciliation entre l'ordre moral et le mécanisme universel les plus intéressantes pour le naturaliste sont celles qui se rattachent aux mathématiques. Descartes, qui considérait la quantité du mouvement comme constante dans l'univers et qui n'accordait point à l'âme la capacité d'en produire, lui attribuait cependant celle d'en déterminer la direction. Leibnitz établit que, pour modifier la direction du mouvement, un *quantum* quelconque de force mécanique est indispensable, de sorte qu'on ne saurait attribuer ce rôle à la substance spirituelle sans abandonner l'opposition établie entre elle et la matière. Cournot et M. de Saint-Venant pensent échapper aux serres du déterminisme mécanique grâce à la notion du *décrochement*. Ils estiment que, pour rompre l'équilibre instable et déterminer l'explosion de la force accumulée, il suffit d'une quantité de force minime et qui peut même devenir égale à 0. M. Boussinesq, d'autre part, s'appuie sur certaines équations différentielles du mouvement, dont les intégrales admettent en certains cas des solutions telles, que la direction ultérieure du mouvement devient ambiguë ou complètement indéterminée... Il est douteux que ces expédients aboutissent à concilier le différend du fatalisme et de la liberté.

La force employée à décrocher ou déterminer le mouvement est

---

(1) Le libre arbitre de l'homme suppose déjà l'indéterminisme que l'auteur prétend placer dans la nature; mais il comporte quelque chose de plus, c'est-à-dire la disposition réfléchie de soi-même, tandis que la nature physique ne comporterait qu'une spontanéité assez plastique pour recevoir l'action modificatrice de la liberté de la part de l'homme.

(2) V. chap. précédent, début.

infiniment petite en comparaison de la force déployée dans le mouvement. Ainsi l'avalanche qui renverse une forêt peut être déterminée par le vol d'une corneille. La proportion des deux forces ne saurait être évaluée en chiffres ; mais, pris en lui-même, ce battement d'ailes dépense une quantité positive de force égale à celle qui élèverait un poids donné à une hauteur donnée. Il est essentiel au décrochement que la force qui décroche et la force décrochée soient indépendantes l'une de l'autre. Il est donc inexact de dire d'une manière absolue que leur rapport tend à la limite 0. Loin de pouvoir descendre à 0, la force décrochante ne peut pas descendre au-dessous d'un quantum déterminé. Une impulsion déterminante égale à 0 expliquerait du coup l'origine du mouvement dans la matière immobile uniformément répartie, car une impulsion égale à 0 n'a jamais manqué...

Revue philosophique (janvier-juin 1882), p. 183. DUBOIS-REYMOND. *Les sept Énigmes du monde.*

IV

Équations différentielles de mouvements indéterminés.

Supposons un corps pesant, mobile le long d'une route, infiniment polie, tracée sur un sol dont les ondulations seraient telles que le corps parti sans vitesse d'un sommet arrivât également sans vitesse au sommet suivant. Il est clair qu'un principe directeur animant ce corps n'aurait besoin d'aucune force *finie* pour prolonger à son gré l'*arrêt*, à chaque sommet et pour déterminer ensuite le départ, arbitrairement, dans un sens ou dans le sens opposé.

Après un arrêt, le mouvement peut, tout au moins, recommencer symétriquement, en sens inverse, par la rétrogadation du mobile, sans que l'équation du mouvement cesse d'être satisfaite. Il faut alors, de toute nécessité, *autre chose* que la loi physique du mouvement exprimée par l'équation différentielle pour décider quelle voie suivra le phénomène. J'ai donné à cette chose le nom de *principe directeur* parce qu'il m'a semblé impossible de rester ici géomètre pur, de négliger le fait d'expérience indéniable qui nous montre précisément dans le moi une cause libre, la seule cause même qui nous soit directement connue (1). Je ne prétends pas que le principe directeur doive présenter partout le degré de conscience, de liberté qu'il a chez l'homme, et je me garderai de décider chez quels êtres plus ou moins inférieurs il apparaît d'abord. Les questions de frontières sont les plus difficiles à résoudre, surtout dans la science. Il ne serait pas impossible que le principe directeur se réduisît, dans certains cas où toute conscience cesserait, à une simple loi supérieure, comprenant peut-être et justifiant l'hypothèse (2) de la préférence du repos au mouvement, ou une hypothèse

---

(1) Il est intéressant de trouver une pareille déclaration sous la plume d'un mathématicien. Tout ce fragment est une réponse selon nous topique au fragment précédent

(2) Du mathématicien Poisson.

contraire. Mais une conclusion certaine, c'est que les lois physiques au sens précis d'équations différentielles du mouvement des systèmes naturels ne sont nullement synonymes d'un déterminisme absolu où sombrerait la liberté.

On peut étendre le mécanisme à toute matière, jusqu'aux molécules du cerveau ; il suffit de la considérer comme en équilibre mobile, permettant au principe directeur du système de choisir entre divers mouvements possibles ; à peu près comme un ingénieur, chargé de construire un canal le long d'une ligne de faîte du sol, et qui, dominant constamment deux vallées, distribuerait à volonté l'eau du canal dans l'une ou l'autre.

BOUSSINESQ. *Revue scientifique*, 14 avril 1877.

CHAPITRE V

LA RESPONSABILITÉ

I. — NATURE ET CONDITIONS DE LA RESPONSABILITÉ

1. Elle est une solidarité entre la personne et ses actes. — Si nous sommes les véritables auteurs de quelques-unes de nos actions, ainsi que l'implique l'affirmation de la liberté, il va de soi que toute la série d'événements que peut déterminer notre résolution, envisagée comme libre dans son point de départ, mais enchaînée à ses conséquences, doit nous être attribuée, comme l'effet est attribué à la cause. Alors il est possible d'absoudre et de condamner les actions humaines, et de les considérer autrement que comme des moments nécessaires et indifférents d'une évolution dont nul n'a à *répondre*, dont nul ne peut se porter *garant*. C'est certainement un objet capable d'effrayer un esprit réfléchi que l'idée de pouvoir introduire dans ce monde un phénomène nouveau, non pas sans racines dans le passé, mais sans liaison nécessaire et totale avec un certain ordre éternel des choses. Car s'il dépend de nous de créer du nouveau, le monde entier est modifié par chacun de nos actes : physiquement, l'axe de la terre et le mouvement de la planète dans le système solaire dont elle est une composante se déplacent selon que je change le point d'application d'une des forces qui influent sur son centre de gravité; moralement, toute l'histoire à venir sera changée selon que je prendrai telle ou telle décision et j'aurai éternellement à *répondre* des conséquences que j'aurai déchaînées.

2. Ses éléments sont l'intelligence et la liberté. — De cette idée générale de la responsabilité, il résulte que ses éléments sont : 1° la connaissance de l'acte, comme lié en fait à des conséquences prévues ; 2° l'acceptation de ces conséquences par celui qui en détermine l'apparition. On est donc responsable, quand on agit « en connaissance de cause » et quand on est en « possession de soi-même », c'est-à-dire quand on a *intelligence* et *liberté*.

3. Responsabilité subjective et objective. — Il est légitime de distinguer, avec M. Levy-Bruhl (1), une responsabilité du dedans, pour ainsi dire, d'après laquelle nous nous représentons le rapport de la volonté à ses déterminations et dont le type est la responsabilité morale appelée encore *subjective*, comme ayant son siège uniquement dans la conscience du *sujet* moral, et une autre appelée *objective*, dont le théâtre est hors de la conscience et dans les objets extérieurs et qui relie les conséquences d'une action à la personne de son auteur ; le type en est la responsabilité légale ou juridique, à laquelle il faut joindre toutes les suites de notre acte dans la nature physique ou encore la *responsabilité politique* liée à l'accomplissement des fonctions des citoyens, gouvernants ou gouvernés.

Nous n'étudierons tout d'abord que la première, réservant les autres pour les chapitres où nous parlerons du *droit pénal* et du *droit politique* ou de la *sanction* et de ses diverses formes.

II. — LIMITES DE LA RESPONSABILITÉ

4. Dans la conscience même, elle se manifeste par les notions de mérite et de démérite. — L'expérience apprend à l'homme qu'il ne lui est pas possible de se séparer de ses actes une fois accomplis, comme de quelque chose d'étranger. Il croit qu'il n'est pas entièrement le jouet de forces extérieures et qu'il est, pour une part, l'artisan de sa destinée. La prudence, la prévoyance se sont éveillées ; avec le sentiment de ce pouvoir qui ne s'appartient plus, quand il s'est exercé, naît la notion de responsabilité ; nos actions nous apparaissent comme ajoutant ou retranchant quelque chose à notre valeur morale, et comme méritant blâme ou éloge de la Raison en général, ce qui donne lieu au remords ou à la satisfaction de conscience (2), au mérite et au démérite. En même temps, l'expérience nous

---

(1) Thèse sur la *Responsabilité*, 1 vol. in-8°, Hachette, 1885.
(2) V. *Cours de Morale Pratique*, ch. IV.

apprend encore que la déchéance morale est liée à une douleur et que le perfectionnement est lié à un plaisir ou bonheur ; cette relation entre nos qualités morales et les phénomènes de l'ordre passionnel ou même physique qui se présentent comme leur suite quoique n'étant pas du même ordre, nous paraît naturelle et prend le sens de récompense et de punition.

Il semble alors qu'une certaine autorité attache le mal souffert au mal commis et le bien éprouvé au bien accompli, comme par une loi qui ne saurait être efficace ou *sanctionnée* autrement. Toutes ces notions et les relations qu'elles ont entre elles, sont le début de l'expérience morale ordinaire. Elles peuvent êtres modifiées par les progrès de cette même expérience, mais elles n'ont de sens que sous la condition première de toute responsabilité, la liberté réelle du consentement ou de l'action.

5. Elle doit être bornée aux actes déterminés par l'intention. — Cependant quelques moralistes bornent la sphère de la liberté et, par suite, de la responsabilité, au domaine de la conscience du sujet et prétendent que la série des événements extérieurs étant le domaine de la nécessité, que, d'autre part, la prévision complète de l'enchaînement des conséquences étant refusée à notre ignorance, nos résolutions seules peuvent nous être imputées et non leurs effets. C'est ainsi qu'Epictète divise toute la réalité en choses qui dépendent de nous et choses qui n'en dépendent pas. Il réduit les premières à l'adhésion que nous donnons à nos pensées. Quant au reste, il s'y résigne ou s'en désintéresse. Kant, soucieux de placer la bonne volonté au-dessus de la mauvaise fortune, déclare que quand l'injustice d'un sort contraire et une nature indifférente déjoueraient nos plus honnêtes projets, l'intention vertueuse brillerait encore de tout son éclat (1). Il serait injuste de confondre le succès avec le bon droit, et de juger mauvaise une cause, parce qu'elle a été vaincue :

Victrix causa diis placuit, sed victa Catoni (2).

6. Elle s'étend naturellement aux conséquences qui ont pu être prévues. — Il y a beaucoup de grandeur et même de

---

(1) V. Eclaircissement I.
(2) Lucain. Les dieux étaient pour la cause qui triompha. Caton était pour la cause vaincue. *Pharsale*, I, vers 128.

logique dans cette doctrine. Nous ne pouvons en effet être rendus responsables que de ce que nous avons voulu, connu, accepté. Mais la doctrine a été compromise par des moralistes selon lesquels il suffirait d'envisager dans l'action à faire la bonté de la fin et la pureté de l'intention pour que les conséquences mêmes les plus fâcheuses se trouvassent par là justifiées. Ce sont ces moralistes, trop habiles dans la *direction de l'intention* pour ne pas subtiliser et même sophistiquer, que Pascal dans ses *Provinciales* a rappelés à l'honnêteté commune et à cette vérité moyenne qui, pour n'être pas si haute en apparence que l'idéal des stoïciens, n'en est que plus intelligible. En effet, s'il suffit d'avoir une bonne intention pour n'être pas responsable de ses mauvais effets, il faut approuver et même glorifier ces fanatiques qui ont ensanglanté le monde sous prétexte de devoir ou de charité. C'est une excellente fin que de délivrer sa patrie de l'erreur ou de la tyrannie. Si donc les intentions d'un Torquemada, d'un Philippe II d'Espagne, d'un Ravaillac, d'une Charlotte Corday étaient pures, leurs actes sont bons, sans restriction. Sans doute, sans l'intention, il n'y a ni mérite moral ni culpabilité, et il faut avoir voulu respecter ou violer la loi pour être responsable. Mais ce n'est pas encore assez, pour agir bien, de faire ce qui semble bon à première vue; il faut encore se préoccuper des conséquences de l'acte accepté et surtout savoir y renoncer si le mal des résultats devait effacer le bien des intentions.

7. Elle exclut l'imputation d'actes non volontaires. Immoralité du Destin, de la Prédestination. — Si la responsabilité n'a pas dans l'intention sa condition suffisante, au moins y trouve-t-elle sa condition nécessaire, et nous devons repousser, à ce titre, des théories qui attribuent aux agents moraux des actions où leur volonté n'a aucune part. Ainsi le fatalisme de la mythologie antique froisse nos notions morales; il nous répugne qu'Oreste soit poussé au meurtre de sa mère par le destin et soit néanmoins poursuivi par les furies, ou que la Némésis, ou vengeance des Dieux, s'attaque à des mortels qui ne font, en tous leurs actes, que se conformer aux lois qui gouvernent Jupiter lui-même. La doctrine chrétienne de la grâce et de la prédestination, appliquée par exemple par Bossuet à la philosophie de l'histoire, au sujet de Cromwell ou d'Henriette d'Angleterre dans les oraisons funèbres, ou défendue par Pascal contre les Jésuites, nous paraît tout aussi incompatible avec la notion claire de la responsabilité que le fatalisme hellénique ou le fatalisme mahométan. Dans ces doctrines, les agents moraux sont destinés même avant leur naissance, les uns au bien, les autres au mal, ou plutôt à des actes qui ne comportent plus ni bien ni mal, du moins dont ils aient à répondre, car le véritable auteur des événements c'est celui dont ils ne sont que les instruments. Elles sont donc exclusives de la moralité.

8. Immoralité de l'imputation héréditaire. — Ainsi la responsabilité ne pouvant tomber que sur l'agent lui-même, doit être *personnelle* et ne peut être ni 1° *héréditaire*, ni 2° *solidaire*, ni 3° *collective*.

D'après ce que nous avons dit, on ne doit faire retomber la punition que sur la personne du coupable; mais nous trouvons dans la Bible, une doctrine d'après laquelle la faute n'est plus personnelle, mais héréditaire ainsi que le châtiment : « Les pères ont mangé le verjus et ce sont les enfants qui ont les dents agacées (1). » C'est en vertu du même principe que dans l'Exode Dieu est appelé « le fort et jaloux qui punit l'iniquité des pères sur les enfants et sur les enfants des enfants ». Sur ces vieux textes s'est établi plus tard le dogme du péché originel qui déclare coupable l'innocent nouveau-né et lui fait porter le poids d'une faute qu'il n'a ni commise, ni connue, ni consentie. Ainsi encore, toute la race chananéenne est condamnée dans son ancêtre Cham, maudit par Noé en ces termes : « Qu'il soit l'esclave des esclaves de ses pères. » Certains planteurs d'Amérique tiraient parti de ce texte et de quelques autres pour fonder sur des arguments bibliques la servitude héréditaire des nègres. Il est hors de doute que l'hérédité est une des grandes lois du développement humain par laquelle les descendants sont *solidaires* de leurs ascendants : nous héritons de notre tempérament, de notre condition sociale, de notre nature, et il est bien vrai que nous sommes en très grande partie ce que nous ont fait nos ancêtres. Mais il faut bien se garder de transformer en un droit ce fait d'histoire naturelle; la transmission héréditaire est une fatalité physiologique et non un principe de morale. Si l'on prétend qu'il est juste aux yeux de Dieu que les fils soient enve-

---

(1) F. Buisson. *De l'Enseignement de l'Histoire Sainte*, Paris, 1869, p. 90.

loppés dans la punition des pères, on dit une chose immorale, on substitue à la justice sous le nom de volonté de Dieu, une loi brutale du monde physique.

9. Immoralité de l'imputation par solidarité. — La responsabilité ne peut être ni héréditaire ni solidaire. C'est en effet un principe de toute législation pénale rationnelle que la loi ne doit pas imputer aux citoyens d'autres actions que les leurs. Il est injuste, par exemple, de punir un père de famille si son fils est déserteur, de frapper des otages, d'impliquer dans les poursuites exercées contre un livre l'imprimeur qui l'a fait sortir de ses presses. La vraie complicité suppose une participation intentionnelle et consciente qui souvent est possible, mais qui doit toujours se prouver et non se présumer. Le caractère personnel de la responsabilité ressort de ce fragment de dialogue entre l'évêque Myriel et un vieux conventionnel (1) :

« — L'évêque ajouta en regardant fixement le conventionnel :
« — Louis XVII?
« — Le conventionnel étendit la main et saisit le bras de
« l'évêque :
« — Louis XVII? Voyons, sur qui pleurez-vous? Est-ce sur
« l'enfant innocent? Alors soit, je pleure avec vous. Est-ce sur
« l'enfant royal? Pour moi, le frère de Cartouche, enfant inno-
« cent, pendu sous les aisselles en place de Grève jusqu'à ce que
« mort s'ensuive pour le seul crime d'avoir été le frère de Car-
« touche n'est pas moins douloureux que le petit-fils de Louis XV,
« enfant innocent, martyrisé dans la tour du temple pour le seul
« crime d'avoir été le petit-fils de Louis XV.
« — Je n'aime pas ces rapprochements de noms.
« — Cartouche? Louis XV? Pour lequel des deux réclamez-
« vous? »

10. La responsabilité se partage toujours entre les personnes proportionnellement à leur liberté. — On peut encore être considéré comme responsable des actions accomplies en commun avec d'autres agents moraux, ou par autrui sous notre instigation, inspiration ou direction; c'est la responsabilité *collective*. Le principe de la liberté personnelle que nous invoquons pour fonder l'*imputation* n'est pas affaibli

---

(1) Victor Hugo. *Les Misérables*, liv. I, ch. x.

par ce fait que nous ne sommes pas l'unique cause de l'action. Une responsabilité collective est une responsabilité partagée, et dont chacun prend sa part selon le degré d'influence qu'il a eue sur l'événement; c'est à l'individu seulement qu'on peut reporter l'attribution de l'acte. Ainsi, quand une guerre est déclarée entre deux nations, les violences et les autres maux de la lutte ont d'abord, assurément, pour auteurs principaux les chefs d'Etats; mais si les peuples ont approuvé la déclaration de guerre, l'ont désirée, l'ont amenée par leur attitude et leurs votes, chaque individu peut se considérer comme directement diminué dans sa valeur morale par la responsabilité des événements qu'entraîne un tel conflit à main armée. De plus, chaque officier, chaque soldat a une responsabilité personnelle dans la mesure où il dépend de son intelligence de comprendre et de son énergie d'exécuter les ordres donnés. Réclamer dans toute hiérarchie sociale, même dans l'armée, une obéissance dite *passive* des subordonnés, c'est oublier qu'on commande à des hommes et non à des machines. De là l'immoralité de ce texte emprunté à une circulaire du ministre de la guerre Saint-Arnaud, adressée le 28 octobre 1851 aux généraux de l'armée de Paris : « La responsabilité ne se partage pas; elle s'arrête au chef de qui l'ordre émane; elle couvre à tous les degrés l'obéissance et l'exécution (1). »

III. — DEGRÉS DE LA RESPONSABILITÉ

11. La responsabilité de l'animal. — Il peut y avoir des degrés dans la responsabilité comme il y en a dans l'intelligence et dans la disposition que nous avons de nous-mêmes. Puisque l'acte n'est moral que s'il est réfléchi, les êtres qui sont le plus dominés par l'instinct et qui se possèdent le moins sont les plus privés de responsabilité, et par là même éloignés de la vie morale. Ainsi les animaux sont irresponsables; on a allégué, il est vrai, des exemples curieux d'animaux qui semblent concevoir un bien et un mal moral au moins sous les formes de la récompense et de la punition ; mais tous ces faits, comme ceux qu'on invoque en témoignage de leur raisonnement, peuvent

(1) V. Eclaircissement III.

s'expliquer par des associations d'idées du particulier au particulier ; l'animal est impuissant à s'élever à un concept général de justice ou de loi. Ainsi, M. Romanes (1) cite un chien qui avait déchiré un rideau en l'absence de son maître ; celui-ci en rentrant lui montre un des morceaux restés à terre, et le chien, qui cependant n'avait jamais été battu, se mit à hurler de remords. Admettons les faits ; l'interprétation en paraît forcée : le chien n'avait-il jamais vu son maître gronder personne pour aucun méfait, et la terreur ne peut-elle s'expliquer que par le souvenir des coups ?

12. La responsabilité diminue, chez l'homme dans la mesure des déterminations morbides. — Dans une thèse sur la *Solidarité morale*, M. Marion, se plaçant pour ainsi dire aux frontières des deux domaines, a montré, comme le géographe d'un terrain en litige entre les deux puissances, liberté, déterminisme, combien d'influences diminuent en nous et engagent notre indépendance : maladie, contrainte du tempérament, du milieu, de l'hérédité, de l'ivresse, de la passion, de la folie : ce sont là des causes perturbatrices de la possession de nous-mêmes et dont la responsabilité morale aussi bien que juridique est diminuée. De nos jours, la médecine légale a réclamé et souvent obtenu l'acquittement d'accusés pour lesquels l'irresponsabilité a été établie sur leur état de démence entière ou simplement commencée. Quelques philosophes vont même jusqu'à déclarer que tout criminel est irresponsable. Peut-être, à la rigueur, faut-il accorder qu'au moment du crime, l'homme est entièrement sous le coup du vertige qui le nécessite ; mais le crime est toujours précédé de quelque temps de préparation, de fluctuation, de tentation pendant lequel la liberté peut intervenir à moins qu'on ait affaire à des êtres irresponsables par nature et alors il ne s'agit plus d'hommes même dégradés.

13. Responsabilité de l'aliéné et de l'hypnotique. — Il peut y avoir cependant une sorte de survivance de l'idée du devoir dans l'esprit d'un fou, et dans ce cas, les actes bons et mauvais peuvent être imputés légitimement à leur auteur dans la mesure où celui-ci est encore capable de réfléchir. La loi

---

(1) *Revue scientifique*, janvier 1879.

anglaise est plus subtile sur ce point que le code français : pour elle, le fou qui assassine par vengeance est coupable, celui qui tue en croyant se défendre est innocent, encore que dans les deux cas le grief n'existe que dans son imagination (1). Nous avons vu aux asiles d'aliénés de Bourg des scènes fréquentes de lutte et de jugement par les pairs, qui ne nous ont laissé aucun doute sur la responsabilité des agresseurs, ni sur la puissance d'appréciation correcte des juges et témoins improvisés de ces scènes, et il ne nous est arrivé qu'une fois ou deux, ayant été pris pour arbitre par deux aliénés, d'avoir à prononcer que l'accusation était mal fondée à cause d'une irresponsabilité manifeste dans l'inculpé. Souvent encore on allègue la passion, l'ivresse comme circonstances atténuantes des délits commis dans l'état de conscience troublée. Mais il faut se souvenir que c'est au commencement de chaque série d'actions que se place la liberté et avec elle la responsabilité. Enfin les progrès récents de l'hypnotisme ont posé en termes nouveaux la question qui nous occupe. Beaucoup plus de personnes que l'expérience n'en révèle sont susceptibles de céder au sommeil provoqué, pendant lequel l'activité du patient est entièrement à la disposition de celui qui l'a endormi, au point que, après le réveil, elles accomplissent encore, à plusieurs jours de distance, des actions à elles imposées pendant l'état de crise. M. le Dr Dufay raconte à ce sujet des faits qu'il avoue lui-même à peine croyables (2) et pour lesquels nous nous en remettons cependant à son témoignage éprouvé. Mais nous ne pouvons conclure comme lui que toute liberté disparaît, avec la responsabilité, du monde moral, devant ces étranges phénomènes. Il ne s'agit ici que de malades et la responsabilité que nous réclamons est celle des personnes à l'état normal.

14. La responsabilité de l'enfant et de la femme. — L'enfant ne peut avoir de responsabilité que dans la mesure où il est capable de réflexion, et il faut reconnaître que souvent cette fonction humaine est fort précoce ; il y a de jeunes criminels dont la perversité nous paraît nettement consciente et voulue, même quant à la prévision des conséquences de l'acte, toute distinction étant faite entre les vrais coupables et les victimes d'une malheureuse hérédité.

---

(1) Maudsley. *Le crime et la folie*, p. 95 et suivantes, et Vallier, thèse sur l'*Intention morale*, 1882, p. 189.
(2) *Revue philosophique*, janvier 1889.

Quant aux femmes, plus fréquemment et plus profondément soumises que l'homme aux troubles organiques qui aliènent l'individu de lui-même, elles sentent souvent peser sur elles les conséquences de la maternité commençante, qui non seulement apporte dans les fonctions des sens des perversions incontestables, mais encore transforme des sujets irréprochables en voleuses ou criminelles sous l'impulsion irrésistible de désirs anormaux, que la psychologie vulgaire appelle « envies ». Douées du reste en temps normal d'une conscience juridique moins nette et moins ferme que celle de l'homme, elles ne peuvent en général concevoir la loi morale sous la forme du devoir, mais sous celle du sentiment. La passion est leur règle ordinaire et nous savons que la passion est l'absence de règle. Aussi est-il bon qu'elles acceptent la tutelle successive du père, du frère ou du mari que presque toujours la loi civile leur impose, d'accord en cela avec l'opinion qui reporte invariablement à ceux-ci la responsabilité de leurs actes publics.

15. Progrès de la responsabilité dans l'adulte. — Chez l'homme adulte, la nature de la responsabilité est accentuée dans la proportion où les devoirs la viennent mettre en jeu. Couvert, pendant sa minorité, par l'autorité et la responsabilité paternelles, il ne se sent vraiment homme que lorsqu'il a la charge de lui-même et de sa subsistance. Les premières démarches dans la vie publique sont d'ailleurs signalées par ce qu'on appelle des « écoles ». On nous signale une question posée par écrit dans un lieu public à Auxerre à un prestidigitateur qui s'était fait fort d'y répondre sans l'avoir lue : « Qu'y a-t-il de plus bête qu'un Auxerrois ? » L'auteur, invité à se nommer, était un jeune homme chez qui le sentiment de la responsabilité avait besoin d'un supplément d'éducation. Dès qu'il devient chef de famille, l'homme ayant charge d'âmes comme protecteur et éducateur acquiert une notion plus haute de ses devoirs et de la portée de ses actions. La vie de famille est pour lui l'école du caractère et des plus délicates vertus (1). Mais c'est surtout la vie publique avec la lutte des intérêts économiques et les conflits des partis politiques et religieux qui donne au citoyen, électeur ou éligible, le sens exact de la responsabilité dite collective et de celle qui accompagne l'exercice du pouvoir ; c'est sur ce théâtre plus large que, dans

---

(1) V. ch. XVIII, sur la Constitution morale de la famille.

les sociétés démocratiques surtout, l'homme provoqué à l'exercice plus fréquent de son énergie acquiert la notion de la solidarité personnelle et sociale (1).

16. Conclusion : force du sentiment de la responsabilité.
— Le sentiment de la responsabilité est un des ressorts les plus énergiques de notre activité. Herbert Spencer va même jusqu'à en faire le principe de toute éducation individuelle et de tout gouvernement (2). Selon lui, de même qu'il faut laisser l'enfant se former tout seul par l'expérience des conséquences attachées à ses actes propres, de même il faut laisser les familles et les États s'assister eux-mêmes dans la lutte pour l'existence, car chacun est responsable de ses défauts et de ses misères et c'est empêcher les misérables de faire effort pour s'en tirer que de les laisser compter sur la charité publique. Nous dirons cependant que de trop fortes épreuves, surtout imméritées, détruisent le caractère au lieu de le former, mais que le sentiment de la responsabilité est assurément dans toute personne énergique un ressort excellent pour s'affranchir de toutes les solidarités qui l'enchaînent à la nature et pour s'élever à l'idéal. (V. Éclaircissement II, ch. vi).

ÉCLAIRCISSEMENTS

I

La bonne intention est la seule chose au monde qui ait une valeur par soi-même.

De tout ce qu'il est possible de concevoir dans le monde, et même en général en dehors du monde (3), il n'y a qu'une seule chose qu'on puisse tenir pour bonne sans restriction, c'est une *bonne volonté*. L'intelligence, la finesse, le jugement, et tous les talents de l'esprit, ou le courage, la résolution, la persévérance, comme qualités du tempérament, sont sans doute choses bonnes et désirables à beaucoup d'égards; mais ces dons de la nature peuvent aussi être extrêmement mauvais et pernicieux, lorsque la volonté, qui en doit faire usage et qui constitue ainsi essen-

---

(1) Sur les responsabilités dans l'État, v. ch. xix. Sur la responsabilité de nos opinions et les effets qu'elles produisent dans la société, ch. xv.
(2) *Introduction à la science sociale; L'individu contre l'État; De l'éducation intellectuelle, morale et physique.* Alcan, 1878.
(3) Il sera bon de se rappeler cette déclaration quand nous discuterons l'idée de Dieu, ch. xxi.

tiellement ce qu'on appelle le caractère, n'est pas bonne. Il en est de même des dons de la fortune.

Le pouvoir, la richesse, l'honneur, la santé même, tout le bien-être, et ce parfait contentement de son état qu'on appelle le bonheur, toutes ces choses nous donnent une confiance en nous, qui dégénère même souvent en présomption, lorsqu'il n'y a pas là une bonne volonté pour empêcher qu'elles n'exercent une fâcheuse influence sur l'esprit, et pour ramener toutes nos actions à un principe universellement légitime. Ajoutez d'ailleurs qu'un spectateur raisonnable et désintéressé ne peut voir avec satisfaction que tout réussisse à un être que ne décore aucun trait de bonne volonté, et qu'ainsi la bonne volonté semble être une condition indispensable pour mériter d'être heureux.

La bonne volonté ne tire pas sa bonté de ses effets ou de ses résultats, ni de son aptitude à atteindre tel ou tel but proposé, mais seulement du vouloir, c'est-à-dire d'elle-même, et, considérée en elle-même, elle doit être estimée incomparablement supérieure à tout ce qu'on peut exécuter par elle au profit de quelque penchant ou même de tous les penchants réunis. Quand un sort contraire ou l'avarice d'une nature marâtre priveraient cette volonté de tous les moyens d'exécuter ses desseins, quand ses plus grands efforts n'aboutiraient à rien et quand il ne resterait que la bonne volonté toute seule (et je n'entends point par là un simple souhait, mais l'emploi de tous les moyens qui sont en notre pouvoir), elle brillerait encore de son propre éclat, comme une pierre précieuse, car elle tire d'elle-même toute sa valeur. L'utilité ou l'inutilité ne peut rien ajouter, ni rien ôter à cette valeur.

L'utilité n'est guère que comme un encadrement qui peut bien servir à faciliter la vente d'un tableau, ou à attirer sur lui l'attention de ceux qui ne sont pas assez connaisseurs, mais non à le recommander aux vrais amateurs et à déterminer son prix.

KANT. *Fondation de la Mét. des Mœurs*, p. 13, trad. Barni.

II

Concessions réciproques des déterministes et des partisans de la liberté.

Entre les déterministes et les partisans du libre arbitre, adversaires d'ailleurs irréconciliables, il y a une proposition qui est mutuellement accordée, c'est que les actions humaines dépendent en quelque mesure (c'est en cherchant à fixer cette mesure qu'on se divise) de certaines influences ou lois générales. Bien peu de philosophes, si même il y en a parmi les spiritualistes les plus décidés, ont regardé l'homme comme maitre absolu et sans réserve de ses actions et ont cru que la liberté ne connaît pas d'obstacles. La plupart savent qu'elle est limitée et souvent même impuissante. Mais précisément parce qu'on est d'accord sur ce point, personne n'en parle. Les déterministes se taisent, parce que, comme il arrive toujours, ils se soucient bien moins de ce qu'on leur accorde que de ce qu'on leur refuse. Ils voulent tout ou rien : il s'agit bien moins pour eux de montrer les causes qui limitent la liberté que d'établir qu'il n'y a pas de liberté. Les partisans du libre arbitre sont muets, parce que, après tout, ce n'est pas leur affaire de démontrer les thèses de leurs adversaires et qu'ils ont une tâche plus urgente. Quand on est retranché dans un coin de terre qu'il faut défendre contre les incursions d'adversaires toujours pressants, on n'a guère le loisir de se promener en pays ennemi et de décrire ce qui s'y trouve. Aussi, les partisans du libre arbitre se contentent-ils d'ordinaire de dire en gros que le tempérament, l'éducation, les habitudes ont une influence sur les actions humaines, mais sans détruire la liberté. Savoir quelles sont ces influences, les étudier de près, c'est un travail qu'ils laissent à d'autres.

BROCHARD. *Revue philosophique*, juillet 1880, p. 81.

III

Responsabilité et obéissance passive.

Même dans la discipline militaire, l'obéissance passive a des bornes que la nature des choses lui trace en dépit de tous les sophismes. On a beau dire que les armées doivent être des machines, et que l'intelligence du soldat est dans l'ordre de son caporal. Un soldat devrait-il, sur l'ordre de son caporal ivre, tirer un coup de fusil à son capitaine ? Il doit donc distinguer si son caporal est ivre ou non ; il doit réfléchir que le capitaine est une autorité supérieure au caporal. Voilà de l'intelligence et de l'examen requis dans le soldat. Un capitaine devrait-il, sur l'ordre de son colonel, aller avec sa compagnie, aussi obéissante que lui, arrêter le ministre de la guerre ? Voilà donc de l'intelligence et de l'examen requis dans le capitaine. Un colonel devrait-il sur l'ordre du ministre de la guerre porter une main attentatoire sur la personne du chef de l'État ? Voilà donc de l'intelligence et de l'examen requis dans le colonel. On ne réfléchit pas, en exaltant l'obéissance passive, que les instruments trop dociles peuvent être saisis par toutes les mains, et retournés contre leurs premiers maîtres, et que l'intelligence qui porte l'homme à l'examen, lui sert aussi à distinguer le droit d'avec la force, et celui à qui appartient le commandement de celui qui l'usurpe.

BENJAMIN CONSTANT. cité, *Crit. phil.*, t. I, p. 307.

CHAPITRE VI

LA PERSONNALITÉ MORALE

I. — LES DEGRÉS DE L'INDIVIDUALITÉ

Dans la liberté nous avons trouvé la *condition*, le moyen de la moralité; dans la responsabilité et la qualification des actes libres au nom d'un idéal, nous avons trouvé la *conséquence* de la moralité; il nous reste à chercher quel est le *sujet* en qui elle se rencontre et quelle est la *règle* qu'elle prescrit. De ces deux dernières questions l'une va nous occuper uniquement dans ce chapitre; la seconde sera l'objet des suivants.

1. Distinction de la chose, de l'individu, de la personne. — La moralité, d'après tout ce que nous avons dit jusqu'ici, ne peut se trouver qu'en une personne, et l'homme seul, encore envisagé sous certaines conditions d'âge, de santé physique et morale, peut être considéré comme une personne. Il s'agit de déterminer ces conditions. On oppose d'ordinaire les termes suivants comme propres à se faire comprendre réciproquement par une espèce de hiérarchie qu'on établit entre eux: l'*être*, la *chose*, l'*individu*, la *personne*, la *personne morale*. Nous allons essayer de préciser le sens de ces diverses oppositions.

L'être ne se définit, ni ne s'explique : il est, en tant que donné à la pensée; en ce sens, c'est un synonyme de tout ce qui peut être représenté; car ce dont il n'existerait aucune sorte de représentation ne doit pas, ne peut pas m'occuper, ne m'occupe pas en effet, et n'occupe personne (1); et j'entends par représentation le moyen par lequel je considère l'être. Je me rends bien compte de la tautologie impliquée dans ces deux essais de définition;

---

(1) Renouvier. *Logique*, I, p. 8.

elle est inévitable. Mais le langage ne se sert pas seulement de l'être au sens général, il mentionne aussi des *êtres*, et en particulier tels ou tels êtres. J'entends par *êtres* certains groupes de phénomènes déterminés par des caractères propres et liés entre eux quoique différents les uns des autres. Parmi ces objets, qui sont ordinairement qualifiés d'*êtres*, les uns sont inanimés et c'est à ceux-ci que convient spécialement le nom de choses (1), d'autres sont vivants, et c'est à ceux-là qu'on attribue plus volontiers le nom d'êtres; d'autres enfin sont pensants, et c'est parmi ces derniers que se placent les personnes (2). L'*individu* (3) est un être constitué par un ensemble de parties telles que celles-là et non pas d'autres peuvent le constituer; que réunies et non séparées, elles font son unité, distincte d'une manière plus ou moins permanente d'autres unités individuelles. Une *personne* est d'abord un individu, mais un individu d'une telle complexité d'organisation qu'on ne la peut modifier sans la détruire; et, surtout, c'est un individu qui, tout attaché encore par certains côtés au milieu dans lequel il vit et pense, s'en rend néanmoins indépendant, s'en sépare même absolument par quelque côté, si l'on admet, comme nous le faisons, la liberté de la personne.

2. La personne est l'individu fonction de soi-même. — Notre mot *personne* est la traduction du latin *persona* qui désignait originairement le masque dont se servaient les acteurs pour jouer sur la scène. Ce masque était disposé de manière à rendre la voix plus retentissante (*vox personabat*) d'où le nom de *persona* donné au masque. Plus tard, on employa le mot *persona* pour désigner le rôle lui-même que jouait l'acteur, parce que ce rôle était souvent indiqué par la forme du masque. Enfin, on en arriva à désigner sous le nom de *persona* le rôle que tout individu joue dans la société, ou l'individu lui-même envisagé au point de vue de ce rôle. C'est en ce dernier sens qu'on prend dans la langue juridique le mot *personne* (4). Pour les êtres infé-

---

(1) Chose, en italien *cosa*, du latin *causa*, qui signifie proprement cause (ce qui détermine un fait) et qui a pris le sens de *chose* dans la latinité des derniers temps de l'Empire.

(2) V. les *Principes de philosophie scientifiques*, ch. I.

(3) Du latin *individuus*, indivisible. Le mot latin peut lui-même se décomposer ainsi : la négation *in*, la particule *dis* qui indique séparation, et le verbe *videre* qui signifie voir. L'individu serait ce qui ne peut être vu que dans son ensemble; il cesse d'être quand ses parties sont séparées.

(4) Baudry-Lacantinerie. *Droit civil*, t. I, p. 53.

rieurs à l'homme, la définition de l'individu résulte des fonctions qui se réunissent pour le former, selon ce que nous en apprend l'expérience. Lorsque paraît la personne, quelle individuation plus profonde, plus décisive, que celle qui naît du pouvoir d'un être maître de soi, caractérisé par un ordre qui se fait soi-même, en se tranchant de tout ordre antérieurement donné, ou prévoyable avec une entière certitude (1) ? (V. Éclaircissement I.)

II. — LES INDIVIDUALITÉS INFÉRIEURES

3. Chaque être est séparé, dans la nature, par des fonctions propres. — Celles du minéral se concentrent dans l'atome. — Si nous définissons l'individualité d'un être par les fonctions ou modes d'agir qui le distinguent et le maintiennent dans une stabilité relative en présence des autres systèmes de fonctions qui constituent l'univers, nous devons reconnaître que l'individualité se manifeste en même temps que la spontanéité dans les êtres, et progresse en ajoutant à chaque degré de la hiérarchie quelque fonction nouvelle qui fait solution de continuité avec le précédent. Il y a, de la sorte, non seulement entre les individus, mais entre leurs espèces, des hiatus de plus en plus significatifs et dont la personnalité est le plus original et le plus grand, à cause de ce qu'apporte de nouveau avec soi la liberté dans le sujet qu'elle caractérise. Tant il est faux, ce prétendu principe si fréquemmment invoqué par Leibnitz, que la nature ne procède pas par sauts et par bonds, mais est continue (2). Ainsi le minéral a ses modes d'action propres, des forces qui tendent à défendre son individualité contre les forces extérieures, et même, selon l'apparence, des préférences pour certains états ou combinaisons, à l'exclusion de toutes les autres. Si je mets une molécule de carbone en présence d'une autre d'hydrogène et d'une autre d'azote, invariablement, le carbone se portera de lui-même sur l'hydrogène, tandis qu'il me faudrait recourir à une contrainte telle que la chaleur pour l'associer à l'azote, et encore ce second composé serait-il moins stable que l'autre. Mais un carbure est si peu individuel que je puis substituer à l'une ou à l'autre des parties composantes, des parties semblables empruntées à

---

(1) Renouvier. *Psychologie*, liv. II, p. 308.
(2) « *Natura non facit saltus.* »

d'autres corps sans que le composé soit changé. Le minéral n'a qu'une individualité transitoire, comme celle d'une vague, qui, en retombant, se perd dans la masse de la mer.

4. Le végétal a une individualité vitale. — Dans le végétal se manifeste une plus forte spontanéité et une sorte de personnalité très inférieure encore, mais qui lui permet de s'assimiler les parties matérielles de son milieu, non plus par simple juxtaposition comme la pierre ou le métal en dissolution, mais par une sorte de digestion d'où les éléments inutiles ou nuisibles sont rejetés. Cependant un rosier, par exemple, est lié à la terre dont il vit, à l'asmotphère qu'il respire, à la zone, à l'attitude, au climat dont il dépend. L'animal au contraire se déplace dans l'espace et « porte son milieu avec lui » ; il acquiert par là une indépendance plus grande. Cependant toutes ses fonctions de nutrition et les lois de son organisme le font encore esclave de la nature.

5. L'animal a une individualité consciente. — Ce n'est donc pas du côté de la matière qu'il faut chercher un moyen d'affranchir l'animal de la solidarité universelle. C'est dans l'ordre de la conscience que pourra se produire cette rupture entre les fonctions inférieures et supérieures à laquelle nous subordonnons l'apparition de la personnalité. Or, les êtres manifestement conscients ont quatre fonctions générales : 1° une sensibilité qui les met en rapport avec les mouvements externes par des sensations ou images de couleur, sonorité, contact, odeur, etc. ; 2° un entendement qui leur fournit des idées ; 3° une passion qui leur procure des émotions ; 4° une force qui leur fait accomplir des actes. Il n'y a pas là, en chaque être, une *tétrade* mystique, mais une association constante de fonctions, non toutes et au même degré présentes chez tous les animaux, mais telles que la hiérarchie des individus dépend des proportions selon lesquelles l'un ou l'autre de ces modes d'agir est prédominant. (V. le tableau des fonctions psychiques, *Morale pratique*, II.)

6. Les sensations chez l'animal. — Or, au premier point de vue, celui de la sensibilité, s'il y a une différence entre l'homme et l'animal quant à l'acuité ou la portée des sens, différence qui est souvent à l'avantage de l'animal (1), il en est une plus

(1) Les sens de l'homme sont obtus, sauf le toucher, qui est probablement chez nous plus développé que chez la plupart des êtres. Mais combien notre

remarquable encore en ce que l'animal semble être le jouet impuissant de toutes les images que ses sens lui apportent; il vit comme dans un rêve; sa conduite se conforme irrésistiblement à ce que ses sensations lui représentent, et il serait incapable de distinguer entre une image hallucinatoire et une image véridique, tandis que l'homme, même lorsqu'il est soumis à ce trouble des sens, le connaît comme tel, s'efforce d'échapper au vertige et y réussit parfois (1). Il faut reconnaître du reste que la sensibilité de l'homme, tant qu'elle n'est pas modifiée par l'attention volontaire, ne le détache pas plus que l'animal du tourbillon universel dans lequel toute conscience est entraînée quand elle s'abandonne.

7. L'intelligence et l'instinct de l'animal. — Quant à la pensée, on ne saurait la refuser à l'animal au moins dans toutes les opérations simples qui n'exigent pas un retour de la représentation sur elle-même, un effort de volonté pour en dissocier les éléments et les combiner selon un ordre différent de celui que présente la spontanéité pure. Ainsi l'animal a certainement une mémoire, une imagination, un pouvoir d'associer des idées. Les exemples en sont surabondants et le doute sur ce point serait puéril. Mais ces fonctions sont exclusivement bornées à la connaissance de l'actuel et du passé, ou même à cette sorte de possible qui est la reproduction totale d'un passé. « S'ils pouvaient comprendre nos paroles, ils nous entendraient avec étonnement spéculer sur l'avenir, supposer que chacun de nous pourrait faire ce qu'il ne fait pas, et ne pas faire ce qu'il fait..... Voilà pourquoi il ne suffit point à nos communications (ce qui suffit aux leurs) d'exprimer des passions *actuelles* par un langage *d'action* ou par de certaines émissions de voix instinctives et constantes; pour eux, point d'hypothèse, point de conditionnel. » D'après la même

---

vue est insuffisante, si on la compare à celle des oiseaux, par exemple, qui voient de si loin et avec une si étonnante précision les plus petits objets ou à celle des nombreux animaux qui voient la nuit presque aussi bien que le jour! Notre goût et notre ouïe sont médiocres : nous n'avons qu'imparfaitement le discernement des poisons. Notre odorat surtout est très grossier et sur le rapport de l'olfaction, nous sommes peut-être les moins bien doués de tous les mammifères. Ch. Richet, *L'homme et l'intelligence*, p. 449, 2ᵉ éd., 1887, Alcan.

(1) V. Macnish, *Philosophy of Sleep*, p. 290, voir le cas d'un gentleman de Glascow, qui se sait et se sent hanté de visions de diables verts et qui réagit contre l'hallucination en frappant un violent coup de poing sur la table. — Le cas est cité, avec d'autres très significatifs, par M. Taine, *Intelligence*, t. I, p. 104, 4ᵉ édition.

distinction, nous refusons à l'animal les fonctions intellectuelles qui manifestent dans le sujet pensant un pouvoir de penser sa propre pensée; ainsi l'animal compare, puisqu'il perçoit des rapports, il est capable de synthèse, puisqu'il se détermine selon les synthèses de phénomènes qui lui sont présentées, et d'analyse puisqu'il les distingue et qu'un objet joint à un autre ne l'empêche pas de reconnaître celui-ci. Tout cela est de l'animal comme de l'homme. Mais penser ces rapports en tant que rapports, et en l'absence même des objets mis en relation; en comparant, se représenter la comparaison même, c'est le fait d'une pensée qui peut *s'abstraire* de ses objets, substituer aux objets donnés sous certains rapports d'autres objets simplement possibles et dont l'identité partielle sous les mêmes rapports est reconnue, c'est-à-dire *raisonner* et *déduire*; prendre enfin conscience de la conscience et faire fléchir la ligne du processus mental qui se déroulerait avec une pure spontanéité et la ramener sur elle-même, la *réfléchir*, ce sont là des opérations qui amènent trop de trouble dans la simplicité du développement intellectuel pour n'être pas le résultat d'un pouvoir perturbateur de l'ordre universel et que nous appelons liberté de la personne. C'est donc le développement du vouloir, « c'est le passage de la spontanéité simple à la spontanéité libre qui marque l'avènement de la conscience humaine dans la nature (1) », et la différence de l'homme à l'animal se ramène à celle de l'instinct et de la volonté. (V. Éclaircissement III.)

8. Les inclinations de l'animal. — En effet, en tant qu'être passionnel, l'animal ne présente aucune initiative propre à « se déprendre » du vertige de l'émotion présente. Il a bien, comme nous, des inclinations égoïstes, sociales et peut-être artistiques (2). Ceux qui ont pris à tâche, depuis Montaigne (3) jusqu'à Darwin (4), de combler l'intervalle entre l'animal et l'homme ont accumulé des faits, les uns simplement amusants, d'autres fort instructifs, mais qui n'empêchent pas la vérité de cette observation, que tout dans la passion de l'animal est subordonné à deux tendances serviles : la conservation de la vie

---

(1) Renouvier. *Psych.*, I, 316.

(2) V. *Revue des Deux Mondes*. Le sens esthétique chez les bêtes, Article de Ch. Lévêque.

(3) Apologie de Raymond de Sebonde, *Essais*, II, ch. XII.

(4) *Descendance de l'homme*, 1871. *Origine des Espèces*, 1859.

individuelle et la conservation de la race, tandis que l'homme, dominé il est vrai la plupart du temps par ces deux mêmes lois, peut cependant s'en affranchir, en de certains cas, et faire prévaloir en lui-même des passions supérieures et désintéressées sur celles de l'égoïsme individuel ou social. Ainsi l'instinct de la conservation et l'amour de la vie ne sont ni moins ni plus impérieux, nous dit-on, chez le chien que chez l'homme, puisqu'un chien peut se laisser mourir de chagrin sur la tombe de son maître. Dans ce cas, nous l'accordons, l'instinct sympathique triomphe de la passion égoïste. Mais y a-t-il des chiens qui se donnent la mort pour échapper à la honte et au déshonneur ? L'animal, nous dit M. Espinas (1), est capable de former des familles fortement unies. Ce spectacle est très édifiant; mais y a-t-il des animaux chez qui la famille soit autre que temporaire, ou chez lesquels l'autorité soit longtemps l'objet d'un respect différent de celui qu'impose la force physique ? Ils peuvent, assurément, constituer des peuplades assez cohérentes pour se reformer après de violentes dispersions, comme dans les fourmilières. Soit, mais ces « nations » ont-elles d'autre loi que l'impuissance de l'individu isolé ? Comportent-elles ces œuvres de volonté qui sont les contrats, les modifications plus ou moins radicales apportées au statut commun en vue de progrès ? Enfin, si l'on peut citer des animaux soucieux de savoir, comme certains singes, cités par Darwin, qui étudient curieusement un serpent déposé dans leur cage, faut-il voir autre chose dans cet examen que la terreur de l'inconnu et le soin de la conservation personnelle (2) ? Et si ce sont des artistes que les rossignols, leurs inventions mélodiques n'ont-elles pas pour raison suffisante l'intérêt exclusivement utilitaire de l'instinct générateur ? Quant aux faits de moralité ou de religiosité allégués chez l'animal, nous ne voulons pas y voir autre chose que des extravagances d'observateurs prévenus (3). Non que les catégories supé-

---

(1) Thèse sur les *Sociétés animales*, 1877, ch. III, IV et V.

(2) Darwin dit qu'au jardin zoologique de Londres, il avait mis un serpent vivant dans un sac de papier; un des singes s'en approcha immédiatement, entr'ouvrit le sac avec précaution, y jeta un coup d'œil et se sauva. Tous les autres vinrent, un à un, la tête levée et tournée de côté, ne pouvant résister à la tentation de jeter un rapide regard dans le sac au fond duquel le terrible animal restait immobile. *La Descendance de l'homme*, p. 74, 75, trad. Barbier, 1881, Reinwald.

(3) Dans le livre du D' Richet cité plus haut, et où nous rencontrons de fréquentes preuves d'une sagacité psychologique, bien rares chez les physiologistes, nous avons le regret de rencontrer la phrase suivante, p. 409 : « La

rieures de la pensée ne nous paraissent régir, aussi bien que les inférieures, toute mentalité, y compris celle de l'animal, mais cela en dehors de toute conscience abstraite et de toute réflexion, c'est-à-dire d'intervention volontaire de la pensée sur elle-même, ou *automotivité* intellectuelle.

9. La volonté est absente dans l'animal. — Enfin, faut-il accorder à l'animal quelque chose de plus ou moins analogue à notre volonté en tant que pouvoir *moteur* ou *résolutif?* A notre sens, ce serait par un vice choquant de nomenclature. 1° Leur prétendue volonté n'est que la détermination sous l'empire de la passion. C'est donc la passion même, le désir, avec les mouvements qui s'en suivent en vertu d'une harmonie que nous avons signalée, et d'après laquelle, ni chez l'animal, ni chez l'homme, la locomotion n'est l'effet direct de la volonté et ne peut être rapportée à celle-ci que dans la mesure où elle modifie les passions ou les imaginations. 2° Quant à leurs résolutions apparentes, il n'en est pas une alléguée que nous ne puissions expliquer par l'effet de l'habitude, du désir, de l'instinct, toutes formes mécanisantes et vertigineuses. Et toute vie instinctive est aveugle, fatale, incapable de variation volontaire en dehors de l'influence des milieux et de ces actions formatrices qui constituent dans la nature une sélection (1) où l'individualité véritable n'a aucune part. Pour en rencontrer les éléments propres, il faut donc chercher plus haut encore.

III. — LES INDIVIDUALITÉS SUPÉRIEURES

10. Les fonctions mentales communes à l'animal et à l'homme ne suffisent pas à constituer la personnalité. — Dans l'homme même, les fonctions supérieures ne suffisent pas toutes à constituer l'individualité humaine. Toute notre expérience est une matière fournie à la pensée par la multiplicité des phénomènes externes ou internes, et non pas prise de

croyance à des êtres supérieurs existe probablement chez le chien ou chez l'éléphant. Le chien vénère son maître et l'éléphant son cornac *comme de véritables dieux.* Ils croient à leur puissance dont ils connaissent les terribles effets sans les comprendre : et mentalement ils les révèrent avec la même frayeur que fait un pauvre sauvage pour Parabavastu. »

(1) Darwin. *Origine des Espèces*, ch. IV, V et VII.

la conscience elle-même. Les formes ou lois de l'entendement ne sont pas notre œuvre, et l'on a pu dire avec vraisemblance que la raison n'est en chacun de nous qu'un reflet d'une vérité éternelle dont nous subissons uniformément la règle (1). La mémoire nous fournit bien l'idée d'une liaison entre tous les événements dont notre conscience est le théâtre, mais elle ne suffit pas à elle seule à distinguer en nous-mêmes autre chose « qu'un fragment de l'ordre total ». Enfin les passions, malgré les spécialités qu'y apportent l'habitude, le tempérament, le caractère acquis, établissent en nous une individualité incontestablement irréductible, déterminée par l'intersection de diverses lois naturelles comme un point géographique par celle d'un méridien et d'un parallèle suffisants pour empêcher qu'on ne le confonde avec d'autres, mais nullement pour l'affranchir de la solidarité de l'ensemble. C'est seulement quand la volonté apparaît unie à la mémoire et à la pensée qui se *reconnaît*, que la conscience s'élève au point culminant, la conscience de soi, et constitue ce que nos langues et nos lois nomment une *personne*

11. Trois oppositions manifestant la personne.—1° Opposition réfléchie du moi et du non-moi. — Trois sortes d'oppositions nous paraissent constituer la personne : l'une, faite par l'entendement entre un *moi* et un *non-moi*; l'autre, faite par la liberté entre un ordre donné et un ordre possible ; la dernière enfin, faite par la moralité entre l'être réel et celui qui doit être.

Au premier point de vue, aucun sujet ne peut être compris que comme un groupe de qualités ou phénomènes déjà formé, à qui l'on applique par un jugement attributif une ou plusieurs qualités nouvelles. C'est ainsi que ce sujet que j'appelle *moi* existe (2), parce qu'au cours de mon expérience, je lui attribue, entre tous les événements que je connais, ceux qui me paraissent plus particulièrement constitutifs de son essence. Ainsi groupés, ils deviennent *miens* par opposition à tous les autres que je rattache aux sujets dont l'ensemble fait le *non-moi*. La différence entre ces deux sortes de groupes est que le lien entre les éléments de ceux qui me sont extérieurs n'est aperçu de moi que par le dehors, pour ainsi dire, ne m'apparaît que déjà noué;

---

(1) C'est la théorie de la raison impersonnelle soutenue, quoiqu'en termes variables, par Platon, Fénelon, Malebranche, Victor Cousin.

(2) Ce mot *existant* traduit bien cette opposition ; il vient de *ex*, en dehors, et de *stare*, se tenir ; les êtres sont *ex-istants* réciproquement.

les êtres étant des synthèses toutes faites que mon esprit connaît par une analyse successive et fragmentaire, et en se conformant à l'ordre donné dans l'objet. Tandis que le lien du groupe que je suis m'apparaît par le dedans, comme en train de se faire, comme pouvant se faire ou se relâcher selon qu'il me conviendra. Ainsi s'établit logiquement, par la loi de conscience, un moi auquel la mémoire et surtout la reconnaissance confèrent une existence historique et la seule permanence, la seule unité qui soient intelligibles. Il n'y a point de personnalité sans mémoire ; une conscience privée de mémoire naîtrait et mourrait d'instant en instant ; le moi, se défaisant toujours, ne se ferait jamais ; l'identité du moi a donc pour condition une succession d'états de conscience conservés et reconnus. Reconnus, car sans la reconnaissance, la notion du moi serait impossible. Ce n'est pas la mémoire seule, en effet, qui constitue la personnalité. L'homme qui rêve se souvient, mais ses souvenirs sont sans reconnaissance (1), et la vie du rêve est une vie autre que celle de la personne, elle lui est parallèle et ne se confond pas avec elle. Tout ce qui détruit la mémoire, tout ce qui détruit la reconnaissance supprime l'individualité personnelle.

12. Les cas de sectionnement de la personne. — Nous avons là l'explication très simple de ces cas de dédoublement de la personne, qui sans cela paraissent mystérieux. M. Taine (2), le Dr Azam, de Bordeaux (3) ; le Dr Dufay (4), de Blois, ont cité des cas très curieux de cette multiplication des *moi* dans un seul et même individu, qui tous deviennent très clairs par la formation de mémoires secondaires, en concurrence avec la mémoire normale. Nous avons nous-même rencontré à l'asile Saint-Georges, à Bourg, un aliéné qui avait deux personnalités parfaitement distinctes et qui ne s'embrouillaient pas l'une dans l'autre. Tantôt il était un simple soldat d'infanterie, très au courant des moindres détails de la vie de son régiment, dont il nous a été possible de contrôler la vérité ; tantôt il était « notre seigneur le pape en personne », et il voulut bien nous gratifier du grade de cardinal-inspecteur, qu'il ne manqua jamais de nous donner dans toutes nos visites, avec une cohérence remar-

(1) Dauriac. *Crit. phil.*, XXVI, p. 219.
(2) *Intelligence*, II, p. 465.
(3) *Revue scientifique*, 20 mai 1876 ; 10 novembre 1877 ; 8 mars 1879.
(4) *Id.*, 15 juillet 1876, et *Revue philosophique*, février 1880.

quable. Ces vues sont confirmées par M. Ribot (1), qui étudie les modifications de la personne selon que des mémoires partielles s'oblitèrent ou s'hypertrophient en elle, produisant ainsi de nouveaux individus dans le même sujet ou laissant d'autres s'éteindre d'inanition. « S'il fallait, dit le Dr Richet (2), exprimer d'un mot l'état psychique des somnambules, je dirais que c'est le *silence*. Au lieu du bruissement d'idées qui se fait dans notre tête quand nous sommes bien éveillés, chez eux il n'y a plus rien, ni conscience, ni *mémoire*. » Ainsi s'établissent ou se perdent la conscience et la permanence du moi, conditions préalables de la personne.

13. Seconde opposition : Par la liberté la personne se détache de son milieu. — Une seconde opposition établit ce qu'on peut appeler l'individuation, c'est-à-dire la constitution volontaire de l'être lui-même en face de l'ordre universel, et c'est là l'œuvre suprême de la liberté. Lorsqu'elle apparaît dans un être donné, cet être, lié par mille rapports aux autres êtres, à ce que lui-même était, à toutes les lois qui le lient à soi et au monde, cet être acquiert une existence incomparablement plus propre. Il était distinct, il se sépare ; il était lui, il devient par lui ; de là une essence, un individu le plus individuel qui nous soit connu, l'individu humain, la personne humaine. Il est étonnant, disons-le en passant, que M. Fonsegrive, dans ce livre si bien informé d'ordinaire (en quantité et qualité), que nous avons cité, puisse attribuer à M. Renouvier cette opinion que la loi de personnalité, ainsi comprise, « ne répond à rien de réel », quand nous lisons, au sujet de la réalité attachée à la liberté (3) : « Elle est l'être même, qui, donné à soi pour une partie, pour une autre partie se fait et s'achève. » Et, en effet, l'être libre est le seul que nous connaissions directement et dont les attributs nous servent à qualifier les autres. Les philosophes qui n'acceptent pas radicalement la liberté avec toutes ses conséquences n'ont plus de moyen de distinguer les êtres entre eux ; ils les considèrent comme des modes différents, des phénomènes de l'Être. Et il est impossible d'éviter cette réduction de tous les êtres à l'unité, et d'échapper à la forte logique de Spinoza si l'on ne recourt pas à la liberté comme unique puissance de main-

---

(1) *Maladies de la Mémoire*, ch. III et IV.
(2) *L'homme et l'intelligence*, p. 232.
(3) *Psych.*, II, 306. V. Fonsegrive, *Essai sur le libre arbitre*, p. 387.

tenir la distinction entre l'ordre créé par moi, séparé par moi, et l'ordre des choses qui, en effet, ne font qu'un, tant que la liberté n'intervient pas pour les dissocier, comme fonction de discontinuité et d'individuation. (V. Éclaircissement II.)

14. Troisième opposition : La personnalité s'achève par la transformation volontaire de la personne réelle en personne idéale. — L'*individuation* résulte, pour l'homme comme pour un peuple libre, non des circonstances extérieures ou des fonctions que l'histoire lui impose, mais de ce qu'il introduit lui-même dans sa constitution. Elle explique la différence entre un peuple figé dans ses traditions, esclave de la coutume, conformé au gré d'une autorité hétéronome, et un peuple vivant sous un contrat toujours modifiable. La *permanence*, d'autre part, résulte aussi de la liberté, comme la stabilité des institutions du même peuple autonome, capable de reviser fréquemment ses lois organiques tout en restant lui-même, malgré le passage du « vieil homme » à « l'homme nouveau ». C'est cette troisième opposition qui achève la personnalité. La personnalité, à proprement parler, est l'œuvre de la personne. Elle doit se transformer en rapprochant ce qu'elle est de ce qu'elle doit être ; et en ce sens, le moi se représente à lui-même comme le *non-moi* d'un moi idéal, dont il se rapproche en intervenant dans la formation de son caractère, de ses opinions, de ses passions et dans celles du milieu, selon la mesure où il agit sur lui. C'est là le progrès moral qui peut être perfectionnement ou déchéance, mais toujours composé d'une série d'actes où la liberté intervient soit pour mettre en jeu les énergies personnelles et les influences extérieures, soit pour s'abandonner devant elles, car l'abdication est encore une manière d'agir. Le progrès ne se fait, dans le monde, que par d'énergiques initiatives personnelles, qui ne peuvent cependant se détacher entièrement de la solidarité du passé. On n'échappe jamais absolument aux traditions, et la formation d'une personnalité idéale consiste à se servir des traditions anciennes, en ce qu'elles peuvent avoir de conforme à la justice, pour en instituer de nouvelles, plus voisines de l'idéal, mais qui se fortifieront par l'influence de l'habitude. Nous verrons que la personnalité ne peut s'achever dans la vie présente et qu'elle réclame pour soi une continuation d'existence jusqu'à sa réalisation parfaite et nullement contradictoire, la sainteté (1).

(1) V. ch. XXII, sur l'Immortalité, et l'Éclaircissement IV.

ÉCLAIRCISSEMENTS

I

Valeur absolue de la personne.

L'homme, et en général tout être raisonnable, *existe* comme fin en soi, et *non pas simplement comme moyen* pour l'usage arbitraire de telle ou telle volonté, et dans toutes ses actions, soit qu'elles ne regardent que lui-même, soit qu'elles regardent aussi d'autres êtres raisonnables, il doit toujours être considéré *comme fin*. Tous les objets des inclinations n'ont qu'une valeur conditionnelle ; car si les inclinations et les besoins qui en dérivent n'existaient pas, ces objets seraient sans valeur. Mais les inclinations mêmes, ou les sources de nos besoins, ont si peu une valeur absolue et méritent si peu d'*être désirées* pour elles-mêmes, que tous les êtres raisonnables doivent souhaiter d'en être entièrement délivrés. Ainsi la valeur de tous les objets, que nous pouvons *nous procurer* par nos actions, est toujours conditionnelle. Les êtres dont l'existence ne dépend pas de notre volonté, mais de la nature, n'ont aussi, si ce sont des êtres privés de raison, qu'une valeur relative, celle des moyens, et c'est pourquoi on les appelle des *choses*, tandis qu'au contraire on donne le nom de *personnes* aux êtres raisonnables, parce que leur nature même en fait des fins en soi, c'est-à-dire quelque chose qui ne doit pas être employé comme moyen, et qui, par conséquent, restreint d'autant la liberté de chacun (et lui est un objet de respect). Les êtres raisonnables ne sont pas en effet simplement des fins subjectives, dont l'existence a une valeur *pour nous*, comme effet de notre action, mais ce sont des fins objectives, c'est-à-dire des choses dont l'existence est par elle-même une fin, et une fin qu'on ne peut subordonner à aucune autre, par rapport à laquelle elle *ne* serait *qu*'un moyen. Autrement rien n'aurait une valeur absolue. Mais si toute valeur était conditionnelle, et, par conséquent, contingente, il n'y aurait plus pour la raison de principe pratique suprême.

KANT. *Raison pratique*, p. 69. Trad. Barni (Alcan).

II

Le sentiment de la personnalité.

Avant M. Guizot, on eût pensé et enseigné que le noble sentiment de la personnalité, vicié, corrompu et sans frein chez le barbare, s'était montré au monde avec de bien moindres souillures chez les Grecs et chez les Romains des belles époques, et que la mémoire et les leçons s'en étaient conservées grâce à l'Histoire écrite par ces mêmes hommes et à leur littérature. Mais voici le jugement de M. Guizot :

« C'est par les barbares germains que le sentiment de la personnalité a été introduit dans la civilisation européenne; il était inconnu au monde romain, inconnu à l'Eglise chrétienne, inconnu à presque toutes les civilisations anciennes. Dans les civilisations anciennes, ce n'est pas de sa liberté personnelle que l'homme est préoccupé ; il appartient à une association, il est prêt à se sacrifier à une association. Il en était de même dans l'Eglise chrétienne ; il y régnait un sentiment de grand attachement à la corporation chrétienne, de dévouement à ses lois, un vif besoin d'étendre son empire ; ou bien le sentiment religieux amenait une réaction de l'homme sur lui-même, sur son âme, un travail intérieur pour dompter sa propre liberté et se soumettre à ce que voulait sa foi. » Si cela signifie que les anciens votaient, quoique librement, des lois qui exigeaient de grands sacrifices de la personne, ce fait incontestable et mille fois expliqué atteste chez eux la vertu et ne prouve rien contre la liberté, car la liberté qui se restreint elle-même est toujours la liberté. On en peut dire autant de l'effort sur soi que réclame le maintien intérieur d'une foi religieuse donnée. Si M. Guizot a voulu prétendre que les citoyens des républiques de l'antiquité manquaient de personnalité et de spontanéité, tant leurs constitutions politiques et leur patriotisme étouffaient leur indépendance, il a oublié les Thémistocle, les Alcibiade, les Xénophon, les Iphicrates, les Coriolan, sans parler des grands citoyens qui ont concilié le puissant esprit d'initiative avec l'obéissance aux lois, les Socrate et les Périclès. L'oubli n'est guère pardonnable. Et quant à ce qu'il appelle l'Eglise chrétienne, il a mis de côté simplement l'histoire des hérésies, qui n'est autre en vérité que l'histoire de l'Eglise.   RENOUVIER. *Crit. phil.*, t. II, p. 117.

III

Les animaux ne raisonnent pas ; ils infèrent du particulier au particulier.

Les bêtes sont purement empiriques et ne font que de se régler sur les exemples ; car, autant qu'on en peut juger, elles n'arrivent jamais à former des propositions nécessaires, au lieu que les hommes sont capables de sciences démonstratives ; en quoi la faculté qu'ont les bêtes de faire des consécutions est quelque chose d'inférieur à la raison qui est dans les hommes. Les consécutions des bêtes sont purement comme celles des simples empiriques, qui prétendent que ce qui est arrivé quelquefois arrivera encore dans un cas où ce qui les frappe est pareil, sans être pour cela capables de juger si les mêmes raisons subsistent. C'est par là qu'il est si aisé aux hommes d'attraper les bêtes et qu'il est si facile aux simples empiriques de faire des fautes. Des personnes devenues habiles par l'âge et par l'expérience n'en sont pas même exemptes, lorsqu'elles se fient trop à leur expérience passée, comme cela est arrivé à quelques-uns dans les affaires civiles et militaires, parce que l'on ne considère point assez que le monde change et que les hommes deviennent plus habiles en trouvant mille adresses nouvelles, au lieu que les cerfs ou les lièvres de ce temps ne sont pas plus rusés que ceux du temps passé. Les consécutions des bêtes ne sont qu'une ombre de raisonnement, c'est-à-dire ne sont qu'une connexion d'imaginations et un passage d'une image à une autre ; parce que, dans une rencontre nouvelle qui parait semblable à la précédente, elles s'attendent de nouveau à ce qu'elles y ont trouvé joint autrefois, comme si les choses étaient liées en effet parce que leurs images le sont dans la mémoire. Il est bien vrai que la raison conseille que l'on s'attende pour l'ordinaire de voir arriver à l'avenir ce qui est conforme à une longue expérience du passé, mais ce n'est pas pour cela une vérité nécessaire et infaillible ; et le succès peut cesser quand on s'y attend le moins, lorsque les raisons qui l'ont maintenu changent. Pour cette raison, les plus sages ne s'y fient pas tant qu'ils ne tâchent de pénétrer, s'il est possible, quelque chose de la raison de ce fait pour juger quand il faudra faire des exceptions. Car la raison est seule capable d'établir des règles sûres et de suppléer à ce qui manque à celles qui ne l'étaient point, en y faisant des exceptions, et de trouver enfin des liaisons certaines dans la force des conséquences nécessaires, ce qui donne souvent le moyen de prévoir l'événement sans avoir besoin d'expérimenter les liaisons sensibles des images, où les bêtes sont réduites ; de sorte que ce qui justifie les principes internes des vérités nécessaires distingue encore l'homme de la bête.

LEIBNITZ. *Nouveaux Essais*. Ed. Janet, p. 11.

IV

Lien des personnalités actives et de leur milieu.

Tout réformateur, comme Socrate, sacrifie un coq à Esculape, c'est-à-dire demeure attaché par quelque côté aux opinions courantes que son influence transforme à d'autres points de vue. La révolution bouddhique, dans le brahmanisme, n'a pu modifier la tendance orientale à l'affaissement de l'être devant les forces de la nature, et le suicide est resté la tare de ce grand effort de moralisation. La doctrine de Jésus, si originale au milieu des systèmes de morale antiques, est cependant encore, sur bien des points, un judaïsme à peine dissimulé. Descartes, ce restaurateur de la pensée moderne, ne s'est pas si bien détaché de la scolastique, qu'on ne retrouve chez lui, au moment les plus décisifs de sa crise dogmatique, des affirmations où nous reconnaissons saint Anselme et saint Augustin. Et, enfin, Kant a pu faire dans le domaine de la pensée une révolution qui vaut celle de Copernic dans le système de la nature ; il n'en est pas moins demeuré fidèle, en ses analyses les plus profondes, à des dogmes de l'ancienne métaphysique. Mais si l'indépendance de l'esprit à l'égard du passé est si difficile à conquérir que les meilleurs penseurs n'ont pu l'obtenir tout entière, il n'est pas moins véritable que l'individu réagit à son tour sur le milieu, comme un ferment plus ou moins énergique, et peut déterminer, par son action, de nouveaux courants de pensée, des formes de sentiment inconnues jusqu'alors, des goûts qui sont des additions réelles à la gamme de nos impressions dans l'art, la littérature, la morale et la politique. (J. T.)

CHAPITRE VII

LES FINS DE LA VIE HUMAINE

(1° LE BONHEUR. — 2° L'UTILITÉ)

I. — LE PROBLÈME MORAL

1. Les éléments du problème : les fins : 1° plaisir ou utilité ; 2° devoir. — Le sujet de la moralité étant une personne réfléchie, libre et responsable, il reste à déterminer : 1° quelle doit être la règle de sa conduite ; 2° quelles actions prescrit cette règle. La première de ces deux questions nous amène à chercher comment elle a été résolue par les principaux théoriciens de la morale. La seconde nous conduira à déterminer quelle doit être pratiquement l'attitude à prendre par l'agent moral, selon les diverses fonctions que lui présente sa nature (1).

Deux solutions sont possibles au problème de la conduite. L'une par l'idée du bonheur, l'autre par celle du devoir, c'est-à-dire soit par le développement intense et intégral de la nature humaine telle qu'elle est, soit par la prédominance aussi complète que possible d'une de ses fonctions, la raison, établissant *dans l'être* l'ordre qui *doit être*. Malgré des variations considérables de doctrines, la spéculation n'est jamais sortie de cette alternative. Du reste, l'idée de bonheur a, dans l'homme, une racine plus profonde que l'idée du devoir, puisque le bonheur se confond, à vrai dire, avec cette nature même dès qu'elle arrive au sentiment de soi, par la réalisation d'un désir et l'obtention d'une fin. Et cependant, la réflexion ne s'est pas plutôt montrée dans l'homme

---

(1) C'est le sujet des chapitres suivants à partir du x°. Ces *fonctions* sont ce que Cicéron appelait *officia*, qu'on a transcrit et non traduit dans le mot *offices*; on les appelle les *devoirs*; c'est plutôt l'application du devoir aux diverses fonctions de l'être moral.

assez développée pour lui faire sentir l'incompatibilité mutuelle de deux fins qui seraient l'une et l'autre convenables à son bonheur et entre lesquelles il doit choisir, que l'idée d'un devoir s'est dégagée.

Plaçons-nous donc d'abord au point de vue de l'instinct ou du moins de la nature. Nous examinerons ensuite celui du devoir (1).

2. Les difficultés du problème : conflit des fins : 1° entre elles ; 2° avec leurs objets. — Toute activité consciente qui se développe et atteint sa fin passe de l'état de désir, besoin, tendance, à l'état de plaisir, joie, jouissance. Si donc les énergies qui sont en nous pouvaient obtenir toutes et simultanément cette satisfaction, nul doute que nous ne serions dans l'état de bonheur parfait. On voit déjà qu'entre le plaisir et le bonheur, il n'y a d'autre différence que comme entre la partie et la somme des parties. Une personne qui obtiendrait toujours tous les biens qu'elle désire, d'une façon intense et complète pour chacun d'eux, qui ne rencontrerait à cette jouissance aucun obstacle venant de ses propres mobiles d'action, ou de la nature, ou de la société, n'aurait plus rien à désirer et serait pleinement heureuse. Mais cet idéal est, du moins dans la vie présente, et avec la nature que nous avons, irréalisable ; car d'un côté les objets de nos tendances nous échappent en grande partie et d'un autre ces tendances elles-mêmes entrent en conflit dans une personne donnée, et surtout d'une personne à l'autre. Le premier obstacle à la satisfaction universelle de nos inclinations provient de leurs objets : quant à celles qui sont personnelles et qui, relatives au corps, portent le nom particulier d'*appétits*, il ne dépend pas de nous qu'elles obtiennent toujours leurs fins et nous sommes souvent forcés de les restreindre parce que l'objet leur manque ; celles qui, dans la sphère individuelle, sont plus proprement morales, comme l'amour de la vie, la confiance en soi, etc., ne sont pas plus de notre dépendance. Les affections sociales ne sont satisfaites que par l'accord des personnes ; et par exemple il ne tient pas uniquement à moi que mon ami me soit fidèle, que ma patrie soit affranchie, que ma femme et mes enfants me donnent le bonheur que j'attends d'eux (2). Il est en-

(1) C'est l'objet des ch. vii et viii.
(2) V. dans l'*Entretien* de Pascal avec M. de Sacy, ce qu'il dit du détachement d'Épictète, si convaincu que les biens extérieurs ne dépendent pas de nous et que leur venue ou leur perte ne doit pas affecter le sage.

core plus manifeste que les objets de nos vœux se dérobent à nous quand nous poursuivons des buts supérieurs comme la science, l'art, la perfection morale, la certitude religieuse. D'autre part, la poursuite de l'une de ces fins est souvent exclusive de l'une des autres, et quand elle est passionnée, de toutes les autres ; par exemple, la recherche du savoir est souvent nuisible à nos intérêts comme dans la vie de Palissy, ou aux instincts de famille, comme chez beaucoup de philosophes et des plus grands, Platon, Descartes, Spinoza, Leibnitz, Kant qui ne se sont pas mariés, pour appartenir tout entiers à la spéculation. Les besoins supérieurs de notre nature demandent de continuels sacrifices aux inférieurs, la patrie à la famille et celle-ci à l'individu.

3. Deux séries de solutions : 1° par conformité aux fins ; 2° par réglementation des fins.— Le bonheur ne saurait donc résulter d'une satisfaction intégrale de nos inclinations. Il faudra par conséquent faire un choix entre elles et trouver une règle d'harmonie, une loi de proportion à appliquer aux jouissances. Quelques moralistes, tels qu'Aristippe et Fourier, ont reculé devant ces sacrifices, et ont pensé que la nature, abandonnée à elle-même, se chargerait d'établir l'ordre et la mesure nécessaires. D'autres ont cherché une règle soit dans la prudence individuelle, comme Démocrite, Epicure, Descartes, soit dans la considération d'utilité générale, comme Hume, Bentham. D'autres enfin ont placé dans des notions supérieures à la simple nature un principe de conduite insuffisamment dégagé des motifs sensibles, au moins quant à la netteté de l'expression, par exemple les mystiques avec le pur amour, sorte de « raison du cœur que la raison ne connaît pas » (1) ; Adam Smith avec le *spectateur impartial*, Stuart-Mill et Aristote avec l'idée de l'*homme vertueux*, juge compétent de la qualité des plaisirs. Trois fois seulement, dans l'histoire des théories morales, la notion du pur devoir, opposé à la passion sous toutes ses formes, s'est dégagée avec rigueur, d'abord dans les *Sse-chou*, livres moraux de la Chine, qui renferment la doctrine de Khoung-fou-tseu (Confucius) (2) recueillie par ses disciples et qui établissent une sorte de religion de raison pure (3), puis-

---

(1) Pascal. *Pensées*, art. 24, § 5. Ed. Havet.
(2) Fin du v° siècle av. J.-C.
(3) Renouvier. *Esquisse*, etc. V° *Opposition*. — V. *Critique religieuse*, VI° vol. p. 380.

qu'on n'y trouve ni dogmes mystérieux, ni révélation divine ; puis dans la doctrine stoïcienne de l'effort de la lutte contre les passions (1), enfin, de la façon la plus formelle et la seule rigoureuse, dans la *Critique de la raison pratique* (2) de Kant.

4. La méthode de solution critique. — Nous étudierons en premier lieu et sommairement les doctrines qui on fait de la passion le principe de la morale, et nous suivrons une méthode ascendante, où nous considérerons l'ordre historique comme très secondaire, pour envisager plutôt le progrès logique d'une conception sur l'autre, et nous passerons ainsi des doctrines de simple plaisir, réunies sous le nom commun de *hédonisme* (3), aux doctrines d'utilité réfléchie, réunies sous le nom d'*eudémonisme* (4). Puis, par une voie dialectique inverse et descendante, nous aurons à faire voir que tous les progrès accomplis, sous ce point de vue, au bénéfice de la pureté et de l'élévation morales, ont coûté des sacrifices de plus en plus considérables à la logique des théoriciens et à la cohérence de leurs systèmes.

II. — DIALECTIQUE ASCENDANTE DES SYSTÈMES

Première partie.

Les morales fondées sur le bonheur personnel.

5. Le plaisir sans trouble (Démocrite, Descartes). — Le premier auteur d'une théorie philosophique du bonheur est Démocrite (5), qui le cherchait dans la tranquille jouissance de la science, privilège du penseur capable de renoncer à la poursuite de tous les autres biens. Le but de l'individu assez sage pour ainsi se restreindre étant la tranquillité, il entraîne la soumission à la religion dominante et à la coutume en tant qu'elles prescrivent des règles de conduite, et le sage ne saurait s'en affranchir trop ouvertement ou tenter vivement d'en affranchir

---

(1) V. ch. VIII.
(2) Publiée en 1788.
(3) *Hédoné* en grec, plaisir.
(4) *Eudaimonia*, bonheur.
(5) Né à Abdère, vers 480 av. J.-C., ville de Thrace (act. Turquie), en face de l'île de Tasso. Abdère est également la patrie de Protagoras.

les autres hommes, sans compromettre son bonheur. C'est là une attitude prise encore par Descartes, qui ne voyait rien de plus désirable que l'ataraxie antique(1), la vie spéculative du penseur isolé dans un repos savant auquel il sacrifie tous les autres bonheurs, même l'indépendance socialement garantie des croyances politiques, religieuses et scientifiques, même enfin ce bonheur supérieur qu'on peut trouver à être utile au public par la publication de vérités nouvelles. Ce besoin de la paix à tout prix, Descartes ne put le satisfaire qu'en se cachant tant qu'il put en France, et en changeant de retraite plus d'une fois par an quand il se résigna à vivre à l'étranger (2). Aussi mourut-il à Stockolm, près de la reine Christine. Se dérober à la lutte et aux devoirs qu'elle impose engage celui qui n'a d'autre idéal à une fuite continuelle. La seule issue logique d'une telle vie est le cloître. Les anciens l'ont ignoré(3) ; aussi, la méthode par laquelle Démocrite obtient cette tranquillité est le calcul de l'intérêt bien entendu qui lui fut emprunté avec tout le reste de sa doctrine par Epicure et dont Bentham (4) fit l'arithmétique des plaisirs.

6. Le plaisir au maximum d'intensité (Calliclès, Aristippe). —Mais l'absence de trouble n'est qu'un pauvre bonheur et d'une monotonie peu enviable. Il est donc naturel qu'en conservant le plaisir pour principe, on renonce à l'assiette imperturbable d'un Démocrite et qu'on cherche dans les jouissances accompagnées, s'il le faut, de grands risques, les émotions fortes qui nous font goûter le plaisir jusqu'à la limite des énergies humaines. Le plaisir le plus vif et sans contrainte, voilà le but que doit se proposer un hédoniste conséquent. C'est ce qui arriva au sophiste Calliclès que Platon met en scène dans le *Gorgias* (5), et à l'un des plus singuliers disciples de Socrate, Aristippe de Cyrène (6). En

---

(1) *Atarakos* en grec, de *a* privatif et *taraké*, trouble, agitation. V. Éclaircissement I.
(2) V. *Discours de la Méthode*, III° partie. Descartes né en 1594, mort en 1650.
(3) V. cependant ce que dit à ce sujet M. Havet, *Le christianisme et ses origines*, t. III, p. xix et t. II, p. 32, Calmann Lévy, 1884.
(4) Bentham, publiciste anglais (1747-1832).
(5) Gorgias, ch. xlvi, p. 491. Ed. Estienne. V. Éclaircissement II.
(6) Aristippe de Cyrène, colonie grecque d'Afrique, né vers 435. C'était un riche marchand qui venait tous les ans conduire ses vaisseaux à Athènes. Après ses recettes faites, il ne se hâtait pas de revenir à Cyrène et il restait longtemps en Grèce pour en déguster tous les plaisirs. C'est ainsi qu'il devint disciple régulier de Socrate à la suite d'une perte maritime, mais disciple indépendant quant à la doctrine. Socrate disait de lui : « Je pourrai jamais corriger ce spirituel voluptueux. »

restant au point de vue de Démocrite, il n'y a rien à leur objecter. Et de plus, s'il est vrai, comme le disait le contemporain de Calliclès, le sophiste Protagoras, que « l'homme est la mesure de toutes choses », je suis seul juge du véritable plaisir, puisque celui-là seulement existe, pour moi, que je ressens et que mes goûts me font apprécier. De plus, j'ai pour moi l'autorité de la nature entière où chaque être vivant recherche son plaisir et fuit la douleur, parce qu'il est fondé à persévérer dans l'être et à poursuivre, pour se conformer à cette loi universelle, les satisfactions les plus variées et les plus intenses de ses besoins. Mais Aristippe n'ignore pas qu'il y a des plaisirs de divers degrés. En homme qui a beaucoup navigué sur la Méditerranée, il se représente la vie tantôt comme un temps calme, sans vent,

quand la rame inutile
Fatigue vainement une mer immobile (1),

tantôt au contraire comme la tempête déchaînée où le matelot se brise ; entre ces deux extrêmes, il est un moment où la brise agite doucement le passager et lui fait sentir l'activité de l'existence. La mer calme, c'est le plaisir des gens tranquilles dédaigné par tous les hommes d'action ; la tempête, c'est la douleur, qu'il faut plus encore éviter ; le mouvement excitant de la brise, c'est le plaisir comme l'entendent ses vrais amateurs.

7. Mérites relatifs de cette doctrine : l'hédonisme. — Comme application de ce principe, il suit que : 1° la quantité des plaisirs qu'elles comportent est le moyen de juger, *le critère* (2) de la bonté des actions ; ce que nous appelons bien est la jouissance ; et entre deux actes, celui-là est le meilleur qui nous donne la plus vive. Ce qui est mal, c'est ce que la nature réprouve, c'est-à-dire la souffrance ; 2° entre plusieurs plaisirs possibles, c'est le plus prochain qu'il faut prendre, loin d'attendre à plus tard pour en obtenir un plus vif, peut-être, mais moins sûr que le présent. La Fontaine, un des disciples les plus fidèles, pratiquement, de cette doctrine dit :

« Un tiens vaut, ce dit-on, mieux que deux tu l'auras (3).

Il faut se hâter de jouir avant de souffrir, de peur de mourir avant

---

(1) Racine. *Iphigénie*.
(2) De *criterion*, en grec, pierre de touche.
(3) Le petit poisson et le pêcheur.

d'avoir joui ; et ne pas s'occuper de la somme des plaisirs, c'est-à-dire du bonheur comme l'entendra Epicure, car cette somme est bien longue à effectuer, et surtout il ne dépend pas de nous de la constituer. La vie sage sera donc un accommodement opportun au milieu qu'on tâchera de se soumettre pour s'en servir comme d'un moyen d'agrément au lieu de s'y soumettre (1). Nous y serons plutôt spectateur qu'acteur (2), à moins que le rôle nous paraisse agréable, et nous entrerons alors dans des liens de sympathie avec les autres hommes, jusqu'au moment où nous cesserons d'avoir besoin d'eux (3) ; nous admettrons les plaisirs austères, ou délicats, ou prétendus nobles, selon nos dispositions. La justice elle-même est une bonne institution qu'ont inventée les hommes soucieux de jouir en paix de l'existence. En un mot, que le plaisir soit facile, intense et certain, c'est tout ce que demande Aristippe.

8. Le développement des passions est naturellement harmonique (Fourier). — Mais c'est encore trop peu pour celui qui croit fermement à la légitimité de la passion et à l'excellence de notre nature. Aussi peut-on fonder sur cette nature même un principe d'organisation sociale, d'après lequel, dépassant les vues individualistes des Cyrénaïques, on donnerait à l'humanité pour règle la voix qui parle en elle avec le plus d'autorité, la passion. Charles Fourier (4), s'inspirant de la première ligne de l'*Emile* de Rousseau : « Tout est bien sortant des mains de l'auteur des choses ; tout dégénère entre les mains de l'homme », croit que tous nos maux viennent des obstacles apportés par la société aux passions. Si l'on permettait à chacun de se livrer à l'occupation pour laquelle il est né, si l'on laissait les hommes se diriger par la seule influence de leurs instincts, il se formerait des états où chacun serait content de son sort. La loi de l'attraction universelle a son analogue dans le monde

---

(1) Pour M. Renan, le milieu est comme une comédie en somme agréable qu'il faut prendre, en tous cas, par le bon côté. V. J. Lemaître, *les Contemporains*, 1ʳᵉ série, p. 203 à 215, un spirituel article sur cette joie contemplative du penseur délicat et légèrement sceptique. Lecène, 1887.

(2) V. Descartes, *Disc. de la Méthode*, fin de la IIIᵉ partie.

(3) Denys de Syracuse, chez qui Aristippe s'était réfugié, lui demandait pourquoi les philosophes font leur cour aux riches, et non les riches aux philosophes. « C'est, reprit-il, que les philosophes savent de qui ils ont besoin ; les riches, non. » Diogène Laërce, *Vie des philosophes*, liv. II, § 69.

(4) Economiste français né à Besançon (1772-1837), disciple de Saint-Simon.

moral ; là, de même que dans la nature physique, l'ordre se produit de lui-même par le libre jeu des attractions et répulsions. Ainsi les passions ont trois buts : 1° satisfaction des besoins des sens auxquels correspondent cinq passions dites, pour cela, *sensitives* ; 2° formation de groupes et séries de groupes humains ; de là les passions *affectives* : amitié, amour, ambition, familisme ; 3° organisation des groupes humains par les passions *mécanisantes* ou *distributives* : la *cabaliste*, qui produit l'émulation, la *papillonne* qui nous pousse aux réformes, la *composite*, principe d'union d'où résultent des sentiments complexes comme l'enthousiasme d'une foule. Ces douze passions livrées à elles-mêmes feront de l'ordre, tandis que l'ordre imposé par des lois est toujours faible parce qu'il viole la nature, et purement apparent, parce que la passion trouve toujours moyen d'en triompher.

9. Ce système implique un déterminisme non justifié et un optimisme illusoire. — Un tel système va plus haut et plus loin que ses analogues antiques, mais il a un défaut que ceux-ci n'avaient point : il est condamné par l'expérience même à laquelle il prétend faire appel. D'abord il suppose, sans le démontrer, un déterminisme absolu des mobiles humains. S'il est vrai que souvent nous en sommes les esclaves, il semble bien aussi que l'apparence de la liberté employée à les gouverner vaudrait la peine d'une réfutation. Supposons même la démonstration obtenue, il serait contraire à la réalité que les passions déchaînées produisent dans le monde l'harmonie, par exemple dans le cas de guerre, de révolution, de colonisation par les armes. Dans la vie individuelle même, lorsque la passion est maîtresse de la volonté et de la raison, la conduite n'est que désordre, contradiction, caprice. L'optimisme sans réserve appliqué dans cette théorie est donc illusoire. Ainsi, pas plus chez les anciens que de nos jours, l'hédonisme ne fournit une règle suffisante à l'homme. Où donc la rencontre sans sortir du système ?

10. La prudence délicate dans le choix des plaisirs (Epicure). — Epicure (1) a déjà répondu : dans la prudence et la résignation, aussi bien que dans l'application de la raison au choix des plaisirs. C'est bien encore l'égoïsme qui est invoqué comme

---

(1) Né à Athènes (341-270).

légitime, mais d'une façon systématique et surtout portant sur l'ensemble de la vie, et soustrait à l'empire et aux chances des satisfactions envisagées dans le présent. Un plaisir offert ne sera donc pas accepté par cela seul qu'il se présente, mais seulement si la balance des conséquences heureuses et fâcheuses, entrevues dans l'avenir, fournit un excédent en faveur du bonheur. Avant donc que de céder à l'instinct, Epicure fait intervenir la réflexion et la volonté ; progrès considérable sur Aristippe. De plus, il donne aux vertus de tempérance, de prudence et de justice des significations sérieuses et dont la portée est telle que les actes qu'elles inspirent sont conformes, du moins quant aux résultats, à ce que peut exiger en ce sens une morale qui parle au nom de la raison et du devoir. Ainsi, la prudence ou culture de l'esprit par la science s'impose comme un moyen de délivrer l'âme des terreurs superstitieuses ; de là le goût et le besoin de la physique, dans laquelle Epicure a au moins introduit deux idées importantes, celle de la régularité constante des phénomènes naturels qui les soustrait aux caprices de l'intervention des dieux, et celle de la déclination des atomes qui offre un point par où la liberté peut agir sur la nature. La justice envers les hommes est le moyen le plus efficace d'obtenir le respect et la tranquillité. La tempérance est une règle d'austérité telle que Sénèque a pu admirer la rigueur morale de celui qu'il combat sans cesse (1). Elle est soumise à quatre règles qui peuvent être avouées par les plus délicats des moralistes : 1° accepte tout plaisir qui n'amène pas pour toi de conséquences fâcheuses ; 2° fuis toute douleur qui est sans utilité ; 3° fuis tout plaisir qui pourrait te priver d'un plaisir ultérieur au moins égal ou t'amener une douleur au moins égale, sinon plus grande ; 4° accepte toute douleur qui doit te procurer un plaisir plus vif qu'elle ou t'épargner une douleur plus grande.

11. La morale d'Epicure n'est encore qu'une règle solitaire et ascétique. — Malgré ces mérites, Epicure a le défaut de n'avoir jamais dépassé le point de vue de l'individu et de son bonheur personnel. Il a introduit d'une façon réfléchie et philosophique le principe de l'utilité, mais ne l'a pas conçue comme générale. Nous verrons si cette réserve ne l'a pas gardé de tentatives aventureuses de conciliation.

(1) Sénèque. *De vita beata*, § 3, p. 56. Ed. Dauriac.(Alcan).

De plus, il suppose que l'individu est effectivement disposé à regarder la tranquillité comme son unique bien et à lui sacrifier tout autre but, propre ou commun, d'utilité ou de plaisir, dont la poursuite lui paraîtrait demander trop de peine ou s'accompagner de trop nombreuses chances de trouble et de douleur (1). Une morale qui veut obtenir l'adhésion des hommes qui vivent réellement et qui luttent, tout en restant attachée au principe de l'utilité ou eudémonisme, doit, après Epicure, chercher d'autres développements.

Deuxième partie.

Les morales fondées sur l'utilité sociale.

12. L'abdication universelle en vue de la paix (Hobbes). — Elle les trouve dans les temps modernes avec Hobbes, Hume, Helvétius, Bentham.

La proclamation des droits de l'expérience faite par Bacon (2) à l'encontre des abus de la spéculation au moyen âge trouva sa première application dans le matérialisme politique de Thomas Hobbes (3).

Selon lui, le plaisir est le mobile universel et l'intérêt personnel est tout disposé chez l'homme primitif à mettre la violence au service d'un certain droit qu'a chaque individu de jouir de toutes les choses de la nature ; mais les hommes reconnaissent bien vite que le moyen le plus sûr de jouir de la vie est de cesser la guerre réciproque, de faire des sacrifices nécessaires à l'établissement de la paix, et ainsi de remettre à un seul les pouvoirs et les droits de chacun, pour qu'il organise le bien général. Ce monarque absolu, détenteur de toute puissance et de tout droit, n'aura rien à craindre de personne puisque par hypothèse nul dans l'Etat n'aura de force excepté lui ; il ne pourra donc s'empêcher d'être dévoué à l'intérêt de tous, identique au sien même, et naturellement gérera cet intérêt beaucoup mieux que chaque citoyen n'aurait pu le faire. Ainsi l'individu a tout à gagner en se

---

(1) Renouvier. *Esquisse.* — *Id.*, *Critique religieuse*, VI, p. 53.

(2) Bacon, philosophe anglais (1561-1626) publia de 1620 à 1623 le traité sur *La dignité et les progrès de la science*, puis le *Nouvel organe*.

(3) Hobbes, de Malmesbury, né en 1588, mort en 1679, publia en 1642 un traité *Sur le citoyen ;* en 1651, *Léviathan.*

sacrifiant à l'ensemble. Dans Hobbes apparaît donc pour la première fois le sophisme de l'accord naturel entre l'intérêt général et l'intérêt privé, sophisme qui sera la croix de tous les utilitaristes jusqu'aux contemporains.

13. Le dévouement à la société en vue du bien individuel (Hume). — En effet, pour Hume (1), le sacrifice conseillé à l'individu est un moyen détourné d'assurer son avantage personnel, mais non pas un désintéressement obligé. La vertu qu'il conçoit ne demande pas d'austérités superflues, de rigueurs outrées, de renoncement à soi-même ; elle nous déclare que son unique objet est de rendre tous les hommes contents, s'il est possible, à tous les moments de leur existence. Jamais elle ne se refuse un plaisir que sur l'espoir d'en être amplement dédommagée. La seule peine qu'elle exige est de calculer juste et de donner la préférence au bonheur le plus grand. Ce calcul, Bentham (2) en indiqua les opérations fondamentales.

14. L'arithmétique des plaisirs et l'identité des intérêts (Bentham). — Il veut montrer, avant tout, que l'accord entre l'intérêt social et l'intérêt privé dérive de la nature même des choses. Hobbes n'obtenait cette harmonie de fait que par un moyen violent, la tyrannie. Hume, imité en cela, mais non avoué par Helvétius et Stuart Mill, recourait à l'influence du milieu et à une association d'idées bien et longtemps dirigée par l'éducateur pour opérer dans les cœurs la conviction de cette harmonie et préparer ainsi le sacrifice volontaire. Hume encore avait eu recours à une théorie subtile et bien détournée pour montrer la sympathie et la bienveillance résultant des idées que nous nous faisons des biens et des maux d'autrui, leur simple représentation en nous produisant les sentiments eux-mêmes, comme, au théâtre, se fait l'identification des émotions réelles avec celles

---

(1) Né à Edimbourg (1711-1776). Auteur d'une célèbre *Histoire d'Angleterre* fut l'ami et l'hôte de Rousseau; fonda d'une façon définitive l'empirisme anglais dont se sont inspirés les plus illustres contemporains, Bain, Mill, Spencer, sans avouer suffisamment tout ce qu'ils doivent à leur prédécesseur. D'autre part, Hume par ses énergiques analyses a préparé la critique de Kant. En 1742, il publia des *Essais de morale*. Mais sa doctrine, dégagée de palliatifs qu'il lui apporta par égard pour les opinions courantes, n'est vraiment exposée que dans le *Traité de la nature humaine* (1738), ouvrage qui ne paraît guère avoir été connu en France et même en Angleterre avant la traduction de MM. Renouvier et Pillon, 1878.

(2) Né à Londres (1748-1832). Ecrit en français un *Traité de Législation* (1802) où il invoque le principe de l'intérêt général comme base du droit, et une *Théorie des peines et récompenses* (1812).

qui sont seulement représentées (1). Bentham prétend que les choses se passent plus simplement. Notre propre intérêt nous conduit à être désintéressés, car si nous ne faisons rien pour les autres, ils ne feront rien pour nous, et le meilleur moyen de paraître désintéressé, c'est de l'être réellement ; du reste, le désintéressement n'est recommandable que s'il est avantageux (2) ; de plus, la sympathie augmente la quantité du plaisir dans le monde ; en partageant le plaisir des autres, nous vivons deux fois, en eux et en nous. Ainsi le but à se proposer est d'augmenter non pas en nous, mais dans la société humaine en général la quantité du bonheur. Ne calculer que pour soi serait maladroit, car l'individu ne peut être heureux que s'il vit au delà de lui-même, et il a tout avantage à vivre dans la société la mieux fournie en bonheur, car une partie considérable du bonheur personnel vient des avantages de la vie sociale. C'est donc un excellent placement que le sacrifice au bien commun puisqu'il nous rapportera d'autant plus d'*intérêts* que la somme du bonheur collectif sera plus grande. Au reste, il est facile de savoir comment se constitue cette utilité générale : que chacun fasse la balance des plaisirs et des peines que peut lui rapporter une action envisagée dans ses conséquences les plus lointaines, et qu'il se décide pour l'alternative indiquée par ce bilan comme la plus productive de biens ; il va de soi alors que le plus grand avantage social ne sera que la somme des actions avantageuses aux particuliers. Ainsi ce qui profite à la partie profite au tout, et la réciproque est vraie. (V. Éclaircissement V.)

15. La qualité des plaisirs et l'introduction de l'associationisme dans la conscience morale (Stuart Mill). — Le dernier représentant de l'école de l'intérêt en morale, Stuart Mill (3), n'a presque rien ajouté aux thèses de Hume et de Bentham. Elles se présentent cependant chez lui avec un accent moral plus élevé, comme nous verrons les stoïciens accentuer dans le même sens les thèses d'Aristote. Stuart Mill est un des

---

(1) La doctrine de la sympathie de Adam Smith ne sera qu'une variation sur ce thème de Hume. V. Éclaircissement III, p. 122, note 2.

(2) « Le désintéressement (sans espoir de retour) peut se trouver chez les hommes légers et insouciants ; mais montrez-moi l'homme qui rejette plus d'éléments de félicité qu'il en crée pour soi, et je vous montrerai un sot et un prodigue ; montrez-moi un homme qui se prive d'un plus grand nombre de biens qu'il n'en communique à autrui, et je vous montrerai un homme qui ignore les premiers éléments de l'arithmétique morale. » *Déontologie*, I, p. 199, publiée par Dumont, de Genève.

(3) Né en 1806, mort en 1873.

penseurs les plus intéressants de notre temps à cause de la profonde sincérité avec laquelle il se débat entre les doctrines froides et compassées de l'école utilitaire en morale, et ses sentiments véritables dus en partie à une influence profonde exercée sur lui comme économiste et moraliste, par celle qui fut sa femme (1), après une amitié de vingt ans, Mme Taylor. De même ses idées, en logique générale, portent la trace d'une lutte constante entre l'influence de l'empirisme qui lui fut transmis par son père, James Mill, et le criticisme de Kant qui lui fut transmis, quoique d'une façon insuffisante, par Hamilton.

Stuart Mill résume donc et exprime d'une façon sentimentale et positive toute la doctrine de ses prédécesseurs qui peut se ramener aux quatre points suivants :

1° Le plaisir et l'exemption de peine sont les seules choses désirables comme fins, et toutes les choses désirables (y compris la sympathie, les plaisirs nobles, le goût de la science et de la dignité dans l'existence) le sont pour le plaisir inhérent en elles ou comme moyen d'accroître en général le plaisir et de prévenir la peine (2).

2° Il faut distinguer entre les plaisirs ceux qui sont les plus productifs, les plus certains, les plus durables. Stuart Mill accorde cette thèse, prise en gros, mais il semble reconnaître que l'application d'un calcul rigoureux à l'évaluation des plaisirs, comme Bentham pensait l'avoir obtenu, est doublement chimérique. Car d'abord il faudrait une commune mesure pour apprécier les divers degrés d'intensité d'un seul plaisir, et surtout pour comparer entre eux des plaisirs hétérogènes (3). Si elle existait, on ne verrait pas les hommes disputer des goûts et chercher leurs satisfactions dans des directions contraires. De plus, c'est une chimère que d'espérer évaluer, jusqu'à l'avenir le plus lointain, les conséquences heureuses ou fâcheuses d'une action; il faudrait pour cela une *providence* parfaite en l'esprit de chaque homme et pendant que se ferait ce long calcul, la pratique, l'action serait arrêtée. C'est pour cette raison même qu'Epicure aboutissait

---

(1) V. *Autobiographie*. Traduction Cazelles; Alcan, 1874, ch. vi, p. 175.

(2) *Utilitarisme*, p. 9-10.

(3) V. Guyau, *La morale anglaise contemporaine*, liv. II, ch. i et ii : *Morale arithmétique de Bentham*. — V. aussi les critiques faites sur le même sujet par un des derniers utilitaristes anglais, M. Sidgwick, dans l'ouvrage : *Les méthodes en morale*. — V. Ludovic Carrau, *La morale militaire*, 1874, Didier; et surtout *Année philosophique*, 1867, p. 209, *La morale inductive et le principe d'utilité*; article de M. Pillon.

déjà à une presque immobilité, par crainte de se tromper dans ce calcul (1). Stuart Mill, abandonnant ces prétentions à une rigueur impossible, propose donc de s'en remettre à l'appréciation des hommes compétents dans les deux genres de vie les plus opposés où se rencontrent les plaisirs dits les uns bas, les autres nobles. Ainsi Louis XV ne serait pas bon juge dans la question, car il n'en connut très bien qu'un côté; Littré, dont la vie austère et douloureuse fut pleine de jouissances d'ordre supérieur (2), serait également récusable comme juré dans ce débat. Il nous faudrait consulter Pascal ou saint Augustin qui eurent la double compétence, comme ces généraux qui ont passé par l'infanterie et par la cavalerie ; et en cas de conflit entre les jurés, on s'en remettra à la majorité des votes exprimés. Nous objecterons à Mill que les questions de goût et de moralité ne se résolvent pas par le suffrage avec ou sans adjonction de « capacités ». En vain nous déclare-t-il que, pour lui, « mieux vaut être Socrate malheureux qu'un pourceau satisfait », il est nombre de pourceaux à deux pieds qui, repus, se trouvent bien plus heureux que Socrate, et leur « sentiment » est irréfutable comme tel (3).

3° Stuart Mill s'efforce d'expliquer comment se fait le passage de l'égoïsme à l'altruisme ou désintéressement. Le bonheur de l'individu est d'ordinaire lié à l'intérêt général et les deux faits se trouvant associés un grand nombre de fois, les deux idées finissent par constituer une « association inséparable » et nous ne pouvons plus agir sans nous préoccuper du bonheur général. Ainsi apparaît dans l'individu une tendance à agir en vue du bien commun et de l'égoïsme, qui se concilie, s'harmonise avec son contraire. Stuart Mill ne fait que reproduire ici une analyse qui se retrouve dans Hume et ses successeurs, Hartley, Mackintosh. Pour eux tous, la conscience morale est formée par une longue éducation dont la marche est semblable à celle qui s'observe dans la formation de la passion de l'avare : après avoir eu pour but les plaisirs dont l'argent est le moyen, il finit par aimer l'argent pour lui-même. Ainsi le bien commun nous devient un but par lui-même à force d'en avoir associé l'idée à celle de notre intérêt individuel.

(1) V. Martha, *Le poème de Lucrèce*, ch. VI ; *La morale*, et ch. IX, *Tristesse du système*.
(2) V. le récit abrégé de sa vie dans le livre de Caro : *Littré et le positivisme*.
(3) C'est l'avis de *Grillus* changé en porc, dans un *Dialogue des Morts*, de Fénelon.

4° C'est de la même façon que, selon lui, s'explique la notion de devoir et celle de justice. La vertu ne nous apparaît jamais que comme un moyen de bonheur ; à la longue, le moyen et la fin se confondant, la vertu devient une fin par elle-même. Quant au devoir, comme l'action vicieuse a presque toujours été suivie de peine, nous finissons par nous sentir arrêtés devant l'action qualifiée mauvaise comme devant une impossibilité ; nous nous sentons contraints, obligés de l'écarter ; or, le caractère du devoir est justement cette obligation. Enfin, la justice a sa source dans l'instinct de vengeance. La loi du talion est sa forme primitive, mais chez l'homme réfléchi le besoin de vengeance est généralisé, considéré comme l'intérêt social, et de là la justice.

III. — DIALECTIQUE RÉGRESSIVE

16. Elimination des morales utilitaires. — Ainsi avec le dernier des utilitaristes (car je ne compte Darwin et Spencer que comme des historiens et des psychologues de la conscience morale, et non comme des moralistes), toutes les notions morales reçoivent une explication. Mais nous allons voir que ces progrès dans le sens d'une théorie supérieure à l'expérience même du plaisir et à l'égoïsme individuel, progrès réels, font cependant sortir les utilitaires de leur propre doctrine et manifestent la nécessité de recourir à une théorie franchement attachée au devoir.

17. Vice de la tentative d'explication empirique des notions morales. — Il faut distinguer chez Stuart Mill d'une part, l'effort pour réduire les notions morales de la conscience actuelle à des instincts égoïstes primitifs, transformés par une longue association d'idées en instincts désintéressés et juridiques ; et d'autre part, l'effort pour introduire dans la morale de l'utile, la considération du bien absolu, de la dignité morale. Sur le premier point, on peut faire toutes réserves sur la valeur de cette explication historique de la moralité. Les conditions psychologiques qui ont préparé l'apparition des notions morales peuvent être celles qu'indique Mill ; elles peuvent être différentes aussi ; mais, en tout cas, les conditions d'un phénomène sont autre chose que lui-même, et les phénomènes moraux que nous constatons aujourd'hui sont absolument irréductibles à tout autre élément psychique, tel que le plaisir ou l'intérêt. La tentative de Mill sur ce premier point ne peut donc servir qu'à faire ressortir les caractères hétérogènes de l'idée du devoir et de celle de l'utile, puisqu'en voulant montrer que leur distinction est illusoire, il constate que cette distinction est une donnée commune de la conscience humaine.

18. La doctrine de la qualité des plaisirs le fait sortir de l'utilitarisme. — Sur le second point, l'introduction dans la morale égoïste, depuis Epicure jusqu'à Stuart Mill, d'éléments de plus en plus analogues aux principes rationnels est l'indice de l'insuffisance de l'égoïsme pur pour constituer une règle de conduite. La morale du devoir se fait lentement une place à travers toutes les formes historiques de la doctrine contraire, en détruisant de plus en plus la cohérence des parties dans cette doctrine que nous voyons fidèle à elle-même seulement chez Aristippe ou Calliclès, c'est-à-dire dans sa période instinctive et avant d'être érigée en système de philosophie morale. Chez Stuart Mill, l'antinomie est complète entre l'hédonisme et la conception déontologique. Sa doctrine de la qualité des plaisirs, si elle doit être prise au sérieux, ce qui n'est pas douteux chez un homme de son caractère, le force à abandonner la tradition utilitariste. Qu'est-ce qui fait qu'un plaisir est préférable à un autre? Ce n'est pas une qualité du plaisir en lui-même, puisqu'il ne faut plus tenir compte simplement de son intensité. Il faut donc recourir à un caractère étranger au plaisir, et dès lors sa qualité c'est sa moralité. Le mot que nous avons cité sur Socrate implique un aveu de la supériorité morale en elle-même, et convient bien à un penseur comme Mill qui a parlé en si beaux termes de la dignité personnelle et de la haute culture désintéressée. Mais cet aveu, s'il honore l'homme, détruit le système.

19. Bentham n'est pas plus fidèle à l'utilitarisme : l'identité des intérêts et leur répercussion sont des erreurs économiques et le sacrifice demandé à l'individu est contraire à son intérêt. — A Bentham nous objecterons qu'en fait il y a presque constamment désaccord entre l'intérêt privé et l'intérêt social(1), le voleur ne veut pas être pris : la société a tout intérêt à le prendre. C'est l'antagonisme qui est la règle générale tandis que

---

(1) Sur la discussion de ce point, voy. F. Bastiat. *Les harmonies économiques*.

l'harmonie n'est que l'exception. Sans doute, si nous nous placions dans une société idéale, le meilleur et l'unique moyen d'obtenir la plus grande somme de bonheur pour le plus grand nombre serait que chacun fît son devoir. Mais nous sortons de l'hypothèse utilitaire et c'est alors le devoir qui est le vrai but, le bonheur n'est plus qu'un résultat naturel et non cherché autrement que sous la règle de la raison juridique. En outre, il est faux que ce qui profite à l'ensemble profite toujours aux individus par répercussion : si j'augmente l'un des facteurs d'une addition, j'augmente bien par là le total, mais cela ne change rien à chacun des autres facteurs. Qu'un des cent cinquante propriétaires qui ont la moitié des terres dans la patrie de Bentham hérite d'un milliard, la richesse de l'Angleterre sera bien augmentée, mais en quoi le sort des individus qui couchent sous le pont de Londres sera-t-il changé? Enfin si vous me conseillez de sacrifier mon intérêt privé à l'intérêt général, c'est, comme vous le dites, parce que je ferai là un bon placement et qu'il me reviendra un bénéfice de mes avances. Alors, parlons finances, je le veux bien, mais laissons de côté l'hypocrisie qui présenterait le marché que nous débattons sous des couleurs de moralité et de dévouement; outre que votre proposition ne m'enlève pas certain doute que j'ai sur la régularité des lois économiques dans l'avenir desquelles vous voulez m'engager. J'ai déjà les plus grandes difficultés à connaître mon intérêt privé, que sera-ce donc s'il me faut, avant d'agir, calculer ce ce qu'il adviendra des conséquences de mon action pour ma commune, ma patrie, pour l'humanité tout entière ? (1) Je n'ai pas confiance dans des conceptions que démentent si souvent les faits ; et j'en reviens donc comme le poète à la doctrine

<blockquote>Qui du sage Epicure a fait un demi-dieu (2).</blockquote>

Au contraire, si vous m'exhortez au sacrifice de moi-même au nom du devoir, je comprends encore votre langage, mais c'est celui que me tient aussi Kant, et ce dernier, non seulement se garde bien d'escompter la récompense, mais il m'avertit que si j'y pense en obéissant à la loi morale, je viole déjà cette loi. En tout cas, nous sortons encore de l'utilitarisme.

20. Epicure, exclusivement égoïste, est plus conséquent; mais il ne donne pas le plaisir promis. — Pour y rester, il

---

(1) Eclaircissement IV.
(2) Musset. *Espoir en Dieu.*

faut donc suivre Epicure. J'accorde d'abord que ses préceptes sont austères, que sa vie fut pleine de dignité et que son respect pour la vertu témoigne d'une grande délicatesse morale (1). Mais quoi ! il me promet le plaisir ou du moins m'engage à le chercher à sa suite et ne me le donne pas ; et je vois bien que son idéal n'est pas de jouir, mais seulement d'éviter de souffrir : il m'empêche de vivre de peur des accidents. Quand il m'explique dans sa lettre à Ménécée (2) comment il entend les vertus, même la justice et l'amitié, il me les fait mépriser, car il les subordonne à un égoïsme desséchant et sceptique. Ou, si parfois il me parle de devoir, sa voix n'a pas d'autorité et je vois qu'il abandonne lui-même la méthode prudente de l'utile, puisque par devoir, je pourrais me sacrifier à mes amis, ou, par respect pour la science, je pourrais y chercher la solution de problèmes qui ne me rapporteraient aucun bénéfice pratique. Si donc je veux trouver un homme conséquent, me voilà comme Horace :

> Malgré moi j'en reviens aux leçons d'Aristippe (3).

21. Enfin la doctrine d'Aristippe, seule conséquente, aboutit au suicide. — Celui-ci au moins me fait vivre. Cependant n'est-ce pas son disciple Hégésias (4) qui, fatigué de chercher le plaisir sans le rencontrer dans la vie la plus agitée, renonce à sa poursuite quand il lui est bien démontré que la somme des maux l'emporte sur les biens, et résolvant par avance le problème proposé par Bentham,

> Déclare le ciel vide et conclut au néant (5).

en se donnant la mort, ou du moins en nous conseillant de nous entendre, ainsi que fit son imitateur Schopenhauer, pour en finir d'un coup par un suicide universel, avec une existence qui ne vaut pas la peine d'être vécue.

22. Conclusion : Ni le plaisir ni l'utilité ne fournissent une loi morale. — En résumé, la doctrine qui se propose pour unique but de la conduite la poursuite du bonheur individuel ou de

---

(1) V. ce qu'en dit Sénèque. *De la vie heureuse*, ch. XII et XIII.
(2) V. Diogène Laerce. Liv. X. Et Cicéron, *De Finibus*, liv. I, ch. XIII à XXI.
(3) *Nunc in Aristippi furtim præcepta relabor.* (*Epit.*, liv. I, 1, vers 18).
(4) Surnommé le Pisithanate (qui conseille la mort). V. *Morale pratique*, ch. V.
(5) Musset. *Id*.

l'utilité générale, froisse la conscience en ce qu'elle est amenée à nier des distinctions irréductibles entre le bien et le mal moral d'une part et le bien et le mal naturel d'autre part ; ou bien elle tourmente cette conscience pour lui présenter des moyens d'identifier ces contraires, et ne lui fournit, au fond, que des sophismes. La conciliation ne peut se faire entre le bonheur et la justice que sous une règle imposée par la raison et en faisant appel par conséquent à d'autres éléments que ceux de l'expérience. Enfin, la doctrine utilitaire manque son but puisqu'elle ne peut l'atteindre qu'en supposant un optimisme injustifiable qui nous ferait prendre pour bonheur ce qui n'est que privation de douleur ou bien pour vertu ce qui n'est que calcul. Il nous faut aborder une doctrine plus haute pour trouver satisfaction aux besoins de la conscience morale. (V. Eclaircissement III.)

ÉCLAIRCISSEMENTS

I

Le loisir de la vie spéculative est le plus grand des biens pour Descartes.

En conclusion de cette morale, je m'avisai de faire une revue sur les diverses occupations qu'ont les hommes en cette vie, pour tâcher à faire choix de la meilleure ; et, sans que je veuille rien dire de celles des autres, je pensai que ne pouvais mieux que de continuer en celle-là même où je me trouvais, c'est-à-dire que d'employer toute ma vie à cultiver ma raison, et m'avancer autant que je pourrais en la connaissance de la vérité, suivant la méthode que je m'étais prescrite (1). J'avais éprouvé de si extrêmes contentements depuis que j'avais commencé à me servir de cette méthode que je ne croyais pas qu'on en pût recevoir de plus doux ni de plus innocents en cette vie ; et découvrant tous les jours par son moyen quelques vérités qui me semblaient assez importantes et communément ignorées des autres hommes, la satisfaction que j'en avais remplissait tellement mon esprit que tout le reste ne me touchait point (2)..... (p. 44).

(1) En somme, Descartes n'aspire, comme il le dit (p. 46), qu'à passer « une vie douce et innocente, » à jouir des biens de la vie en évitant toute cause de trouble, et surtout qu'à obtenir de la société des hommes le calme nécessaire aux jouissances solitaires du penseur qui s'isole dans la contemplation. C'est là ce qu'Aristote appelle la vie divine. (V. ch. XXI, Eclaircissement V.)

(2) Descartes récuse d'avance ceux qui, reprenant la méthode d'examen personnel substitué par lui à l'autorité théologique, seraient touchés d'autres intérêts que ceux de la métaphysique et tentés de porter la critique sur les

Bien que je n'aime pas la gloire par excès ou même, si j'ose le dire, que je la haïsse en tant que je la juge contraire au repos, *lequel j'estime sur toutes choses* toutefois aussi je n'ai jamais tâché de cacher mes actions comme des crimes, ni n'ai usé de beaucoup de précautions pour être inconnu, tant à cause que j'eusse cru me faire tort qu'à cause que cela m'aurait donné quelque espèce d'inquiétude qui eût derechef été contraire au parfait repos d'esprit que cherche (p. 81).

J'ai résolu de n'employer le temps qui me reste à vivre à autre chose qu'à tâcher d'acquérir quelque connaissance de la nature ;... et mon inclination m'éloigne si fort de toute sorte d'autres desseins..... que je ne crois pas que je fusse capable d'y réussir. De quoi je fais ici une déclaration, que je sais bien ne pouvoir servir à me rendre considérable dans le monde, mais aussi n'ai-je aucunement envie de l'être ; et je me tiendrai toujours plus obligé à ceux par la faveur desquels je jouirai sans empêchement de mon loisir que je ne serais à ceux qui m'offriraient les plus honorables emplois de la terre (p. 84).

Discours de la Méthode, Ed. BROCHARD, (Alcan.)

II

La morale du plaisir au maximum d'intensité.

Je vais hardiment te dire ce que c'est que le beau et le juste selon la nature. Pour bien vivre il faut donner à ses passions leur plein développement, sans les contraindre, et, portées au plus haut point, savoir les satisfaire avec prudence et courage, à mesure que se produit chaque désir. Ceci n'est pas, sans doute, à la portée du plus grand nombre, et voilà pourquoi l'on blâme ceux qui en sont coupables ; on cache par honte sa propre impuissance ; et l'on traite de honteuse l'absence de contrainte. On enchaîne ceux que la nature a faits meilleurs, et, ne pouvant atteindre soi-même à la plénitude des plaisirs, on vante par lâcheté la sagesse et la justice. Mais, pour eux, s'il leur est échu tout d'abord de naître d'une famille de rois, ou s'ils sont aptes par nature à se procurer un commandement quelconque, empire ou tyrannie, qu'y aurait-il vraiment de plus honteux et de pire que la sagesse, s'ils l'embrassaient ? Ils peuvent jouir de tous les biens sans que personne leur fasse obstacle, et ils iraient subir volontairement le despotisme des lois, des discours et des réprimandes du plus grand nombre ! La beauté prétendue de la justice et de la sagesse ne les rendrait-elle pas misérables

---

questions de morale, de politique et de religion. Il craint tant les révolutions qu'il n'engage personne à rejeter, comme lui, les opinions toutes faites (v. II° partie, § 3). Mais, confiner la raison dans la métaphysique, ce n'est pas être plus libéral que le moyen âge qui, lui aussi, avait abandonné à la libre spéculation l'unique domaine de la logique formelle. Descartes est donc bien malgré lui le précurseur des rationalistes qui ont fait la Révolution française, ainsi que le reconnaît, non sans un certain regret, M. Taine, dans son Ier volume des *Origines de la France contemporaine*.

quand ils n'auraient rien de plus à donner à leurs amis qu'à leurs
ennemis, et cela dans leur cité, où ils gouverneraient?... La volupté,
l'absence de toute contrainte, la liberté, pourvu qu'y soit aussi la puissance, voilà ce que c'est, à vrai dire, que la vertu et le bonheur. Toutes
ces autres belles choses, conventions contre nature, ou bavardages de
gens, ne méritent pas la moindre attention.

PLATON, *Gorgias. Discours de Calliclès*, ch. XLVI, p. 491.

III

Valeur relative et insuffisance des systèmes de morale fondés sur d'autres principes que la raison pratique.

Quoique les philosophes aient proposé différents systèmes de morale,
ce n'est nullement une raison de concevoir un doute sur la vérité de la
morale ; car il n'est aucun de ces systèmes qui ne soit propre à porter
à bien vivre les hommes qui se conformeraient à leurs préceptes,
aucun qui ne renferme des vérités considérables qu'il n'est question
que de mettre à leur place.

Il y a des systèmes qui placent l'objet de la morale dans la recherche
du *bonheur personnel;* et, en effet, il est vrai qu'il n'y a pas de bonheur
personnel sans la moralité, et que, d'autre part, en atteignant la moralité, on réalise une des conditions du bonheur. Seulement, quand on
met ainsi le bonheur personnel à la tête de tout, on est obligé de faire
connaître les moyens d'y arriver, et c'est ce qu'on ne peut pas faire
sans s'occuper d'autre chose que du bonheur(1).

Les motifs qui se tirent de l'*intérêt bien entendu*, pour porter à la
moralité, sont des motifs très justes. Seulement ils ne sont pas convaincants pour un homme qui serait enchaîné par de fortes passions à
des intérêts mal entendus et qui serait mal instruit des biens de la raison et de la loi morale (2).

Il y a des systèmes qui font consister la moralité dans la recherche
du bonheur de tous par chacun : déterminez-vous, disent-ils, dans le
sens de l'*utilité générale*. C'est très bien dit, mais il faut savoir pourquoi,
et ce que c'est qui nous oblige. Il faudrait apprendre aussi à chacun en
quoi consiste l'utilité générale, et à quoi on la reconnaît dans chaque
rencontre et dans chaque sujet dont on dispute. C'est une grande
science (3), et ce sont de terribles questions, sur lesquelles on se
trompe souvent et beaucoup.

(1) Nous avons indiqué, à la fin du ch. VIII (Morale de Kant), quelle part de
légitimité il faut accorder à l'*Eudémonisme* dans un système synthétique de
moralité, et à quelle place doit venir cet élément dans les principes qui dirigent
la conduite.

(2) Ceci s'appliquerait au système d'Epicure, tandis que l'alinéa précédent
désigne Aristippe et Fourier.

(3) Cette science serait l'*Economie* domestique, politique et sociale, qui, loin
d'avoir encore le caractère de positivité scientifique, a pu seulement formuler
jusqu'ici quelques propositions générales qui sont elles-mêmes l'objet des plus

Il y a des systèmes qui admettent un *sentiment moral*, une *conscience morale*, et recommandent de s'y fier en toute occasion. Ce sentiment et cette conscience existent effectivement. Mais encore faut-il les prendre chez un homme bien élevé et d'esprit éclairé ; et chez celui-là même, l'expérience nous apprend qu'ils peuvent dicter des conduites bien diverses et d'égale autorité apparente, dans les mêmes circonstances. Il faut donc les soumettre à la loi fixe de la raison (1).

Il y a des systèmes qui prennent pour mobile unique la *bienveillance*, les *affections sympathiques*. Ces passions sont bonnes ; mais elles n'apportent non plus aucune règle avec elles, aucun moyen de discernement, aucune garantie pour la dignité des personnes morales et pour le respect qu'elles exigent (2).

Il y a des systèmes qui cherchent le principe de la moralité dans l'idée de la *perfection* et dans la tendance de la conscience humaine à poursuivre cet idéal (3). C'est encore la partie d'une vérité ; mais en quoi consiste la perfection morale, à quoi se reconnaît-elle et comment peut-on s'assurer de ne pas aller à l'encontre, particulièrement dans les relations sociales ? C'est ce qui reste à savoir et ce que l'idée de perfection toute seule ne dit pas.

Il y a des systèmes qui répondent à cette question en remettant la détermination du bien à la volonté d'un être parfait, qui doit nous l'avoir déclarée, et nous en fait un commandement. C'est chose, en

vives controverses. Bentham, qui a développé ce système de l'*utilité générale* était un des plus grands économistes de ce siècle. Il n'en a pas moins omis toute indication sur l'essence de l'*utilité de tous*.

(1) Nous avons indiqué (ch. vii, à la fin) la part qu'il convient de faire au *sentiment* en morale, pour corriger ce qu'a de trop rigide et de trop peu humain, en ce sens, la morale de Kant.

(2) Adam Smith trouve dans la *sympathie* un *criterium* de la valeur morale des actes. Les actions d'autrui qui nous sont sympathiques sont bonnes, car nous consentirions à éprouver les sentiments qui ont inspiré ces actions. Celles qui provoquent l'antipathie pour leur auteur sont mauvaises. La règle est donc, d'après cela, d'agir de façon à mériter la sympathie d'autrui, ou du moins, à éviter l'antipathie ; ce qui revient à faire de l'opinion publique le juge unique de notre valeur morale. On voit ce qu'il y a de dangereux dans cette doctrine, quand on se conforme à l'opinion non pas parce qu'elle est d'accord avec la raison présente en chacun de nous, mais simplement parce qu'elle est l'opinion. Il est vrai que pour juger nos propres actes et non plus ceux d'autrui, Smith conseille d'imaginer un *spectateur impartial* de notre conduite et de nous efforcer d'être d'accord avec lui. Mais qu'est-ce autre chose que de remettre à la *raison pratique* elle-même et non plus à la sympathie, la décision des cas de conscience et la règle de la conduite ? La doctrine de Smith a donc la même espèce d'incohérence que nous avons signalée dans celle de Stuart Mill.

(3) Le système d'Aristote (v. ch. x) donnerait une idée de la morale de la *perfection* reproduite par Leibnitz et par Jouffroy. Elle consiste, après avoir déterminé quelles sont les *fins* de l'homme d'après ce que l'expérience nous montre de leurs *tendances*, à concevoir toutes ces fins comme *parfaitement* atteintes et à proposer un tel état comme idéal. La morale de Fourier est une conception du même genre. Elles supposent toutes : 1° un optimisme absolu (et du reste injustifié) en vertu duquel tout développement de toute tendance serait bon et capable de s'harmoniser avec toutes les autres ; 2° un déterminisme absolu (et aussi peu justifié), en vertu duquel les hommes n'ont d'autre mobile que leurs tendances.

effet, et très bonne et naturelle, que là où est la *croyance en Dieu*, là aussi soit la croyance en un *législateur suprême* qui nous pose en commandement la loi morale. Mais ici faisons bien attention à ces deux points.

Premièrement : quand le commandement moral nous est transmis ou certifié en quelque manière par les hommes, — car Dieu est caché, nous ne le voyons pas, nous ne l'entendons pas, — à quoi pouvons-nous connaître la divinité du précepte, si ce n'est à sa conformité avec la loi morale? Il faut donc que cette dernière nous soit donnée dans la conscience, dans la raison, avant que nous pensions à Dieu comme promulgateur.

Secondement : l'idée de Dieu, être parfait, étant l'idée d'un être qui a, comme nous, une nature morale, seulement parfaite, au lieu qu'elle est imparfaite chez nous, nous sommes forcés de penser que ce n'est pas la volonté de Dieu qui fait la loi morale, mais bien que c'est la loi morale qui doit être la volonté de Dieu (1).

Ainsi, toutes nos réflexions nous ramènent à chercher en nous-mêmes, en notre conscience, le fondement que nous connaissons de la moralité. Et il n'y a que la raison qui nous le donne, en posant pour cela les principes de l'obligation, de la dignité et du respect des personnes et de la généralisation des règles de conduite. Toute théologie et toute religion doivent reconnaître la primauté de la loi morale.

Petit traité de Morale (p. 175) publié par la *Critique philosophique*.

IV

Il est impossible de déterminer d'une façon scientifique
en quoi consiste le bonheur.

Le concept du bonheur est si indéterminé, que quoique chacun désire être heureux, personne ne peut dire au juste et d'une manière conséquente ce qu'il souhaite et veut véritablement. La raison en est que d'un côté les éléments qui appartiennent au concept du bonheur sont tous empiriques, c'est-à-dire doivent être dérivés de l'expérience, et que, de l'autre, l'idée du bonheur exprime un tout absolu, un maximum de bien-être pour le présent et pour l'avenir. Or, il est impossible qu'un être fini, quelque pénétration et quelque puissance qu'on lui suppose, se fasse un concept déterminé de ce qu'il veut ici véritablement. Veut-il la richesse? Que de soucis, d'envies et d'embûches ne pourra-t-il pas attirer sur lui! Veut-il des connaissances et des lumières? Peut-être n'acquièrera-t-il plus de pénétration que pour trembler à la vue de maux auxquels il n'aurait pas songé sans cela et qu'il ne peut éviter, ou pour accroître le nombre déjà trop grand de ses désirs en se créant de nouveaux besoins. Veut-il une longue vie? Qui lui assure que ce ne

---

(1) Voy. ch. III, Éclaircissement IV. Ces deux dernières considérations doivent s'ajouter à ce que nous disons des diverses morales religieuses au début du chapitre IX.

sera pas une longue souffrance? Veut-il du moins la santé? Combien de fois la faiblesse du corps n'a-t-elle pas préservé l'homme d'égarements où l'aurait fait tomber une santé parfaite? Et ainsi de suite. En un mot, l'homme est incapable de déterminer, d'après quelque principe, avec une entière certitude, ce qui le rendrait véritablement heureux, parce qu'il lui faudrait pour cela l'omniscience. Il est donc impossible d'agir pour être heureux, d'après des principes déterminés; on ne peut que suivre des conseils empiriques, par exemple, ceux de s'astreindre à un certain régime, ou de faire des économies ou de se montrer poli, réservé, etc., toutes choses que l'expérience nous montre comme étant, en définitive, les meilleurs moyens d'assurer notre bien-être.

Chercher à déterminer d'une manière certaine et générale quelle conduite peut assurer le bonheur d'un être raisonnable est un problème entièrement insoluble.

KANT. *Fondation de la Métaphysique des Mœurs*, p. 43, trad. Barni.

V

Application de l'arithmétique des plaisirs d'après de Bentham, à l'ivrognerie.

Si dans tout plaisir il y a des éléments variables, il en est de constants, au nombre de six. Quatre sont des propriétés du plaisir en lui-même; ce sont: 1° l'*intensité*; 2° la *durée*; 3° la *certitude*; 4° la *proximité*. Deux autres propriétés tiennent à ses conséquences: 5° la *pureté* (selon que le plaisir est pur de tout élément douloureux); 6° la *fécondité* (selon que le plaisir sera productif d'autres avantages). Examinons d'après ces principes le bien et le mal de l'ivrognerie. Elle ne laisse rien à désirer quant à l'intensité, la certitude, la proximité (facilité à se procurer) du plaisir qu'elle donne. La durée est en général médiocre. Mais jusqu'ici les avantages l'emportent sur les inconvénients. Mais sa fécondité est entièrement nulle à moins qu'on ne compte l'oubli momentané des soucis de la vie. Enfin, sa pureté est très faible. Comptons en effet les éléments douloureux qu'elle comporte: 1° les indispositions et maladies; 2° les maux à venir résultant de la maladie; 3° la perte de temps et d'argent proportionnelle à la valeur des deux premiers éléments du compte; 4° la peine produite dans l'esprit de ceux qui nous sont chers; 5° la défaveur du vice et le discrédit qui en résulte; 6° le risque du châtiment légal et la honte qui le suit; 7° les risques des actes délictueux ordinaires dans l'ivresse; 8° la crainte des peines de la vie future. La somme des pertes dépassant celle des gains, l'ivrognerie est donc mauvaise.   J. T.

CHAPITRE VIII

LE DEVOIR. — MORALE DE KANT

I. — LES SYSTÈMES QUI RÉDUISENT LE DEVOIR

La conscience publique attribue aux notions morales certains caractères dont tout système de philosophie éthique doit tenir compte, soit qu'il les déclare illusoires (1), soit qu'il cherche à les dégager des formules que l'instinct leur donne, pour les élucider par la réflexion (2).

1. Les données élémentaires de la conscience morale. — 1° Ainsi, le sens commun reconnaît qu'il y a une loi du devoir et qu'elle est absolument *obligatoire*; il n'entend pas qu'il y ait avec elle des accommodements, et Tartufe révolte infailliblement le public, lorsqu'il parle d'en trouver avec le ciel (3); 2° de plus, nul n'est censé ignorer cette loi; tout homme à qui elle échappe ne fait pas ou ne fait plus partie de l'humanité; la loi est donc conçue comme s'imposant à tous les êtres raisonnables, c'est-à-dire qu'elle est *universelle*; 3° puis, pour savoir ce qu'ordonne ou ce que défend cette loi, il suffit de consulter un témoin clairvoyant et incorruptible: la conscience, qui, sauf les cas de conflits extrêmes entre les devoirs (mais non entre le devoir et tout autre mobile) déclare *immédiatement* ce qu'elle exige de nous; 4° enfin, si l'on demande quels sont les actes recommandés par la morale, le sens commun répond: le bien, c'est le *désintéressement* et le sacrifice; le mal, c'est l'*égoïsme*, et il est tout disposé à

---

(1) C'est l'effort constant de tous les théoriciens de l'empirisme depuis Hume, qui tentent, par l'association des idées, de montrer la genèse de ces illusions.

(2) C'est la méthode employée par Kant et signalée par lui comme semblable à celle du chimiste qui analyse une partie de matière donnée telle qu'elle est dans la nature. *Critique de la raison pratique*, p. 302. Trad. Barni.

(3) Jules Simon. *Devoir*, p. 342. Éclaircissement II.

l'indulgence envers l'auteur d'un délit s'il n'a pas agi par intérêt personnel, comme il est disposé à tolérer beaucoup d'injustices de l'homme qui se dévoue à sa famille (1) ou à sa patrie (2) ; 5° Néanmoins la conscience commune n'admet pas que la personne morale soit sacrifiée autrement que par le consentement de sa volonté ; qu'elle serve de moyen à un objet autre qu'elle même, cet objet fût-il l'Etat, dans un cas où l'utilité générale demanderait un tel sacrifice. *Le respect de la personne* est donc un principe admis communément. (V. *Cours de Morale pratique*, ch. III.)

2. Ces caractères ne se trouvent pas dans les systèmes : 1° de l'utilité, 2° de la passion, 3° de la perfection. — Or, les systèmes de morale fondés sur le bonheur personnel ou social ou sur la pure passion ne donnent pas satisfaction à la conscience sur ces cinq points. Ils ne peuvent expliquer ni l'obligation, ni l'universalité de la loi. L'utilitarisme donne des conseils, non des ordres, que nous ne sommes pas tenus de suivre, et que souvent même nous sommes tenus de repousser. De plus, l'accomplissement du devoir est exigé de toutes les intelligences humbles ou savantes, tandis que les règles de l'intérêt sont très difficiles à connaître, la science qui les étudie, l'économie cherchant encore sa voie, et, du reste, n'ayant qu'un siècle à peu près d'existence véritable. Quant à la morale du pur amour, des mystiques ; celle de la sympathie, d'Adam Smith ; celle de la nature, de Rousseau, elles sont certainement supérieures aux précédentes pour l'inspiration morale ; elles ne font pas de la vertu un moyen de procurer le plaisir, mais elles attendent qu'un certain plaisir, une heureuse ardeur de la passion nous dispose à la vertu. Et quand l'enthousiasme est absent ou quand l'amour faiblit, quand la charité s'égare ou travaille au bien des gens malgré eux, comme Louis XIV qui voulait certainement le plus grand bien des cévenols protestants, la conscience ne peut certainement se déclarer satisfaite des résultats obtenus.

Ces systèmes éliminés, on peut encore chercher à déterminer le devoir de l'homme en considérant dans l'expérience quelles

---

(1) Jean Valjean ayant volé un pain pour nourrir sa famille qui meurt de faim (V. Hugo, *Les Misérables*, liv. 1), est présenté cependant comme le héros très sympathique du livre.

(2) Ainsi il faut faire violence au sens commun pour lui faire préférer Aristide refusant d'incendier la flotte des Grecs à Thémistocle, qui voulait assurer par là la suprématie d'Athènes dans la Grèce. V. Plutarque, *Vie de Thémistocle*.

sont ses fins, ce qu'il recherche et conclure ainsi : tous les hommes désirent telle chose, donc cette chose est universellement désirable. Mais de ce que nous avons certains attraits fort légitimes, il n'en résulte pas que tous et au même degré puissent nous servir de règle. S'il n'y a rien de vil dans la maison de Jupiter, comme disent les Stoïciens, il est vrai aussi que dans le *petit monde* (1), l'homme, comme dans le grand (2), la nature, rien n'est à dédaigner, rien n'est à retrancher. Appétits, penchants, sentiments, raison, volonté, le développement de toutes ces facultés est la destinée de l'homme. Mais comment, dans quelle mesure, dans quelle proportion, tout cela doit-il se faire ? Car tous ces besoins réclament à la fois. « L'instinct pousse, l'appétit commande, pendant que la raison parle, que la passion crie, que la sensibilité pleure ou s'épanouit. *Suivre la nature* (3) est donc une formule anarchique dont il serait impossible de tirer une véritable règle d'action. Quel chaos que la vie humaine ainsi livrée à l'expansion de toutes ses forces naturelles si la raison ne parvenait à l'organiser et à en régler les mouvements ! Donc il faut modifier la formule ainsi : Développer toutes les facultés de notre nature en subordonnant toujours celles qui ne sont que les moyens, à celles dont la réunion constitue la fin propre de l'homme. Tel est l'ordre vrai, la fin, la loi de la vie humaine (4). »

3. La matière et la forme de la moralité. — Ainsi le bien moral ou la *perfection* dans le sens où l'entendent les métaphysiciens, consisterait dans une satisfaction de nos tendances, non pas intégrale, mais soumise à une règle. Il ne suffirait donc pas que la nature se développât en nous simplement en quantité et intensité aussi grandes que possibles, ce qui serait la loi d'évolution proposée pour toute morale, aussi bien par Herbert Spencer (5) que par Fourier, que par Jouffroy (6) et que par Guyau (7).

(1) Microcosme : de *mikros*, petit, et *cosmos*, ordre, monde.
(2) Macrocosme : de *makros*, grand.
(3) Formule des premiers moralistes qu'on retrouve déjà dans les maximes des sept sages de la Grèce.
(4) Vacherot. *Essais de Philosophie critique*, 1864, p. 301.
(5) C'est la conclusion dernière du livre : *The data of Ethics*, traduit en français sous le titre : *Les bases de la morale évolutionniste*. Alcan, 1881.
(6) Jouffroy. *Cours de Droit naturel*, 5° éd. Hachette, II° vol., p. 303 à 417.
(7) Dans l'ouvrage : *Esquisse d'une morale sans obligation ni sanction*, — Alcan, 1885, — Guyau est mort tout jeune dans l'hiver de 1888.

Ce n'est pas dans la *matière* du développement, c'est dans la manière dont il est gouverné, dans sa *forme* (1), que se trouve la loi morale. Elle devra donc être étudiée sous deux aspects : l'un sous lequel elle commande, et nous chercherons les caractères de ce commandement ; l'autre sous lequel elle prescrit les actes à accomplir, et nous chercherons ce qu'elle ordonne d'obtenir par ces actes.

II. — LE SYSTÈME DU DEVOIR

4. L'impératif catégorique. — Kant le premier a démontré l'indépendance parfaite de la loi morale par rapport à toute théologie et à toute métaphysique fondée sur les fins naturelles et a très fortement marqué la différence entre l'*ordre* ou impératif de la raison, les *conseils* ou impératifs de la prudence et les *règles* ou préceptes ou impératifs de l'habileté (2). La morale commande non pas afin de nous faire obtenir un bien ultérieur, non pour que notre acte soit un moyen en vue d'autre chose, mais elle ordonne absolument, en disant par exemple : Ne mens jamais. Son impératif est absolu, catégorique et désintéressé ; elle n'a pas besoin de nous attirer à l'obéissance par l'attrait d'une récompense ou la crainte d'une punition. Au contraire, la prudence me donne, comme moyen d'obtenir l'estime publique, ce conseil : « Ne mens jamais pour être toujours cru ». Mais il n'est pas nécessaire que je tienne à être cru ; cette disposition, de ma part, est *hypothétique,* s'il est vrai que, me proposant ce but, le moyen se présente à moi impérativement. Il n'y a là qu'un conseil pour le cas très probable du reste, mais non forcé, où je me préoccuperais des satisfactions à attendre de l'opinion publique. De même, l'étude du dessin s'impose impérativement à moi *si* je veux devenir peintre ; c'est là un impératif de l'habileté, auquel je puis me soustraire en renonçant à la fin et en même temps au moyen. Mais la conscience n'admet pas que je renonce à cette fin : être honnête homme, à tout prix. Tel est le premier caractère d'un tel ordre.

5. L'obligation est l'action de l'idéal sur un sujet libre. — Quel effet produit-il sur la conscience, et quels phénomènes y

---

(1) Cette opposition des deux termes : *matière, forme,* trouvera plus loin un supplément d'explication.
(2) *Fondation de la métaphysique des mœurs,* trad. Barni, p. 47 à 65.

détermine-t-il, dès qu'il est formulé ? A qui s'adresse cet ordre ? A un sujet doué d'une intelligence qui en comprend la netteté et la clarté et se la représente comme un idéal ; — d'une passion qui s'émeut de sa beauté et de sa grandeur et se la propose comme une fin absolue ; — d'une volonté raisonnable qui peut s'ébranler sous la suggestion à elle faite avec tant d'autorité et s'en imposer l'objet comme un *devoir être*. Si l'agent moral est vraiment une bonne volonté, il fera taire en lui les résistances qui peuvent venir de son intérêt et de ses antipathies ou sympathies, et non sans lutte, se soumettra librement. Cette pression exercée sur lui par l'ordre de la raison n'est pas une *contrainte* comme celle qu'exercent les lois physiques sur les objets qu'elles régissent, mais une *obligation*, c'est-à-dire une *action* de l'idéal, vis-à-vis duquel nous nous reconnaissons liés (1), comportant une *réaction* de la liberté, comme capable de céder ou de résister à l'impératif.

6. L'autonomie de la volonté ; son inconvénient. — On a pu reprocher à Kant, avec raison, la façon dont il comprend cet élément essentiel de l'obligation morale, la liberté. Pour lui, la volonté à qui s'adresse la loi morale, si on la suppose parfaitement bonne (2), se conforme d'elle-même au bien, dont la représentation seule peut la déterminer et même suffit à la faire agir. Elle est affranchie de toute contrainte ou résistance venant de la passion ou de l'intérêt ; dès que la loi est présente à la conscience, l'acte suit et il y a solidarité indissoluble entre la pure conception et la pratique.

Mais que devient la liberté dans cette sorte d'adhésion nécessaire de la volonté au bien représenté ? N'est-ce pas là un cas d'évidence fatale comme celle que nous avons combattue (3) ? Et sans liberté peut-on concevoir encore une moralité, même élémentaire loin de la supposer sainte, dans une telle personne ? A-t-elle encore un mérite ? Le sage stoïcien se considérait comme supérieur à Jupiter même, parce que celui-ci ne fait le bien que par la nécessité de sa nature parfaite, tandis que lui sage, a dû obtenir sa perfection de haute lutte contre les passions. Pour Kant, au contraire, le sage n'a pas à lutter : en lui,

---

(1) *Obligati*, latin de *ob*, vis-à-vis et de *ligare*, lier.
(2) *Fondation de la Métaphysique des mœurs*, p. 46.
(3) V. ch. III. Conséquences de la nécessité sur la science.

volonté libre est même chose que volonté qui se soumet à la loi morale, et que volonté *autonome* (1), c'est-à-dire faisant sa loi soi-même. Nous avons déjà vu (2) ce qu'il faut penser de ce vouloir pur, conçu comme subsistant et agissant en dehors de toute solidarité avec les autres fonctions mentales ; c'est un absolu à peine intelligible et surtout c'est une pure spontanéité, aveugle et sans moralité. Nous verrons cependant tout à l'heure en quel sens cette *autonomie* est acceptable.

7. La personne pure et la personne empirique. — La contrainte ne s'exerçant pas, selon Kant, sur la volonté parfaite, retombe cependant sur la volonté imparfaite qui est celle de l'homme réel. Il y a en chacun de nous comme deux personnes correspondantes à ces deux volontés ; l'une, la personne *pure* représente l'idéal et proteste contre les imperfections de l'autre, la personne telle qu'elle est donnée dans l'expérience actuelle, *la personne empirique;* la première s'impose à la seconde et la *contraint* de se conformer à la loi.

Cette contrainte qui serait encore une négation de la liberté comme l'identité socratique de la science et de la vertu, ne peut être, selon nous, introduite dans l'idée d'obligation qu'avec le sens indiqué plus haut, d'une action exercée par l'idéal, et susceptible d'une réaction de la liberté. C'est ce qui distingue la loi morale des lois civiles, lesquelles procèdent par voie coercitive, tandis que c'est seulement dans le domaine de la conscience libre que s'exerce l'autorité de la loi du devoir, sans avoir besoin d'être écrite dans les codes, sans dépendre des caprices des hommes, réclamant au contraire le droit de juger les lois imparfaites qui constituent leurs États (3).

8. Première formule du devoir : Universalisation de la maxime. Correction nécessaire à la formule. — *Absolue* dans son ordre et *obligatoire* dans son effet sur la conscience, la loi

---

(1) Du grec *autos*, soi-même, et *nomos*, loi.
(2) Ch. v. Sur la personnalité.
(3) CRÉON. — Et tu as osé enfreindre mes ordres ?
ANTIGONE.— Ce n'est en effet, ni Jupiter qui me les avait donnés, ni la justice qui habite avec les divinités infernales. Je ne pensais pas que tes ordres, ceux d'un mortel, eussent assez de force pour l'emporter sur les lois non écrites et immuables des dieux. Ces lois, elles ne sont pas d'aujourd'hui ni d'hier ; toujours vivantes, nul ne sait quand elles ont paru. Je ne devais pas, les oubliant par crainte des menaces d'un homme, encourir la vengeance des dieux. Je savais qu'il me faudrait mourir. Ne le devais-je pas, même sans ton décret? (Sophocle. *Antigone*.)

morale est encore *universelle* comme règle de la société des personnes morales ; c'est-à-dire qu'elle s'adresse à tout agent raisonnable avec la même autorité. Quel qu'il soit, pourvu qu'on le prenne au moins libre et intelligent, il conçoit une obligation, il se considère comme tenu à quelque acte qu'il doit exécuter en vertu de la loi. De telle sorte que, si nous voulons savoir à quel signe nous reconnaîtrons une action comme bonne, nous n'avons qu'à nous demander si elle pourrait être acceptée par tous les membres d'une république d'agents raisonnables. De là une première formule du devoir donnée par Kant (1) : « *Agis toujours d'après une maxime telle que tu puisses vouloir qu'elle soit une loi universelle.* »

Il faut pour que la formule soit correcte, expliquer ce *pouvoir vouloir*. Une maxime peut être universellement pratiquée sans être pour cela raisonnablement universalisable ; par exemple la maxime qui disait qu'on peut faire des sacrifices humains pour se rendre la divinité propice. De plus, une volonté perverse peut admettre que ses propres maximes soient universalisées quand elle a le moyen de se garder des inconvénients qui en résulteraient. Par exemple, un baron féodal, bien équipé et suivi d'une bande éprouvée, peut consentir à ce que la maxime de se faire justice à soi-même devienne universelle ; il n'a rien à redouter d'une société où tout se règle par la force ; surtout par les forces disséminées. Le tyran de Hobbes a même tout intérêt à rendre universelle la maxime de la soumission absolue au souverain. Mais un agent raisonnable ne peut *vouloir* la réalisation de telles maximes, lors même qu'elle serait possible et durable. Ce n'est pas l'expérience possible qu'il invoque en garantie de ses maximes comme universalisables, c'est le droit et la justice, en un mot, c'est la raison. L'*universalité* possible de la pratique conformément à une maxime donnée n'est donc pas un critère ou moyen de contrôle suffisant de moralité pour cette maxime, si l'on n'y ajoute pas qu'il s'agit exclusivement d'agents raisonnables. C'est une société de tels êtres qu'il faut se représenter, et non une société d'agents quelconques, quand on se demande s'ils pourraient vouloir qu'une certaine maxime fût pratiquée universellement parmi eux. Or, la formule de Kant ne contient pas explicitement cette réserve. Il faut aller la chercher dans la seconde formule que nous verrons plus loin.

(1) *Fond. Métaph. Mœurs*, p. 58.

9. La première formule implique la forme du devoir, qui est immuable, malgré les variations de sa matière. — On a objecté encore que la morale ayant varié selon les temps et selon les lieux, son universalité est très contestable. Mais la formule de Kant, au moins convenablement complétée, s'adresse à des personnes supposées parfaites qu'elle nous invite à prendre pour juges, tandis que les hommes, dans l'histoire desquels la moralité a subi tant de variations, ne sont pas parfaits quant à l'exercice de la raison. La formule dit seulement qu'ils auraient dû et devraient l'être. Il ne s'agit pas en effet de contester que les progrès de la conscience morale soient lents et sans continuité. Etant donnée la variabilité des croyances sous l'influence de l'habitude et de l'hérédité, on peut même admettre que l'idée d'un devoir s'atténue et va jusqu'à disparaître chez certains hommes. Mais en tant qu'un être est capable de raison, il conçoit une loi de ses actes, et la conçoit comme obligatoire et universelle. Ce n'est pas l'universalité de fait que nous invoquons, mais celle de droit. La manière dont les hommes ont compris leurs devoirs, c'est-à-dire la *matière* de ces devoirs, a certainement changé avec leurs diverses conceptions de l'existence et il va de soi qu'un sujet de Xerxès l'entendait autrement qu'un Grec; qu'un courtisan de Louis XIV n'avait pas l'esprit fait comme un volontaire de 92; mais en tant qu'hommes, ils ont certainement toujours et partout considéré qu'un devoir s'impose, que quelque chose est dû, et c'est là la *forme* du devoir. Lors même que, connaissant la loi, ils la violent, cela ne supprime pas la loi. « Quand il n'y aurait jamais eu d'action dérivée de cette source pure, il ne s'agit pas de ce qui a ou n'a pas lieu, mais de ce qui doit avoir lieu, de ce que la raison ordonne par elle-même et indépendamment de toutes les circonstances. Elle prescrit des actions dont le monde n'a peut-être jusqu'ici fourni aucun exemple et dont la possibilité même peut être douteuse pour celui qui juge de tout par l'expérience; par exemple, quand même il n'y aurait pas encore eu jusqu'ici d'ami sincère, la sincérité dans l'amitié n'en serait pas moins obligatoire pour tous les hommes, puisque ce devoir réside, antérieurement à toute expérience, dans l'idée d'une raison qui détermine la volonté par des principes *a priori* (1). »

---

(1) Kant, *Fond. Métaph. Mœurs*, p. 30.

10. Réserves sur la réalité des faits de variation dans les mœurs. — Mais les variations des mœurs sont moins importantes qu'on le dit : il est des points sur lesquels toutes les nations se sont trouvées d'accord. Par exemple, il n'a jamais été honorable de trahir sa patrie, de manquer à la foi jurée, etc. Quant aux différences qu'on relève entre le sauvage et le civilisé pour les faire servir à prouver que la morale est un pur fruit de la culture et de la civilisation, mais non de la nature, on peut répondre que d'abord les mœurs de la plupart des sauvages nous sont mal connues, les récits qu'on nous en a faits n'ayant pas les garanties exigibles d'un témoignage historique (1); puis, lors même que ces mœurs seraient exécrables cela n'impliquerait pas que les idées de ces hommes fussent dégradées dans la même proportion, attendu qu'on peut se mal conduire tout en connaissant les règles de la bonne conduite. Inversement, la conduite peut être meilleure que les maximes, ou même celles-ci peuvent n'être pas conscientes : « Il me semblait, dit Descartes, parlant de la difficulté de connaître les maximes de conduite des gens, que, pour savoir quelles étaient véritablement leurs opinions, je devrais plutôt prendre garde à ce qu'ils pratiquaient qu'à ce qu'ils disaient, non seulement à cause qu'en la corruption de nos mœurs il y a peu de gens qui veuillent dire tout ce qu'ils croient, mais aussi à cause que plusieurs l'ignorent eux-mêmes, car l'action de la pensée par laquelle on croit une chose étant différente de celle par laquelle on connaît qu'on la croit, elles sont souvent l'une sans l'autre (2). » Enfin, c'est une hypothèse gratuite que de considérer les sauvages actuels comme des types de l'humanité primitive, attendu qu'ils peuvent tout aussi bien être des hommes dégénérés et abrutis (3); leur immoralité ne peut

---

(1) Voir *Principes de philosophie scientifique*, ch. VIII, Les sciences morales (la critique historique) et Janet, *la Morale*, liv. III, ch. IV. De l'universalité des principes moraux.
(2) *Disc. de la méthode*, III° partie, début, p. 41. Peu de gens en effet sont capables de formuler nettement la maxime de leur conduite; on obéit à des préjugés inconscients et la pratique semble impliquer l'adhésion à des doctrines qu'on repousserait vivement si l'on réfléchissait à la solidarité apparente (pour autrui seulement) entre votre action et la croyance qu'on peut vous supposer. Cependant, si l'on veut donner au terme *croyance* ce sens qu'il ne devrait jamais perdre, celui de conviction réfléchie et raisonnée, les gens dont parle Descartes ne mettent pas d'opposition entre la pratique et la croyance, car ils ne *croient* rien; ils sont simplement les esclaves d'une coutume qu'ils ne discutent pas; ce sont à peine des hommes.
(3) V. Renouvier, IV° essai. *Philosophie de l'histoire* et *Crit. Phil.*, VIII, n° 38. — V. Marion. *Solidarité morale*, conclusion II. Voir aussi, pour l'opinion contraire, Darwin, *Descendance de l'homme*, ch. III, et Lubbock, *Les Origines de la civilisation*.

donc pas être considérée comme inhérente à la nature humaine primitive. En tout cas, respectée ou non il existe une loi morale qui parle à tout homme doué d'assez de raison pour l'entendre. C'est ce qu'il fallait démontrer quant au premier point, la forme de la loi.

11. La moralité réduite à l'intention. Le formalisme. — Maintenant, que commande-t-elle ? Quels actes faut-il accomplir pour s'y conformer ? Elle déclare qu'il y a un bien obligatoire, et un mal, c'est-à-dire des actes illégitimes à éviter. En quoi consiste ce bien ?

Kant répond que le bien n'est pas dans l'acte, mais dans l'esprit selon lequel on agit; le bien moral consiste dans l'obéissance à la loi observée exclusivement par respect pour elle. Une action n'a de valeur morale que si elle est faite dans un esprit de devoir. Même si l'action considérée en dehors de l'intention qui l'a inspirée, semble cependant dans ses effets, extérieurement conforme au devoir : elle ne procède pas d'un respect du devoir, elle n'a donc aucune valeur (1). Ainsi, un marchand qui ne surfait jamais ses prix, de sorte qu'un enfant peut acheter chez lui avec autant de sécurité qu'un autre client, n'est pas par le fait même honnête, car il pourrait fort bien observer cette loyauté dans ses marchés pour augmenter sa clientèle par le bon renom qu'il se fera; en ce cas, l'intérêt personnel enlève tout mérite à sa conduite. Un mobile tiré de l'intérêt ou de la passion, même s'il produisait les mêmes actions que la pure intention de respecter la loi enlèverait toute valeur morale à cette action. Ainsi quand nous prenons plaisir à faire notre devoir, ou quand il nous en revient quelque avantage, il y a des chances pour que notre conduite ne soit pas vertueuse. Par exemple conserver la vie, quand elle n'est pas insupportable, ce n'est pas accomplir un devoir; mais lutter contre les tentations de suicide, s'attacher à l'existence quand elle est odieuse, c'est vraiment un acte moral. L'homme qui est bienfaisant parce qu'il aime ses semblables n'est pas désintéressé, puisqu'il se paie de ses bontés en plaisirs de sympathie; mais celui qui hait les hommes et leur rend des services, le misanthrope bienfaisant, fait éclater toute la valeur de son caractère, puisqu'il fait le bien non par inclination, mais par devoir. Cet homme aime ses sem-

---

(1) Kant. *Fond. Métaph. Mœurs*, p. 20 et 21.

blables « d'un amour pratique et non pathologique, d'un amour qui réside dans la volonté, non dans un penchant de la sensibilité, dans les principes qui doivent diriger la conduite, non dans celui d'une tendre sympathie, et c'est le seul amour qui puisse être ordonné (1) ». Il n'y a donc qu'un seul sentiment moral acceptable pour Kant, c'est ce respect qui ne vient pas du cœur, mais de la volonté.

Cette sévérité va si loin, qu'il déclare suffisante pour la moralité, l'intention seule de respecter la loi dans l'action qu'on accomplit, quelque doive être le résultat. Quand même l'insuccès s'attacherait à nos efforts, la bonne volonté brillerait encore de tout son éclat (2) et l'utilité ou l'inutilité des actions accomplies ne peuvent rien ajouter ou retrancher à sa valeur. Cette théorie encore a besoin d'un correctif; car les conséquences de nos actes étant indifférentes, comme le disaient certains stoïciens, pourvu que l'intention soit pure, on pourrait se désintéresser de la douleur ou du dommage qu'elles peuvent causer à autrui ou même se permettre certaines défaillances personnelles qui ont compromis les stoïciens romains, trop peu soucieux des conséquences de ceux de leurs actes qui, à leur estimation, ne regardaient pas la vertu (3). Ainsi Kant a tort de prétendre que la bonté de l'acte moral réside uniquement dans l'intention, et il nous fournit lui-même dans une seconde formule un moyen de sortir de cette conception du devoir réduit à sa *forme*, sans souci de sa *matière*, qu'on a appelée *formalisme*.

12. La seconde formule contient la matière de la moralité : respect de la personne. — Le second signe auquel on reconnaît qu'une action est bonne, c'est qu'elle respecte la personne morale, le seul objet respectable par soi-même, le seul objet ayant une valeur absolue, d'après laquelle les autres objets sont appréciés, selon qu'ils lui servent plus ou moins (4). Tout acte qui porterait atteinte à la personne, fut-il inspiré par la meilleure intention, serait un acte mauvais. C'est ce qui est exprimé dans la formule suivante : « *Agis toujours de telle sorte que tu traites l'humanité soit dans ta personne, soit dans la personne d'autrui,*

---

(1) Kant. *Fond. Métaph. Mœurs*, p. 23.
(2) *Id.*, p. 13 et 14.
(3) Le danger de séparer l'intention des conséquences ou des moyens de l'acte éclate dans la doctrine de la *direction de l'intention*. V. ch. v.
(4) Kant, *id.*, p. 70. V. Eclaircissement III.

comme une fin, et que tu ne t'en serves jamais comme d'un moyen (1). »
Elle implique que les hommes, et en général tous les êtres raisonnables, sont comme les membres égaux d'une société idéale qui doit servir de modèle aux relations des personnes réelles. C'est là ce que Kant appelle la *République des Fins*.

13. Troisième formule : Exclusion de tout motif sensible.
— De même que le respect est le seul sentiment qui convienne à l'égard de la loi, c'est aussi le seul qui convienne dans l'observation de la règle de notre conduite à l'égard des personnes. Si quelque sympathie venait guider la volonté ou se substituer à elle dans l'accomplissement de ce devoir, il perdrait sa pureté. La volonté d'un agent raisonnable, voilà l'unique législation que nous devons accepter ; nous la trouvons en nous, elle ne nous est pas imposée du dehors, mais elle ne nous doit pas être imposée non plus par cette sorte de pression du dedans qui est l'autorité d'un motif sensible. De même que tout motif d'obéissance à une autorité différente de lui-même se résoudrait, pour l'agent, en simple attrait ou en terreur, ce qui serait le mettre dans le servage d'autrui, en hétéronomie (2), de même on ne peut demander à la volonté de s'incliner devant autre chose que la raison, c'est-à-dire devant ce qu'il y a de meilleur en nous-mêmes. De là cette troisième formule : « *Prends la volonté de tout être raisonnable comme législatrice universelle* (3), » formule par laquelle est exclu sciemment et après réflexion tout mobile de l'ordre de la sensibilité. Nous avons déjà dit combien cet excès d'abstraction était irrationnel. Indiquons seulement en quel sens cependant peut être acceptée cette *autonomie* de la volonté.

14. Sens admissible de l'autonomie. — Si c'était une volonté absolument indifférente qui fît la loi, elle ne pourrait être qualifiée de bonne ni de mauvaise. La vérité est que, dans l'état moral, la volonté accepte ou rejette la loi, et ne la fait pas plus qu'elle ne la subit. Placer la volonté au-dessus de tout et séparée de tout dans le monde mental, c'est renouveler l'hypothèse de Descartes sur la liberté de Dieu antérieure et supérieure à son intelligence (4). Au contraire, pour une psychologie

---

(1) Kant. *Fond. Métaph. Mœurs*, p. 71.
(2) *Heteros*, autre, *nomos*, loi.
(3) *Id.*, p. 74.
(4) V. ch. III. Dernier éclaircissement.

morale qui n'est pas préoccupée, comme l'était encore celle de Kant, de trouver dans la volonté une retraite pour l'absolu de l'être mental, c'est la raison qui constate en elle-même la loi, essentiellement inhérente à l'humanité; elle ne légifère pas d'une façon arbitraire ou capricieuse, car elle est raison, ce qui exclut le caprice; elle prend conscience de sa nature raisonnable, et se propose le maintien et le développement de cette qualité qui constitue sa dignité et fait d'elle-même un être supérieur aux choses (1). C'est donc seulement dans la pleine solidarité de la conscience que naît et se révèle la loi de cette même conscience et c'est en ce sens seulement qu'elle peut être dite autonome et législative de soi-même.

III. — INTÉGRATION DES ÉLÉMENTS DE MORALITÉ AUTRES QUE LE DEVOIR

15. Le respect n'est pas abstention, mais action. — Au nom de cette même solidarité des fonctions mentales, le respect qui va d'une personne à d'autres dans la République idéale s'accompagne forcément d'autres éléments avec lesquels il est toujours lié. Si l'on ne veut pas rester dans une abstraction utile assurément pour mettre en lumière l'originalité de chaque partie de la conscience, mais troublante quand on veut envisager l'être en acte, et assurément insuffisante quand on en vient à l'opération indispensable de la *synthèse* où s'achève toute vraie connaissance, il faut donner passage, avec le respect, aux dispositions bienveillantes, et réintégrer dans une notion définitive de la moralité les éléments que l'analyse, il faut le reconnaître, n'avait jamais rigoureusement distingués avant Kant. Le respect doit être entendu largement, non comme une abstention, mais comme un mode d'action; le meilleur moyen de témoigner le cas que nous faisons de la dignité des personnes, c'est de nous imposer tous les actes que comporte notre énergie, tout le travail (2) (identique, en ce sens, au devoir) que demande la conservation et le développement du bien commun. « S'enfermer contre les autres êtres dans une sorte de neutralité armée,

---

(1) V. ch. xi, sur l'importance de ces réserves à l'autonomie de la volonté, pour la fondation de la morale indépendante.
(2) Renouvier. *Science de la morale*, I, p. 134.

c'est sortir du courant de l'univers, et condamner au néant des facultés qui nous ont été données pour aimer, pour penser, pour agir. C'est violer la loi... que de fermer notre cœur aux autres hommes..., nous ne sommes que dépositaires de tant de trésors de force, d'intelligence, d'amour, et quand nous les rendons inutiles ou quand nous les appliquons à notre seul profit, nous frustrons l'humanité (1). » Si Colomb, Galilée, Descartes, Newton étaient morts sans avoir employé leur génie, auraient-ils pu dire devant Dieu : Je suis innocent, car je n'ai nui à personne (2) ?

16. La passion est un élément essentiel de la moralité. — Les droits de l'être sensible, voilà ce qu'il faut réintégrer dans la morale de Kant, si élevée et si solide, pour qu'elle devienne vivante et complète. Sous la règle de la raison, l'intérêt, le plaisir, quant aux sentiments du genre égoïste ; l'amour, la bienveillance, quant aux rapports que la passion établit, outre le respect, en même temps que le respect, entre les personnes, viennent fortifier les chaînes volontaires qu'établit la liberté, pour nous rattacher à la vie, à la nature et à la société. Il serait bien à craindre, en effet, qu'en supprimant la passion sans réserve, on en fît disparaître la forme, savoir, la finalité ; et comment alors comprendre qu'un acte puisse être accompli sans être proposé d'abord comme une fin ? « Un acte qui n'apparaîtrait comme désirable à aucun point de vue ne serait pas même envisagé comme un acte à faire. » Il n'est donc pas possible d'agir en se dégageant absolument de tout mobile passionnel. Mais serait-ce même raisonnable, si c'était possible ? L'être qui agirait sans se proposer une fin ne serait plus un être conduit par la raison, mais une machine, et n'aurait plus de caractère moral.

17. Légitimité du besoin de bonheur. — L'analyse a dû séparer les diverses fins de la nature humaine et récuser comme impropres à fonder la morale celles d'entre elles qui ne comportent pas en soi de règle constante ; mais au moment de conclure, nous devons intégrer les fonctions de la moralité. Loin qu'il y ait antinomie entre la raison et le bonheur, il y a plutôt un accord postulé, sinon démontrable actuellement et pour

---

(1) J. Simon. *Le Devoir*, p. 347.
(2) V. L'idée que se fait Kant du respect. *Raison pratique*, p. 252.

l'expérience entre ces deux tendances. Non pas que la raison ait besoin, pour constituer la morale, du bonheur, qui ne saurait lui servir de base, mais il peut apparaître à son couronnement, comme rémunération de la vertu, et tout ou moins comme conciliable avec elle. Ce serait décourager l'agent moral que d'exiger de lui qu'il renonce à tout bonheur, et s'il était forcé de choisir entre celui-ci et la raison, cette dernière réduite à elle-même risquerait fort de perdre son empire sur notre conduite. Il y a beaucoup de justesse dans ces reproches que Herbert Spencer adresse à la morale du devoir pur, sous le nom d'*ascétisme* : « Si un père, donnant de nombreux ordres, aggrave son austère surveillance par une manière d'être tout à fait antipathique ; si ses enfants sont obligés de s'amuser en cachette ; si, en se détournant timidement de leurs jeux, ils ne rencontrent qu'un regard ou même un froncement de sourcils, fatalement, l'autorité de ce père ne sera pas aimée, sera peut-être haïe, et l'on ne cherchera qu'à s'y soustraire le plus possible. »

« Au contraire, un père qui, tout en maintenant avec fermeté les défenses nécessaires, donne sa sanction à tous les plaisirs légitimes, et regarde avec approbation les ébats de ses enfants est sûr de gagner sur eux une influence efficace et durable. L'autorité de chacun de ces deux pères est le symbole de l'autorité de la morale comme on l'a faite et de la morale comme elle devrait être... Il ne fallait pas chercher à corriger l'inconduite de la commune humanité en proclamant le principe d'une abnégation à laquelle l'homme ne peut arriver. L'effet est plutôt de produire un renoncement désespéré à toute tentative de rendre la vie meilleure. On cesse tout effort pour atteindre l'impossible, et le possible est discrédité en même temps. Par une association avec des règles qui ne peuvent être obéies, les règles qui pourraient l'être perdent leur autorité (1). »

18. La place de l'eudémonisme dans la morale. — Pour épargner ce scandale à la raison il faut supposer un accord possible entre elle et le bonheur. Et, en effet, ils recommandent la même chose. Si parfois ils sont en conflit, comme dans les luttes de la passion et du devoir (2), cette opposition n'est que transitoire, et une façon plus haute de comprendre le bien de

---

(1) Herbert Spencer. *The data of Ethics*, trad. française, p. VII, Alcan.
(2) Par exemple dans le théâtre de Corneille.

l'individu nous fait affirmer que du moins dans d'autres conditions d'existence, sinon déjà même dans celle-ci, il doit se rencontrer une harmonie entre le bonheur et la vertu. Ainsi le bonheur est une fin acceptable de notre conduite, si nous n'admettons d'autre bonheur que celui que la raison approuve. C'est même un devoir que la raison impose à l'agent de veiller à ses intérêts, puisqu'il ne peut autrement assurer à la personne qui est en lui les garanties matérielles de la dignité et de l'indépendance (1). L'eudémonisme rentre donc dans la morale, non pas à titre de motif capital, mais à titre de motif secondaire. L'erreur des utilitaires a été d'en faire un motif prédominant.

19. La place de l'hédonisme en morale. — Il en est de même de l'hédonisme, et l'on peut le réintégrer dans le même sens. En effet, pour la raison pratique, raisonnable, tout plaisir est-il interdit ? Ce serait vouloir mutiler la nature humaine. Tout plaisir est un bien naturel et si la raison nous forçait d'y renoncer, elle serait en contradiction avec la nature, ce qui serait sa propre condamnation. Il ne m'est nullement interdit de prendre plaisir à un acte que je fais conformément à la loi, pourvu que je sois prêt à y renoncer dès que je sens la raison protester. Le plaisir n'est donc pas mauvais par lui-même et ne mérite nullement l'anathème que lui jettent les ascètes et les jansénistes (2), en faisant de « l'œuvre des sept jours une tentation » universelle. Cette doctrine du moyen âge, qui poussait les hommes à vivre seulement selon l'esprit et à mater la chair en toute occasion comme siège et cause de péché est une doctrine contre nature, et, du reste, impraticable, car la nature reprend toujours ses droits, selon des voies dérivées quand on lui défend les siennes propres. Il ne faut pas oublier le mot de Pascal : « Nous ne sommes ni anges ni bêtes et le malheur est que qui veut faire l'ange fait la bête (3). » Le plaisir individuel a donc également sa place en morale ; il est un excitant à l'action, un ressort universel et fondamental de toute énergie, et il est certain que lorsqu'on fait son devoir sans plaisir, on le fait mal, et que d'autre part, le meilleur travail est celui où l'on se complaît (4).

(1) Ch. XVI sur *la Propriété*.
(2) Musset. *Espoir en Dieu*.
(3) Pensées art. VII, 13. Pascal a du reste pris ce mot, comme bien d'autres à Montaigne.
(4) Montaigne fait dans les *Essais*, de nombreuses confidences personnelles sur le travail attrayant, qui n'est pas à ce titre, moral, mais le serait, à la rigueur, plus encore que le travail rebutant.

20. La place de la sympathie en morale. — Enfin, loin d'exclure des mobiles de notre conduite l'amour, la bienveillance, la charité, la sympathie, il faut les appeler sous la règle de la raison ; car si celle-ci est la grande rectrice de nos actes, l'amour en est l'inspirateur profond. Ils ont tous deux des buts identiques : l'amour nous fait rechercher la conservation et le perfectionnement des personnes et de leur bien ; c'est ce que poursuit la justice. On peut donc dire à ce point de vue que l'amour est raisonnable et juridique. La justice, d'autre part, nous défend de léser autrui, sauf dans le cas extrême de légitime défense, et même nous engage à procurer à autrui le plus grand bien compatible avec le droit ; donc la justice est aimable. Il y a donc là deux mobiles identiques quant aux actes qu'ils inspirent et qu'ils règlent. De plus, ce sont deux fonctions solidaires et qui se prêtent un mutuel concours. En effet, la justice, seule, pourrait être fort belle, mais impuissante à mettre en mouvement les sociétés humaines, si elle n'était pas secourue par l'amour, la sympathie, la sociabilité qui donnent naissance aux groupes humains et font rechercher à chacune le bien social outre son bien propre (1). C'est parce que les hommes s'aiment réciproquement qu'il leur est possible de se respecter. L'amour est donc l'auxiliaire de la justice. Il est vrai que la raison juridique rend à l'amour ce qu'elle en reçoit en lui apportant une règle, un principe de modération et d'emploi légitime de ses forces vives. C'est donc l'harmonie qui est la loi fondamentale de notre nature, et nos fins, quoique différentes, sont cependant inséparables dans l'action qu'elles exercent en nous.

ÉCLAIRCISSEMENTS

I

Clarté immédiate des jugements de la conscience morale.

Je ne crois pas qu'il soit impossible d'expliquer par des conséquences de notre nature le principe immédiat de la conscience. Et quand cela serait impossible, encore ne serait-il pas nécessaire ; puisque ceux qui

---

(1) Il est bon d'ajouter que si la justice était entièrement appliquée dans une société humaine, elle entraînerait infailliblement avec elle la bonté, qui, à vrai dire, n'est que la forme passionnelle de la justice. V. ch. XIII, Éclaircissement I.

nient ce principe admis et reconnu par tout le genre humain ne prouvent point qu'il n'existe pas, mais se contentent de l'affirmer. Quand nous affirmons qu'il existe, nous sommes tout aussi bien fondé qu'eux, et nous avons de plus le témoignage intérieur et la voix de la conscience qui dépose pour elle-même. Bornons-nous aux premiers sentiments que nous trouvons en nous-mêmes, puisque c'est toujours à eux que l'étude nous ramène quand elle ne nous a point égarés.

Conscience ! conscience ! instinct divin, immortelle et céleste voix ; guide assuré d'un être ignorant et borné, mais intelligent et libre ; juge infaillible du bien et du mal, qui rends l'homme semblable à Dieu ! C'est toi qui fais l'excellence de sa nature et la moralité de ses actions ; sans toi je ne sens rien en moi qui m'élève au-dessus des bêtes, que le triste privilège de m'égarer d'erreurs en erreurs à l'aide d'un entendement sans règle et d'une raison sans principes !

Grâce au ciel, nous voilà délivrés de tout cet effrayant appareil de philosophie ; nous pouvons être hommes sans être savants ; dispensés de consumer notre vie à l'étude de la morale, nous avons à moindres frais un guide plus assuré dans ce dédale immense des opinions humaines.

ROUSSEAU. *Emile*, liv. IV. *Profession de foi du vicaire Savoyard.*

II

Caractère absolu de la loi morale ; elle n'admet aucun accommodement.

Est-il permis d'être injuste pour préserver quelque grand intérêt ? De préférer quelque grand intérêt personnel, ou quelque grand intérêt de nos proches aux prescriptions de la justice ? Peut-on abandonner la justice pour obéir à ses amours, sans ressentir cette cruelle morsure, qui est le premier avertissement et le premier supplice ? Non, cela ne se peut. Il n'y a point d'accommodement avec la conscience : il faut lui obéir, et être juste, ou lui désobéir, et être criminel. Les faux-fuyants, les moyens termes ne sont que de l'hypocrisie, du vice sans franchise et sans courage. Il n'est pas même permis d'hésiter quand la conscience a parlé. Sa souveraineté est aussi jalouse qu'absolue. En présence de la loi morale il n'y a pas de refuge. On ne doit compter ni la douleur, ni la mort, ni même la honte.

« Que Phalaris t'ordonne de mentir ; qu'il fasse rougir son taureau de fer, et te dicte un parjure devant l'instrument du supplice, sache que le plus grand des maux est de préférer la vie à l'honneur, et de sauver sa vie aux dépens de ce qui la rend digne d'être supportée (1). »

Que cette maxime entre dans nos os, qu'elle nous pénètre, qu'elle ne fasse qu'un avec nous-mêmes : le devoir est au-dessus de tout, de tous nos intérêts, de tous nos amours. Il n'y a pas deux devoirs, ni

(1) Summum crede nefas animam praeferre pudori,
Et propter vitam vivendi perdere causas. JUVÉNAL. *Satire* VIII, v. 81.

doux morales, ni deux façons d'interpréter le devoir. Ceux qui font appel aux circonstances, ou à leurs besoins, ou aux besoins de leurs proches, ou aux besoins d'un grand peuple, pour transgresser ce devoir, ne connaissent pas le devoir. Ce sont de petites âmes, qui ne se retrouvent pas elles-mêmes quand leur horizon s'éloigne, ou des âmes dépravées, qui ne connaissent pas la sainteté du devoir, et ne lui obéissent dans les circonstances ordinaires que par orgueil ou par habitude. Il ne se peut pas que le crime cesse d'être un crime, ni que la providence ait besoin pour sauver l'humanité, de violer les lois éternelles de la justice. C'est un crime, c'est une impiété, c'est un sacrilège que de distinguer une grande et une petite morale. Quiconque fait cette distinction est une âme vile. Il faut la plaindre, parce qu'elle a perdu le divin. Il ne lui reste rien de son origine ; sa communion est avec la brute.

JULES SIMON. *Le Devoir*, p. 342 (Hachette et Cie).

III

La dignité morale fait toute la valeur de la personne.

La moralité est cette condition qui seule peut faire d'un être raisonnable une fin en soi, car c'est par elle seule qu'il peut devenir membre législateur dans la république des fins. La moralité, et l'humanité, en tant qu'elle est capable de moralité, voilà donc ce qui seul a de la dignité. L'habileté et l'ardeur dans le travail ont un prix vénal (1) ; l'esprit, la vivacité d'imagination et l'enjouement ont un prix d'affection (2) ; au contraire la fidélité à ses promesses, la bienveillance fondée sur des principes (et non sur un instinct) ont une valeur intrinsèque. La nature et l'art ne contiennent rien qui puisse remplacer ces qualités morales car leur valeur ne consiste pas dans les effets qui en résultent, dans les avantages ou dans l'utilité qu'elles procurent, mais dans les intentions, c'est-à-dire dans les maximes de la volonté, toujours prêtes à se traduire en actions, alors même que l'issue ne leur serait pas favorable. Ces actions n'ont pas besoin : 1° d'être recommandées par quelque disposition subjective ou quelque goût, qui nous les ferait immédiatement accueillir avec faveur et satisfaction ; — 2° ou d'être inspirées par quelque inclination ou quelque penchant direct vers elles, mais elles nous font de la volonté qui les accomplit un objet de respect immédiat; et c'est la raison seule qui nous impose ce respect, sans avoir besoin de nous flatter pour l'obtenir, ce qui serait d'ailleurs en contradiction avec l'idée du devoir.

Telle est donc, dans l'esprit des hommes, l'estimation qu'on fait de cette valeur désignée sous le nom de dignité, et qui est tellement élevée

---

(1) C'est-à-dire en ce sens qu'elles servent à nous procurer quelque chose, comme les marchandises ont du prix, en tant qu'elles peuvent nous procurer de l'argent ; ce sont des moyens qui n'ont de valeur que par leurs effets.

(2) C'est-à-dire en tant que moyens de satisfaire le besoin d'agrément artistique, mais n'en auraient plus pour quelqu'un qui n'éprouverait pas ce besoin.

au-dessus de toute autre, que toute comparaison serait une atteinte portée à sa sainteté ; et le mot respect est le seul qui convienne pour exprimer le genre d'estime qu'un être raisonnable fait de cette valeur.

Le concept du devoir, tout en nous annonçant une sujétion à la loi, nous fait trouver en même temps une certaine sublimité, une certaine dignité dans la personne qui remplit tous ses devoirs. En effet, ce n'est sans doute point en tant qu'elle est soumise à la loi morale qu'elle a de la sublimité, mais en tant qu'elle se donne cette loi à elle-même, et qu'elle n'y est soumise qu'à ce titre. Ce n'est ni la crainte ni l'inclination, mais le seul respect pour la loi qui peut donner une valeur morale aux actions. Notre propre volonté, conçue comme n'agissant qu'à la condition de pouvoir ériger ses maximes en lois universelles, cette volonté idéale, dont la possibilité vient de nous, est le véritable objet de notre respect, et la dignité de l'humanité consiste précisément dans cette propriété qu'elle a de dicter des lois universelles, mais à la condition de s'y soumettre elle-même.

KANT. *Fond. de la Mét. des mœurs*, p. 81 et 89. La traduction Barni nous a paru pouvoir être modifiée sur plusieurs points.

CHAPITRE IX

LE DEVOIR (Suite.)

LES MORALES ANCIENNES DU DEVOIR. — SOCRATE. — PLATON

I. — LES GRANDES DATES DE LA MORALE DU DEVOIR

Avant de recevoir de Kant cette exposition et cette élucidation presque parfaites, la doctrine du devoir avait été préparée par une longue élaboration historique dont nous indiquerons seulement les représentants dans le monde ancien. Entre eux et le grand réformateur de Kœnigsberg, mort en 1804, jamais la morale ne se montra pleinement indépendante. En effet, après les derniers stoïciens, Epictète (fin du premier siècle) et Marc-Aurèle (empereur de 161 à 180), il se rencontre bien une doctrine du devoir dans l'enseignement des disciples de Jésus (mort en 33) et de Paul (né 2 ans av. J.-C., mort à Rome sous Néron 66). Mais dans cette conception du christianisme : 1° le devoir est regardé comme l'ordre de Dieu et n'est prescrit qu'à ce titre, ce qui en fait une doctrine d'hétéronomie ; 2° l'antinomie du bonheur et de la vertu est résolue dans la vie future, annoncée comme unique préoccupation de la vie actuelle, et cette thèse ne se développe point par des analyses rationnelles qui seraient de notre ressort ; 3° enfin le précepte du devoir s'y confond avec le sentiment de la charité, dont nous avons déjà indiqué la place et l'usage en morale. Nous n'aurons donc pas à revenir sur ce premier système d'éthique du monde moderne. A côté du christianisme naissant la métaphysique [ancienne tente une alliance avec les nouvelles doctrines venues de l'Orient, et construit ce qu'on a nommé le néo-platonisme de Plotin (205-270) et de Porphyre (233-304) en se posant parmi d'autres questions purement spéculatives, celle du bonheur et du devoir, mais sans instituer de discussion sur ce problème, et surtout sans séparer la morale de la métaphysique. C'est dans l'extase mystique que se résout le conflit des deux notions, et en tant que ce mysticisme est d'une moralité intelligible, nous l'avons apprécié implicitement dans le chapitre précédent. Quant à la métaphysique des Pères greffée sur le christianisme et organisée en religion d'État par Constantin, à partir du premier concile œcuménique de Nicée (325)(1), elle subordonne toutes les sciences morales et en particulier l'Ethique à l'autorité théologique et à la révélation et à ce titre n'a pas sa place dans un tableau des systèmes de morale; elle appartient à l'histoire des religions. Cependant sa longue autorité explique l'énorme lacune que présente la série des doctrines philosophiques en morale.

En effet, cette domination théologique fut subie sans contestation efficace pendant tout le moyen âge. A la Renaissance et au XVIe siècle, les moralistes indépendants ne purent aborder les questions de morale pratique ou théorique que sous le couvert de l'allégorie(2) ou du scepticisme(3). Descartes se les interdit encore et l'affranchissement de la critique, incomplet au temps de Hume(4) (1711-1776) en Angleterre s'accentue dans la *Théorie des sentiments moraux* (1759) de l'Ecossais Adam Smith (1723-1790) et s'achève en France avec Rousseau (1712-1778). Ce dernier, qui eut sur la pensée de Kant une si grande influence(5), au moins pour les questions morales, a revendiqué contre le dogmatisme de la philosophie du plaisir et de l'intérêt, non pas les droits du *sentiment* pur, en ce sens qu'il aurait opposé le cœur à la raison et au devoir, mais ceux de la *raison pratique*. Dans la *Nouvelle Héloïse* (1764), le sujet est bien la raison qui se soumet la passion, et dans la *Profession de foi du Vicaire savoyard*(6), c'est encore la raison pratique qui dicte les croyances où Kant trouvera la matière de ses *Postulats*(7). Si donc nous rattachons ensemble ces deux derniers philosophes du XVIIIe siècle, Socrate et ses disciples sont, avant eux, les penseurs auxquels il faut remonter pour trouver une doctrine du devoir.

---

(1) V. Alb. Réville. *Hist. du dogme de la Divinité de Jésus-Christ*, 1869, ch. v.
(2) Comme Rabelais.
(3) Comme Montaigne.
(4) *Le traité de la nature humaine* (1739).
(5) *Rev. philos.*, IX, p. 270, un article de M. Nolen.
(6) IVe liv. de l'*Emile* (1762).
(7) V. Renouvier. *Esquisse*, Ve opposition — *Critiq. Relig.*, VI, p. 166, note.

II. — LA MORALE HELLÉNIQUE

1. Son caractère général. — Avant eux, il est vrai, la sagesse de Confucius, qu'ils n'ont assurément pas connue, présentait le devoir comme un mandat céleste à accomplir au moyen de la raison, don du ciel elle-même et dont la matière est le perfectionnement de soi-même et d'autrui (1). Mais si les Chinois ont nettement et religieusement déterminé les devoirs des cinq relations patriarcales du fils au père, du frère à l'aîné, de la femme au mari, du sujet au prince et de l'ami à l'ami, il leur a manqué le sentiment corrélatif des droits et du *droit*, aussi bien que l'esprit de libre examen sans lequel les doctrines risquent de se figer dans la coutume. Au contraire les Grecs ont une morale vraiment digne d'hommes libres puisqu'elle repose chez eux sur les droits et devoirs de la personne et qu'elle implique la réciprocité des obligations entre les individus. Leur religion se prêtait admirablement à la formation des concepts moraux purs, puisque la donnée fondamentale de ce polythéisme hellénique est celle de personnes divines entre lesquelles les conflits ne peuvent être apaisés que par le concert des bonnes volontés. La justice, dans le monde, et la liberté dans la conscience sont, au contraire, inconciliables nous le verrons, avec les attributs métaphysiques d'une unité absolue, source de toute puissance et siège d'omniscience.

MORALE DE SOCRATE

2. Socrate identifie la science du bien avec la vertu. — Les premiers sages de la Grèce ont posé très haut l'idéal de l'homme. Pythagore fonde la règle de la conduite sur une harmonie et un nombre universels; Héraclite fournit aux stoïciens l'idée d'une évolution du monde dont le sage prend conscience et à laquelle il se conforme volontairement; mais Socrate est le premier qui ait cherché le principe du devoir dans l'ordre interne, dans la conscience au lieu de l'emprunter au monde externe dont il s'agirait de découvrir la loi. Mais s'il a trouvé la vraie méthode de la morale, et « fait, comme dit Cicéron, descendre la philoso-

---

(1) Les livres sacrés de l'Orient, 1 vol. du *Panthéon littéraire*.

phie du ciel où elle se perdait avec ses prédécesseurs » sur la terre où elle s'est mise à étudier le dedans de l'homme, il n'a pas su fixer ni la forme, ni la matière de la loi et même sa théorie morale la plus originale est déjà contraire à la notion fondamentale de la liberté. Il disait, en effet, que le plus grand bien de l'homme est la science et que la plus haute science est celle du bien. On arrive avec lui par inductions de plus en plus larges à la notion du Bien qui est l'idée suprême, d'où procède tout le reste. Platon, fidèle sur ce point seulement à la doctrine de son maître, dit que cette idée du Bien est le soleil du monde de la pensée, comme le soleil réel est le flambeau du monde sensible. Cette idée obtenue, on est à la limite de la science et on en peut déduire les actes que nous devons faire. Platon n'a pas opéré cette déduction, pas plus que Socrate; mais ce dernier ajoute, suivi en cela par le disciple, que si nous étions simplement des êtres pensants, une fois que nous connaîtrions le bien, nous l'accomplirions sans hésiter, et la connaissance suffit pour que la vertu agisse et se réalise; autrement dit, il y a identité entre la science du bien et la vertu. Mais nous ne sommes pas des êtres purs, nous sommes liés à des corps qui engendrent en nous des passions capables d'obscurcir en nous l'idée du bien, et de la présenter à l'esprit sous un faux nom; de là l'erreur, de là la faute qui n'est, par là même, qu'un défaut de science (1).

3. Le Mythe du « Phèdre ». — Platon illustre cette théorie par le mythe du *Phèdre* (2) qui représente l'âme, antérieurement à la vie actuelle, marchant dans le ciel à la suite des dieux et jouissant de la contemplation et de la réalité du Beau et du Bien dans leurs pures essences. Une chute due à la prédominance de la passion sur la raison précipita cette âme vers le monde inférieur et terrestre où elle est emprisonnée dans un corps. Affaissée sous la matière, elle oublie d'abord sa céleste origine, tombe de plus en plus sous l'esclavage des appétits, des passions et perd la faculté de voir le Bien que naguère elle contemplait face à face. De temps en temps néanmoins, un souvenir de la vie antérieure se ranime en nous à l'occasion de quelque objet beau ou d'une belle action. Alors une sorte d'enthousiasme s'empare de nous; l'objet aimé nous paraît souverainement désirable et nous fait sentir son

---

(1) V. Éclaircissement IV.
(2) V. Éclaircissement III.

attrait d'une manière irrésistible. L'amour est ainsi le principe d'une dialectique de l'âme en marche vers l'idéal(1). On ne conçoit pas que l'âme voyant le bien s'en détourne volontairement. Ceux qui font le mal s'imaginent agir en vue du bien ; s'ils se représentaient nettement le mal de leur action, assurément ils ne l'accompliraient pas ; ils cèdent nécessairement à une idée fausse du bien, mais ils ne font que ce qui leur paraît bien.

4. Discussion de la thèse socratique : La part de vérité psychologique. — Il y a beaucoup de vérité psychologique dans cette théorie. Toujours, en agissant, l'homme se représente quelque bien à atteindre, et la volonté indifférente est une pure chimère que nous avons signalée. Un être intelligent qui ne poursuivrait pas ce qui lui paraît bien maintenant, est en dehors de l'expérience, et Socrate et Platon ont excellemment enseigné que nul ne fait sciemment son mal ; que les vertus sont des sciences ; que voir le meilleur, c'est s'y conformer. Le bien dont il est question peut être, il est vrai, un certain mal pour l'agent, mais sous d'autres rapports que celui où il le considère au moment même où il le juge, et le mal peut être un bien, du moins dans le présent(2). En outre, la connaissance du devoir est indispensable à son exécution(3) et l'action n'a de valeur que si elle est faite en pleine connaissance de la loi(4). « Le plus difficile, a dit un parlementaire illustre, n'est pas de faire son devoir, mais de le connaître, » car la bonne intention ne suffit pas pour satisfaire à la loi morale. Il y a des consciences troubles, erronées, perverties, qui non seulement ne peuvent plus lire en elles-mêmes parce qu'elles sont sous le coup du vertige, mais surtout dans les conséquences de leurs actes. C'est pourquoi le meilleur moyen qu'on ait trouvé jusqu'ici d'améliorer les hommes, c'est de les éclairer, quoi qu'en dise Rousseau, dans ce fameux paradoxe qui fit pour la première fois retentir son nom(5). « On croit, dit Mme de Staël, que les lumières font le mal, et on veut le réparer en faisant rétrograder la raison. Le mal des lumières ne peut se

---

(1) Zeller. *Philosophie des Grecs*, IIe partie, vol. II. Platon et l'ancienne académie, ch. v, § 3.
(2) Voir l'Éclaircissement I.
(3) V. le chapitre sur la Responsabilité.
(4) V. chapitre précédent.
(5) Le *Discours sur les sciences et les arts* est de 1749. Voir à ce sujet le *Cours de morale pratique*. Devoirs individuels.

corriger qu'en acquérant plus de lumières encore ; ou la morale est une idée fausse ou il est vrai que plus on s'éclaire, plus on s'y attache ; moins d'esprit conduit à moins de délicatesse. (1) »

5. La part d'erreur : le déterminisme est impliqué par cette thèse, non comme ressortant des faits, mais comme une croyance. — Mais la part d'erreur est bien plus forte encore dans la formule socratique. 1° Théoriquement elle contient la nécessité de l'acte en vertu de sa conception, c'est-à-dire le déterminisme psychologique, dont c'est là, en effet, la première apparition et auquel on n'a rien ajouté d'essentiel depuis. 2° De plus, Socrate est conduit par sa théorie à supprimer tout ce qui peut empêcher l'agent moral de céder à l'idée du bien, une fois conçue. Or, ces éléments réducteurs de l'idée sont les passions et la coutume. Socrate est donc amené à travailler à leur suppression, ce qui prépare l'effort stoïcien contre la passion et ce qui annonce les thèses du socialisme autoritaire de Platon contre les coutumes démocratiques d'Athènes. 3° Enfin, la psychologie semble opposer avec raison à Socrate que souvent nous connaissons la loi du bien et ne l'appliquons pas. Euripide (2) a déjà répondu : « Nous savons ce qui est bien, ce n'est pas faute de jugement que nous faisons le mal, mais nous ne faisons pas le bien, les uns par paresse, les autres parce qu'ils préfèrent un plaisir à l'honnête (3). » La réponse n'est cependant pas concluante (4), car elle ne dit pas que, pour Phèdre, qui parle ainsi, la paresse alléguée ou l'attrait du plaisir, supérieur à celui de l'honnête ne sont pas encore des effets de la fatalité. Même incertitude sur le sens du vers d'Ovide qu'on oppose encore d'ordinaire à cette doctrine. Médée sent dans son cœur la lutte de la passion et de la raison et s'écrie : « Ma raison ne peut vaincre mon amour, je ne sais quel Dieu s'y oppose ; mon cœur veut une chose, ma raison une autre. Je ne fais pas le bien, que je vois et que j'aime, mais je cède au mal (5). »

---

(1) *De la littérature dans ses rapports avec les institutions*, II° partie, ch. IV, 1802.

(2) Poète grec contemporain de Socrate (480-406).

(3) Hippolyte. V. 375.

(4) Elle n'a pas échappé à Socrate : il lui objecte que les hommes qui ne font pas le bien qu'ils voient sont « vaincus par le plaisir ».

(5)   Nescio quis deus obstat...... alludque cupido,
    Mens aliud suadet. Video meliora proboque,
    Deteriora sequor.   (*Métamorphoses*, VII, 10.)

Le déterminisme psychologique pourrait soutenir que, quel que soit le mobile, il n'agit pas moins nécessairement. Donc, la liberté n'est pas impliquée dans l'observation psychologique que l'on oppose à Socrate. C'est que, nous l'avons vu, la question de la liberté n'est pas une question de fait et Socrate pose le déterminisme non pas au nom des faits, mais comme une croyance indispensable, selon lui, à la nouvelle science dont il jetait les fondements. Mais ce déterminisme n'a pas même chez lui un commencement de justification et ses conséquences, en morale, sont celles que nous connaissons. Le mythe de la chute des âmes et de leur retour au bien, dans le *Phèdre*, peut s'expliquer aussi par la fatalité la plus rigoureuse, et nous savons du reste que malgré quelques termes où la liberté pourrait être impliquée, la la conviction profonde de Platon lui est toute contraire et comporte les mêmes objections.

III. — MORALE PARTICULIÈRE DE PLATON

6. L'harmonie se fait dans l'État, par l'observation des devoirs de chaque caste naturelle. — Quant aux théories morales qui lui appartiennent en propre, Platon peut être considéré comme le moins fidèle des socratiques ; il tend en effet à réagir contre la réforme psychologique du maître et à abandonner l'autonomie de la loi cherchée dans la conscience pour rapporter la règle de la conduite à une conception métaphysique des âmes ou à une doctrine politique dans laquelle les devoirs des personnes sont fondés sur une hiérarchie de castes.

Au lieu de déduire les vertus de l'idée suprême du bien, il recourt à sa division mythologique des âmes : la plus haute est l'âme raisonnable, logée dans la tête et séparée du reste du corps par l'isthme du cou ; c'est là le principe divin en nous, c'est le cocher du char, la seule partie immortelle de l'âme, capable de contempler les idées et de s'en souvenir ; elle est jointe à deux âmes inférieures ; l'une est logée dans la poitrine, c'est le *Thumos*, le courage, représenté autrefois, dans la vie céleste, par le bon coursier, docile à la voix de la raison ; l'autre âme est logée dans les entrailles, c'est la concupiscence, *Epithuméticon*, qui était le coursier indocile. Ces trois âmes se trouvent chacune prédominante chez les divers peuples et dans les classes de chaque État. Ainsi, la dernière est une âme d'artisans et se trouve surtout chez les Phéniciens ; la seconde est une âme de guerriers et domine chez les Thraces et les Scythes ; la première est particulière aux sages et est celle des Athéniens. Dans l'Etat, la nature a donc assigné à chacun un rang dont l'élévation est fixée par la qualité de son âme : tel naît magistrat et philosophe, qui gouverne au nom de la raison, ou guerrier, qui prend les ordres du magistrat et ne s'occupe qu'à défendre l'État, ou artisan, dont la fonction est de travailler et de nourrir les deux autres. Chacun a sa vertu propre qui consiste à rester dans sa sphère et produire ainsi l'ordre, l'harmonie d'où résulte la justice. Dans l'univers, dans l'âme humaine et dans la cité, l'ordre dépend des mêmes conditions ; que chaque principe conserve sa fonction propre dans le système où il figure, la *force* dans la nature, la *faculté* ou l'*organe* dans l'homme, la classe dans la cité, l'harmonie règne avec l'unité qui en est inséparable (1), comme dans les sphères que Pythagore règle par les nombres, et voilà la justice.

Nous sommes en pleine fantaisie ; mais on peut, au point de vue de la psychologie morale, tirer un bon enseignement de cette mythologie ; c'est une belle idée que celle de l'harmonie dans le développement de nos fonctions, surtout sous le gouvernement de la raison ; surtout c'est une doctrine plus large et plus voisine de la réalité que celle des stoïciens, que nous verrons mutiler la nature humaine ; mais la morale ne peut être satisfaite de la conception platonicienne de la justice. Celle-ci n'y est pas fondée sur la dignité égale et la réprocité de respect entre les personnes, ainsi que cela devrait se rencontrer dans une démocratie morale, mais obtenue par la contrainte d'un socialisme autoritaire qui charge les seuls vertueux, les *sophoi*, d'établir chaque membre de l'État dans sa fonction. Là, le gouverné n'a d'autre devoir que d'obéir au gouvernant, et ce dernier est investi de tous les droits et de tous les pouvoirs en vertu de sa sagesse suprême. La notion du juste ne se trouvera élucidée, dans l'École socratique, que chez un successeur bien indépendant, Aristote.

7. Le renoncement dans cette vie et le retour à la vie divine. — Platon, dans la *République*, déclare que les choses n'iront bien dans l'État, que lorsque les rois seront philosophes

---

(1) Vacherot, *Essais de Critique*, p. 281.

ou les philosophes rois. Aussi n'y a-t-il pas de place pour le sage dans l'état réel, où règne l'injustice. Mais se fera-t-il injuste lui-même pour vivre dans la société réelle? Non, commettre l'injustice est le plus grand mal de l'âme ; celui qui en est souillé ne peut s'en guérir qu'en s'offrant de lui-même au châtiment; aussi le sage s'en abstiendra-t-il et préférera la subir que s'en rendre coupable. C'est là un des plus fiers paradoxes de ce beau dialogue le *Gorgias* (1). Mais il y a mieux à faire encore pour le sage, si l'on veut bien distinguer l'état de paix qui caractérise l'Etat idéal dont parle Platon, tout comme la *République des Fins*, d'après Kant, de l'état de guerre qui est celui de la société réelle. Dans ce dernier état, en effet, intervient le droit de défense qui permet l'usage de la contrainte pour se prémunir contre la violence des volontés perverses ; si le sage refuse d'en user, il n'aura dans l'état que la place d'une victime, ce qui serait renoncer à la fois à l'idéal et au bonheur. Mais contre cette abdication de l'homme le plus digne d'être heureux, le juste, la nature proteste et Platon comprend la nécessité d'accorder quelque satisfaction à ses exigences en déclarant que le vrai bonheur est dans la contemplation du beau et du bien, non dans la satisfaction de nos autres inclinations réputées inférieures. La vertu se suffit donc à elle-même puisqu'elle est sa propre jouissance; c'est pure servitude et corruption que se soucier des plaisirs du corps. Platon répond donc aux réclamations de la nature en méprisant la nature, comme il méprise, du reste, l'expérience (2). Il est vrai que le sage peut se consoler en attendant une vie meilleure qui lui est promise s'il est capable de refaire l'ascension difficile vers le ciel d'où sa nature passionnelle, et les écarts du coursier indocile l'ont précipité.

Mais il y a une différence entre cette promesse et l'immortalité dans la doctrine kantienne (3), postulat invoqué au nom de la justice pour établir une proportion entre le bonheur et les œuvres de la liberté. Le retour platonicien à la vie des idées n'est pas entrepris par devoir, mais par attrait pour la spéculation; de plus, il n'est pas à la portée de tout le monde, et enfin, ce progrès dans la science ne dépend pas de nous, comme le progrès dans la vertu.

(1) V. Eclaircissement II.
(2) V. le *Philèbe*.
(3) Nous avons réservé cette partie de l'exposition pour le ch. xxii° sur la Religion naturelle.

8. Utopies platoniciennes. — Il en résulte que cet idéal est trop haut et n'appartient qu'à l'élite des sages; il ne peut fournir une règle universelle. Comme il en faut cependant une, aussi bien qu'un idéal, au vulgaire, on amènera celui-ci, par une éducation très systématique et surtout par les voies de contrainte, car « le bétail humain est difficile à élever (1) », à se convaincre que le bonheur, pour lui, est dans la justice, c'est-à-dire dans l'accomplissement strict des devoirs de sa classe. De là ce système d'éducation où l'Etat distribue à chacun son rôle selon l'âge, les aptitudes, le sexe, et d'après des arrangements où l'individu n'est jamais consulté sur ses goûts et convenances depuis la naissance jusqu'à cinquante ans, âge où celui qui a pu résister à la compression sociale est laissé libre de méditer sur les Idées. De là aussi ce collectivisme qui pense augmenter la richesse de l'Etat en lui attribuant toute la propriété, les individus devant reporter sur les biens publics tout le zèle de production qu'il consacraient d'une façon égoïste à leurs patrimoines. De là enfin ce communisme qui pense augmenter l'amour des citoyens pour la patrie en supprimant les affections de famille. Chacun ignorant quel est son père, sera fondé à croire que tous ceux de la génération antérieure peuvent porter ce titre, les aimera tous et en recevra en retour toute l'affection qui se perd sur quelques têtes préférées, dans la famille réelle, au détriment des autres membres de la nation.

9. Conclusion sur la morale de Platon. — Platon a donc manqué le but parce qu'il a cherché trop haut la règle des mœurs. 1° Sa morale est hétéronome, puisqu'elle est fondée uniquement sur l'obéissance absolue à l'autorité politique; 2° elle n'est pas universelle, puisqu'elle n'est intelligible et praticable que pour une élite, puisqu'elle réclame le sacrifice de plaisirs naturels et légitimes au profit d'un plaisir jugé tout arbitrairement et non démontré comme supérieur en qualité, la contemplation; 3° ces sacrifices n'étant pas demandés au devoir, mais estimés nécessaires à la satisfaction d'un attrait, exclusif lui-même d'autres attraits, ce n'est qu'en apparence une doctrine de sacrifice et elle ressemble en cela à toutes les morales mystiques et ascétiques qui engagent à suivre une certaine conduite en vue d'un bonheur à obtenir, et par la considération utilitaire

---

(1) Lois, VI, p. 777, 6 b. : « *Anthrôpos duskolon thremma* ».

longtemps entretenue dans les âmes, de jouissances rémunératrices reportées dans une vie future.

En termes plus ou moins voilés, là comme dans le benthamisme, c'est un marché qu'on me propose ; je ne suis pas en face d'une doctrine de devoir, mais d'un eudémonisme soit avoué, soit dissimulé.

ÉCLAIRCISSEMENTS

I

La responsabilité du vertige mental.

Je me suis maintes fois trompé, alors que j'aurais pu ne me tromper pas. Je me suis laissé prendre à des apparences. Quelquefois j'ai fait plus : je me suis trompé presque sciemment, ayant à cela une sorte d'intérêt sans doute, mais un intérêt bien autrement sérieux et durable à ne le pas faire, et j'ai été mon flatteur et mon complice, au lieu d'être mon conseiller attentif et intègre. J'ai laissé oisive, en moi, une puissance qu'il ne tenait qu'à moi d'exercer pour mon avantage. J'allais, entraîné, quelquefois m'entraînant, satisfait de consacrer par une approbation superflue ce qu'avait décidé de moi sinon la volonté des hommes, au moins le concours des événements. Quelquefois j'ai pris l'alarme et j'ai cru m'éveiller : je disais que je m'éveillais, et j'entrais dans un autre songe.

JULES LEQUIER. *Fragment.*

II

Le plus grand des maux de l'âme étant l'injustice, le plus grand bien après la justice, est de s'offrir à la punition et de la subir.

SOCRATE. — Je pense, Polus, que l'homme injuste, que le criminel est malheureux en toute manière ; mais qu'il l'est encore davantage, s'il ne subit aucun châtiment, et si ses crimes demeurent impunis ; et qu'il l'est moins, s'il reçoit de la part des dieux et des hommes la juste punition de ses forfaits.

POLUS. — Vous avancez là d'étranges paradoxes, Socrate.

SOCRATE. — Celui qui est châtié, portant la peine de sa faute, ne souffre-t-il pas une chose juste ?

POLUS. — Apparemment.

SOCRATE. — Mais n'avons-nous pas reconnu que tout ce qui est juste est beau ?

Polus. — Sans contredit.

Socrate. — Mais ce qui est beau, est en même temps bon ; car il est ou agréable ou utile.

Polus. — Nécessairement.

Socrate. — Ainsi ce que souffre celui qui est puni est bon ?

Polus. — Il paraît que oui.

Socrate. — Il lui en revient par conséquent quelque utilité.

Polus. — Oui.

Socrate. — Est-ce l'utilité que je suppose ; devient-il meilleur quant à l'âme, s'il est vrai qu'il soit châtié à juste titre ?

Polus. — Cela est vraisemblable.

Socrate. — Donc, en subissant sa peine, il est délivré de la méchanceté de l'âme ?

Polus. — Il me le semble du moins.

Socrate. — La correction procure-t-elle, à votre avis, la délivrance du mal ?

Polus. — Vraisemblablement.

Socrate. — Et l'impunité l'entretient-elle ?

Polus. — Oui.

Socrate. — Commettre l'injustice n'est donc que le second mal pour la grandeur ; mais la commettre et n'en être pas châtié, c'est le premier et le plus grand de tous les maux.

Polus. — Il y a toute apparence.

Socrate. — C'est une conséquence de nos principes, qu'il faut avant toutes choses se préserver de toute action injuste, parce que c'est un grand mal en soi ; et si on a commis une injustice, il faut aller se présenter au lieu où l'on recevra au plus tôt la correction convenable, et s'empresser de se rendre auprès du juge comme auprès d'un médecin, de peur que la maladie de l'injustice venant à séjourner dans l'âme, n'y engendre une corruption secrète et ne la rende incurable. La rhétorique, Polus, ne nous est d'aucune utilité pour défendre, en cas d'injustice, notre cause, non plus que celle de nos parents, de nos amis, de nos enfants, de notre patrie ; si ce n'est dans le cas où l'on croirait devoir s'en servir au contraire pour s'accuser soi-même avant tout autre, ensuite ses proches et ses amis, dès qu'ils auraient commis quelque injustice, et devoir ne point tenir le crime secret, mais l'exposer au grand jour, afin que le coupable soit puni et recouvre la santé ; en sorte qu'on se fît violence ainsi qu'aux autres pour s'élever au-dessus de toute crainte, et s'offrir les yeux fermés et de grand cœur, comme on s'offre au médecin, pour souffrir les incisions et les brûlures, s'attachant à la poursuite du bon et de l'honnête, sans tenir aucun compte de la douleur ; en sorte enfin que si la faute qu'on a faite mérite des coups de fouet, on se présente pour les recevoir ; si les fers, on tende les mains aux chaînes ; si une amende, on la paye ; si le bannissement, on parte en exil ; si la mort, on la subisse : qu'on soit le premier à déposer contre soi-même et ses proches, afin que, par la manifestation des crimes commis, on parvienne à être délivré du plus grand des maux, de l'injustice.

Platon. *Gorgias*, § 26, trad. Grou, éd. H. Étienne, p. 472, d. 477, a. 480, a-e.

III

La chute des âmes et leur réminiscence du bien.

L'âme ressemble aux forces réunies d'un attelage ailé et d'un cocher ; chez nous autres hommes le cocher dirige deux coursiers, l'un excellent, l'autre bien différent du premier ; et un pareil attelage ne peut manquer d'être pénible et difficile à guider. L'un des deux est de bonne race, l'autre est vicieux. Le premier a la contenance superbe, les formes régulières et bien prises, la tête haute, les naseaux un peu recourbés ; il est blanc avec des yeux noirs ; il aime la gloire avec une sage retenue ; il est passionné pour le véritable honneur ; il obéit, sans qu'on le frappe, aux exhortations et à la voix du cocher. Le second a les membres tordus, épais, ramassés, la tête grosse, l'encolure courte, les naseaux aplatis ; il est noir, ses yeux sont verts et veinés de sang ; il ne respire que fureur et vanité ; ses oreilles velues sont sourdes aux cris du cocher, et il n'obéit qu'à peine au fouet et à l'aiguillon.

Quand l'âme est parfaite et ailée, elle plane au plus haut des cieux, et gouverne l'ordre universel. La vertu des ailes est de porter ce qui est pesant vers les régions supérieures où habite la race des dieux ; et elles participent à ce qui est divin plus que toutes les choses corporelles. Or, ce qui est divin, c'est ce qui est beau, vrai et bon, et c'est aussi ce qui nourrit et fortifie les ailes de l'âme ; et toutes les qualités contraires, comme la laideur et le mal, les flétrissent et les font dépérir. Or, le maître tout puissant qui est au ciel, Jupiter, s'avance le premier, conduisant son char ailé, ordonnant tout et veillant sur tout. L'armée des dieux le suit divisée en onze tribus. Derrière eux marche quiconque veut et peut les suivre ; car l'envie est bannie loin du chœur céleste. Les chars des dieux, toujours maintenus en équilibre par leurs coursiers dociles au frein, montent sans effort ; les autres gravissent avec peine, car le mauvais coursier pèse sur le char incliné et l'entraîne vers la terre, s'il n'a pas été dompté par son cocher. C'est alors que l'âme doit subir une épreuve et une lutte suprême.

Celle qui suit les âmes divines d'un pas égal et qui leur ressemble le plus, élève la tête de son cocher dans les régions supérieures ; mais, troublée par ses coursiers, elle peut à peine entrevoir les essences. Il en est d'autres qui tantôt s'élèvent et tantôt s'abaissent. Enfin les autres âmes suivent de loin, aspirant comme les premières à s'élever vers les régions supérieures, mais leurs efforts sont impuissants ; elles sont comme submergées et roulent dans les espaces inférieurs ; ce n'est plus alors que confusion, combat, lutte désespérée, et par la maladresse de leurs cochers, plusieurs de ces âmes sont estropiées, d'autres voient tomber une à une les plumes de leurs ailes.

Quand un homme aperçoit les beautés d'ici-bas, et qu'il se ressouvient de la beauté véritable, son âme prend des ailes et désire s'envoler ; mais, sentant son impuissance, il lève comme l'oiseau ses regards vers le ciel ; il néglige les occupations du monde, et se voit traiter d'insensé. Mais les souvenirs de cette contemplation ne s'éveillent pas dans toutes les âmes avec la même facilité ; l'une n'a fait qu'entrevoir les essences ; une autre, après sa chute sur la terre, a eu le malheur d'être entraînée vers l'injustice par des sociétés funestes, et d'oublier les mystères sacrés qu'elle avait jadis contemplés. Il est seulement un petit nombre d'âmes qui en conservent un souvenir à peu près distinct. Ces âmes, lorsqu'elles aperçoivent quelque image des choses du ciel, sont remplies d'un grand trouble et ne peuvent se contenir. C'est qu'en effet la justice, la sagesse, tous les biens de l'âme ne brillent plus dans leurs images terrestres du même éclat qu'autrefois.

A la vue de l'objet aimable quand le cocher sent l'aiguillon du désir irriter son cœur, le coursier docile se contient, mais l'autre ne connaît déjà plus ni le fouet ni l'aiguillon, il bondit et s'emporte, et embarrassant à la fois son guide et son compagnon, il les entraîne par force. D'abord ceux-ci résistent et s'indignent, mais à la fin, ils se laissent entraîner et s'approchent du bel objet et contemplent cette apparition toute resplendissante. A cette vue, le souvenir du cocher se reporte vers l'essence de la beauté, et il lui semble comme autrefois la voir au séjour de la pureté s'avancer à côté de la sagesse. Cette vision le remplit d'une terreur religieuse, il se rejette en arrière, ce qui fait qu'il tire les rênes avec tant de violence que les deux coursiers se cabrent en même temps, l'un de bon gré, car il n'est pas accoutumé de faire résistance, l'autre malgré lui, parce qu'il est toute violence et toute révolte. Mais alors le cocher éprouve encore plus fortement l'impression qu'il a ressentie tout d'abord ; comme le cavalier qui va toucher la barrière tire à lui avec une force nouvelle le mors du coursier indompté ; il brise ses dents, meurtrit sa langue insolente, ensanglante sa bouche, fait toucher la terre à ses jambes et à ses cuisses et lui fait sentir mille angoisses. Quand, à force de souffrir, le coursier vicieux a vu tomber sa fureur, il baisse la tête et suit la direction du cocher.

PLATON. *Phèdre*, ch. XXV, trad. Saisset, p. 332 (Charpentier).

IV

Identité de la science et de la vertu.

Le peuple prend la science pour une esclave, toujours gourmandée, maîtrisée et entraînée par les autres passions ; en juges-tu comme lui ? ou penses-tu, au contraire, que la science est une belle chose, qu'elle est capable de commander à l'homme, qu'un homme possédant la connaissance du bien et du mal ne peut être ni entraîné, ni dominé par aucune force, et que toutes les puissances de la terre ne sauraient le forcer à faire autre chose que ce que la science lui commandera, car elle suffit seule à le sauver ?

Cela est vrai. Tu sais pourtant bien que le peuple ne nous en croit pas sur cette matière et qu'il soutient que la plupart des hommes ont beau connaître ce qu'est le meilleur, ils ne le font pas, bien que cela dépendit d'eux, et ils font souvent tout le contraire. Ceux à qui j'ai demandé la cause d'une si étrange conduite m'ont tous dit que ces gens-là sont vaincus par la volupté ou par la douleur, ou entraînés par quelque autre de ses passions dont j'ai parlé. En quoi consiste ce malheureux penchant, qui fait qu'ils sont vaincus par les voluptés et qu'ils ne font pas ce qui est le meilleur, bien qu'ils le connaissent? Ceux qui se trompent dans le choix des voluptés et des douleurs, c'est-à-dire des biens et des maux, ne se trompent que faute de science; ce n'est pas seulement faute de science, mais faute de cette science qui enseigne à mesurer. Or, toute action où l'on se trompe par défaut de science, vous savez bien que c'est par ignorance. Par conséquent, c'est la plus grande ignorance que d'être vaincu par la volupté. Il n'est pas possible qu'un homme sachant qu'il y a des choses meilleures à faire que celle qu'il fait, et connaissant qu'il peut les faire, fasse pourtant les mauvaises et laisse là les bonnes qu'il est maître de choisir. Être inférieur à soi-même, ce n'est donc pas autre chose qu'être dans l'ignorance, et être supérieur à soi-même n'est autre chose qu'avoir la science.

PLATON. *Protagoras*, ch. XXXV, p. 352, trad. Saisset, p. 88.

CHAPITRE X

LE DEVOIR (Suite.)

ARISTOTE ET LES STOÏCIENS

I. — ARISTOTE (384-322 AV. J.-C.)

1. Aristote est le vrai socratique en morale. — Le véritable disciple de Socrate en morale serait Aristote, car il revient à la méthode psychologique pour l'analyse des données de la conscience, et tout en restant sur bien des points trop soucieux des faits acquis, il s'élève à la notion juridique du droit et d'une certaine autonomie de la personne.

2. Hiérarchie des biens. — Chez Aristote, la synthèse des éléments du bonheur est complète et judicieusement hiérarchique. En effet, il distingue trois sortes de biens dont la réunion dans une existence d'homme constituerait le souverain bien et dont la privation sur un seul point empêche le bonheur : 1° d'abord ceux qui nous viennent du dehors et entre lesquels il place au plus bas degré de l'échelle ceux qui dépendent de la nature physique comme la santé, la force; 2° puis, à un degré plus élevé, ceux qui nous viennent de la société comme le bonheur domestique, les joies de la bonne renommée, de l'amitié ou les avantages de l'influence sociale, les satisfactions de l'amour-propre national; 3° enfin, et par-dessus tout, ceux qui dépendent de nous parce qu'ils sont les richesses de l'âme : volonté ferme et souple, passions tempérées, et enfin intelligence bien munie de vérités en nombre et en profondeur. La satisfaction de chacune de ces fins met en jeu une énergie correspondante qui se les représente comme des biens dont la possession est un plaisir. Ainsi, le plaisir est selon le vœu de la nature, et en cela légitime; mais, de plus, il est selon la raison et l'ordre général puisque le bien, pour les êtres, est l'exercice parfait de leurs énergies et que cet achèvement de l'acte est le plaisir comme la fleur est le couronnement de la plante (1).

3. La vertu et le souverain bien. — Mais les plaisirs se font mutuellement obstacle ; il faut donc un principe capable 1° de les dominer ; 2° d'en régler la recherche selon l'ordre de leur dignité respective. Ce principe est la vertu, pratique habituelle de la plus haute fonction de l'âme, la raison. Les biens ne suffisent pas par leur attrait propre à fournir une norme, une forme de la conduite ; mais d'autre part, cette norme, la vertu, ne contient pas en soi une matière suffisante de la vie parfaite. Elle est un bien ; elle n'est pas le seul bien, ni même le souverain bien, mais le premier de tous les biens selon l'ordre d'excellence et aussi selon l'ordre de conditionnement réciproque des éléments constitutifs du bonheur. On pourrait dire de la vertu dans l'ordre des choses morales, comme de la *philosophie première* dans la classification des sciences d'après Aristote, qu'elle n'est pas en dehors de la hiérarchie ; elle lui est immanente (2) et non transcendante, elle la gouverne tout entière en même temps qu'elle l'achève et la couronne [et l'explique ; parce que dans la pensée d'Aristote, si l'inférieur prépare le supérieur, celui-ci à son tour régit l'inférieur et le justifie (3).

4. Les vertus. Le juste milieu. La justice. — La détermination des vertus particulières est le point faible de cette doctrine morale ; le principe du juste milieu entre les excès (4) laisse chacun arbitre des arrangements empiriques à distribuer entre ses tendances et abandonne à l'appréciation du sens indivi-

---

(1) Voir Eclaircissement I.
(2) V. *Principes de philosophie scientifique*, ch. III.
(3) Comme l'idée du Bien absolu, dans la philosophie de Platon est transcendante par rapport au monde qu'elle régit. *Ethique à Nicomaque*, 1, § 6; 1098 b, 32. V. Wallace, *Outlines of the philosophy of Aristotle*, p. 94, London, Clay, 1883.
(4) Voici quelques exemples de ces déterminations de vertus d'après Aristote :

Défaut :	Juste milieu :	Excès :
Lâcheté.	Courage.	Témérité.
Insensibilité.	Tempérance.	Intempérance.
Ladrerie.	Libéralité.	Prodigalité.
Humilité.	Grandeur d'âme.	Gloriole.

duel ce qui sera pour Bentham le calcul des plaisirs. Le principal défaut de ce calcul, c'est d'être dépourvu d'une unité de mesure ; par conséquent, cette règle n'est que l'absence de règle. Mais la vertu suprême, la justice, trouve chez l'auteur de l'*Ethique à Nicomaque* et de la *Politique* une analyse qui nous élève à une conception très voisine de ce que nous appelons, aujourd'hui et après Kant, la loi morale. La justice est, non plus comme pour Platon, un ordre des choses imposé et institué par une autorité extérieure, mais l'obéissance volontaire des personnes à un commandement venu non pas d'une loi positive, mais d'une loi naturelle et rationnelle supposée établie dans une sphère où il n'y aurait que des personnes justes : c'est là quelque chose comme la *République des fins*. En passant de cet idéal à la société réelle, où les mérites des individus sont divers, et que l'expérience présente plus ou moins bien doués de bonne volonté, il y a lieu d'*attribuer* à chacun la part de biens qui convient à sa dignité, que ces biens soient matériels comme les salaires, ou moraux comme l'amitié. Ainsi l'amitié pour Aristote n'est pas à proprement parler une égalité, mais une proportion, celui qui mérite plus devant obtenir de l'autre une affection proportionnelle (1). C'est là ce qu'il nomme *justice distributive*. Il y a cependant, même dans la société réelle où les mérites sont si variables, une justice d'égalité entre les personnes, c'est celle des contrats qui exige des compensations arithmétiquement équivalentes pour le bien et le mal accomplis indépendamment de la valeur accidentelle de la personne, c'est la justice *commutative*.

5. Mérites et défauts de la morale d'Aristote. — Il y a là une morale humaine et juridique à laquelle il manque peu de chose pour être tout à fait satisfaisante. D'abord, le contraste est grand entre les doctrines de simple plaisir ou même de prudence qui sont avant tout égoïstes et empiriques, et cette nouvelle conception de la vie du sage dont l'élément principal est la raison. Les premières, en raison même de leur simplicité apparente, sont étroites et exclusives ; elles réduisent à un seul mobile, et non au plus digne, l'inspiration des actes humains ; la seconde, au contraire, est aussi compréhensive que possible, puisque loin de s'abandonner à aucune de nos tendances par exclusion des autres, elle vise, au moyen de la règle qu'elle leur

---

(1) V. VIIIᵉ Liv. de l'*Ethique à Nicomaque*, § 7.

apporte, à les déveloper toutes. Les Cyniques, et après eux les Stoïciens, ne sont pas en progrès sur Aristote, du moins à cet égard, puisqu'ils mettent l'objet de la morale non pas dans la direction de nos tendances, mais dans la suppression des passions (1).

Cependant plusieurs parties seraient à réformer dans ce système vraiment hellénique : 1° Le souci fort légitime de ne pas perdre pied hors du réel a conduit Aristote à tenter la justification de certains faits acquis, mais contraires à la raison et au droit, dans les relations tyranniques des personnes ; ainsi celle du citoyen lié par une sorte de servage à l'État, celle de l'enfant au père, celle de la femme au mari, et même de l'esclave au maître. Aristote est bien le seul des philosophes anciens qui ait entrepris de démontrer la légitimité de cette dernière injustice, en la fondant sur ce qu'il y a des esclaves par nature (2). 2° D'autre part, sa conception de la vertu comme une habitude semble en exclure la liberté. Non pas que l'auteur des *Analytiques* revienne expressément sur la conclusion très ferme inscrite dans cet ouvrage sur la contingence des futurs ; mais il ne semble pas avoir vu toute l'importance d'une affirmation énergique et constante de cette thèse, pour toutes les questions morales. 3° Enfin, ce qui paraît manquer le plus à Aristote c'est, pour ainsi dire, la chaleur de l'inspiration morale, l'accent mis sur la loi d'obligation et, surtout, le sentiment de la supériorité de la vie morale sur la vie spéculative dont il fait la vie divine (3). Les Stoïciens ont fait plus que lui en ce sens ; mais il est vrai de dire aussi qu'ils ont, du moins jusqu'à Epictète, sacrifié théoriquement la liberté à l'ordre universel. Du reste, s'ils ont senti plus que lui l'impossibilité pour le sage d'atteindre la vie parfaite ici-bas, ils n'ont pas plus que lui étendu le règne de la raison au delà des conditions actuelles de l'existence, où elle ne peut être satisfaite. La grande supériorité de Kant sera donc d'avoir affirmé les postulats et trouvé une méthode pour les déterminer.

II. — LES STOÏCIENS

6. Leur formule générale est le conformisme à la raison universelle. — Les Stoïciens ont aussi pour idéal le souverain bien,

---

(1) *Éthique à Nicomaque*, II, 3, p. 1104 b. 24.
(2) V. ch. xiv, sur l'esclavage.
(3) X° liv. de l'*Éthique à Nicomaque*, § 7, p. 1177, b 16, v. ch. xxi, Éclaircissement IV.

et leur formule pour l'atteindre est celle de toute l'antiquité : *naturam sequi*, suivre la nature. Mais cette formule peut être adoptée aussi bien par Aristippe que par Epicure et par Zénon. Quelle est donc cette nature qu'il faut suivre ? Pour les Cyrénaïques, c'était la passion ; pour les Stoïciens, c'est la raison qui triomphe de la passion et s'efforce d'établir en nous une règle empruntée à l'ordre du monde.

7. Deux caractères du Stoïcisme dans ses trois phases : 1° Conformisme, 2° Antinomie de la théorie nécessitaire et de la pratique indéterministe. — Le Stoïcisme a beaucoup varié dans son histoire, mais non pas quant à ces deux conceptions fondamentales : 1° idée de l'ordre imposable à la nature humaine conformément à la nature universelle, en raison de la *beauté* de cet ordre, qui suffit par son *attrait* même à obtenir du sage l'assentiment et la conformité exigée ; 2° antinomie entre la nécessité affirmée théoriquement comme étant l'expression même de l'ordre général, et de la liberté impliquée dans la pratique comme condition de la lutte incessante du sage contre les passions, condition de l'assentiment de l'esprit dans l'œuvre de la certitude, enfin condition de l'ascension du sage vers l'idéal. Ces deux caractères se dégagent de plus en plus dans le développement de la doctrine stoïcienne qui présente trois phases. La première est surtout spéculative et aborde toutes les parties de la théorie, physique, métaphysique et morale, avec Zénon (1), Cléanthe, Persée (2). Une seconde phase est toute de controverses avec les écoles rivales et pleine de l'activité dialectique de Chrysippe (3) ; Ariston de Chio et Herille (4) s'y efforcent de déterminer les devoirs de la vie civile et politique, et surtout, sous l'influence romaine, Panetius (5) et Posidonius (6) font passer les formules stoïciennes dans celles du code romain des droits et des devoirs. Enfin, une dernière phase est représentée par les familles stoïciennes de Rome qui résistent à l'empire, les Thraséas, les Corbulon, les Brutus, les Caton, les Helvidius

---

(1) De Cittium, v. de l'île de Chypre, 358-260 av. J.-C.
(2) Ces philosophes fleurissent entre 260 et 200 av. J.-C.
(3) (280-207).
(4) II° siècle av. J.-C.
(5) Vers 130, né à Rhodes ; fut l'ami de Scipion l'Africain.
(6) (135-47 av. J.-C.), d'Apamée en Syrie.

Priscus (1) et par les philosophes proprement dits qui reviennent à l'individualisme des Cyniques, disciples de Socrate et d'Antisthène, abandonnent toutes les polémiques et les théories, et se font purement missionnaires et directeurs de conscience, désillusionnés de la politique, croyants en la providence, mais sans la personnalité de Dieu ni l'immortalité. M. Martha (2) a tracé finement la physionomie de quelques-uns de ces sages ; leur modèle à tous est Epictète, dont on ne sait pas même le nom (3), mais qui a presque réalisé l'idéal de la perfection individuelle en dehors des relations sociales qui la rendraient impossible. Senèque (4) et Marc-Aurèle (5) n'ont fait qu'exprimer avec un accent personnel les idées communes à tous les Stoïciens.

8. Résignation et solidarité. — Pour eux, le bien est dans la possession de soi-même, dans le gouvernement de la raison, par conséquent dans la résistance à toutes les actions perturbatrices de l'âme. Or, le plaisir, c'est le relâchement, l'abandon de soi-même ; les passions, qui nous le procurent lui ou son contraire, sont donc pour nous les plus grandes causes de trouble et sont des ennemis qu'il ne suffit pas de surveiller et de prévenir, mais dont il faut s'affranchir entièrement. Ne rien désirer contre l'ordre du monde, se convaincre que tout ce qui arrive est pour le bien de l'ensemble et manifeste cette raison universelle qui est l'âme du monde comme la pensée est la loi directrice de l'individu, voilà la sagesse. Se conformer à cet ordre, c'est se faire collaborateur de Jupiter et sentir la beauté de l'harmonie dont on est un élément. Ainsi, la seule différence entre le sage et les autres hommes, c'est qu'il se rend compte de la nécessité à laquelle il cède et qu'il y consent, tandis que les fous ignorent la loi qu'ils

---

(1) Vespasien avait envoyé dire à Helvidius Priscus de ne pas aller au Sénat : « Il est en ton pouvoir, lui répondit-il, de m'empêcher d'être du Sénat; mais tant que j'en serai, j'y dois aller. — Eh bien ! vas-y, lui dit l'empereur, mais tais-toi. — Ne m'interroge pas, et je me tairai. — Mais il faut que je t'interroge. — Et moi il faut que je dise ce qui me semble juste. — Si tu le dis, je te ferai mourir. — Quand t'ai-je dit que j'étais immortel ? Tu rempliras ton rôle et je remplirai le mien. Ton rôle est de faire mourir; le mien est de mourir sans trembler. Ton rôle est d'exiler, le mien est de partir sans chagrin. (D'après Epictète, *Entretiens*.)

(2) *Les moralistes sous l'Empire romain.*

(3) Il vécut sous Domitien (82), Narva (97), Trajan (99). Son nom Epictète veut dire esclave.

(4) (2-65 av. J.-C.)

(5) (Empereur en 161-180.)

suivent, bon gré, mal gré, ne se doutant pas que leurs résistances accidentelles sont une fonction même de la nécessité générale. Cette solidarité de l'homme et de l'univers se complète par la solidarité des hommes entre eux à titre commun de fils de Jupiter ; conception analogue seulement et non identique à la *République des fins* de Kant, puisque pour les Stoïciens cette fraternité est simplement un fait et un sentiment, tandis que pour Kant elle est un idéal imposé aux volontés libres.

9. Réserves. Le monde moral ne peut prendre sa règle dans le monde physique. — Il y a une grandeur inconnue jusqu'alors au monde hellénique dans ces belles conceptions. Elles valaient cependant encore plus par la force morale qu'elles inspiraient à leurs adeptes que par les termes mêmes sous lesquels se présentait la théorie. Celle-ci prête en effet à d'importantes objections.

D'abord le conformisme à l'ordre universel suppose une identité entre les lois de la nature physique et celles du monde moral. En tant que ces lois sont de part et d'autre des *formes* de production régulière des phénomènes, il est de fait que nous ne comprenons l'ordre que d'une seule façon, c'est-à-dire dans la distribution de ces phénomènes sous les lois suprêmes que nous avons appelées catégories ; mais nous savons aussi que celles qui sont nécessaires pour que le monde matériel soit à nous intelligible et non pur chaos, ne suffisent pas pour déterminer le monde moral (1). De plus, la *matière* des phénomènes mécaniques ne peut être assimilée à celle des phénomènes mentaux.

10. Il n'y a pas une science qui fournisse la loi universelle. — En admettant même que l'accord fût réel et constant entre ces deux mondes, ce qui n'est pas, et ce qui est le postulat le plus élevé que la raison se propose pour trouver un sens moral aux lois cosmiques, si notre conduite devait être dirigée d'après cet accord, quelle science nous en fournira la formule ? Car il ne suffit pas de consentir à l'univers, il faut encore savoir ce que commande la loi du Cosmos. Il nous faudrait donc avoir la réponse de la science totale sur la question de la nature de l'univers. Mais la *science* n'est pas faite ; nous ne possédons que des fragments de sciences, et la pratique devrait rester en suspens

---

(1) V. 1er Ch.

jusqu'à ce que la spéculation fût devenue positive (1). C'est une attente insupportable.

11. Faire de la science une condition préalable de la moralité est impraticable, ou au moins dangereux. — Admettons même que la synthèse totale des phénomènes soit obtenue, ce qui est contradictoire, qui donc la possèdera ? Et faudra-t-il être un savant avant d'oser accomplir une seule action morale ? Assurément, nous ne pouvons être bien éclairés sur les conséquences de nos actions, non seulement prochaines, mais encore lointaines, qu'à l'aide d'une certaine science des lois de la vie sociale, économique, morale; mais il faut nous résigner à ignorer beaucoup de choses et à agir sans savoir, à courir des risques. On peut même dire que cette incertitude est salutaire ; en effet, si nous connaissions entièrement toutes les suites que comportent nos actes, bons ou mauvais, nous n'aurions plus aucun mérite à les accomplir ; nous ferions tel sacrifice pour telle rémunération ; nous serions encore au « marché », comme dans l'eudémonisme, nous ne serions plus dans la « maison de Jupiter ». Kant a fort bien montré qu'une certaine ignorance de l'avenir est la condition du désintéressement nécessaire à la moralité (2).

12. La règle stoïcienne est hétéronome. — De plus, s'il faut reconnaître aux Stoïciens le mérite d'avoir su, selon les progrès de leur doctrine et selon les changements que l'histoire apportait aux relations politiques des hommes, déterminer leurs divers devoirs ou *offices*, c'est-à-dire la *matière* même de la loi morale, il faut ajouter qu'ils n'ont que rarement et faiblement discuté la valeur de l'ordre donné. Cependant cet examen de la *forme*, à laquelle ils ont, du reste comme Kant, attaché l'essentiel de la moralité, est assurément partie indispensable d'une théorie morale. Il ne suffit pas qu'une consigne soit bien donnée et précisément formulée; il est bon encore, et il est même nécessaire, pour lever les scrupules de la conscience qui la reçoit, de ne laisser planer aucun doute sur sa légitimité. L'obéissance à la consigne est une vertu, mais si l'obéissance est pas-

---

(1) Sur les caractères de la positivité, V. *Principes de Philosophie scientifique*, 1ᵉʳ Ch.
(2) Voir Éclaircissement II.

sive, outre qu'elle transforme l'homme en machine, elle peut devenir la participation à une immoralité (1). Toute autorité n'est pas infaillible et juste parce qu'elle est autorité ; et il est des consignes, comme celles des *Trente*, à Athènes, des Néron et autres détenteurs d'une autorité usurpée par violence ou par trahison, qu'il eût été bon de discuter avant de s'y conformer. La Raison ne peut recevoir de consigne que de la Raison, et celle qui lui serait imposée contre toute raison n'a pas d'autorité à ses yeux. Elle ne serait pas une loi de liberté, mais de contrainte et d'hétéronomie. C'est là ce qu'on appelle le *conformisme* des Stoïciens, qui supprime spéculativement la dignité humaine.

III. — LE STOÏCISME ET LA MORALE DE KANT

13. Exclusion de la passion. — Enfin l'objection constante qu'on leur a faite est qu'ils mutilent la nature humaine en lui interdisant l'usage des passions (2). Assurément il ne faut pas nous laisser dominer par elles ; mais, d'autre part, il ne faut pas l'oublier, la loi morale n'a d'autorité qu'à la condition de ne pas détruire la nature qu'elle prétend régir. Sur ce point, les Stoïciens se rencontrent encore avec Kant, en excluant tout motif sensible de l'acte moral, et nous examinerons, pour finir, les rapports véritables de ces deux doctrines, les plus hautes et les plus pures que l'esprit humain ait élevées en l'honneur de la vertu. Si l'inspiration est aussi profonde, les détails de la théorie contiennent des différences considérables.

14. Opposition du bien naturel et du bien moral plus nette chez Kant. — En premier lieu, Kant pose une formule du devoir absolument obligatoire et à laquelle il faut sacrifier toute fin sensible; des deux natures qui sont en l'homme, la nature raisonnable se subordonne l'autre, sans condition ni réserve. Les Stoïciens ont bien aussi fait la distinction entre la forme et la matière du devoir et prétendu réduire toute la valeur de l'acte à la pureté de l'intention ; c'est là le point qui leur est commun avec la morale chrétienne (3) et avec le philosophe allemand ;

---

(1) V. ch. v, sur la responsabilité.
(2) V. Eclaircissement III.
(3) V. Marion. *Solidarité morale*, Introduction, p. 14 à 20, 2ᵉ éd., 1883.

mais, tout en déclarant que l'extérieur de l'acte, sa matière avec ses conséquences, sont choses indifférentes (1), ils n'en ont pas moins accordé une certaine valeur aux biens naturels qu'ils appellent choses *préférables*. L'opposition la plus nette entre la doctrine ancienne et la doctrine moderne se manifeste donc dans la distinction rigoureuse entre le bien naturel et le bien moral, et dans la subordination de l'idée de bien à celle d'obligation.

15. Le stoïcisme est une esthétique, le kantisme une éthique. — Par un autre contraste, de cette obligation, Kant déduit la liberté. La théorie qu'il en a donnée n'est pas pleinement satisfaisante, mais il maintient le principe comme une condition indispensable de la moralité. Au lieu de la liberté faisant effort pour se séparer de certaines fins et en atteindre d'autres, les Stoïciens fondent leur *conformisme* sur la nature même de la raison qui ne peut faire autrement que céder à l'attrait et à la splendeur de l'ordre. L'amour de la beauté, fût-elle entrevue dans l'harmonie universelle, n'est du reste qu'une affaire de goût, de sensibilité, qui peut varier avec les individus et ne peut s'imposer universellement. Aristippe pourrait, avec raison, opposer aux Stoïciens que son goût vaut bien le leur, selon son estimation personnelle, la seule à qui l'on puisse faire appel. De part et d'autre, il n'y a donc que des « sentiments » invoqués, mais nulle obligation formulée et surtout aucune liberté. Si pure et si haute que soit une règle *esthétique*, elle ne saurait jamais valoir un ordre *éthique*. Zénon est donc un eudémoniste ; rationnel, si l'on veut (2), comme Stuart Mill le serait, ou Smith, relativement à Épicure ; mais conformer l'individu à l'ordre de la nature, c'est l'y perdre encore au nom d'un attrait. Quel contraste avec les deux dernières formules de Kant! Inspiré par la philosophie individualiste et le rationalisme politique du xviii° siècle et idéalisant la conception de l'âge d'or de Rousseau, conception sans valeur historique, du reste, mais beau symbole moral, Kant, vraiment moderne en cela et non plus stoïcien, pose la volonté de la personne raisonnable en *législation universelle*, et au lieu de cette « société des hommes et des dieux » où l'individu se perdait dans l'harmonie de l'ensemble, construit la démocratie rationnelle des volontés libres, se respectant réciproquement comme des fins absolues.

(1) V. Éclaircissement n° IV.
(2) Dauriac. *Lettres à Lucilius*. Alcan, 1886, 116.

16. L'optimisme de Kant et son postulat de l'immortalité valent mieux que le pessimisme stoïcien. — Enfin, les Stoïciens ont reconnu, comme Kant, que la vie parfaite n'est pas de ce monde. Ce monde n'a peut-être pas vu l'image du sage, depuis Hercule ; Socrate, Cléanthe se sont approchés de la perfection, et jamais la lutte contre la vie ne fut plus rude que pour ce dernier. Pourtant, si la sagesse idéale pouvait être entièrement réalisée, elle serait à elle-même son unique récompense et serait compatible avec ce que les non Stoïciens appellent les plus grands maux, la maladie, l'isolement, la misère, l'exil, l'injustice subie sans compensation. Comme c'est la sagesse qui est le bonheur, il n'est pas nécessaire d'attendre une seconde vie pour l'obtenir ; le sage peut se le donner de lui-même et sur son propre fonds ; il n'a pour cela besoin ni de Jupiter ni de l'immortalité. Le stoïcisme, en général, n'aspire donc pas à une vie future. Le devoir lui suffit, et il ne croit pas, comme Kant, à l'utilité ni à la possibilité d'une rémunération eschatologique (1). On a pu dire qu'en cela l'impératif de Kant était moins rigoureux que celui du stoïcisme (2). Ce dernier exige l'obéissance, mais ne promet rien, car ce serait transformer l'*impératif* en *persuasif*, être incliné à se conformer à un ordre supposant la déférence à un mobile sensible. Les Stoïciens sont donc pessimistes et Kant optimiste. Mais si ce pessimisme des premiers leur est imposé par leur doctrine, il a son correctif dans l'optimisme de l'esprit grec qui se dit encore heureux après ces sacrifices : c'est l'*idole du théâtre* qui est renversée par l'*idole du forum* (3). Si l'impératif se suffisait à lui-même, autrement dit si la parfaite moralité devait se désintéresser du bonheur et en exclure toute espérance soit en cette vie soit en d'autres, la vertu et la raison seraient en contradiction avec la nature qui réclame le bonheur comme une de ses fins, et, nous l'avons déjà dit, ce serait la condamnation de la raison (4). Kant a

---

(1) De *Eschatos*, dernier, et *Logos*, doctrine, terme de théologie désignant la théorie des fins dernières de l'homme.

(2) Vallier. *Intention morale*. Alcan, 1883, et Fouillée, *Critique des systèmes de morale contemporains*. Liv. IV, 2ᵉ édit. 1887.

(3) Bacon appelle ainsi deux des quatre espèces d'erreurs auxquelles sont sujets les hommes. L'*idola theatri* est celle qui vient d'un préjugé philosophique ; l'*idola fori* est celle qui vient du préjugé social, de la vie en commun. *Nouvel organe*. Liv. I, § 39.

(4) M. Courdaveaux (*Les entretiens d'Epictète recueillis par Arrien*, traduction nouvelle. Paris, Didier, 1862), croit que le christianisme a sur le stoïcisme l'avantage de répondre au besoin d'espérance et de consolation que

donc été bien inspiré en donnant satisfaction, dans les postulats, à notre besoin de bonheur ; car ne faisant pas une éthique pour la nature animale, qui pourrait s'accommoder de l'hédonisme, ni pour des anges, qui ont peut-être d'autres besoins que nous, mais pour des hommes, il a pensé que si l'ange et la bête devaient se réconcilier en nous, ce ne pouvait être qu'en finissant le drame tragique de la vie actuelle dans une vie ultérieure. En attendant que la science ou l'évolutionisme de Spencer aient démontré le caractère illusoire de cette conception, il faut agir, et « comment agir sans croire (1) » ? L'optimisme de Kant est donc justifié.

17. Conclusion. La supériorité de Kant vient de ce qu'il a placé la morale à la base de toute spéculation au lieu d'en faire une dépendance de la théorie. — Il faut reconnaître enfin que la raison de toutes ces oppositions est dans le changement de point de vue par lequel Kant s'est séparé de la morale antique. Il a accompli, en effet, pour la pratique comme pour la spéculation, une révolution dans le monde des idées, aussi importante que celle de Copernic dans le monde physique, en changeant le centre des choses. Il a mis le sujet pensant et l'agent libre au cœur de toute théorie morale ou métaphysique et s'est opposé ainsi au conformisme spéculatif ou éthique, assurant pour ses successeurs l'indépendance de la raison à l'égard de toute autorité qui lui viendrait d'un dogme quelconque, religieux ou philosophique.

l'âme éprouve. Mais il ne commet pas la faute de faire dépendre la morale de ces satisfactions ultérieures. Il est bien loin de dire que sans la sanction ultra-mondaine le métier d'honnête homme est un métier de dupe. Si la conscience de se sentir dans l'ordre ne lui suffit pas, il la déclare un bien précieux. Il admire cette prescription de la sainteté qui sort du dogme même de l'intérêt; il sent, au fond, que la négation de l'immortalité, qui est dans l'essence du stoïcisme, fait en même temps sa grandeur et sans l'approuver dans ce qui blesse ses croyances, il ne voit aucun intérêt à rabaisser une vertu dont l'excès même honore la nature humaine. Le principe austère qu'il n'y a de bien et de mal que dans les faits qui émanent de notre libre arbitre et qu'en dehors de nos jugements et de nos volontés tout est indifférent, est à ses yeux un principe qui retrempe et fortifie.— *Année philosophique*, 1867, p. 138.

(1) Dauriac. *Ibid.*

ÉCLAIRCISSEMENTS

I

Le bonheur d'après Aristote. — La vertu et les biens extérieurs.

Qu'est-ce que le bien moral? Toute action ayant un but, il doit y avoir un but suprême, et ce but suprême ne peut être que le bien supérieur à tous les autres biens, le meilleur. Qu'est-ce que ce meilleur ? On s'accorde généralement à dire que c'est le bonheur, mais on n'est pas d'accord sur la définition du bonheur. Nous devons chercher en quoi il consiste véritablement. Pour tout être vivant, le bien consiste dans la perfection ou pleine réalisation de l'activité qui lui est propre. Pour l'homme donc la félicité résidera dans la perfection de l'activité proprement humaine. Tel est le signe distinctif du bonheur véritable. Dès lors on ne peut placer ce bonheur ni dans la jouissance sensible, qui est commune à l'homme et à l'animal, ni dans le plaisir, lequel n'est pas fin en soi, mais n'est poursuivi qu'en vue du bonheur, ni dans l'honneur, qui n'est pas en notre pouvoir et vient du dehors. Peut-être même la vertu seule ne donne-t-elle pas le bonheur, car on ne saurait appeler heureux un homme vertueux empêché d'agir et accablé de souffrances. Le bonheur consiste dans la constante activité de nos facultés proprement humaines, c'est-à-dire intellectuelles. Le bonheur, c'est l'action guidée par la raison, au sein des circonstances favorables à cette action même. S'il en est ainsi, l'élément constitutif du bonheur est sans doute la vertu ou réalisation de la partie supérieure de notre âme : la vertu remplit à l'égard du bonheur le rôle de forme et de principe. Mais le bonheur a en même temps pour matière ou condition la possession des biens extérieurs : santé, beauté, naissance, fortune, enfants, amis; encore qu'il soit certain que les plus grands malheurs ne peuvent rendre l'homme vertueux véritablement misérable. Quant au plaisir, considéré comme fin, il n'est pas un élément intégrant du bonheur; mais, attendu qu'il accompagne naturellement l'action, dont il est le complément, il est intimement lié à la vertu. Il s'ajoute à l'action comme à la jeunesse sa fleur. C'est la conscience de l'activité. La valeur du plaisir se mesure ainsi sur celle de l'activité qu'il accompagne. La vertu porte avec elle une satisfaction spéciale que possède nécessairement l'homme vertueux. Les plaisirs sont admissibles dans la mesure où ils découlent de la vertu ou se concilient avec elle. Quant aux plaisirs grossiers ou violents qui troublent l'âme, ils doivent être rejetés. En un mot, le plaisir, comme résultat, non comme fin, est présent dans le bonheur. Enfin, le bonheur implique le loisir qui est une condition de l'activité. Celle-ci en effet a besoin de relâche; mais le loisir n'est pas la fin du travail, c'est le travail qui est la fin du loisir. Le loisir doit être consacré à l'art, à la science, de préférence à la philosophie.

Grande Encyclopédie. Article sur Aristote par Em. BOUTROUX, p. 946, col. 2 et p. 947, col. 1.

II

Une certaine ignorance de l'avenir est salutaire et indispensable au désintéressement.

Supposez que la nature nous ait donné en partage cette puissance d'esprit et ces lumières que nous voudrions bien posséder, qu'en résulterait-il suivant toute apparence ? A moins que toute notre nature fût changée en même temps, les penchants qui ont toujours le premier mot réclameraient d'abord leur satisfaction, et, éclairés par la réflexion, leur plus grande et leur plus durable satisfaction possible ou ce qu'on appelle le *bonheur;* la loi morale parlerait ensuite, afin de retenir ces penchants dans les bornes convenables, et même afin de les soumettre tous à une fin plus élevée, indépendante elle-même de tout penchant. Mais, à la place de cette lutte que l'intention morale a maintenant à soutenir avec les penchants, et dans laquelle après quelques défaites, l'âme acquiert peu à peu de la force morale, Dieu et l'éternité, avec leur majesté redoutable, seraient sans cesse devant nos yeux (car, ce que nous pouvons parfaitement prouver a, pour nous, une certitude égale à celle des choses dont nous pouvons nous assurer par nos yeux). Nous éviterions sans doute de transgresser la loi, nous ferions ce qui est ordonné, mais, comme l'intention d'après laquelle nous devons agir ne peut nous être inspirée par aucun ordre, tandis qu'ici l'aiguillon de notre activité serait devant nous, qu'il serait *extérieur*, et que, par conséquent, la raison ne chercherait plus seulement dans une vivante représentation de la dignité de la loi une force de résistance contre les penchants, la plupart des actions extérieurement conformes à la loi seraient dictées par la crainte, et presque aucune par le devoir, et elles perdraient cette valeur morale qui seule fait le prix de la personne et celui même du monde aux yeux de la suprême sagesse.

La conduite de l'homme, tant que sa nature resterait comme elle est aujourd'hui, dégénérerait donc en un pur mécanisme, où, comme dans un jeu de marionnettes, tout gesticulerait bien, mais où on chercherait en vain la vie sur les figures. Or, comme il en est tout autrement, comme, malgré tous les efforts de notre raison nous n'avons de l'avenir qu'une idée fort obscure et incertaine ; comme le maître du monde nous laisse plutôt conjecturer qu'apercevoir et prouver clairement son existence et sa majesté; comme au contraire la loi morale, qui est en nous, sans nous faire aucune promesse ni aucune menace positive, exige de nous un respect désintéressé (sauf d'ailleurs à nous ouvrir, alors seulement que ce respect est devenu actif et dominant et par ce seul moyen, une perspective, bien obscure à la vérité, sur le monde supra-sensible), il peut y avoir une intention véritablement morale, ayant immédiatement la loi pour objet ; et la créature raisonnable peut se rendre digne de participer au souverain bien, qui convient à la valeur morale de sa personne, et non pas seulement à ses actions. Ainsi ce que l'étude de la nature et de l'homme nous montre d'ailleurs suffisamment pourrait bien ici encore se trouver exact, à savoir que la sagesse impénétrable par laquelle nous existons n'est pas moins digne de vénération pour ce qu'elle nous a refusé que pour ce qu'elle nous a donné en partage.

KANT. *Critique de la raison pratique*, p. 368. Trad. Barni.

III

La vertu n'a rien de commun avec les passions.

Dans la philosophie péripatéticienne, l'humanité étant considérée comme le produit du concours de la nature passive et irraisonnable avec le principe divin et surnaturel de l'intelligence, on reconnaissait dans l'élément passif et irraisonnable de notre constitution la matière même de la vertu ; la vertu était la passion ou l'appétit irraisonnable réglé par la raison et transformé, par une répétition fréquente de l'action en une invariable habitude. Suivant les Stoïciens, la raison étant le principe de tout, et les appétits en découlant tous, ainsi que de leur source, il n'y a point dans l'âme de mouvements véritablement passifs et simplement irraisonnables. Ce que l'on nomme une passion ne saurait être qu'un jugement de la raison sur le bien et le mal et un mouvement volontaire. La vertu n'est qu'un jugement droit ; la passion ne peut être qu'un jugement faux, qu'une aberration de la raison en discorde avec elle-même, et qu'une volonté déraisonnable et vicieuse.

Pour les Péripatéticiens, les passions étaient les mouvements de l'âme susceptibles d'excès en sens contraires, comme aussi du milieu auquel devait les fixer la raison. — Pour les Stoïciens, les passions ne sont que des appétits excessifs. La vertu consistant dans l'harmonie avec soi-même, qui implique la mesure et la proportion, la passion et la vertu sont absolument exclusives l'une de l'autre. Enfin d'où vient l'excès qui constitue la passion? La constance propre à la vertu vient de la tension et de l'énergie de l'âme ; les écarts viennent de son relâchement. C'est pour cela que, comme la raison, la vertu marche toujours en ligne droite. Du relâchement naissent ces quatre passions auxquelles toutes les autres se rapportent : la joie et le désir, par lesquelles l'âme s'élève et se dilate à l'excès ; la tristesse et la crainte, par lesquelles, se resserrant à l'excès, elle s'affaisse sur elle-même. Toutes les passions ne sont donc que des mouvements de la raison, mouvements dont la rapidité ne nous laisse pas le temps de l'apercevoir, et par lesquels elle se relâche en des sens différents de la tension naturelle. Ce n'est pas que l'homme vertueux, que le sage n'éprouve jamais rien d'analogue aux passions qui agitent le vulgaire. La tristesse seule lui est entièrement étrangère ; la satisfaction tient chez lui la place de la joie ; la volonté, celle du désir ; la précaution, celle de la crainte ; mais ce sont des mouvements paisibles et modérés, par lesquels la sagesse ne dément pas sa constance et ne sort pas de sa voie. Ce sont des mouvements qui lui obéissent, qui suivent sa loi, gardent sa mesure, et qui, par là, manifestent encore la force qui les contient. Les passions, au contraire, par leurs écarts excessifs, accusent la faiblesse.

Bien loin donc que la vertu ait besoin des passions, elle les ignore, et connaît seulement des mouvements égaux et réguliers que sa constance comporte et qui prouvent sa force.

RAVAISSON. *Mémoire sur le stoïcisme*, 1857, p. 56. *Mémoires de l'Académie des Inscriptions et Belles-Lettres*, t. XXI, Ire partie.

IV

Qui n'a pas la vertu parfaite a tous les vices.

Les actions vertueuses sont toutes égales entre elles, et ceux qui les accomplissent, c'est-à-dire tous les sages, sont égaux. De même, la vertu étant une en degré aussi bien qu'en nature, quiconque n'a pas toutes les vertus a tous les vices ; quiconque ne possède pas, dans toute leur plénitude, la raison et la science, ne sait rien et est absolument insensé ; tous les vices sont égaux ; toutes les mauvaises actions sont égales. Toutes les courbes, en effet, quelle que soit leur forme, si près ou si loin qu'elles soient d'être des droites, sont également des courbes ; soit que l'on se trouve à 100 stades du but ou à un seul, on est également hors d'état d'y toucher ; soit qu'on se trouve sous l'eau à 100 coudées de la surface ou à une seule, on se noie également. De même, ceux qui ne possèdent pas la science et la vertu parfaite, étant par cela même privés de toute vertu et de toute science, sont tous pareillement insensés, vicieux, et, par conséquent, misérables.

RAVAISSON, *Mémoire sur le stoïcisme*, p. 59.

V

Le sage est supérieur à Dieu, puisqu'il triomphe des tentations.

Parvenu à la sagesse, non seulement l'homme n'a plus rien à demander à Dieu ni rien à lui envier, mais s'étant fait sage et heureux lui-même nonobstant la faiblesse humaine, par un difficile effort, en résistant à des tentations auxquelles Dieu n'est pas exposé, il surpasse Dieu de toute la distance qui sépare la volonté de la nature.

Veut-on savoir, dit Sénèque, quelle différence il y a entre les dieux et le sage ? C'est que les dieux dureront plus longtemps. Mais n'est-ce pas justement le fait d'un grand artiste, que de renfermer autant dans un plus petit espace?

Le sage, dit-il encore, voit les choses de ce monde avec non moins d'indifférence et de dédain que Jupiter, et il se prise plus haut, parce que toutes ces choses, Jupiter ne peut s'en servir, et lui, sage, ne le veut pas.

« Supportez avec courage, dit encore Sénèque, et vous surpasserez Dieu. Dieu est hors de l'atteinte du mal ; vous, vous serez au-dessus. » — « Il y a quelque chose par où le sage l'emporte sur Dieu : Dieu doit sa sagesse à sa nature, non à lui-même. Quelle grande chose que d'avoir, avec la faiblesse d'un homme, la sécurité d'un Dieu ! » — « Le sage ne doit à Dieu que la vie. Par conséquent, ce dont nous sommes redevables à nous-mêmes l'emporte autant sur ce que nous devons aux dieux que l'emporte sur le vivre le bien vivre. » — « Nul doute, dira-t-on, si les dieux n'étaient les auteurs de la philosophie elle-même. » — « Mais les dieux en ont donné la capacité à tout le monde, la connaissance actuelle à personne ; car s'ils en avaient fait aussi un bien commun, et si l'on naissait sage, la sagesse n'aurait plus ce qu'elle a de plus éminent, qui est de ne dépendre en rien de la fortune. C'est là, en effet, ce qu'il y a, dans la sagesse, de précieux et d'inestimable, c'est qu'elle n'échoit pas par le sort, que chacun ne la doit qu'à soi seul et qu'on n'a que faire de la demander à qui que ce soit. Qu'y aurait-il de si admirable dans la philosophie, si elle était chose qui se pût octroyer, *res beneficiaria* (1) ? »

RAVAISSON. *Mémoire sur le stoïcisme*, p. 79.

VI

L'idéal moral selon Aristote, Jésus, les Stoïciens.

Nous prenons les discours de Jésus, rapportés par les évangélistes, comme contenant la substance de sa doctrine ; et nous trouvons dans celle-ci, bien plus que dans le stoïcisme, le caractère qu'on déclare parfois commun à toutes les doctrines de l'antiquité, la vertu essentiellement contemplative. Sans doute Jésus recommande les bonnes œuvres, comme Marc-Aurèle et Epictète. Mais son idéal, justifié d'ailleurs par sa croyance à la fin prochaine du monde, fait abstraction de toutes les nécessités de la vie sociale. Beaucoup moins pratique que les anciennes doctrines, étranger à l'excellente maxime des sages *Rien de trop* à laquelle du moins Aristote était resté fidèle, le christianisme évangélique dépasse le but et dénature l'homme autant et plus que le peut faire le stoïcisme ; et si celui-ci tend à faire de ses adeptes des êtres impassibles, celui-là tend à mettre ses saints en dehors des conditions humaines. L'humilité chrétienne et l'orgueil stoïcien arrivent aux mêmes conséquences, par l'exagération du sacrifice sentimental ou du devoir rationnel. Jésus avait raison de dire que son royaume n'était pas de ce

---

(1) Comme sous l'ancien régime, en France, le roi octroyait un *bénéfice*.

X. — LA MORALE DU DEVOIR (LES STOICIENS)

monde. Mais les mœurs sont de ce monde, et la morale est la règle des mœurs.

Il est un point qui marque l'exagération du renoncement stoïque : le sage d'Epictète « n'aura ni fortune, ni famille, parce que ces attaches individuelles l'arrêteraient dans l'accomplissement de ses devoirs envers l'humanité tout entière ». C'est l'idéal du prêtre chrétien. Encore faut-il dire que le sacerdoce peut être une fonction spéciale, tandis que tout homme doit tendre à la sagesse, à moins qu'on ne fasse de la sagesse une aristocratie dans laquelle on n'entrera qu'en se dépouillant d'une partie des attributs humains pour le plus grand bien de l'humanité. Se priver des jouissances de la famille, ce peut être une abnégation héroïque, mais s'affranchir des charges qui les accompagnent, cela simplifie aussi la tâche du sage. Combien Socrate n'était-il pas plus grand, lui qui s'instruisait à la patience à l'école de Xantippe, et qui formait ses enfants à la vertu en même temps qu'il enseignait la jeunesse d'Athènes !

On ne peut nier que le stoïcisme n'aboutisse à une tension surhumaine, comme le christianisme à une exaltation mystique. Tandis que le chrétien vit dans un tremblement perpétuel à la pensée des châtiments à venir, le stoïcien ne redoute rien après la mort : là est leur différence. Le stoïcien fait le bien pour sa dignité : il s'inspire donc de son intérêt, mais quel intérêt plus élevé que celui-là ? et, de cette hauteur, quel devoir ne paraîtra pas un intérêt ? Quelles que soient les croyances sur la durée de la personne humaine, la morale est là tout entière ; aller plus loin, c'est entrer dans le domaine de la métaphysique.

Les ressemblances entre le stoïcisme et le christianisme, avouées par saint Jérôme, sont le résultat naturel du développement de la morale en Occident comme en Orient, pour ce que ces deux doctrines contiennent de salutaire, et de l'état même des sociétés vieillies fondues dans l'empire romain, pour ce qu'elles ont d'exagéré. Dans un temps de despotisme insensé et de jouissances grossières, les âmes que la corruption n'avait pas dégradées, soit à cause de leur culture ou de leur simplicité même, durent se raidir ou s'exalter outre mesure pour résister au torrent. Le monde ne valait plus guère qu'on s'y intéressât : les simples aspirèrent au banquet céleste auquel le Christ les conviait, les doctes se renfermèrent dans ce retranchement inexpugnable de la volonté d'où Zénon avait pu nier la douleur. Les chrétiens provoquent le martyre, les Stoïciens se réfugient dans le suicide.

Félix Henneguy. *Année philosophique*, 1867, p. 136.

VII

La morale stoïcienne jugée par le chrétien Pascal.

Epictète est un des philosophes du monde qui ait le mieux connu les devoirs de l'homme. Il veut, avant toutes choses, qu'il regarde Dieu comme son principal objet ; qu'il soit persuadé qu'il gouverne tout avec justice ; qu'il se soumette à lui de bon cœur, et qu'il le *suive volontairement* (1) en tout, comme ne faisant rien qu'avec une très grande sagesse : qu'ainsi cette disposition arrêtera toutes les plaintes et tous les murmures, et préparera son esprit à souffrir paisiblement les événements les plus fâcheux (2). Ne dites jamais dit-il (*Manuel*, § 11) : « J'ai perdu cela » ; dites plutôt : « Je l'ai rendu. » « Mon fils est mort ; je l'ai rendu. Ma femme est morte ; je l'ai rendue. » Ainsi des biens et de tout le reste. — Mais celui qui me l'ôte est un méchant homme, dites-vous ? — De quoi vous mettez-vous en peine, par qui celui qui vous l'a prêté vous le redemande ? Pendant qu'il vous en permet l'usage, ayez-en soin comme d'un bien qui appartient à autrui, comme un homme qui fait voyage se regarde dans une hôtellerie. Vous ne devez pas, dit-il, désirer que ces choses qui se font se fassent comme vous le voulez ; mais vous devez vouloir qu'elles se fassent comme elles se font.

Souvenez-vous, dit-il ailleurs, que vous êtes ici comme un acteur, et que vous jouez le personnage d'une comédie, tel qu'il plaît au maître de vous le donner. S'il vous le donne court, jouez-le court ; s'il vous le donne long, jouez-le long. S'il veut que vous contrefassiez le gueux, vous le devez faire avec toute la naïveté qui vous sera possible ; ainsi du reste. C'est votre fait de bien jouer le personnage qui vous est donné ; mais de le choisir, c'est le fait d'un autre. Ayez tous les jours devant les yeux la mort et les maux qui semblent les plus insupportables ; et jamais vous ne penserez rien de bas, et ne désirerez rien avec excès...

Après avoir si bien compris ce qu'on doit, voici comment il se perd dans la présomption de ce que l'on peut. Il dit que Dieu a donné à tout homme les moyens de s'acquitter de toutes ses obligations ; que ces moyens sont toujours en notre puissance ; qu'il faut chercher la félicité par les choses qui sont en notre pouvoir, puisque Dieu nous les a données à cette fin : il faut voir ce qu'il y a en nous de libre ; que les biens, la vie, l'estime ne sont pas en notre puissance, et ne mènent donc pas à Dieu ; mais que l'esprit ne peut être forcé de croire ce qu'il sait être faux, ni la volonté d'aimer ce qu'elle sait qui la rend malheureuse : que ces deux puissances sont donc libres, et que c'est par elles que nous pouvons nous rendre parfaits ; que l'homme peut par ces puissances parfaitement connaître Dieu, l'aimer, lui obéir, lui plaire, se guérir de tous ses vices, acquérir toutes les vertus, se rendre saint, et ainsi compagnon de Dieu.

Ces principes d'une superbe diabolique le conduisent à d'autres erreurs, comme : que l'âme est une portion de la substance divine ; que la douleur et la mort ne sont pas des maux ; qu'on peut se tuer quand on est tellement persécuté qu'on peut croire que Dieu appelle, et d'autres encore.

PASCAL. *Entretien avec M. de Saci*, p. 86. Edit. des *Opuscules*, par Robert, Alcan, 1886.

(1) C'est exactement la traduction de la formule stoïcienne : « *Sequere Deum*, suis Dieu. »

(2) Remarquer, dans cette phrase l'ordre des idées : d'abord le principe métaphysique, ou la providence ; puis le devoir ou la soumission ; enfin, la sanction ou la tranquillité de l'âme. Du reste Pascal voit un peu Epictète à travers le christianisme, car les préceptes de morale religieuse ont quelque chose d'équivoque dans le panthéisme stoïcien.

DEUXIÈME PARTIE

PRINCIPES DU DROIT

CHAPITRE XI

MORALE DE L'INDIVIDU. — LA DIGNITÉ HUMAINE

SPHÈRE ÉLÉMENTAIRE DE LA MORALITÉ

I. — DÉDUCTION DU DEVOIR INDIVIDUEL (1)

1. Division des devoirs. — Nous avons indiqué à la suite d'un examen critique des doctrines historiques quels sont les principes généraux de la morale, et nous avons conclu à la prépondérance de la loi du *devoir* sur tous les autres mobiles humains. Il s'agit maintenant d'appliquer ce principe aux diverses relations de l'homme, c'est-à-dire de formuler les *devoirs* particuliers. Ces derniers seront différents selon que l'homme sera envisagé comme abstrait ou isolé dans sa personne même, ce qui donne lieu aux devoirs de *dignité*, ou selon qu'il sera placé dans son milieu réel qui est la société, et alors les devoirs ne seront plus seulement de dignité personnelle, mais de *justice*; voilà les deux grandes divisions de la morale pratique. Ce que l'on nomme quelquefois devoirs de *charité* ou d'*amour* ne fait pas, comme nous le verrons plus loin, une division spéciale, mais rentre dans l'une ou l'autre de celles que nous venons de mentionner. Les devoirs en effet peuvent être distingués selon

---

(1) Dans cette première section du chapitre, nous voulons montrer que le devoir individuel peut se *déduire* directement du concept d'agent moral. Les paragraphes 3 et 4 montrent que par la simple analyse de ce concept, c'est-à-dire sans rien emprunter à toute autre notion, on peut y trouver l'idée du *bien* de cet agent; le paragraphe 5 montre que la *forme* ou la loi s'en tire également dès qu'en face de l'être sensible se pose l'être raisonnable, dans la même personne; les paragraphes 6 et 7 montrent que la *matière* même de ce devoir ressort du concept donné, de la même façon. Mais les éléments ainsi distingués par l'analyse étaient réunis sous forme de synthèse donnée *a priori*. C'est ce qu'indiquent les paragraphes 8 et 9. Dans la section suivante, nous essayons la contre-épreuve de cette démonstration en critiquant les objections faites à l'existence du devoir individuel et en indiquant les conséquences de notre analyse.

les objets auxquels ils se rapportent ; outre les devoirs de l'individu envers lui-même, il y a des devoirs sociaux relatifs aux autres hommes, à quelque degré que nous prenions l'état social, soit dans la famille, soit dans l'état, soit dans les sociétés humaines en général. On peut donc ainsi distinguer plusieurs sphères de la *dignité* morale.

2. Détermination de la sphère élémentaire de la morale. (Devoirs individuels.) — Tout d'abord si l'on envisage l'agent moral comme l'élément même de la moralité, on obtient par abstraction la *sphère élémentaire* de la morale. En effet, un agent même isolé, pourvu qu'il soit un être libre, raisonnable et sensible, a certainement des fins à poursuivre. Comme il ne peut les poursuivre toutes, ainsi que nous l'avons vu dans un chapitre précédent, ni surtout les poursuivre toutes également, il faudra donc qu'il choisisse et il devra choisir en être raisonnable. Il est possible que les devoirs de l'individu comme tel ne soient aperçus par lui et distingués des devoirs sociaux qu'après une longue expérience de ces derniers ; il est même probable que historiquement l'agent humain n'a jamais pu exister à l'état absolument solitaire ; mais on peut toujours définir par abstraction un état de la moralité où l'on formule des devoirs relativement à la personne morale individuelle, parce qu'elle se forme en réduisant la moralité à sa plus simple expression, c'est-à-dire à l'agent qui en est le sujet.

3. Le bien de l'être sensible. — Pour l'individu, nous avons donc à déterminer quel est le devoir être et quel est le devoir faire. En effet, l'agent isolé est capable de comparer entre les biens généraux qui se présentent à lui et les biens particuliers, entre les biens passagers et les biens durables ; il conçoit que certains d'entre eux sont préférables à d'autres et doivent être réalisés à cause de leur plus grande valeur. Cette préférence est sa vertu et cette vertu a sa sanction qui est d'abord le bien de son corps, puis le bien de sa raison. L'intérêt de son corps consiste à se conserver et à demeurer le plus longtemps possible capable de jouir de la vie ; dans ce but, il ne devra pas céder à ses appétits toutes les fois qu'il en aura l'occasion et devra renoncer à certains biens corporels qui, en dernière conséquence, sont nuisibles à la santé. Ainsi, loin d'être l'esclave du corps et des plaisirs, l'agent moral aura à choisir certaines satisfactions plutôt que d'autres.

4. Le bien de l'être raisonnable : les trois vertus individuelles. — Il y a un second intérêt et un second bien : l'intérêt de sa raison et le bien de l'être raisonnable. Il voudra développer les facultés de sa nature alors même qu'il pourrait les perdre sans porter préjudice à autrui. Ainsi l'agent raisonnable isolé trouvera bon d'être intelligent, perspicace, et par cela d'être toujours en possession de soi-même, c'est-à-dire d'éviter la servitude des passions et de la coutume. Cette possession de soi, cette direction de toutes nos facultés, cette lutte contre les attraits que la raison ne peut accepter, c'est la vertu de la volonté ou de la force ou encore le *courage*. De plus, l'agent moral, fut-il seul dans la nature, se sentirait cependant encore amené à la connaître afin d'en tirer l'utilité et d'en prévenir les dangers. Il s'élèvera même au désir de connaître les objets supérieurs et désintéressés, comme l'art, la science ; il se connaîtra lui-même dans l'exercice de son esprit, il arrivera à sonder le mystère de sa passion, à chercher ce qu'est ce pouvoir de la volonté qui dirige son être. Autrement dit, il se procurera à lui seul la vertu de l'intelligence qu'on nomme *sagesse* ou *prudence*, ou *science*. Cette dernière vertu est impliquée également dans la donnée de l'agent raisonnable isolé. Enfin, le soin donné à l'établissement d'un équilibre dans la poursuite de toutes nos fins, la règle imposée à nos tendances de telle façon que les biens qui nous viennent de nos passions soient poursuivis sans porter préjudice à ceux qui nous viennent de la raison, en un mot, la détermination des satisfactions permises ou imposées à l'agent moral, c'est la vertu relative à la sensibilité et qu'on appelle la *tempérance*.

Ces trois vertus sont inséparables et ensemble sont identiques à la vertu (raison pratique ou raison morale ou encore raison active pour la distinguer de la raison théorique ou spéculative) ; de telle sorte que la vertu, c'est l'une ou l'autre de ces vertus envisagées dans l'individu. Par exemple, c'est la sagesse lorsqu'elle est envisagée dans l'intelligence, c'est la tempérance lorsqu'elle est envisagée dans la passion, et le courage dans la volonté.

Telle est la nature du devoir individuel. Cherchons maintenant sous quelle forme il se présente à l'agent.

5. Le bien de l'être devient, quand il est représenté à la raison, un devoir être, sans droit corrélatif. — La différence entre la morale individuelle et la morale sociale, c'est que dans cette dernière, à tout devoir en une personne correspond un droit en une autre personne; tandis que dans la morale individuelle le devoir envers soi n'est pas lié à un droit contre soi. Le devoir n'y est pas une *dette* supposant une *créance* corrélative. L'idée s'en manifeste à l'agent moral sous la forme d'un idéal de lui-même. Doué d'intelligence et de réflexion, il se connaît, aperçoit en lui des imperfections, conçoit un état meilleur de lui-même, un *bien être* ou *meilleur être* dans le sens le plus général, comme un état final dans lequel tous les éléments de la personnalité se trouveraient développés selon la loi de la plus grande harmonie possible. Dès que cet idéal est présent à la pensée, il ne reste pas une simple conception intellectuelle, une simple imagination à laquelle l'agent pourrait rester indifférent; il devient un objet de désir, un but pour nos tendances, un terme pour nos efforts. Ainsi le cœur désire cet idéal, l'intelligence le représente comme possible, la raison le déclare obligatoire pour la volonté. Tous les éléments de notre personnalité actuelle concourent donc à la conception de ce meilleur être qui, la raison intervenant, devient un *devoir être*.

6. Ce devoir a une matière : la réalisation de la personne idéale. — La personne morale réelle, bonne ou mauvaise, se trouve mise en présence d'elle-même comme personne idéale et liée par un rapport d'*obligation* vis à vis de cette personne en qui se manifesterait la complète dignité morale, objet du respect. Nous dédoublons ainsi notre personnalité en deux parties, l'une est la personne telle que la présente l'expérience, et l'autre la personne que nous devons être; la première est comme un ensemble de matériaux qu'il s'agit de transformer pour réaliser la seconde. L'œuvre de la liberté est alors un *devoir faire*, tendant à réaliser ce devoir être dont l'existence dépend de nous. La matière en est la pratique de nos trois vertus personnelles et la réalisation d'une personne aussi parfaite que possible. Ainsi donc, dans le devoir personnel il y a une obligation de quelqu'un envers quelqu'un, il y a une sorte de dualité comme dans toute obligation possible, mais il n'y a qu'un devoir sans réciprocité. La personne idéale n'a pas de droit à revendiquer vis-à-vis de la personne réelle, puisque cette personne idéale, c'est nous-mêmes; on ne revendique pas de droits contre soi-même (1).

---

(1) Et on ne commet pas, volontairement, d'injustice contre soi-même : « *Volenti non fit injuria.* »

Nous tendons, et nous sommes *tenus* de tendre, par notre nature d'être raisonnable, à nous identifier avec l'idéal conçu, et l'achèvement réfléchi de cette tendance est l'œuvre de notre liberté.

7. L'obligation individuelle est réelle, mais non bilatérale. — Le devoir envers soi est donc irréductible à tout autre devoir, en ce sens qu'il ne comporte pas de contrat bilatéral engageant deux personnes réelles, et constituant entre elles un droit, une dette, comme entre un débiteur et un créancier : l'idée de devoir ne s'introduit dans la conscience morale qu'à la suite d'une expérience de la vie sociale. Ce n'est pas une idée primitive à l'individu. Quelquefois, par exemple, nous engageons en nous la personne morale actuelle envers la personne morale à venir. C'est une sorte de serment, de promesse faite à soi-même. Sommes-nous en présence d'un droit à respecter dans ce cas-là ? Non, car la personne à venir, lorsqu'elle sera réalisée, peut être plus éclairée que la personne actuelle et rejeter ses anciennes maximes. N'étant pas liée comme par un contrat vis-à-vis d'autrui, sa volonté seule est en question : tandis que dans les contrats véritables il n'y a plus maintien intégral de la liberté parce qu'il y a engagement bilatéral. Ici, elle reste entière. « Je mettais, dit Descartes, entre les excès, toutes les promesses par lesquelles on retranche quelque chose de sa liberté ; non que je désapprouvasse les lois qui, pour remédier à l'inconstance des esprits faibles, permettent, lorsqu'on a quelque bon dessein, ou même, pour la sûreté du commerce, quelque dessein qui n'est qu'indifférent, qu'on fasse des vœux ou des contrats qui obligent à y persévérer ; mais à cause que je ne voyais au monde aucune chose qui demeurât toujours en même état, et que, pour mon particulier, je me promettais de perfectionner de plus en plus mes jugements et non point de les rendre pires, j'eusse pensé commettre une grande faute contre le bon sens si, pour ce que j'approuvais alors quelque chose, je me fusse obligé de la prendre pour bonne encore après, lorsqu'elle aurait peut-être cessé de l'être, ou que j'aurais cessé de l'estimer telle (1). » Ainsi quand nous ne sommes liés que vis-à-vis de nous-mêmes, notre devoir de constance subsiste seulement tant que nous le jugeons tel, et aucun droit ne se pose devant nous. La personne doit peser les inconvénients et avantages qui résulteront de son

---

(1) *Disc. de la méthode*, III° partie, p. 41. Ed. Brochard.

acte; mais aucun droit ne s'élève contre elle pour réclamer le maintien de la parole donnée, et il n'y a toujours et partout pour l'individu isolé que le devoir. Celui-ci est donc bien une obligation, non pas comme les obligations sociales qui sont contractuelles, mais c'est un jugement qui se formule dans le for intérieur, dans la sphère élémentaire de la personne et par lequel nous déclarons que l'idéal désiré doit être réalisé.

8. Analogie entre le jugement d'obligation individuelle et le jugement de liberté. — Mais il y a deux idées différentes réunies dans cette affirmation, qui pour cela est *synthétique* (1). Ainsi d'une part nous déclarons d'une manière générale que l'idéal conçu est bon, vaut mieux que le réel, et, d'autre part, nous déclarons en faisant un retour particulier sur nous-mêmes que nous devons le faire passer dans la pratique. Ce jugement d'obligation est donc la synthèse du bien et de la volonté raisonnable dans la loi. De plus, ce jugement ressemble à celui par lequel nous avons affirmé notre liberté et qui fait également la synthèse de deux idées : 1° celle du possible indéterminé, et 2° celle d'une volonté déterminante réunies toutes les deux dans l'idée de cause. Il y a encore une autre ressemblance entre le jugement de liberté et celui d'obligation, c'est que dans les deux cas la conscience affirme sans pouvoir démontrer, sans pouvoir donner à son jugement une certitude qui s'imposerait à elle avec une forme différente de la croyance personnelle. C'est encore là une *demande*, un *postulat* nécessaire à la morale, mais qui montre qu'ici nous sommes en dehors de la science, comme lorsque nous avons affirmé la liberté. Les données premières de toute science, comme ses principes directeurs, sont en dehors d'elle. Ainsi le nombre, la force, l'étendue sont, en tant que notions, soumises à la critique, en dehors de l'arithmétique, de

---

(1) Une notion est *synthétique* quand elle est composée d'autres notions plus simples. Ainsi la notion d'agent moral comprend celles d'être *sensible*, d'être *pensant*, *passionné*, *volontaire*. Une telle notion, malgré sa complexité, est donnée tout d'abord à la représentation dès qu'elle se saisit d'une façon nette; elle n'est pas formée à la longue par addition de concepts que les hasards de l'expérience réunissent, mais qui auraient pu n'être pas réunis si l'expérience eût été autre. Aucun des quatre éléments indiqués plus haut n'est concevable sans les trois autres (v. ch. III, *Discussion du déterminisme psychologique*); ils sont donc liés *a priori* pour la raison qui les analyse. La morale qui part de cette synthèse peut donc se construire déductivement comme une géométrie. C'est là un grand avantage pour une construction qui aspire à être scientifique; et c'est là ce qui nous autorise à donner à cet ouvrage élémentaire le titre de *Principes de philosophie morale*.

la dynamique, de la géométrie ; ce qui n'empêche pas le savant d'en poursuivre l'analyse sans se préoccuper de savoir s'il a le droit de les *poser* au début de ses recherches. Ainsi nous demandons seulement qu'on nous accorde la notion d'agent moral, nous en tirerons la morale ; c'est une pétition de principe, nous nous en rendons parfaitement compte, mais nous cherchons en vain une science qui ne commence pas par de telles pétitions ou *demandes*, ou ne les aborde pas dans son cours.

9. Formule du devoir individuel. — Il y a donc véritable obligation dans la nature raisonnable de l'agent solitaire, et c'est dans ce sens qu'il faut comprendre le précepte stoïcien : « Conforme-toi à la nature. » Cela voulait dire : « Donne à ta conduite pour règle les lois de l'univers ; fais que l'ordre universel du monde trouve en toi un auxiliaire. » Mais nous avons dit combien ce précepte comportait d'équivoque et d'impossibilité, car il faudrait connaître profondément les lois cosmiques avant d'accomplir un acte vertueux. Chrysippe, modifiant la formule, disait : « Conforme-toi à la raison », supposant par là que la raison qui gouverne le monde est la même qui gouverne l'individu. Ce second précepte suppose résolu un problème métaphysique, celui de savoir s'il y a identité entre la raison du macrocosme (le grand cosmos, le monde externe) et celle que nous trouvons par notre expérience dans le microcosme (l'homme). Il est donc plus simple de réunir ce qu'il y a de vrai dans ces deux préceptes et de les faire passer au sens subjectif en leur retirant le sens de conformisme à un objet extérieur, en disant comme formule du devoir personnel : Conforme-toi à ta raison ou à ta nature (1).

II. — LA DIGNITÉ HUMAINE

10. Le devoir individuel se fonde sur la dignité et non sur la justice ni sur l'ordre de Dieu. — Il faut justifier maintenant la méthode artificielle que nous avons suivie pour déterminer le devoir de la personne. C'est de la notion l'être raisonnable et d'elle seule que nous tirons sa loi, et, nous fondant sur la maxime de Kant, nous n'avons invoqué comme origine et motif de l'obligation que la dignité de l'idéal proposé à la conscience.

(1) Renouvier. *Science de la morale*, I, ch. v.

Nous nous opposons en cela à la presque unanimité des méthodes morales qui cherchent la règle de l'individu ailleurs qu'en lui-même, mais particulièrement à deux systèmes qui font dépendre la morale individuelle soit de la justice, c'est-à-dire de la morale sociale, soit d'une autorité religieuse.

11. La théologie catholique nie les devoirs individuels. — Dans ce second cas, on fonde l'ordre donné à l'homme sur la révélation d'une volonté supérieure à laquelle il doit se soumettre en raison de son caractère divin. Cette méthode reste en dehors de la science. Nous avons dit que la dignité de la consigne réside en ce qu'elle comporte une discussion au moins possible, et nous n'en avons pas ici le moyen. Mais l'école théologique va jusqu'à nier l'existence des devoirs de l'homme envers lui-même. L'abbé Bautain (1) blâme les ouvrages religieux qui, « reconnaissant des devoirs de l'homme envers lui-même, admettent avec le principe chrétien de l'abnégation du moi et de la dépendance entière de la créature, le principe païen de l'autonomie de la volonté et de son indépendance ». Cette opinion, ajoute-t-il, opposée à l'esprit de l'Evangile, est encore contraire au bon sens : 1° parce que le devoir envers soi ne peut être une dette ; 2° parce que la loi perd son autorité si j'en suis le sujet et le législateur ; 3° parce que l'homme, selon saint Paul, n'ayant rien de lui « pas même une bonne pensée », mais tenant tout du Créateur, ne se doit rien à lui-même.

12. Réfutation : Caractères spéciaux des devoirs individuels. — A la première raison je réponds qu'en effet l'obligation personnelle n'est pas une dette ; mais il résulte de ce qui précède que la *dette* ne caractérise qu'une espèce de devoirs, ceux de la société ; et qu'il y a des devoirs non correspondants à des droits, par exemple les devoirs de bonté envers les animaux, envers la beauté de la nature, même envers l'homme dans le cas de l'assistance, puisqu'en tous ces cas il n'y a personne qui puisse me réclamer l'acquittement d'une dette, et je mets au rang de devoirs non fondés sur un contrat bilatéral, les devoirs envers moi et même les devoirs envers Dieu. Sur le second point, je dis que en comprenant bien l'autonomie, la loi ne perd aucune autorité si ce n'est pas mon caprice qui la pose, mais la raison

---

(1) *Manuel de philosophie morale.* Hachette, 1866, p. 225.

présente en moi comme en toute personne; qu'au contraire l'ordre perd toute dignité et toute autorité respectable s'il est imposé à ma raison autrement qu'au nom de la raison. Enfin, sur le troisième point, je dis que si je ne tiens rien de moi-même, c'est que je n'ai pas de liberté, et alors il ne faut plus me parler de morale, mais seulement me signaler — est-ce même utile ? — les nécessités auxquelles je me conformerai, bon gré, mal gré. La dignité et la liberté humaine sont donc, malgré la prétention contraire de la théologie, la base la plus résistante des devoirs individuels.

13. Inconvénient de fonder les devoirs individuels sur les devoirs sociaux. — Si maintenant on fait reposer la morale individuelle sur la justice, on complique la difficulté de déterminer les devoirs, car il aurait fallu d'abord justifier ceux de l'homme en société avant d'en déduire ceux de l'homme isolé. Nous sommes amenés au contraire à dire que c'est le devoir envers soi qui fonde tous les devoirs. En effet, je ne suis obligé à quelque chose que parce que la personne est un objet respectable ; la forme du devoir est donnée aussitôt que la dignité de la personne, matière du devoir, est reconnue, soit en moi, soit en tout être raisonnable.

14. La valeur des systèmes de morale est proportionnelle à la place qu'ils donnent au principe de dignité. — C'est donc dans la mesure où ils tiennent compte de cette dignité et lui réservent une place plus ou moins élevée dans leurs conceptions que les systèmes de morale peuvent être estimés et classés. Ainsi, la notion de la dignité humaine prise pour base exclut la morale du plaisir et celle de l'utilité, aussi bien que celle de l'altruisme, parce que ces systèmes ne présentent pas leurs principes comme des moyens au service de la personne ; et au contraire, un système plus compréhensif, comme celui que nous avons indiqué (1), peut admettre ces fins comme légitimes en leur conférant la dignité d'auxiliaires de notre perfectionnement moral. Pour la même raison, des doctrines comme celle de Platon ou de diverses théologies, sacrifiant l'individu à l'État ou l'abandonnant sans pouvoir personnel entre les mains d'une Toute-Puissance, cessent d'être des doctrines morales. Aristote, si soucieux

---

(1) V. la fin du chapitre sur la Morale de Kant.

cependant de l'individuel et qui place si haut l'idéal du penseur isolé, a mérité le reproche de n'avoir pas assez détaché l'homme des biens extérieurs pour fonder sur son mérite propre toute sa valeur. Les Stoïciens qui ont eu plus que lui le sentiment d'une indépendance farouche et à qui l'on a reproché même trop d'orgueil (1) n'ont pas encore, à notre sens, été assez individualistes, puisqu'ils ne se faisaient de la liberté qu'une idée mystique et impuissante, voulant que le sage l'acquit, non en brisant ses chaînes, mais en les supportant avec une résignation à la fois dédaigneuse et doucement soumise (2). Kant enfin, si supérieur à tous, comme nous l'avons vu, dans la conception du principe suprême de toute morale, n'a pas placé la dignité de l'agent moral et son autonomie en celle de nos fonctions où elle éclate le plus. Il restait, après lui, à enlever ce rôle de législateur à la volonté pour le restituer à la raison, et affranchir ainsi la dignité humaine non seulement de tout mobile sensible, mais encore de toute volonté extérieure, soit celle du législateur politique, soit celle du législateur universel et divin, la morale tirant exclusivement de la raison son origine, sa forme impérative et sa force obligatoire (3).

15. L'élucidation du principe de dignité a donné lieu à la Morale indépendante. Kant et Proudhon. — De plus, la morale de Kant est restée trop engagée dans les liens de la métaphysique qu'il avait combattue, et pour trouver un système de morale complètement et exclusivement établi sur le principe de la dignité personnelle, il faut attendre Proudhon et les auteurs de la « morale indépendante (4) ». Il est vrai que ces moralistes ne sont pas allés jusqu'au bout de leur déclaration d'indépendance. Car si la morale ne doit pas être fondée sur une métaphysique ou un dogme, ce qui ferait autant de morales qu'il y a de préférences individuelles dans les questions spéculatives et religieuses, mais seulement sur la dignité de la personne, il est plus vrai encore que cette nouvelle base du devoir ne peut être assurée qu'à la condition d'instituer l'Ethique comme

---

(1) Ravaisson. *Mémoire sur le stoïcisme.*
(2) V. E. Morin. *La Morale indépendante.*
(3) Année philosophique : I vol., p. 310, V. plus haut, ch. VIII, § 14.
(4) Proudhon né à Besançon (1809-1865). Son livre : *La Justice dans la Révolution et dans l'Eglise* parut en 1858. V. Mme Coignet, *La Morale indépendante*, Alcan.

arbitre souverain des métaphysiques et des religions. Et alors l'ancien problème est renversé, puisqu'il s'agit maintenant de savoir s'il y a une métaphysique ou une religion indépendante de la morale. Du reste, nos auteurs ont d'autres défauts : la dignité n'est pour eux qu'un *sentiment*, elle ne saurait donc imposer le le respect, car un *attrait* ne se commande pas et ne commande pas ; puis, il n'y a pas de moyen pour passer du sentiment de *ma* dignité à celui de la dignité de toute personne, à moins de poser *a priori* l'objet du respect, la valeur absolue de la personne. Mais M. Massol et ses collaborateurs n'admettent aucun *a priori*, et, en cela, disciples du positiviste Aug. Comte, comme en tout le reste ils le sont de Kant, ils ne veulent pas dépasser le domaine des faits. C'est donc, encore une fois, à l'auteur de la *métaphysique des mœurs* qu'il faut revenir pour trouver le principe fondamental de l'Éthique formellement attribué à la dignité, et pour en percevoir les conséquences dans tout le cours de cette science.

16. Conséquence du principe de Dignité : Le devoir envers soi est le fondement de tous les devoirs. — C'est en effet parce que la personne est par elle-même une fin absolue et digne de respect que je dois l'honorer et contribuer à son perfectionnement partout où je la reconnais, en moi comme en autrui. Le devoir envers autrui repose donc encore sur *ma* dignité en tant que personne, car je me dois à moi-même de rester le digne associé d'un groupe d'agents raisonnables dont j'ai consenti à faire partie, au moins d'une façon implicite, puisque je n'y ai pas renoncé ouvertement. Or, je cesserais d'être respectable à mes yeux si je ne voulais trouver dans la société qu'un moyen de plus d'être utile à ma personne, et je violerais l'ordre de la loi morale qui me dit de prendre toute personne pour fin de mon respect. C'est donc toujours ma dignité qui est en jeu dans les devoirs envers autrui ; nous verrons qu'il s'y ajoute un élément nouveau, dans la relation de *dette* et d'attente légitime en autrui ; mais c'est encore à ma dignité qu'il importe de faire honneur à la *créance* fondée sur moi si je veux conserver des droits à faire partie de la république des fins. (V. Éclaircissement I.)

17. L'unique objet de la morale est le perfectionnement de l'individu. — Enfin, le principe de tout devoir est si véritablement la dignité, qu'à peine manifestée dans une personne, elle exige et justifie le respect universel des autres de même qu'une maxime ne peut être universelle pour l'agent moral qu'à la condition de respecter la dignité des personnes. Aussi la première formule de Kant (principe d'universalité), et la seconde (principe de dignité), s'appellent réciproquement : l'être raisonnable ne saurait être l'exécuteur et le sujet de la loi morale sans s'élever par là même à la dignité et à la valeur d'une fin en soi, et il ne saurait prétendre à cette dignité de fin absolue s'il n'était le sujet et l'exécuteur de la loi morale (1). C'est donc sur l'individu et le respect qui lui est dû que repose toute morale. Le précepte qui en résulte est d'exclure tout acte qui le ferait servir de simple instrument. « Cette admirable formule bannit tous les prétextes des fausses morales qui envisagent l'homme comme un organe subordonné, une partie d'un tout, dont ce tout peut exiger le sacrifice, un instrument pour une œuvre, un moyen pour quelque fin générale où il s'engloutit, et qui tendent ainsi à organiser le sacrifice d'autrui sous couleur de préconiser le sacrifice de soi (2). » « Presque toute politique théorique a cherché la justice et la vertu dans l'organisation de l'Etat, au lieu de l'établir dans le citoyen d'abord, sans la moralité de qui les meilleures institutions seraient forcées de se corrompre (3). »

ÉCLAIRCISSEMENTS

I

Toute la morale dérive du sentiment de la dignité de la personne.

La loi morale n'est ni un acte d'une volonté extérieure, ni une certaine impression mystérieuse, ni une déduction d'une conception de l'ordre universel. Car, de la sorte, il y aurait autant de morales que de révélations, de manières diverses de concevoir l'ordre universel, c'est-à-dire que la morale ne serait point, et que l'unité sous ce rapport serait impossible. La loi morale n'est donc pas, ne peut être une loi dérivée. Pour qu'elle ait les conditions de fixité et d'universalité que nous sentons être son essence, il faut qu'elle repose sur un fait avéré,

(1) Pillon, La Morale indépendante et le principe de dignité. *Année phil.*, p. 289.
(2) Critique Philosophique, II, p. 10 et 16. (V. Eclaircissements II et III.)
(3) Les détails de la *morale appliquée* à l'égard des devoirs individuels dont nous ne faisons ici qu'indiquer le fondement philosophique, sont exposés dans le *Cours de Morale pratique*, IIe partie, morale individuelle.

patent, indéniable, sensible à tous sans exception, au savant comme à l'ignorant, fait que tout individu, à moins qu'il ait cessé d'être homme, constate en lui-même. Ce fait, c'est que l'homme est un être libre et responsable, c'est-à-dire une *personne*, ou du moins qu'il se conçoit tel ; que, comme tel, tout être humain se révolte contre toute contrainte, toute violence, sous quelque forme que ce soit. De là le sentiment de sa dignité, du respect qu'il se porte à lui-même. Mais ce *respect de soi*, l'homme, en présence de l'homme, l'*exige* pour sa personne. Par cela même, il sent forcément que ce même respect est *exigible* par les autres, *dû* aux autres.

L'homme n'est pas une simple individualité comme l'animal. Il est une individualité rapportée à elle-même, élevée à la seconde puissance, et c'est ce qu'on appelle une *personne*. Cette notion de personne implique celle d'un être capable de s'élever au-dessus de toutes les forces qui le constituent, de les contenir ou de les laisser aller à son gré, de dominer ses pensées, ses sentiments, ses volitions, de leur tracer des limites, de les fixer dans une sphère déterminée ; elle implique la notion d'un être maître de soi, ne relevant que de *soi*, d'un être *libre* en un mot. Être libre, l'homme ne peut se trouver en présence de l'homme sans exiger le respect de sa personne et sans reconnaître l'obligation d'accorder à ses semblables ce même respect qu'il leur demande. En d'autres termes, l'homme en face de l'homme affirme la dignité, l'inviolabilité de la personne humaine en soi et en autrui. Là est le principe de nos droits et de nos devoirs, la règle de nos mœurs, la base de la morale. Elle en découle tout entière avec son critérium, son obligation, sa sanction, son efficacité.

MASSOL. *Morale indépendante*, 6 août 1865.

II

L'état antique absorbe entièrement l'individu.

Il n'y avait rien dans l'homme qui fût indépendant. Son corps appartenait à l'État et était voué à sa défense ; à Rome le service militaire était dû jusqu'à cinquante ans, à Athènes jusqu'à soixante, à Sparte toujours. Sa fortune était toujours à la disposition de l'État ; si la cité avait besoin d'argent, elle pouvait ordonner aux femmes de lui livrer leurs bijoux, aux créanciers de lui abandonner leurs créances, aux possesseurs d'oliviers de lui céder gratuitement l'huile qu'ils avaient fabriquée.

La vie privée n'échappait pas à cette omnipotence de l'État. La loi athénienne, au nom de la religion, défendait à l'homme de rester célibataire. Sparte punissait non seulement celui qui ne se mariait pas, mais même celui qui se mariait tard... A Rhodes et à Byzance, la loi défendait de se raser la barbe.

L'État avait le droit de ne pas tolérer que les citoyens fussent difformes ou contrefaits. En conséquence, il ordonnait au père à qui naissait un tel enfant de le faire mourir. Cette loi se trouvait dans les anciens codes de Sparte et de Rome. Nous ne savons pas si elle existait à Athènes. Nous savons seulement qu'Aristote et Platon l'inscrivirent dans leurs législations idéales. L'État n'admettait pas qu'un homme fût indifférent à ses intérêts ; le philosophe, l'homme d'étude n'avait pas le droit de vivre à part. C'était une obligation qu'il votât dans l'assemblée et qu'il fût magistrat à son tour.

Il s'en fallait de beaucoup que l'éducation fût libre à Athènes. Il n'y avait rien au contraire, où l'État tint d'avantage à être maître. A Sparte, le père n'avait aucun droit sur l'éducation de ses enfants, et Platon dit le motif de cette exigence : Les parents ne doivent pas êtres libres d'envoyer ou de ne pas envoyer leurs enfants chez les maîtres que la cité a choisis ; car les enfants sont moins à leurs parents qu'à la cité. L'État considérait le corps et l'âme de chaque citoyen comme lui appartenant ; aussi voulait-il façonner ce corps et cette âme de manière à en tirer le meilleur parti.

La liberté de penser à l'égard de la religion de la cité était absolument inconnue chez les anciens. Il fallait se conformer à toutes les règles du culte, figurer dans toutes les processions, prendre part au repas sacré. La législation athénienne prononçait une peine contre ceux qui s'abstenaient de célébrer religieusement une fête nationale.

L'État n'avait pas seulement, comme dans nos cités modernes, un droit de justice à l'égard des citoyens. Il pouvait frapper sans qu'on fût coupable et par cela seul que son intérêt était en jeu. Aristide assurément n'avait commis aucun crime et n'en était même pas soupçonné. L'ostracisme n'était pas un châtiment ; c'était une précaution que la cité prenait contre un citoyen qu'elle soupçonnait de pouvoir la gêner un jour. A Athènes on pouvait mettre un homme en accusation et le condamner pour incivisme, c'est-à-dire pour défaut d'affection envers l'État. La vie de l'homme n'était garantie par rien dès qu'il s'agissait de l'intérêt de la cité. La funeste maxime que le salut de l'État est la loi suprême a été formulée par l'antiquité. On pensait que le droit, la justice, la morale tout devait céder devant l'intérêt de la patrie.

FUSTEL DE COULANGES. *Cité antique*, p. 262, Hachette.

III

Action des initiatives sur la destinée de chaque homme et de l'univers.

Ce ne sont pas seulement les grands génies et les hommes dits providentiels qui peuvent agir sur la masse, sur ses habitudes, sur ses dispositions conformistes. Tout agent moral est en mesure d'appliquer son énergie au monde où il vit. Nos actes ont tous des conséquences plus ou moins éloignées et rien de ce qui procède de notre volonté ou de nos défaillances n'est sans quelque retentissement dans l'univers. Le frôlement de l'aile d'un oiseau sur un pic neigeux peut déranger un flocon qui s'attache à d'autres, grossit sur la pente et devient l'avalanche qui emporte les arbres et engloutit le village. L'éruption d'un volcan dérange l'axe de la terre, mais la chute d'une feuille le fait déplacer aussi. La résolution d'un individu décide de sa vie, laquelle décide de celle des autres, car, en vertu d'une solidarité qui est universelle, dès que nos actes sont entrés dans la réalité, ils n'en sortent plus, ils y commencent la série de leurs conséquences, par l'exemple, l'imitation, la réaction. Tout est lié, si l'on veut, dans l'univers, mais tous les liens peuvent être à chaque instant défaits et refaits par l'intervention de notre liberté. Il est donc bien vrai que l'homme est le maître de la nature, au moins de la nature morale dont le retentissement dans l'autre est si constant et si profond. De là l'importance de l'enchaînement qui va de nos opinions à nos actes et de notre pensée à celle d'autrui. Ainsi, non seulement faire œuvre d'initiative est permis et possible à chacun de nous, mais j'ajoute que c'est un devoir.

Il ne faut pas s'attendre à la force des choses et croire que l'avenir se fera de lui-même sans notre participation. Non, la destinée de chacun de nous est, pour une grande part à sa disposition ; mais surtout la destinée de la société dépend de nos efforts combinés. Chacun apporte sa pierre à l'édifice, bonne ou mauvaise, assise solide pour la construction de l'avenir ou moellon spongieux qui s'effrite et peut faire écrouler ce qu'on construit dessus. J. T.

CHAPITRE XII

MORALE SOCIALE (Suite.)

SPHÈRE SUPÉRIEURE DE LA MORALITÉ

LE DEVOIR ET LE DROIT

I. — FONDEMENT DE LA MORALE SOCIALE

1. Les éléments du bien social. — Dès qu'une personne se trouve en présence d'une autre personne un nouveau degré de la moralité commence par le fait de cette relation. En effet, les deux personnes ainsi réunies ont d'abord la notion d'un bien commun différent du bien de chacune d'elles et pouvant résulter de leur association. Puis un tel lien étant conçu comme possible, chacune des deux personnes considère comme un *devoir envers soi* de le réaliser. Enfin la réalisation de ce bien commun est subordonnée au consentement constant de la liberté de chacun. Voilà trois éléments de ce bien nouveau qui constitue la société, et voilà les principes de l'association.

2. Les agents moraux s'engagent mutuellement à travailler au bien commun. Contrat positif et implicite. — L'association née du consentement des parties suppose que chacun des contractants a le droit de se fier à la bonne volonté de l'autre pour accomplir non seulement les actes stipulés dans le contrat, mais encore tous ceux qui, n'ayant pas été convenus expressément sont cependant analogues aux premiers en tant que propres à contribuer également au bien commun. Il y a donc à la fois un contrat (1) *positif* et un contrat sous-entendu, latent,

---

(1) Contrat, du verbe latin *trahere*, traire, tirer, qui a deux sens, faire venir à soi, éloigner de soi, et de *cum*, avec, ensemble.

mais impliqué dans la nature rationnelle des contractants et qui en représente une infinité d'autres possibles, c'est le contrat *naturel* ou rationnel. L'un est positif parce qu'il établit, qu'il *pose* expressément certaines obligations communes ; l'autre contrat ou plutôt le même encore mais implicite, *suppose* ces obligations continuées, les conditions du contrat subsistant. Or, chacun des membres de l'association pouvant s'attendre en vertu de la nature raisonnable de l'autre et de sa propre bonne foi à ce que l'associé tiendra sa promesse de contribuer coûte que coûte au bien commun reconnu tel, chacun aussi est obligé de respecter cette convention non pas seulement en vue de sa propre utilité, ni même en faisant des réserves quant aux nécessités particulières qui pourraient rendre à l'un ou à l'autre difficile l'accomplissement de la promesse. Il y a entre eux une obligation supérieure aux accidents possibles, aux jugements à intervenir sur l'avantage ou l'inconvénient du contrat, aux volontés plus ou moins fermes ou défaillantes, aux biens individuels qui peuvent se produire comme différents du bien commun ; chacun en un mot est supposé devoir toujours agir dans le sens probable où la convention lui dicterait d'agir, si elle existait.

3. La promesse et l'attente réciproques fondent le droit. — C'est dans cette obligation que sera la base du droit, sinon il n'y aura point de droits. Le devoir envers soi est bien conservé dans cette situation respective, mais il s'y ajoute quelque chose, c'est l'*attente* morale de chacun à l'égard des actes de l'autre, c'est la promesse en un mot. Nous avons vu que la promesse de soi-même à soi-même ne renferme pas un droit. Mais dans l'état social la promesse d'une personne à une autre suppose de la part de celui qui l'a reçue un droit de *confiance*, une créance (1) sur celui qui l'a faite, et en même temps il y a de la part de l'auteur de la promesse un devoir d'accomplir les actes qu'elle stipule ou implique comme conformes au bien commun et auxquels l'autre contractant a le *droit* de s'attendre.

4. L'identification des personnes fonde le devoir réciproque. — Mais pourquoi les agents moraux peuvent-ils compter sur leurs promesses réciproques ? C'est qu'ils sont des personnes

---

(1) L'étymologie est très significative ici : *créance* est le même mot que *croyance*; du verbe latin *credere*, croire, s'en fier à, se confier. Créance implique foi (*fidem*), c'est-à-dire bonne foi de part et d'autre et fidélité à l'engagement pris.

semblables, et égales entre elles ; il y a identité entre elles, c'est-à-dire possibilité constante de substitution mutuelle. Ainsi donc, quand l'un s'oblige volontairement, il ne s'oblige pas seulement envers lui-même comme dans la promesse faite à soi, mais il a une obligation envers un autre soi, obligation dont nous ne pouvons être dégagés que par cet autre nous-même dont nous sommes *solidaires*. Ainsi deux personnes se trouvent n'être plus moralement qu'une personne, mais celle-ci se pose double, c'est là ce qu'exige la raison. Nous avons déjà vu que la raison ne peut pas, seule, opérer cette œuvre d'identification de deux personnes en une, et c'est là que se place la nécessité urgente de la bienveillance et du sentiment d'amour entre les hommes.

5. Définition du Droit et du Devoir par la promesse (débit et crédit). — De ces considérations résulte une définition du droit et du devoir. Nous emprunterons pour l'effectuer les termes d'un devoir et d'un droit particuliers, de l'ordre de la propriété, mais qui peut s'appliquer à tous les devoirs et à tous les droits. L'obligation dans l'état social devient une *dette* (1). Nous avons désigné le devoir par ce qui est dû ; le devoir c'est donc une dette, un débit, car il s'institue une sorte de comptabilité morale entre les associés. En regard du *débit* est le *crédit*, c'est-à-dire le droit que j'ai sur quelqu'un. Ainsi donc celui qui a une dette est celui qui a un devoir ; celui qui a une créance, c'est celui qui a un droit. Voilà le sens le plus rigoureux de ces mots droit et devoir. Il en résulte que celui qui a un droit peut le revendiquer sur autrui, il peut réclamer l'exécution de la promesse (2).

6. Corrélation du Devoir et du Droit ; ce dernier n'existant que dans la sphère sociale, les autres sphères contiennent donc des Devoirs sans Droit. — Cette relation de crédit et de débit lorsqu'elle est reconnue et acceptée par une association d'êtres raisonnables constitue la *justice* et fournit une définition de cette situation morale. La justice est la corrélation du droit et du devoir. Il n'y a pas de droit en dehors de la société des agents moraux qui n'institue corrélativement un devoir ; comme il n'y a pas de devoirs sociaux sans droit. Il y a équation entre ces deux termes, ils peuvent donc être substitués l'un à l'autre.

---

(1) Du latin *debitum*, dû, qui a donné lieu en français à un doublet, c'est-à-dire à deux formes du même mot, l'une, savante, *débit;* l'autre populaire : *dette*.

(2) V. plus haut, §§ 2 et 3.

Mais la sphère de l'obligation est plus étendue que celle de la relation de *débit* à *crédit*. En effet on comprend encore sous le nom d'obligation le devoir individuel (plus strict (1) quant à la sphère qu'il régit, mais non quant à son exigence), et aussi le devoir d'amour et de charité qui est plus large, non en ce sens qu'il serait moins rigoureusement obligatoire, mais en ce que sa sphère s'étend plus que celle de la justice puisqu'elle comprend, en dehors de la simple relation contractuelle, la nature, les animaux et même les hommes, en tant qu'ils sont objets de sentiments de bienveillance (2). Il est donc convenable d'envisager les questions de la sphère de la justice plutôt sous le point de vue du droit que sous celui du devoir, et cette substitution n'offre aucun inconvénient puisque ces termes sont identiques dans cette relation. Voilà pourquoi certains auteurs ont pu penser que le devoir venait après le droit et était fondé sur lui (3). On voit qu'il n'en est rien, ce sont deux termes d'une relation, qui sont contemporains entre eux et contemporains de la relation elle-même. Le devoir et le droit découlent simultanément de la dignité des personnes associées; ils existent donc tous deux dès que celle-ci est accordée. De même ceux-là se trompent qui prétendent que tout droit résulte d'un devoir, en ce sens que tout devoir donnerait lieu à un droit (4), et par exemple le devoir d'assistance au droit d'être assisté, droit revendicable comme une dette. L'erreur vient de ce que l'on entend, sous ce nom de devoir, une idée bien plus large que celle qui se restreint à la sphère de la justice (5). Ainsi donc on peut dire que le droit et le devoir sont corrélatifs entre deux personnes, et par conséquent ne s'appellent mutuellement que dans la sphère supérieure de

---

(1) Strict, de *strictus*, participe de *stringere*, serrer, limiter, est la forme savante d'un doublet dont la forme populaire est *étroit*, anciennement *estreit*, *estroit*.

(2) Kant n'a pas vu que la différence véritable des devoirs stricts et larges tient non pas à la rigueur de leur exigence, laquelle est sans degré, mais à la différence entre la sphère élémentaire et la sphère supérieure, c'est-à-dire à une *étendue* plus ou moins *restreinte* de ces sphères ; c'est pourquoi il a pu admettre cette impossibilité de devoirs non strictement obligatoires. V. *Fond. de la Méth. des Mœurs*. Renouvier, *Science de la Morale*, ch. XIX.

(3) C'est l'opinion des moralistes de l'école de Proudhon. V. C. Coignet. *La morale indépendante*.

(4) V. Franck. *La morale pour tous*. Hachette, 1860, p. 94 et 95 (7ᵉ éd., 1884), et Charles, *Lectures de philosophie*, II, p. 203, note.

(5) Cette distinction entre droit et devoir, surtout quant à la sphère où elle s'établit, ne nous paraît pas signalée dans le livre de M. Beaussire : les *Principes du droit*. Alcan, 1888, v. p. 33 à 36. V. également, du même auteur. *Fondement de la morale*, 1885.

la morale, c'est-à-dire dans la société de justice. Tout droit ou crédit en moi suppose un devoir ou débit d'autrui, car il n'y a pas de dette sans créancier, ni de créance sans débiteur. Il est donc faux de dire que le droit et le devoir sont toujours corrélatifs dans la même personne.

7. Formule du Devoir Social. — C'est cette obligation d'une personne à l'autre que Kant avait appelée l'impératif catégorique ou principe pratique suprême ; elle veut que l'agent moral au lieu de subordonner les fins d'autrui aux siennes, considère la personne d'autrui comme semblable à lui et possédant des fins propres auxquelles il doit porter respect. Elle peut se formuler ainsi: « Reconnais la personne d'autrui comme ton égale par nature et en dignité ; comme étant par elle-même une fin, et en conséquence, abstiens-toi de la faire servir de simple moyen pour atteindre tes fins. »

8. Le Devoir Social est réductible au Devoir envers soi. — La dignité et le respect correspondent aux deux termes crédit et débit. Le seul objet que nous devons respecter et vis-à-vis duquel nous ayons un devoir, une dette, c'est la personne à cause de sa valeur absolue. Nous avons vu que la personne est distincte d'une chose en ce qu'elle est capable de se séparer elle-même de l'ordre universel par la liberté. Nous voyons ici un nouveau trait distinctif de la personne, c'est qu'elle est une fin par elle-même à laquelle tous les autres êtres doivent être subordonnés en tant qu'inférieurs. Nous avons conscience de cette dignité présente en nous et notre respect pour autrui se justifie en ce que nous considérons la personne d'autrui comme égale en dignité à la nôtre. Ainsi donc on pourrait dire que le devoir envers autrui est réductible au devoir envers soi-même, parce que autrui est respectable comme une répétition pour ainsi dire de la personne qui est en nous. Nous ne pouvons être obligés que par cette considération au respect d'autrui. Nous devons donc faire du devoir envers autrui le premier des devoirs envers nous-mêmes. Tel est le fondement général de la morale sociale.

II. — L'ÉTAT DE PAIX ET LA MORALE PURE

9. La supposition d'un état de société entre des personnes pures est nécessaire pour déterminer les devoirs sociaux. —

Les droits et les devoirs particuliers peuvent se déterminer d'après ces principes dans l'hypothèse de bonnes volontés associées et soucieuses constamment de leur dignité. Cette conception est celle de l'âge d'or et de l'état de nature que rêvait Rousseau en présence de la décomposition sociale dont il était le témoin au xviii° siècle. C'est encore le rêve des poètes anciens qui s'inspiraient du stoïcisme. C'est enfin l'idéal proposé par Kant comme couronnement de sa métaphysique des mœurs sous le nom de République des fins. Une telle imagination d'une époque où tous les hommes auraient respecté intégralement la justice est dépourvue du moindre fondement historique (1), tout aussi bien que celle du contrat social primitif imaginé par Rousseau. Mais si on les envisage comme des formes convenables pour exprimer une vérité morale telle que celle de l'existence éternelle du droit contre les faits, d'une justice établie par la nature dans l'humanité raisonnable, en dehors de toute application historique, ces hypothèses ont une grande valeur philosophique et surtout peuvent avoir de très grands et très heureux effets sur le progrès de l'humanité (2). La confiance justifiée dans la promesse faite est l'idéal de toute société; et l'établissement de contrats *positifs* traduisant cette prescription du droit rationnel, qu'on peut encore en ce sens appeler *naturel* est une des conquêtes les plus lentes d'une civilisation en progrès (3). Une société qui, en se perfectionnant, se simplifierait au point de reconnaître ce devoir comme premier et dernier fondement de toute association libre, comme la condition nécessaire et suffisante de toutes les relations mutuelles de ses membres, une telle société serait l'état social parfait, l'autonomie pleinement réalisée, en un mot le *règne des fins*. (V. Eclaircissement II.)

10. Confirmation historique : le droit idéal conçu par les Grecs s'est imposé à la législation d'exceptions chez les Romains en y introduisant l'équité. — M. Summer Maine dans l'admirable étude qu'il a consacrée à l'ancien droit a fait voir quelle influence moralisatrice a exercée sur les législations des Hindous, des Grecs et des Romains l'idéal de la justice en-

---

(1) Ni plus ni moins du reste que celle qui place la brutalité ou même l'animalité pure à l'origine de l'humanité.
(2) V. Eclaircissement I.
(3) *L'ancien droit*, p. 295, par H. Summer Maine, professeur de droit à l'Université d'Oxford. Traduction Courcelle-Seneuil, 1874. Guillaumin.

visagé entre des personnes pures, dans l'état supposé de la paix ; et comment les relations positives de l'état réel, qui est l'état de guerre et de conflit entre les mauvaises volontés, se sont progressivement améliorées sous l'action éducatrice de la philosophie juridique des Grecs. Ainsi, chez les Romains, le droit quiritaire, plein d'exceptions et de divisions aristocratiques ne pouvait tout d'abord être appliqué, pour cause d'indignité de leur part, aux étrangers avec lesquels cependant les Romains étaient forcés d'entrer en relations de commerce, de politique et par conséquent de procédure. Ils prirent donc pour code de ces relations, celles des lois qui se trouvaient par hasard communes à eux et aux autres tribus italiennes. C'était pour eux un appendice incommode et inespéré de leur droit positif. Mais ce *jus gentium* (1) devint bientôt le critère qui servit à juger tous les autres à l'époque où la philosophie grecque, surtout stoïcienne, fit appliquer les principes du droit naturel à l'administration pratique du droit commun à toutes les nations. Sous cette influence, le vieux droit aristocratique perdit peu à peu toutes ses distinctions arbitraires et les personnes furent placées sous l'égalité ; de là le mot équité (2) comportant tout d'abord le sens désagréable de nivellement mais qui prit à la longue le sens élevé d'une analogie avec la symétrie des lois de la nature, puis avec celles de la morale pure.

11. Les nations sont différemment promptes à concevoir ces relations de l'état de paix. — Les nations se distinguent nettement selon leur aptitude à concevoir cet idéal du droit. Ainsi les Grecs comprennent et sentent et réalisent très vivement la justice ; mais ils n'ont que peu de respect pour la chose jugée lorsqu'elle s'oppose à un nouvel aspect de la justice absolue ; c'est là un trait de caractère entre tant d'autres qui les rapproche des Français. Les Anglais comme les Romains, avec un amour constant de la fixité, de la tradition et du droit positif, ne sont pas cependant réfractaires au perfectionnement ; ils modifient à la longue, et selon les révélations de l'expérience, leur législation d'après ce qu'ils apprennent du droit rationnel. Ils tiennent en cela le milieu entre deux sortes de nations, celles qui, ayant codifié de très bonne heure leurs coutumes y restent asservies sans concevoir d'idéal mobile

---

(1) Droit des nations étrangères.
(2) *Æquum*, ce qui est *égal* et ce qui par là devient *juste*.

de progrès, et d'autre part celles qui visent d'emblée à la perfection et voulant fonder d'un seul coup le droit social sont condamnées à de longues luttes entre l'ancien régime et le nouveau avant de s'en tenir solidement à leurs *déclarations des droits*.

III. — L'ÉTAT DE GUERRE ET LA MORALE APPLIQUÉE

12. L'écart entre l'idéal et les faits introduit un droit de guerre dans les relations de l'état de guerre. — Dans l'état de paix, où l'on fait abstraction de toute mauvaise volonté chez les agents, on peut déterminer avec précision les droits et les devoirs puisque aucune violence, aucune injustice ne vient gêner l'exercice de la bonne volonté et la contraindre à se défendre contre les mauvaises. Les devoirs consistent alors, entre les agents moraux, à respecter le contrat tacite qui les lie, c'est-à-dire à se traiter réciproquement comme des fins. Mais si nous passons de l'idéal à la réalité, il faut reconnaître que les lois de la morale pure ne peuvent être appliquées à l'état de guerre, c'est-à-dire à l'état où chacun, suspectant et ayant des raisons de suspecter les intentions d'autrui, se trouve conduit à prendre des mesures pour se mettre à l'abri des agressions. Il ne peut plus se conduire par la règle suprême du respect de la personne en général, puisque, en fait, toutes les personnes ne sont plus dignes de respect. Il n'en est qu'une dont il connaisse exactement la valeur, c'est lui-même ; et il est un devoir qui ne comporte ni délai ni obscurité, c'est la conservation de cette personne. Pour l'agent isolé dans sa sphère élémentaire ou même pour l'agent envisagé dans cette sphère moyenne où il se trouve en face de la nature et des animaux, ce devoir de conservation personnelle se pose comme règle unique dont l'application est limitée seulement par la bonté et le respect de soi. Dans la sphère supérieure des relations interpersonnelles, ce devoir se caractérise mieux comme un droit de défense, qui s'atténue et même disparaît quand la société est de pure justice réciproque. Mais dès que l'agent moral aurait à pâtir de la simple pratique du juste en présence d'autres agents décidés à ne pas respecter sa personne, il doit pourvoir au maintien et au développement de son existence, la règle de sa conduite devient un *droit de guerre* substitué à la justice. L'écart énorme que l'expérience montre entre les faits et l'idéal explique cette transformation.

13. L'agent moral, corrompu par son milieu réel, et qui se sait tel ne doit pas excuser ses faits par cette corruption, mais lutter contre elle en tenant compte des nécessités acquises. — Les devoirs de l'individu et les devoirs sociaux se trouvent donc singulièrement modifiés par la considération de la défense qui domine toute la morale appliquée, et d'où découlent toutes les obligations dans la vie réelle. Les vertus de la sphère individuelle ne sont pas moins atteintes et peut-être le sont-elles plus que les vertus de la sphère sociale. C'est même une question de savoir si elles sont encore des vertus. L'agent se doit toujours à lui-même, ce que l'idéal le plus haut de dignité peut commander concernant les choses qui dépendent uniquement de lui. Mais il doit faire, en outre, la distinction de ce qui, même dans la pratique de ses vertus individuelles est lié à la conduite des autres personnes et en dépend. Là intervient une nouvelle loi que la morale pure n'approuverait pas, mais qui est le principe de toutes les réformes, de tous les efforts pour changer le mal actuel en un moindre mal, savoir, l'application consciencieuse du jugement de possibilité, le choix des moyens utiles et la règle des ménagements en ce qui ne dépend pas de la raison et de la liberté d'un seul. Il n'est pas douteux que l'agent soit corrompu par le milieu; mais s'il se rend compte de cette corruption, il est d'autant plus engagé dans la lutte de l'être avec lui-même qu'il se sent plus éloigné de l'idéal. Il ne peut s'excuser de son impuissance en alléguant sa volonté viciée par l'hérédité des crimes de la race. Et s'il ne se rend pas compte de sa *chute* qui est incontestable, il ne peut être rendu responsable des actions mauvaises qu'il commet, que dans la mesure où il est libre et éclairé (1).

14. Modifications apportées aux vertus individuelles par le passage de la morale idéale à celle des faits. — **La défense de soi devient le premier devoir.** — En tant que lié à la vie sociale, l'accomplissement des vertus individuelles en fait des formes du droit de défense. Ainsi la *prudence*, dans l'ordre idéal et abstrait est la recherche du vrai et la culture de l'esprit; ou encore c'est une appréciation des biens que l'expérience montre comme sujets à conflits, une comparaison entre eux sous l'idée du meilleur, une coordination pratique de nos fins par

---

(1) Voy. ch. sur la Responsabilité.

l'œuvre de la raison afin d'atteindre ou de poursuivre du moins la fin supérieure en toutes choses. Mais dans la vie réelle la prudence devient le calcul des mauvaises volontés possibles et la recherche des moyens d'en éviter les effets. La *tempérance* est, par essence, un équilibre que l'agent doit établir entre ses passions et entre les satisfactions que la raison leur permet ; c'est une limitation des biens de la sensibilité aux termes voulus pour que les biens supérieurs de la vie se conservent et se développent. Mais, en présence des mauvaises volontés qui l'entourent, l'agent ne peut plus s'abandonner avec confiance à ses inclinations du genre de la bienveillance sans se mettre tout d'abord en dehors de la société. La tempérance devient donc une compression des penchants de ce genre et une légitimation accidentelle de leurs contraires. De plus, s'il s'agit d'appétits tels que l'alimentation ou des mœurs en général, l'état social où la solidarité historique nous a placés nous confère le droit de déroger, pour notre conservation aux règles de tempérance que la vertu pure s'imposerait dans une société idéale. Enfin le *courage* ou force morale, qui est la vertu même dont la tempérance et la prudence ne sont que des applications à l'ordre intellectuel et à l'ordre passionnel, se confondrait, dans l'état de paix avec l'activité même de l'être raisonnable employée à prendre et maintenir la possession de soi en luttant soit contre les attraits irrationnels de toute sorte, soit contre les causes destructives émanées de la nature. Mais lorsqu'il se heurte aux menaces et aux attentats des hommes, il devient une hardiesse à se défendre contre les attaques, puis à les prévenir, et enfin à les faire naître en les supposant constamment avec juste ou injuste raison (1).

15. Modification des vertus sociales. — Justice coercitive, répressive, réparatrice et distributive. — Quant aux devoirs sociaux, de justice ou de charité, ils sont également modifiés par la considération du droit de défense. Pour faire respecter la justice violée ou risquant de l'être en sa personne, pour conserver sa dignité et son indépendance, l'agent doit recourir à des moyens de contrainte, c'est-à-dire faire intervenir la violence et l'injustice au service de la justice. Cependant toute morale ne disparaît pas de cette situation. L'état de conflit entre les personnes n'est pas le règne exclusif de la violence de quelque jus-

---

(1) Les applications particulières de ces trois vertus sont étudiées dans le *Cours de morale pratique* ; IIe partie, *Morale individuelle*.

tice s'impose encore aux relations troublées par le principe pratique de la défense. Les hommes sentent si bien, en effet la haute nécessité morale de ce droit transformé, qu'ils lui conservent le nom de *Justice*, quoiqu'elle implique le mal volontaire en tant que *coercitive* et *répressive*, et qu'elle compense seulement le mal par le mal en tant que *réparatrice*. De plus, l'égalité entre les personnes, condition de la morale pure n'existe plus ; les unes sont dignes de respect, les autres indignes ; on ne peut donc les traiter toutes sur le même pied ; de là une justice *distributive*. Enfin la protection individuelle est insuffisante et risque d'absorber toute l'énergie de l'agent, et de lui enlever tout loisir de pourvoir non plus seulement à la conservation de son être, mais au développement de sa destinée. De là la possibilité d'une entente des individus pour organiser la défense selon certaines coutumes et pour en faire respecter les prescriptions par le moyen d'une autorité spécialement déléguée à cet effet (1), et dépositaire d'une force publique. Alors le droit positif remplace le droit naturel et rationnel, et l'on voit paraître les institutions judiciaires et gouvernementales destinées à maintenir un minimum de justice au milieu de la violence générale. Ce qui serait en soi injuste, la contrainte sur une personne, devient juste, car la mauvaise volonté que témoigne un agent le fait déchoir de sa dignité, et descendre momentanément et en partie du rang de personne à celui de chose et de chose nuisible.

16. La morale devient alors une science appliquée, c'est-à-dire un art de transformer le réel en idéal. — C'est au point de vue du droit de défense que nous nous placerons pour étudier les devoirs dans les relations générales relatives aux personnes, à leurs biens, à leurs affections. Mais la morale se réduit, dans cette condition, à faire la part des nécessités historiques et des règles inflexibles de la conscience, à « concilier l'acquit et l'inévitable avec le bien pur » (2). Elle n'est plus la science des

---

(1) C'est ce qu'il y a de philosophique dans la donnée du livre de Hobbes *sur le citoyen*, et c'est seulement en vertu d'une préférence personnelle que Hobbes entend déléguer tous les pouvoirs à un tyran absolu. Il écrivait en faveur de Charles Ier, roi d'Angleterre. Mais on peut concevoir de trois façons, au moins, l'établissement d'une autorité publique, soit par une usurpation de quelques-uns tolérée par tous les autres ; soit par un soulèvement de la foule qui se gouverne elle-même, soit enfin par élection d'une autorité renouvelable selon les variations de l'expérience et de la raison. (V. ch. XIX, sur l'État.)

(2) *Science de la Morale*, I, p. 349.

pures relations entre les agents raisonnables, mais l'art de diriger vers l'idéal des agents corrompus. Elle devient la *morale appliquée* à la réalité. Elle doit chercher les moyens de faire régner non la paix qui est impossible actuellement, mais une paix relative aussi solide que possible (1).

17. Le radicalisme et l'opportunisme en morale sociale. — Faire ainsi du droit de défense le principe de tous les droits positifs et par conséquent de tous les devoirs n'est point compromettre l'idéal. Car sans jamais perdre de vue la morale pure, il est notoire que dans bien des cas son application est devenue impossible à cause de la longue solidarité du mal dans l'humanité. Deux attitudes sont donc possibles pour les moralistes. S'ils ne veulent admettre aucune concession aux nécessités de fait, « l'homme est tel qu'il lâche tout, comme on dit, quand le but proposé à ses efforts est manifestement au-dessus de son atteinte ». Si l'on est, au contraire, sérieusement préoccupé d'obtenir un progrès de sa part, il faut commencer par lui demander ce qui est réellement possible à une raison non plus simplement théorique, mais en outre raisonnable et éclairée sur les conditions efficaces de l'action. Sous le nom de *Pratique* Aristote réunissait la Politique et la Morale, et en effet, elles ont les mêmes règles pour le passage du réel à l'idéal ; on pourrait donc dire qu'il y a une Pratique *radicale* qui n'est pas de ce monde, et une autre, *opportuniste*, qui est la seule effective et qui, à cause de cela, mérite exclusivement le nom de Pratique.

ÉCLAIRCISSEMENTS

I

L'hypothèse d'un état primitif de l'humanité où la pure justice aurait régné, a, comme celle du contrat social, une haute moralité comme mythe, malgré sa fausseté historique.

Il faut distinguer dans l'idée fondamentale du *droit naturel* une idée historique fausse d'une part, et de l'autre une notion morale, dont l'importance comme stimulant de progrès ne peut être mise en doute.

(1) V. Éclaircissement III.

Le vice de cette supposition d'un antique *état de nature* (1), de cette supposition dont les résultats furent si grands et si heureux, est grave quant à l'histoire ; car tout indique qu'un tel état n'a jamais existé, au moins en tant que société développée et fixée à de certaines relations de droit et de devoir. Mais observons bien ceci ; entre l'hypothèse, illusoire tant qu'on voudra, d'un *état de nature* parfait, et la thèse philosophique d'un état moral concevable, définissable, qui n'a point, il est vrai, été réalisé, mais qui *devait l'être*, eu égard à la nature rationnelle de l'humanité et à la possibilité constante pour une société quelconque de fixer (2) et d'appliquer (3) correctement ce qu'elle estime juste, dans les relations mutuelles de ses membres, il y a une étroite parenté morale, et les conséquences de l'une ressemblent fort aux conséquences de l'autre, dans le fait et dans la pratique.

Le Dr Whewell (4) comprenait le rôle considérable et la haute influence de ces notions morales qui prennent un vêtement historique, en disant au sujet du *contrat social* que « c'est une forme convenable pour exprimer des vérités morales ». Ainsi, d'un côté, *contrat social primitif*, d'autre part, principes généraux d'équité et de droit, qu'on suppose avoir été connus et respectés dans un certain état de la nature humaine morale et sociale. Il s'agit pour l'une de ces fictions comme pour l'autre, d'un *idéal* dont la pensée n'a certainement rien de fictif (5), encore que la matière (6) en soit variable.

Cette pensée nous donne à considérer un état de société dans lequel les relations civiles et politiques des hommes sont fondées sur le *contrat*, le *contrat* lui-même étant, quoique libre et volontaire, conforme à des règles de justice éternelle. Peut-on imaginer une conception plus propre à soutenir et encourager l'esprit d'innovation et de progrès, que cette construction idéale, alors même que la forme historique dont on l'a revêtue ne serait pas cette forme convenable que Whewell se plaisait à reconnaître ?

Dans le cas où l'humanité aurait manqué de la théorie du droit naturel et n'y aurait point suppléé par quelque autre théorie entièrement analogue, son développement n'aurait surpassé nulle part, si même il l'avait atteint, celui des sociétés qui ne voyant rien au delà de la coutume, ont décrété l'immobilité et ont rencontré la corruption irrémédiable.

Critique philsophique, IX, p. 234.

---

(1) Où les hommes, avant toute déchéance, auraient pratiqué naturellement la pure justice dans leurs rapports mutuels.

(2) Dans des lois.

(3) Dans sa jurisprudence et sa conduite.

(4) Logicien anglais contemporain.

(5) C'est-à-dire, ici, simplement conventionnel et purement imaginaire.

(6) C'est-à-dire les procédés particuliers de langage et d'imagination par lesquels se traduit cet idéal ; et ces modes d'expression varient selon les penseurs qui veulent rendre sensible l'idée. Ainsi, Rousseau, dans le *Contrat Social*, ne la présente pas de la même façon que la Bible (la vie paradisiaque avant la chute) ou encore que Hobbes, dans le Leviathan (la guerre naturelle à l'homme).

II

Droit naturel et droit de contrainte.

Il y a le bien selon la loi et le bien selon la morale. Lorsque les volontés de différents individus se dirigent vers un même objet, pour un but personnel à chacun, et dont les autres sont exclus, il s'établit une *lutte* à qui l'emportera. Le plus fort ou de corps ou d'esprit a le dessus. La *violence* et la *ruse* sont des moyens ordinaires dans l'état de nature.

Contre l'incertitude et les dangers créés pour chacun par la compétition des autres, il y a un remède ; c'est d'en venir à un arrangement ou accord touchant l'objet désiré. Cet accord est le *contrat*. S'il y a des règles d'équité naturelle qu'on s'accorde à suivre dans l'arrangement que l'on fait, on dit en ce cas qu'on se conforme à un *droit naturel*. Mais, dans tous les cas, pourvu que l'accord se forme non seulement pour la circonstance présente, mais pour toute circonstance pareille qui peut se présenter, on dit que l'on établit un *droit positif*, c'est-à-dire défini et formellement convenu. Conformément à l'idée du droit positif, le plus fort cède la place au plus faible, du moment que le contrat décide en faveur de ce dernier. Ainsi paraît l'idée de la *loi* et de ses dispositions.

Tous ceux qui prennent part au contrat regardent comme leur revenant la tâche de prendre des mesures de contrainte contre celui d'entre eux qui viendrait à le violer. L'idée de force reparaît, comme à l'origine, mais définie et constituée légalement. C'est ce qu'on appelle *contrainte légale*. De cette manière, l'homme inculte et grossier est obligé d'agir légalement, mais seulement par la crainte d'y être durement forcé ou de souffrir un châtiment. Ainsi, cet homme n'est moralement que peu au-dessus de l'égoïste complet. Il n'est pas moins vrai que ses actions sont bonnes en dehors, et pour les autres personnes. Tel est celui que la crainte de la police et des magistrats décide à respecter la propriété des autres, et qui vit dans la paix et la tranquillité.

Au lieu de cet homme, qu'on peut appeler brut ou de nature brutale, considérons celui qui se porte de son propre gré au contrat, le jugeant utile à tous et à lui-même. Celui-là sait donc qu'il est de l'avantage de chacun de se conformer à ce qui est de l'avantage de tous. Il se fait serviteur fidèle de la loi sans y être extérieurement contraint. Nous observons ici l'*intérêt personnel*, mais éclairé, réfléchi et bien entendu. Cet homme reconnaît que la loi peut conférer la puissance au faible et l'autorité au plus humble. Il obéit donc à la loi, même quand elle se trouve momentanément n'être pas à son avantage. En obéissant volontairement aux lois, il apprend à gouverner ses sensations par la raison. Il contracte par là même une certaine habitude de la *contrainte morale* ou *abnégation personnelle*, et fait le premier pas pour devenir *moralement bon*.

Les sujets volontaires de la loi sont donc très au-dessus de ses sujets involontaires ; mais il y a cela de commun entre eux qu'ils obéissent toujours en quelque manière à la contrainte.

Les dispositions légales résultent donc de la limitation des égoïsmes par contrat légal.

Petit Traité de Morale, p. 159.

III

Distinction du point de vue civil et juridique et du point de vue moral quant à la notion du droit.

Le droit, comme fait social, est né historiquement du sentiment plus ou moins confus de la nécessité et de l'intérêt ; mais ce n'est point à dire que la philosophie du droit conduise nécessairement à la morale utilitaire. La formule utilitaire « le plus grand bien pour le plus grand nombre » présuppose l'égalité des personnes, qui est une notion morale et non historique. Bentham a donc raison comme juriste, le droit n'étant et ne devant être en effet inspiré que par l'intérêt public, n'ayant rien en lui-même qui le rende moralement respectable et ne devenant sacré que par les considérations d'égalité morale et de dignité. Il n'est pas un philosophe qui n'accepte sur ce point le jugement de sir H.S. Maine : « C'est en transportant cette règle (de l'intérêt général) du domaine de la législation dans celui de la morale, que Bentham a donné leur vraie raison d'être aux justes critiques dirigées contre son analyse des phénomènes moraux. »

Revue philosophique, janvier-juin 1882, p. 207.

CHAPITRE XIII

MORALE SOCIALE (Suite)

SPHÈRE SUPÉRIEURE DE LA MORALITÉ

LA JUSTICE ET LA CHARITÉ

I. — DEVOIRS STRICTS ET DEVOIRS LARGES

1. Difficultés de limiter le droit et la passion dans l'État de paix et dans l'État de guerre. — Les relations humaines d'ordre idéal seraient régies par la justice considérée comme vertu pleine et entière, tandis que ces mêmes relations dans l'ordre réel et troublé que caractérise la guerre ont pour règles d'abord le droit de défense, puis cette vertu inférieure qui porte encore le nom de justice, non plus pure et égalitaire, mais coercitive et distributive. L'emploi, dans deux cas si différents, du même terme *justice*, provoque naturellement de nombreuses équivoques lorsqu'il s'agit de déterminer les limites réciproques de l'activité humaine dans la sphère du droit. La difficulté augmente lorsque la conduite, au lieu d'avoir un principe unique, la raison, soit parfaite dans l'ordre normal soit imparfaite et défensive dans l'ordre réel, comporte encore un mobile sensible tel qu'amour, bonté, charité (1). La passion prétend alors dépasser les prescriptions de la raison, instituer de nouveaux devoirs, et même parfois elle se déclare propre à tenir lieu du devoir. En effet, en dehors de la sphère supérieure du juste, les agents moraux ne sont-ils tenus à rien vis-à-vis les uns des autres? Et ne manque-t-il pas encore à la société parfaite quelque chose de ce qui vient de l'amour? Cette question nous amène à traiter tour à tour au point de vue de la paix et de la guerre les rapports de la justice et de la charité.

(1) Du latin, *caritatem*, amour du prochain ; *carus*, cher.

2. Les devoirs stricts et les devoirs larges sont donnés comme représentant la justice et la charité. — Pour résoudre les difficultés issues de ce conflit entre l'état de paix et l'état de guerre et dans chacun d'eux entre l'amour et la raison, on distingue quelquefois deux sortes de devoirs : les devoirs *stricts* et les devoirs *larges*. Cela revient-t-il à dire qu'il y a des devoirs envers autrui qu'il est permis de ne pas accomplir, autrement dit des devoirs qui ne sont pas dus, qui quoique donnés dans l'état social ne correspondent pas à des droits ? Cela n'est plus le sens que nous avons donné au devoir. Ou bien veut-on dire en appelant larges ces devoirs de bonté, que d'autres appelés stricts peuvent les détruire à l'occasion ? Mais il faut nous rappeler que l'essence du devoir est telle que rien ne peut prévaloir contre lui ; il ne peut pas y avoir de devoir contre le devoir.

Kant avait accepté cette opposition entre deux sortes d'obligations et appelait encore négatifs les devoirs stricts parce qu'ils défendent certains actes par une formule telle que celle-ci : « Ne traite jamais une personne comme un simple moyen. » La justice eût été d'après cela l'ensemble des devoirs stricts. Quant aux devoirs larges, ils seraient affirmatifs, positifs, puisqu'ils ordonnent directement certaines démarches de l'agent moral par une formule telle que celle-ci : « Traite toujours les personnes comme des fins. » L'ensemble des devoirs de ce genre serait la charité. On a dit, après Kant, et en vertu de ces distinctions : la justice est à la base de la moralité, la charité est au sommet ; l'une est la racine, l'autre est la fleur (1).

3. Vice logique et moral de la distinction entre ces deux sortes de devoirs. — Remarquons que la différence tirée des formules positives ou négatives de l'impératif est superficielle, car tout jugement est logiquement affirmatif autant que négatif et comprend forcément la double opération de distinguer et d'identifier. Placer le mensonge dans la classe des choses odieuses, c'est en même temps l'exclure de la classe des choses qui ne sont pas odieuses. Toute formule prohibitive est donc en même temps impérative. Toute négation comporte une affirmation corrélative. Mais outre ce vice logique de la distinction des devoirs en larges et stricts, il en est un plus grave qui tient à l'analyse même

---

(1) Marion. *Leçons de Morale*, p. 172. V. plus haut, ch. xii, § 6, note.

des données morales. Kant avait le dessein de construire une morale pure, et *a priori*, c'est-à-dire abstraite et n'empruntant rien à l'expérience. Il aurait dû, pour cela, au lieu de placer la République des fins au couronnement de son œuvre, en faire le point de départ de son analyse. En effet, comment peut-on déterminer les devoirs et les droits des hommes en morale pure si l'on ne fait pas abstraction des violences, des fraudes, en somme, des mauvaises volontés et des fatalités de toute sorte qui pèsent sur l'agent moral pris dans l'expérience ? Il eût fallu d'abord se placer dans l'hypothèse d'une société de bonnes volontés et établir quelles seraient alors les relations des associés. Si Kant avait procédé ainsi, il n'aurait pas été amené à définir le devoir par la contrainte dans la sphère du droit. C'était là faire entrer l'injustice dans la définition de la justice même. Tandis que, selon l'hypothèse de la morale pure, le devoir social n'est pas celui qui est exigible par *contrainte ;* car dans une société de bonnes volontés l'agent moral ne refuserait jamais de payer son dû, et il n'en aurait pas moins des relations de *débit* et *crédit* avec les autres agents moraux. Kant n'a donc pas suffisamment abstrait l'objet propre de la morale, il a continué les traditions de l'école rationaliste qu'il réforme sur tant d'autres points, et il a admis, comme cette école, des devoirs stricts et des devoirs larges.

4. Correction de cette théorie par M. Marion. — M. Marion a cru devoir maintenir sur ce point la tradition en en modifiant légèrement le sens. Selon lui, les devoirs stricts sont caractérisés par l'intervention de la législation pénale en cas de violation ; les autres ne se posent que pour un agent arrivé à un degré supérieur de délicatesse morale. Ainsi les premiers constitueraient un minimum de moralité au-dessous duquel commence la guerre entre les hommes ; ils seraient de pure abstention, et quoique commandés par la raison, il seraient exigibles par contrainte et garantis par la loi civile. Les seconds ne seraient pas exigibles, n'auraient d'autre garantie que la raison selon le degré de développement qu'elle a obtenu en chacun, et commanderaient non seulement de nous abstenir du mal, mais encore d'agir en vue du plus grand bien possible. Ainsi le dévouement et le sacrifice sont obligatoires pour celui que sa nature généreuse élève à ces grands sentiments, mais nul ne peut les exiger de nous. La part de libre initiative et le choix des ménagements qu'ils laissent à l'agent fait tout leur mérite ; mais ils sont tout aussi obligatoires, pour celui qui les conçoit, que les devoirs stricts ou négatifs (1).

5. Les défauts de la doctrine sont aggravés par cette modification. — Nous n'insisterons pas sur le danger de fonder le devoir dit d'abstention sur les prohibitions de la loi pénale laquelle est progressive et subordonnée aux circonstances. Il se peut que des actes qu'elle défend parfois tels que s'associer, se réunir, intervenir dans le gouvernement de l'Etat, soient parfaitement moraux en eux-mêmes, tandis que des actes qu'elle prescrit ou autorise sont parfois formellement immoraux, par exemple la juridiction souveraine du père de famille dans la loi romaine. Notons seulement que l'intervention légitime de la contrainte est une circonstance extérieure au devoir et caractéristique de l'état de guerre exclusivement. Elle ne suffirait donc pas à expliquer la différence entre les devoirs stricts ou de justice et les devoirs larges ou de charité dans la morale pure. Il nous paraît plus dangereux encore de dire (2) que plus on s'élève dans la moralité, plus le devoir apparaît comme strict parce qu'on a des délicatesses nouvelles et des scrupules de conscience plus impérieux, car pour s'excuser de ne pas remplir ses devoirs de charité l'agent pourra alléguer son infériorité morale, et ces devoirs seraient comme le privilège d'une élite et non plus comme le recommande la formule kantienne, l'objet d'une législation universelle.

6. La différence entre les devoirs ne tient qu'à celle des sphères où ils sont posés. — Ils sont, d'après nous, obligatoires pour tout agent moral et se posent à lui dès qu'il est placé, en sortant de la sphère individuelle, en face de la nature, dans ce que nous avons nommé la sphère moyenne, et dans la société ou sphère supérieure. C'est la différence de l'une à l'autre de ces sphères d'activité morale qui rend les devoirs restreints ou étendus ; ce n'est pas la sévérité plus ou moins grande de l'ordre prescrit par la raison, puisque l'impératif catégorique ne comporte ni degrés ni conditions. Les devoirs de l'individu envers lui-même ne sont pas moins impérieux que ceux qui font intervenir la complication d'un contrat entre des personnes, impuissantes, sans le concours de plusieurs volontés, à obtenir ce

(1) *Leçons de Morale*, p. 170.
(2) Id., p. 171.

résultat : le progrès social. Or la charité, en tant que devoir rentre dans les premiers, comme nous allons le voir; les seconds se résument dans la justice. Il y a, entre ces deux sphères extrêmes de la moralité des nuances de complexité, de portée, de difficulté pratique, mais il ne peut y avoir de l'une à l'autre variation d'exigences. En effet, si un devoir particulier peut être en conflit avec un autre, le devoir, en général, c'est-à-dire l'ordre moral, ne peut entrer en conflit avec lui-même. Ainsi la distinction des devoirs en stricts ou larges, n'étant pas fondée en principe ne peut expliquer la distinction secondaire de la justice et de la charité.

II. — LA JUSTICE ET LA CHARITÉ EN MORALE PURE

7. Justification de la charité comme devoir. Elle intervient après la justice satisfaite. — Il y a cependant de véritables devoirs de charité qui ne se confondent pas avec les autres, aussi bien dans l'état de paix que dans l'état de guerre. Voyons d'abord le premier cas. Supposons que tous les devoirs fussent respectés dans une société d'agents moraux, l'œuvre de la moralité sera-t-elle entièrement accomplie ? Sans doute, il n'y aurait plus par hypothèse de droits réclamant le respect refusé ou contesté, mais au delà de la sphère du devoir strictement exigible la conscience morale aperçoit un nouveau champ d'activité pour la personne. Les agents raisonnables peuvent se vouloir du bien, non seulement parce qu'ils sont raisonnables, mais parce qu'ils s'aiment réciproquement. Quand la justice est satisfaite, la bienveillance réciproque se croit obligée de faire plus encore. Dès qu'intervient au delà des limites de la justice une activité purement affectueuse mise en jeu par la passion, alors intervient la charité. Nous avons dit que le sentiment avait ses titres en morale et quelle place lui convient à la suite du devoir. La question est maintenant de savoir en quel sens cette intervention du sentiment sous forme de bonté est elle-même un devoir.

8. Dans l'état de paix la justice implique la charité. — Il ne faut pas dire que la justice nous autoriserait à nous tenir strictement dans notre droit et à le faire respecter des autres sans pitié (1). Car d'une part l'hypothèse de la paix

(1) Marion, *Leçons de Morale*, p. 282.

exclut de l'attitude d'autrui toute disposition hostile. Si cette disposition se manifestait nous sortirions de l'hypothèse et nous aurions à invoquer, pour nous retrancher sur le terrain de notre droit, non plus la justice pure, mais le droit de la défense, principe de la justice relative dans l'état de guerre. Si nous restons dans le cas de la morale pure, il faut considérer la portée de notre devoir social. Nous faisons, volontairement, partie d'un monde de personnes morales ; et notre devoir est non pas de nous abstenir de toute injustice à leur égard, mais contribuer autant que possible à la conservation et au progrès de notre association, en un mot à la réalisation et au maintien du bien commun. C'est là le principe même des relations pures de débit et de crédit (1). Nos associés ont donc le droit de compter sur nous, de fonder une *attente* sérieuse sur notre *promesse* implicite ou explicite. Notre concours leur est indispensable puisque les biens particuliers sont fonctions du bien commun. Refuser ce concours ou ne pas l'accorder dans la mesure de nos forces, ce serait donc rendre impossible le développement ou même parfois la conservation des personnes. Ce serait violer le devoir de respect en montrant par là que nous ne sommes plus des êtres sociaux. De plus, « il est impossible qu'une personne avance vers la perfection si elle n'a souci que d'elle seule, si elle ne fait pas chaque jour tout ce qui dépend d'elle pour que ceux qui l'entourent grandissent en vertu, accroissent leur dignité et leur bonheur. » Ainsi, dans la morale pure, la justice implique non seulement l'abstention de tout acte capable de porter atteinte aux personnes, mais encore le sacrifice volontaire et partiel de soi et de ses biens, autrement dit la bonté, la charité (2).

9. La passion bienveillante et la raison s'unissent dans la vertu parfaite. — Lorsque la bonté se soumet ainsi à la règle de respect du droit pleinement entendue et s'en fait le supplément libéral, elle devient rationnelle et alors elle porte le nom de mérite ; mais en ce sens, même elle ne peut être identifiée à la justice ni se substituer à elle. Dans la morale pure, mériter, c'est faire quelque chose de plus que son devoir, c'est accomplir certains actes qui impliquent non seulement paiement et restitution de ce qui est dû à autrui, mais en outre don volontaire de

---

(1) V. ch. précédent.
(2) Éclaircissement 1.

ce qui ne saurait être exigé de nous et abandon de ce que nous pourrions exiger légitimement d'autrui. Dans cette disposition plaçant les fins d'autrui dans les siennes propres, on les agrandit par un sorte de luxe moral. Le premier degré de mérite ainsi obtenu est essentiellement de l'ordre du beau, il est objet d'amour, comme il a son principe dans l'amour. Si elle n'est pas accidentelle, mais constante, la bonté devient alors l'habitude de tendre au bien d'autrui et de s'en émouvoir facilement. Cette disposition établie avec connaissance de cause et malgré la contrariété mutuelle des fins entre les hommes amène l'agent moral à préférer sous l'impulsion du cœur les autres à soi-même.

10. En cas d'harmonie entre la charité et la justice, paraît la vertu d'ordre. En cas de conflit la charité est l'abandon de toute règle. — Mais deux cas peuvent se présenter ici dont la divergence vous fera voir que si la justice implique la charité, la réciproque n'est pas vraie, même dans la morale pure qui est, pour le moment, notre seul objet. En effet, la charité poussée jusqu'à ce point peut ou bien rester encore dans les limites de la raison, ou bien troubler l'ordre rationnel des devoirs au profit de la passion. Dans le premier cas la raison, réglant le partage entre les affections, et la préférence donnée à autrui sur soi-même se subordonnant à la loi du juste, la charité devient une pratique de l'ordre et de la vérité dans les passions humaines. Cette passion de l'ordre, cet amour dont quelques moralistes ont fait une définition de la vertu, devient à son tour l'auxiliaire le plus puissant de la justice et son complément indispensable dans les relations humaines. Dans le second cas, ce qu'il y a de généreux dans l'essence de la passion de bonté qui se substitue au devoir et se met au-dessus de lui prend le nom de sacrifice. Or il n'y a pas de limites à une telle passion ; elle ne contient aucune règle en soi et peut nous porter jusqu'à l'anéantissement délibéré de nous-mêmes en ce qu'elle consiste essentiellement « dans un bien fait aux autres au prix d'un certain mal que nous nous infligeons volontairement à nous-mêmes ». Où s'arrêter dans cette voie ? Que reprocher au brahmane qui n'ayant pour règle que la pitié pour tout ce qui vit, déclare que si une panthère affamée était sur le point de mourir de faim, il s'offrirait de lui-même en pâture par charité ? Le brahmane est encore dans la logique de cette doctrine de pur amour quand il dit : « Celui qui, attaqué, ne résiste pas, et se montre doux à ses ennemis, celui-là est pur, » ou bien quand, insulté, frappé, menacé enfin dans sa vie, il s'écrie : « Ce sont des hommes bons, ce sont des hommes doux, ceux qui me délivrent avec si peu de douleur de ce corps rempli de souillures ! » Il mérite alors cet éloge de son Dieu : « Va, Purna, délivré, délivre ; consolé, console ; parvenu au Nirvâna complet, fais-y parvenir les autres! (1) » Il suffit de remarquer, pour caractériser cet abus de la charité livrée à elle-même que l'agent moral n'a pas plus le droit de se faire du mal que d'en faire à autrui. La violation de la personne morale soit dans sa dignité soit dans son droit est toujours un crime qu'aucune charité ne peut excuser.

11. Si le sacrifice de soi est réclamé par la raison et non par la passion, il devient un devoir. — Il faut distinguer de ce sacrifice inspiré seulement par la passion le dévouement de tout notre être, jusqu'à la mort même, au service d'un bien que la raison déclare supérieur à notre vie. Si elle nous commande de ne pas tenir compte de notre conservation personnelle dans des cas où l'accomplissement du devoir peut nous exposer aux dangers suprêmes, c'est au nom de la dignité ou de la justice et non pas au nom de la passion qu'elle réclame de chacun d'entre nous la fière attitude des hommes qui ne transigent pas avec l'obligation morale, comme Leonidas, ou d'Assas, ou Baudin.

12. — Le devoir de charité est réductible au devoir envers soi. Exemple de l'assistance. — D'après cette analyse, voici donc quelle serait la nature du devoir de charité. Il signifie que l'agent doit cultiver en lui-même ses bons sentiments et leur obéir quand la justice ne s'y oppose pas. Il n'est donc pas nécessaire et il est même inexact de transformer ce devoir de bonté tout individuel en un droit qu'autrui pourrait revendiquer sur nous. La bonté est en un certain sens un devoir, mais un devoir vis-à-vis de nous-mêmes. Elle n'est pas un débit, une dette, elle ne constitue donc pas chez autrui une créance. Aucun créancier ne peut revendiquer des droits sur notre bonté. C'est là un des cas que nous avons signalés, où le devoir ne correspond pas à un droit, car tout droit est exigible, et il y a des devoirs qui

---

(1) Marion, *Leçons de Morale*, p. 19.

ne peuvent être exigés par personne. Le devoir de bonté est le type même de ces sortes d'obligations intra-personnelles, c'est-à-dire qui se posent dans la sphère élémentaire de la morale.

Un des exemples les plus controversés de cette règle se présente au sujet du devoir d'assistance de personne à personne. Puisque la bonté n'est qu'un devoir envers soi-même, la manifestation de cette bonté, c'est-à-dire le devoir de soulager les hommes aux prises avec l'adversité, n'est pas légalement exigible, ne confère pas un droit à autrui. Il n'y a donc là vraiment qu'un devoir envers moi-même, car si nous refusons de secourir autrui, nous violons en nous les tendances de notre nature sympathique. Assurément ma raison peut réclamer, pour la réalisation du bien commun, tous mes efforts et à ses yeux mon abstention à la limite du contrat positif serait condamnable. Mais nul n'a le droit de réclamer l'exécution des devoirs que j'ai envers moi-même. C'est la société seule en général qui a un devoir d'assistance, vis-à-vis des individus, mais les devoirs réciproques des individus ne comportent pas l'application universelle de ce devoir aux cas individuels (1).

13. Notre nature sensible peut être émue sympathiquement en présence de la nature sensible hors de nous et il est bon de céder à cette émotion quand la justice est garantie. — Le devoir de bonté n'est donc pas une obligation bilatérale, c'est simplement un devoir du sujet moral à l'occasion de la nature vivante et sensible qui se trouve hors de lui chez ses semblables, de même que nous avons des devoirs personnels à l'occasion de la nature physique ou animale. Il n'y a de devoir sous forme de dette qu'entre des personnes liées entre elles par la promesse et l'attente que garantit une égale dignité ; et au point de vue de la bonté, si nous sommes obligés à quelque chose, c'est envers *la nature* d'autrui et non pas envers *la personne* d'autrui. L'occasion de notre devoir de bonté, c'est non pas l'être moral qui a une dignité comme la nôtre, et des droits revendicables, mais plutôt l'être sensible, l'être souffrant, et souvent l'être coupable. C'est un semblable encore, qui, à ce titre, mérite notre sympathie, notre bienveillance, mais ce n'est plus un égal, l'associé d'un contrat. C'est un devoir pour moi d'être bon à l'égard d'autrui, lorsque

---

(1) V. ch. XVI, sur *la Propriété*.

lorsque tous les autres devoirs sont satisfaits, et ces autres devoirs sont ceux de justice, les seuls exigibles.

14. Résumé. La charité est distincte de la justice dans la morale pure. — Ainsi, en morale pure, le mérite, la charité, le dévouement bien qu'impliquées dans la justice, sont en dehors des relations de droit. La charité est donc une façon de traiter les personnes qui en sont l'objet mieux que sur le pied d'égalité, en s'efforçant par exemple de leur rendre la vie plus agréable ou meilleure par l'abandon gracieux de ce qui est nôtre. En ce sens un homme poli est plus qu'un homme honnête, et un homme gracieux, galant est plus encore que poli. Il y a là une sorte de raffinement de l'idéal social très digne d'approbation, mais il faut se rappeler que le rôle légitime de l'amour et de la charité ne peut commencer qu'après l'achèvement de la justice et que l'amour ne peut s'exercer légitimement qu'en se soumettant à elle. On ne peut donc pas fonder la morale sur l'amour ; il peut être pour elle un couronnement, mais il n'est pas une base. C'est que l'amour livré à lui-même serait l'arbitraire et l'arbitraire ne peut être permis que là où il est sans danger moral, c'est-à-dire après le plein accomplissement de la justice.

III. — LA JUSTICE ET LA CHARITÉ DANS L'ÉTAT DE GUERRE

15. La pratique de la justice, dans la morale appliquée, n'est possible que par la charité. — Si nous passons dans l'état de guerre, nous voyons un autre sens du mérite et en même temps une confirmation expérimentale et historique de la différence irréductible que nous établissons entre la justice et la charité. En effet, à n'envisager que théoriquement tout d'abord la place que peut obtenir la charité, dans la société réelle supposée relativement juridique, il peut y avoir du mérite uniquement à faire son devoir. L'observation de la justice, n'est plus possible dans cette situation, sans une certaine part de charité. Cicéron l'a bien dit, personne ne peut être juste sans charité. Car, dans l'état de guerre, pour que je sois juste envers une personne coupable d'injustices actuelles ou anciennes, il faut : 1° que je maîtrise les sentiments de haine, de vengeance qu'elle m'inspire ; 2° il faut que je réprime mon dégoût et mon mépris pour voir mon égal dans cet homme que la justice avilit ; 3° il faut que je risque ma sécurité, que je m'expose à l'injustice d'autrui, si je veux rester juste. Ainsi donc, c'est de ma part un acte de sacrifice et de dévouement que d'être scrupuleusement juste. Le devoir qui dans l'état de paix était simplement l'acquittement d'une dette devient quelque chose de plus dans l'état de guerre. On se découvre soi-même, on s'enlève des garanties pour n'en pas faire peser trop le poids sur des personnes dont on connaît cependant la volonté hostile. Il y a là beaucoup de grandeur puisque je donne plus qu'on ne m'a donné. Enfin dans l'état de paix, je pouvais ne pas mériter, il suffisait que je fusse juste, tandis que dans l'état de guerre, si je ne mérite pas, je démérite, je me rends coupable. Ainsi donc, aussi bien dans l'état de paix que dans l'état de guerre, la charité est chose différente de la justice.

16. Le droit de défense n'implique pas la charité. — C'est ce que signifiait le proverbe latin : *Summum jus, summa injuria*, c'est-à-dire, le droit revendiqué jusqu'à sa dernière limite est la forme extrême de l'injustice.

En effet, si je me préoccupe uniquement de mes droits et de leur défense, je ne viole pas la justice relative de l'état de guerre où je vis, mais je ne traite plus les membres de la société comme des personnes, je leur fais l'injure de les considérer définitivement comme des forces brutes et nuisibles et comme je suis autorisé, à la rigueur, à prendre cette attitude, je mets donc la justice au service de mon injustice apparente ce qui est bien plus insupportable qu'une violation manifeste et avouée du droit des personnes. Cependant, l'attention exclusive à protéger le droit personnel ne peut être considérée comme l'unique et complète forme de la justice même dans l'état de guerre. La défense n'est pas le seul et constant souci de l'homme dans la réalité sociale ; car en ce cas « la vie ne vaudrait pas la peine d'être vécue ». L'homme juste est, dans l'état de guerre, celui qui, après avoir pourvu à sa défense, travaille à préparer le retour à des relations pacifiques et normales et, par bonté, se relâche de ses droits, fait preuve non d'humilité mais de patience ; celui qui n'abdique pas entièrement comme le brahmane, mais procède par les voies de douceur, de charité, de bienveillance avant de recourir à la contrainte. Enfin le juste devient magnanime, il s'élève jusqu'au pardon des injures, quand le respect ultérieur de sa dignité et de son droit lui paraissent probables.

17. La charité, dans l'état de guerre, ne peut intervenir qu'après l'accomplissement de la justice. — En ce sens on a pu dire : « La charité est à la justice ce que le génie est au bon sens. » Il serait peut-être plus exact de dire que la charité entendue comme nous venons de le dire est à la justice, dans la morale appliquée, comme le génie artistique ou littéraire est à la correction. Celle-ci est exigible chez l'auteur et l'artiste. Elle est une règle certaine, un critère, mais elle n'est qu'un minimum. Il y a déjà du mérite à écrire sans incorrections, comme il y a du mérite, dans l'état de guerre, à faire simplement son devoir sans commettre d'injustices. Dès qu'on s'élève au-dessus de cette règle défensive on arrive au talent, au génie, à la charité. Mais de même que le génie, dans l'art, ne s'allie pas toujours au goût pur, de même la charité n'implique pas forcément cette sorte de correction dans les relations sociales qui est la justice et peut même se trouver en conflit avec elle.

La bonté n'a pas en soi une règle certaine et peut entraîner dans son incertitude les autres devoirs. Par exemple, dans les nombreux cas où la justice réclame l'exécution des promesses, il en est dans lesquels cette exécution est un mal pour celui qui les a faites, ou pour celui qui les a reçues ou pour d'autres personnes et même pour des sociétés entières ; et alors, si la bonté refuse ce que la justice exige ou défait ce que la justice a fait, celle-ci se trouve violée et c'est au nom d'un devoir, d'après l'hypothèse, que cette violation du devoir se produit. C'est cette contradiction qu'il faudrait lever pour faire admettre que la bonté ou l'amour ou la charité est par soi-même un devoir. Par exemple, la justice réclamait à la Convention la répression des insurgés de la Vendée et du fédéralisme lyonnais. Si les généraux chargés de ces justes, mais douloureuses missions, se fussent laissés toucher de pitié dans leur œuvre, la bonté eût défait l'œuvre de la justice. Cette opposition tragique des deux notions a inspiré le bel ouvrage de V. Hugo, *Quatre-vingt-treize*, et dans les splendeurs du récit se manifeste la fausseté morale de cette thèse chère au poète, que l'amour et la bonté rachètent et effacent l'injustice et même peuvent tenir lieu de justice. C'est la même thèse que l'on trouvait déjà dans la pièce : *Sultan Mourad*, de la *Légende des siècles*. Ici elle nous fait assister aux défaillances successives : 1° de Lantenac, général des insurgés qui oublie ses devoirs de chef de parti par pitié pour trois enfants en danger d'incendie ; 2° de Gauvain, le général de la Convention, qui, au lieu de faire fusiller son prisonnier, ainsi qu'il en a accepté la mission, croit devoir le faire évader; 3° de Cimourdain, le commissaire de la Convention qui, après avoir fait tomber la tête de son ami Gauvain sur l'échafaud, pour punir la trahison, se donne la mort, résolvant ainsi par le suicide le conflit entre la justice et la passion.

En vertu du même principe, nous jugeons insuffisante, juridiquement, la morale de l'Evangile dans des cas comme la parabole de l'enfant prodigue, par exemple, où le fils coupable et repentant donne plus de joie au père que le fils qui est resté constamment fidèle à ses devoirs. En effet, dans cette circonstance la justice sous sa forme distributive est violée (1). La même observation peut encore être faite au sujet du conseil de tendre la joue gauche lorsqu'on a reçu un soufflet sur la droite, parce que dans ce dernier cas c'est le principe de dignité et de défense personnelle qui est abandonné (2).

Ainsi donc, aussi bien dans l'état de paix que dans l'état de guerre, la charité est chose différente de la justice.

18. La charité qui n'est pas le pur complément du Droit est pernicieuse. — Si maintenant nous envisageons dans l'histoire les circonstances où la charité a été invoquée comme le principe supérieur du gouvernement de soi-même et d'autrui, nous voyons que non seulement la notion de l'amour ne contient pas celle du respect du droit, mais que de plus la charité telle

---

(1) *Evangile*, sous le nom de Matthieu, chap. v, versets 38 à 40 : « Vous avez appris qu'il a été dit : « Œil pour œil, dent pour dent. » Et moi je vous dis de ne pas tenir tête au méchant; mais s'il te frappe sur la joue droite, tends-lui aussi l'autre; si quelqu'un veut plaider contre toi et t'ôter ta tunique, laisse-lui encore le manteau. » Exagération peu raisonnable et même dangereuse, dit M. Havet, quoique passionnée et éloquente; car il faut savoir lutter contre le mal. Et surtout celui qui se résigne trop aisément à ce qu'on lui fasse injure se résignera plus aisément encore à l'injure faite à autrui. (Havet, *Le Christianisme et ses origines*, t. IV, p. 266.) V. chap. xv, l'attitude à prendre vis-à-vis des intolérants, p. 251.

(2) *Evangile* sous le nom de Luc, ch. xv, §§ 11 à 32. « C'est le chef-d'œuvre des paraboles. L'idée première est purement théologique : l'aîné est le Juif, observateur de la loi ; le cadet est le Gentil, qui en était bien loin, et pourtant qui est sauvé, et pour qui sont toutes les complaisances ; mais l'écrivain, en racontant, oublie sa thèse pour son récit et se livre tout entier à son personnage. Au fond, cette thèse n'est équitable en aucun sens, ni à l'égard des Juifs, ni à l'égard du fils aîné ; mais l'habile conteur s'y prend de manière à la faire passer. Il ne parle pas de déshériter l'aîné pour le plus jeune : c'est bien, je crois, sa pensée, mais il sent que cela nous révolterait. Il se borne à faire tuer le veau gras pour le cadet repentant, et quand l'aîné se fâche de cette réjouissance, dont, après tout, il aura sa part, nous finissons par trouver que c'est lui qui n'est pas assez bon, et qu'il a tort de se plaindre. » (Havet, *Le Christianisme et ses origines* t. IV, p. 288.)

qu'on l'a toujours vue à l'œuvre, la charité organisée des Eglises qui se sont faites les éducatrices de l'âme humaine, n'a jamais cru que la justice, c'est-à-dire le respect de la liberté physique et morale des personnes, fût une condition à observer dans la poursuite de ce but : la formation de la bonne volonté en autrui. Jamais l'usage de la contrainte ne lui a paru illégitime. Et même on a pu dire avec raison que « la charité, lorsqu'elle ne regarde que son but, lorsqu'elle entend se suffire à elle-même, est logiquement conduite à l'emploi de la contrainte (1). »

19. La charité livrée à elle-même se croit autorisée à prouver l'amour par la contrainte. — « La famille est la sphère où se meut cette charité spéciale qui s'appelle l'amour paternel et maternel. Cette charité désire, veut que l'enfant veuille le bien ; elle veut qu'il ne veuille pas le mal. Que fait-elle pour arriver à ce résultat ? Elle s'applique à susciter en son cœur des mobiles qui le poussent au bien et qui l'éloignent du mal ; elle limite sa liberté physique, ses relations avec les membres des autres familles ; elle le sépare complètement ou en partie du milieu général et lui en fait un particulier, favorable à l'éclosion et à la croissance des bons sentiments et où les mauvais tendent à s'affaiblir et à s'éteindre ; elle s'efforce de lui faire contracter de bonnes habitudes et de l'empêcher d'en prendre de mauvaises ; elle fait jouer tour à tour le ressort de l'espérance et celui de la crainte ; elle unit sans cesse, dans l'action méthodique qu'elle exerce, la contrainte à la persuasion. »

Qui donc ignore la réaction des actes extérieurs sur les dispositions intérieures ? Qui n'a observé les conséquences bonnes et mauvaises de la tendance que nous avons à nous imiter nous-mêmes et à imiter les autres ? Est-ce que l'œuvre entière de l'éducation ne consiste pas à tenir compte et à tirer parti de ces liens de solidarité ? Qui donc peut nier que la contrainte n'y ait une place importante et n'y soit d'un usage efficace pour augmenter la solidarité du bien et diminuer la solidarité du mal ?

L'amour paternel et maternel est le type sur lequel s'est toujours modelée la charité générale, la charité des religions et des Eglises. Saint-Augustin, qui avait pour les *donatistes* une charité ardente, qui voulait énergiquement qu'ils voulussent le bien, avait d'abord repoussé l'idée d'employer la force à le leur

---

(1) M. Pillon, *Critique Philosophique.*

faire vouloir, pensant que la force, impuissante sur la volonté, n'était bonne qu'à « changer en catholiques dissimulés ceux qu'auparavant on savait ouvertement hérétiques ». Mais il ne tarda pas à abandonner cette opinion. Des exemples lui démontrèrent que la contrainte peut avoir sur la volonté une action indirecte et auxiliaire, très réelle et très avantageuse. Il conclut qu'il faut « faire marcher ensemble le bon enseignement et la crainte utile, de façon que non seulement la lumière de la vérité chasse les ténèbres de l'erreur, mais que la charité brise les liens de la mauvaise coutume, et que l'on ait alors à se réjouir du salut de plusieurs ».

20. Conclusion. Rapports de la justice et de la charité. — Le droit a besoin d'être protégé contre la charité, parce que la charité ne saurait trouver dans son principe, quelque définition qu'on en donne, ni dans son expérience, l'obligation de respecter le droit. C'est de la morale rationnelle qu'elle doit accepter cette obligation. Qu'on l'éclaire tant qu'on voudra, si elle ne veut chercher de loi qu'en elle-même, elle sera toujours assez mal avisée pour songer, à l'occasion, à briser par la contrainte « les liens de la mauvaise coutume ». C'est une tentation naturelle à laquelle elle ne résistera pas.

Il ne peut donc se trouver qu'une circonstance où soit possible la réduction de la charité à la justice : c'est celle où la justice est entendue au sens de perfection morale impliquant aussi bien les devoirs de dette que ceux de bonté (1). Assurément, comme on a pu dire que le plus sûr moyen d'obtenir le plus grand bonheur possible dans la société des hommes, serait d'y généraliser la vertu, on peut dire aussi que l'avènement de la charité dans les relations humaines sera contemporain de l'achèvement de la justice. Mais jusqu'alors la différence restera profonde entre ces deux notions.

ÉCLAIRCISSEMENTS

I

Une société qui n'aurait d'autre principe que la justice impliquerait la bonté.

Si l'empire suprême de la justice nous paraît dur, c'est que nous ne

---

(1) V. Éclaircissement I.

remarquons pas assez combien il est nécessaire, combien la règle de la conduite humaine, la raison, est indispensable à la garantie, à la durée et à la bonne administration de nos biens, et que nous ne savons pas nous rendre compte des désordres qu'entraîne partout et toujours le sentiment pris pour mobile exclusif des actes ; c'est aussi que nous ne sentons pas la beauté du juste, et que nous lui reprochons d'exclure les affections qu'il ne fait que régler, nous laissant tromper peut-être par l'hypocrisie de ceux qui couvrent leur insensibilité sous le manteau d'une froide et fausse raison. Si enfin l'empire de la justice nous semble insuffisant pour le bonheur des hommes, c'est que nous sommes malheureusement privés de ce spectacle que la terre n'a jamais contemplé. Jamais les hommes n'ont pu se rendre compte, et même de bien loin, de ce qui arriverait dans un monde où chacun ferait son devoir, je dis seulement à peu près, et en supposant qu'il ne le ferait que *par devoir*, tous sentiments exclus, si c'est possible. Mais ce n'est pas possible ; en réalité, ce monde où la *raison* commanderait serait un monde où la *bonté*, libre enfin des chaînes dont l'iniquité la charge de toutes parts, nous paraîtrait régner toute seule. La justice ne serait pas plutôt établie, si véritablement elle l'était, qu'on verrait le mérite éclater de toutes parts dans les relations humaines.

Renouvier. *Science de la morale*, chap. XXVI, p. 464.

11

Accord de l'amour et de la justice quand celle-ci est la règle suprême.

Seul le formalisme a droit d'affirmer qu'il existe une nature morale, créée par notre liberté dont nous pouvons écouter les conseils sans défiance, et qui est la *nature aimante*. La morale kantienne, descendue des froides hauteurs de l'abstraction, retrouve les principes proclamés par le genre humain : elle justifie et sacre de l'auréole morale la pitié et la miséricorde, la bonté « qui est comme la marque de la nature divine dont nous sortons »; elle reprend et édicte par elle-même le précepte de la sublime religion de charité dont les hommes de foi savent la lettre et dont les hommes de cœur savent l'esprit : Aimez-vous les uns les autres. Destinée à régner sur l'humanité, elle admet, elle réclame la vertu qui porte le nom même de l'humanité; et ses règles sont devinées par le cœur avant d'être promulguées par la raison. Elle permet à notre âme d'aller tout entière, suivant le mot de Platon, à la vérité et au bien; elle ne veut pas la vertu farouche et le devoir sans émotions ; elle nous laisse le droit aux larmes de la compassion, au sourire de la reconnaissance, aux regards qui enveloppent une âme de tendresse, et portent un cœur à un autre cœur. Il n'y a point de déduction morale qui condamne les élans et les pleurs de l'âme charitable ; et si la logique avait paru exiger un tel sacrifice, une voix mystérieuse nous avertirait, au nom du devoir même, de le lui refuser. Nous sommes faits pour le devoir, mais par le devoir, pour l'affection : lui seul même la rend possible en lui promettant la durée, en l'affranchissant des calculs destructeurs de l'égoïsme, ou des chaînes dissolvantes de la volupté, des convoitises qui la font rougir d'elle-même, se décourager et se prendre en mépris ; seul il peut prononcer le mot *toujours* sans lequel l'amour se moque de lui-même et que la nature arrête sur nos lèvres, transformant notre sourire de tendresse en un sourire d'ironie ; il donne à nos dévouements la pureté inaltérable, leur épargne la terreur de l'inconstance ; il en met le trésor au-dessus même de nos défaillances, et tresse des chaînes qui sont légères parce qu'elles sont indissolubles. Défendue par l'espérance seule d'un bonheur fragile et imprudemment attendu du caprice de la nature, l'affection aurait perdu ses titres à notre confiance : le devoir les a retrouvés. Aimer, c'est renoncer à soi-même sans le savoir ; vouloir librement, c'est renoncer à soi-même en le sachant. La moralité est la forme réfléchie de l'amour; l'amour est la forme inconsciente de la moralité.

C.-A. VALLIER. *L'Intention morale*, p. 141.

CHAPITRE XIV

MORALE SOCIALE (suite)

LES DROITS INDIVIDUELS
L'ESCLAVAGE ET LE SERVAGE

I. — EXAMEN DES HYPOTHÈSES JUSTIFICATIVES

1. — La libre possession du corps est la garantie de toutes les autres libertés. — Le premier droit personnel est la possession de soi-même attribuée à une personne. Elle possède son corps à l'exclusion de toute autre personne. En effet, les fonctions de l'être humain étant indissolubles entre elles, on ne pourrait pas laisser à la personne la propriété de sa conscience, et lui enlever celle de son corps, parce que la liberté du corps étant le moyen d'appliquer et de garantir au dehors la liberté de l'âme, refuser le moyen, serait refuser la fin. La liberté du corps est donc le moyen et la garantie de la liberté de l'âme.

2. Trois hypothèses pour expliquer historiquement l'apparition de l'esclavage. — Comment donc l'esclavage a-t-il pu naître ? On répond en faisant l'une des trois hypothèses suivantes auxquelles on cherche un fondement historique. C'est la guerre qui a donné naissance à l'esclavage, c'est-à-dire à la possession d'une personne par une autre. Dans l'état de guerre, les personnes ont été amenées à détruire autrui parce que c'était là l'unique moyen de se conserver soi-même. Toutes les fois que les nations voisines sont arrivées à ne pouvoir se conserver chacune qu'en détruisant l'autre, la guerre s'est produite ; puis la situation se généralisant par l'habitude de regarder l'étranger comme un ennemi qui vous détruira si vous ne le détruisez, le souci principal des peuples est devenu l'art de la guerre, c'est-à-dire l'art de détruire un autre peuple. Dans un tel état, il est arrivé deux choses : 1° que, au lieu de mettre à mort le prisonnier, on l'a laissé vivre en exigeant de lui de travailler pour le vainqueur ; 2° qu'une nation entière, envahie, a été réduite à l'état d'esclave ou d'ilote. On peut ajouter cette troisième hypothèse : un homme isolé, se trouvant dénué de tout moyen de vivre, au lieu de se les procurer par vol ou violence, engage sa liberté et celle de ses descendants pour obtenir sa subsistance.

3. Trois hypothèses pour justifier moralement l'esclavage ; prétendue amélioration du sort de l'esclave par la Traite. — Voilà trois explications possibles sur l'origine de l'esclavage. Il faut en éliminer trois autres qui n'ont aucun fondement historique ni juridique : on dit d'abord que la condition de l'esclave est rendue meilleure que son état de liberté antérieure parce que son maître le fait vivre dans un certain bien-être et qu'ainsi il peut être permis de forcer des hommes à travailler pour d'autres, et de les *traiter* comme marchandise, moyennant la garantie d'un bien-être relatif. C'est là justifier un moyen odieux par une fin en apparence charitable, alors que la fin peut être obtenue par des moyens meilleurs, en tout cas n'ayant rien de criminel.

4. Le consentement de l'esclave. — Une deuxième justification est également insupportable. Elle consiste à dire que l'esclave ne réclamant pas son affranchissement et se trouvant bien dans sa condition, c'est être trop soucieux de la liberté d'autrui que de le contraindre à en jouir. Cela prouve seulement que non seulement l'on a asservi le corps, mais qu'on a fait des âmes d'esclaves en y tuant le ressort même de la dignité personnelle. Reste enfin à éliminer l'hypothèse soutenue par Aristote de l'esclavage naturel (1).

5. L'esclavage naturel d'après Aristote. — Aristote suppose que le citoyen ne peut se livrer aux fonctions publiques, intellectuelles et artistiques, qu'à la condition d'avoir du loisir, et pour cela d'être affranchi des nécessités du travail manuel, lequel doit être exécuté cependant, et ne peut l'être que par

---

(1) Éclaircissement I.

des esclaves. De là cette conséquence que le travail manuel est déshonorant pour les personnes de condition libre. Socrate avait déjà émis à ce sujet une protestation indirecte que nous trouvons dans les souvenirs rapportés par Xénophon. Mais il n'aborda jamais de front la question de l'esclavage pour le condamner, pas plus qu'aucun philosophe de l'antiquité ou même du moyen âge chrétien. On trouve bien quelques penseurs qui ont plaidé la cause de l'indulgence ou de la pitié en faveur de l'esclave, Platon par exemple (1), mais personne et en particulier aucun père de l'Eglise n'a reconnu le droit violé dans la personne de l'esclave. Seule la Révolution française a aboli sur son territoire au nom d'un principe de droit naturel l'asservissement de certaines races d'hommes à d'autres races, en 1789 pour la métropole, en 1848 pour les colonies, et seul le philosophe Aristote, préoccupé de justifier tous les faits par leur raison suffisante, a eu le courage de présenter une apologie de l'esclavage fondée sur ce fait qu'il est des hommes que la nature même a faits esclaves. Il suffit pour lui répondre de remarquer que la prétendue différence des races humaines, dont les unes seraient naturellement bonnes pour obéir et les autres pour commander, est au-dessous de toute discussion. Tout homme qui possède les attributs humains, c'est-à-dire raison et volonté, a une dignité qui l'égale à toutes les autres personnes. Nous verrons plus loin que sur ce point la science de l'utile est d'accord avec la science du juste.

6. Les trois hypothèses historiques se fondent sur le droit de défense sociale et personnelle garantie par l'esclavage. — Restent donc les trois premières hypothèses que nous avons présentées pour justifier l'esclavage. D'abord, celle de la vie laissée au vaincu en échange de sa liberté semble impliquer un droit de vie et de mort sur l'ennemi désarmé. En effet, selon l'hypothèse, le vainqueur ne peut pourvoir à sa conservation qu'en assujétissant son ennemi et en comptant sinon sur sa parole, du moins sur les idées courantes en fait de droit de la guerre. D'autre part, le vaincu peut se croire obligé en vertu des mêmes opinions courantes. De là un contrat consenti entre eux et stipulant l'esclavage. Voilà une justification de la première hypothèse. C'est donc au nom du droit de défense que le vain-

---

(1) Eclaircissement II.

queur, dépourvu d'autres moyens pour se conserver, invoque le droit de réduire en esclavage le vaincu.

Quant à la deuxième hypothèse, celle d'un peuple tout entier devenu serf d'un autre peuple, elle a aussi un fondement historique : l'esclavage collectif peut être établi par le fait d'une convention, tout comme l'esclavage individuel dans le cas précédent. De peuple à peuple, il peut venir une sorte de contrat en vertu duquel, au lieu d'exterminer entièrement le peuple vaincu, on le laisse vivre, avec charge pour lui de cultiver la terre au service du vainqueur. De tels exemples se rencontrent fréquemment dans l'histoire. Par exemple, dans l'histoire grecque, les ilotes de Sparte, et même dans l'histoire de la Gaule les Rèmes (Reims) avaient pour esclaves les Tricanes (Troyes) (1). Le vaincu et le vainqueur dans ce cas peuvent être d'accord sur les termes d'un prétendu droit de conquête, lequel, il faut le reconnaître, n'a été répudié formellement par aucun peuple, excepté de nos jours. Supposons ces idées courantes établies, l'envahisseur maître du territoire peut se supposer en état de traiter de la paix et du désarmement avec le vaincu, auquel il accorde la vie, moyennant la servitude. Et c'est encore le droit de défense qui est invoqué.

Dans la troisième hypothèse, on suppose un territoire entièrement occupé par une société et fermé à tout étranger comme à l'ennemi, par suite du droit de défense sociale transformé en droit de guerre. L'étranger survenant, dépourvu de ressources, peut lui-même se croire autorisé, sous peine de mourir de faim, à traiter avec l'occupant de son propre servage et de celui de ses descendants, ce qui serait encore une application du principe de la conservation personnelle.

7. Leur justification morale est nulle, car aucun contrat entre les personnes ne peut stipuler l'esclavage. — Examinons, après le fondement historique, la valeur morale de ces hypothèses. Dans la première, le pacte intervenu est vicié. Dans le contrat intervenu pour faire du prisonnier un esclave, on invoque le droit de la défense, mais elle n'est légitime que lorsqu'elle est bornée au strict nécessaire, et il suffirait au vainqueur que ses droits fussent stipulés et reconnus pour l'avenir par le vaincu, lequel est du reste en état d'impuissance, sans

---

(1) Rambaud, *Histoire de la civilisation*, 1ᵉʳ vol. A Colin et Cⁱᵉ.

qu'il fût nécessaire de le réduire en esclavage. On peut objecter que l'engagement pris par le vaincu de respecter le vainqueur ne serait plus sincère en ce cas ; cela est possible, mais il ne devient pas plus sincère de la part de l'esclave. En outre, les garanties prises sur le vaincu sont excessives et n'ont pas le mérite d'établir la paix relative au lieu du conflit permanent, puisqu'elles maintiennent à l'état constant le droit de guerre. Il n'y a donc pas eu un véritable contrat entre personnes libres de part et d'autre, et la convention est immorale et sans valeur.

Les deux autres hypothèses, celle de l'ilotisme et celle de l'occupation forcée tombent sous la même objection. L'ilotisme dépasse les droits de la défense chez le vainqueur et l'esclavage domestique perpétue l'état de guerre en faisant du maître, accepté par une nécessité extrême, un agresseur injuste et continuel qui nie le droit des personnes futures à s'affranchir, puisque l'esclavage est institué comme héréditaire. D'autre part, celui qui s'est cru en droit de s'engager personnellement à l'esclavage, outre les réserves à faire sur ce point au nom de la dignité, n'avait pas le droit d'engager ses descendants, lesquels peuvent préférer la mort à l'esclavage ou être en état d'aller chercher ailleurs des moyens de subsistance. Voilà donc les trois thèses justificatives de l'esclavage condamnées par l'antithèse du droit naturel ou rationnel.

8. Application de cette doctrine au servage. — Exemple historique d'un emploi normal des moyens de réforme. — Ce qui vient d'être dit s'applique au servage, car l'ilotisme de la société grecque est comparable moralement et même historiquement au servage du moyen âge. Les mêmes raisons pour et contre l'ilotisme se présentent au sujet du servage féodal sous toutes ses formes. On peut encore alléguer que le colon romain qui était libre s'est mis volontairement en servage, lui sa personne, ses descendants et ses biens, pour obtenir la protection d'un maître puissant. Nous répondons que tous ces contrats étaient injustes puisque le maître ainsi constitué n'avait pas même à invoquer un principe de défense personnelle, et que de plus il n'était pas nécessaire pour payer les services de protection rendus d'exiger comme paiement la servitude de la personne protégée, et surtout celle de ses descendants (1).

(1) Éclaircissement III.

Du reste, il faut reconnaître que, en France, les serfs ont suivi dans leurs démarches pour obtenir l'affranchissement des communes, les règles que la justice impose aux réformes (1). Ils n'ont eu recours à la violence, en certains cas, qu'après la violation des contrats obtenus et pour répondre à la violence même. Ce développement si intéressant et si moral de la commune du XIe au XIIIe siècle portait cependant en lui-même un germe d'impuissance, en ce qu'il laissait dans un oubli fâcheux les droits du pouvoir central au bénéfice de l'esprit municipal. Les communes françaises étaient et seraient encore, si elles étaient fortement organisées, la source et la garantie de l'esprit politique. Elles se produisirent malheureusement non pas trop tôt, mais plus tôt que l'esprit national ne le comportait (car l'idée de patrie française n'apparut qu'après les Croisades) ; si elles se fussent manifestées avec toute leur ardeur originale, à la fin du règne de Louis XIV par exemple, à cette époque où le roi fit un appel désespéré à la nation, si les municipes eussent réclamé pour prix de leur concours à la monarchie chancelante l'établissement de leurs libertés, la Révolution française eût peut-être été avancée d'un demi-siècle et eût perdu son caractère révolutionnaire pour prendre celui d'une évolution simplement rationnelle et juridique (2).

II. APPLICATION DU PRINCIPE DES RÉFORMES A L'ÉTAT D'ESCLAVAGE CONSIDÉRÉ COMME DROIT PROVISOIRE

9. En admettant la légalité provisoire de l'esclavage, dès que son immoralité est comprise, le conflit éclate entre la tradition et la raison. — Nous avons établi la thèse et l'antithèse sur la question de l'esclavage. Mais cet état de société injuste étant donné, quels sont les moyens les plus justes d'en sortir? Et y a-t-il un droit acceptable entre les personnes, dans l'esclavage ? Assurément, car le droit de défense perverti par les passions de la guerre en vient à fonder une sorte de droit positif sur les coutumes et les fatalités historiques, établissant ainsi entre les personnes une sorte de droit des gens, violent et injuste dans son origine, mais respectable même pour ceux qui en sont les victimes. En effet, dans la mesure où les contractants se sont crus obligés, ils le sont, car on applique la

---

(1) V. ch. XIX, IIIe partie.
(2) Éclaircissement IV.

notion de la moralité selon qu'on a pu la comprendre. Supposons donc le cas où vainqueur et vaincu croient l'esclavage légitime. Il arrive un moment où quelques esprits se posent la question de justice à propos de cet état, car la justice, même dans les sociétés dégradées, peut toujours être comprise par quelques hommes, et alors se présente une situation morale qu'il faut expliquer. Si l'idée d'une revision des institutions paraît à quelques-uns indispensable pour introduire une plus grande justice dans les rapports sociaux, alors éclate un conflit entre le droit rationnel et le droit traditionnel, entre la liberté réclamant la disparition des institutions qui portent les traces de vieux crimes et la coutume, les longues fatalités historiques, en un mot l'ancien droit.

10. Difficultés des réformes. Le danger d'un changement social et le conflit des intérêts et des volontés. — D'une part, l'idée de la revision se heurte aux intérêts solidaires des traditions et forts de cette espèce d'autorité qui résulte des faits acquis et de l'antique possession. L'autorité de fait n'est jamais aussi dénuée de raison qu'on pourrait le croire et tout d'abord, l'utilité sociale semble liée à la conservation de la coutume. Pour savoir si le changement réclamé vaudrait mieux que l'éclat actuel, il faudrait recourir à l'expérience. Mais l'expérience, si ses résultats n'étaient pas ceux qu'on attend, serait irréparable, et il est toujours dangereux de faire des expériences sur un peuple en l'atteignant dans ses forces vives. La prudence commanderait donc de rester fidèle à la coutume.

Mais il y a d'autres raisons encore qui empêchent la réforme. D'abord, la crainte de déchaîner les passions de la guerre; puis, d'une part, l'indignité reprochée aux esclaves qui semblent ne pas mériter la liberté, et d'autre part l'indignité des maîtres. S'ils étaient dignes de cesser d'être maîtres, c'est-à-dire si leur conception de la moralité était plus élevée, ils trouveraient eux-mêmes le moyen de faire cesser l'esclavage. Enfin, lors même que certains d'entre eux auraient une bonne volonté incontestable, elle s'opposerait aux mauvaises volontés de ceux qui, approuvant peut-être la réforme, ont intérêt à ne pas avouer leur opinion et aussi aux volontés franchement contraires et convaincues que tout changement serait illégitime. Lors même qu'un petit nombre d'hommes de bonne volonté voudraient donner l'exemple en affranchissant leurs esclaves, cette démarche honnête étant partielle et locale peut avoir de grands dangers pour ceux qui en auraient le mérite, puisqu'elle les isolerait et les mettrait dans un état d'infériorité trop manifeste dans leur milieu social. Comment donc faire pour réaliser l'idéal de justice dans une société pervertie ? La réponse est dans la règle des réformes que nous exposerons dans le chapitre relatif au devoir des gouvernants (1).

11. La réforme de l'esclavage ne peut se faire moralement que par le progrès de la raison individuelle dans le maître et dans l'esclave. — Si donc la raison prescrit certaines règles pour le passage à un état social moins injuste, il en résulte qu'avant même que la réforme soit accomplie, il y a des droits et des devoirs entre maîtres et esclaves sous ce régime supposé dès lors et provisoirement légitime. Ainsi, quand le progrès s'est fait dans les consciences au point que presque tout le monde reconnaît la moralité du changement des institutions, il se passe deux phénomènes : 1° l'idée de la dette, du *débit* se présentant aux maîtres, leur fait de plus en plus un devoir d'affranchir leurs esclaves ; 2° la conscience de l'esclave s'éclairant, son obéissance devient de plus en plus contestable et son devoir est de chercher les moyens les plus efficaces et les moins contraires à la dignité de sa cause, de revendiquer la liberté. Voilà deux devoirs corrélatifs.

12. Le droit de défense autorise l'esclave à déclarer la guerre, mais la prudence l'engage à procéder par ruse. — Le maître se croit aussi en état de défense. — L'esclave peut-il aller de suite jusqu'à la révolte ? Assurément, s'il a conscience de l'injustice de son état, il est dans le cas de légitime défense, et il a le droit de déclarer la guerre immédiatement. Mais déclarer la guerre n'est pas toujours le plus sûr moyen d'obtenir ce qu'on veut ; par conséquent, ce n'est pas le moyen le plus efficace. Il est donc de l'intérêt de l'esclave de n'y recourir qu'à la dernière extrémité et d'employer d'abord les moyens pacifiques et les ménagements que réclament ses liens antérieurs avec son maître, lesquels peuvent comporter une certaine bienveillance réciproque.

On peut supposer trois cas possibles : l'état de guerre ouverte,

---

(1) Ch. xix.

déclarée par l'esclave, ou l'abdication de l'esclave, et dans ces deux cas extrêmes la question du choix entre les moyens les plus moraux cesse de se poser ; ou bien un cas intermédiaire, celui d'une guerre sourde et dissimulée, cas qui est le plus fréquent. La dissimulation s'excuse chez l'esclave, parce qu'il ne lui est pas possible d'agir franchement. D'autre part, le maître qui est coupable est loin de comprendre toute l'horreur de son crime. Il peut s'imaginer que les vices de l'esclave sont le fait de sa nature et non pas des vices acquis dans l'esclavage, et il peut se croire ainsi dans le cas de légitime défense, imaginant que tout serait perdu pour lui par l'affranchissement.

13. La réforme ne peut être réclamée et accordée que socialement, et non individuellement. — Après l'excuse de la victime, on a donc l'excuse du bourreau, et ces deux excuses se contredisent. On n'a donc pas d'autre moyen pour sortir de ce conflit que d'en appeler au devoir de chacun. Le devoir de l'esclave est de revendiquer la liberté ; celui du maître est de la lui accorder. Mais il faut tenir compte de ce fait que le devoir n'est observable que dans le cas où l'individu n'est pas abandonné tout seul à l'accomplissement de ce devoir. Il n'est donc obligatoire, c'est-à-dire vraiment devoir, que s'il est compris et senti collectivement. Si Spartacus eût seul désiré la liberté, il eût compromis sa cause en entamant la lutte avant d'avoir tenté d'en faire approuver la justice et l'opportunité par ses frères esclaves, et d'autre part, avant d'avoir tenté de la faire sinon accepter, tout au moins comprendre aux Romains possesseurs d'esclaves. En résumé, le devoir social ne doit jamais être présenté comme devant être accompli par l'individu isolé.

14. Les plus grands obstacles aux réformes sociales viennent des conservateurs et des intransigeants. — Ainsi donc, le devoir des personnes est parfaitement clair dès qu'on remonte aux principes qui doivent présider à toute réforme. Malheureusement, l'idée de devoir est obscurcie en chaque occasion dans l'esprit de ceux qu'on nomme conservateurs, parce que les faits acquis auxquels leurs intérêts sont liés leur font croire que les maux dont on réclame la suppression tiennent à la nature même des choses et qu'il faut en accepter tous les inconvénients en faveur des avantages dont ils sont, il est vrai, les seuls à profiter. D'autres, plus affranchis de cette espèce d'esclavage mental qui est le culte exclusif de l'utile et de la tradition, voyant le mal des faits, le justifient par cette autre considération, qu'il est un châtiment et, à ce titre, légitime. C'est ainsi que saint Thomas a rivé la chaîne du serf et de l'esclave au nom du péché originel. Enfin, il ne faut pas oublier que les meilleures réformes sont souvent compromises par l'esprit intransigeant des plus intéressés à leurs succès (1).

III. — L'ESCLAVAGE AU POINT DE VUE ÉCONOMIQUE

15. La science sociale et la science morale sont d'accord pour condamner l'esclavage. — Pour finir l'examen de cette question de l'esclavage, il faudrait ajouter que l'économie politique condamne le travail esclave et par le fait même l'illusion d'Aristote à ce sujet. En effet, il est faux qu'une société ne puisse se livrer à la science ou à l'art que si elle contient des esclaves, car en fait il y a des sociétés sans esclaves, ni serfs, où cependant fleurissent les sciences, les arts et les lettres sans que le travail manuel en souffre. De plus, le travail des esclaves, bien loin d'enrichir les nations, est incomparablement inférieur, au point de vue de la main-d'œuvre, au travail des hommes libres. En effet, l'esclave, ne travaillant pas pour son compte, n'est nullement intéressé au succès de la production et ne s'ingénie pas à perfectionner ou les outils ou les méthodes, puisqu'il n'en peut rien résulter de bon pour sa personne ; il n'y a pas même de chance pour que son habileté pratique augmente, puisqu'il n'en sera ni plus ni moins esclave quelle que soit la nature de son travail ; et de plus, il n'est poussé par aucune raison à travailler au delà d'une certaine limite de temps et d'énergie, puisqu'il est toujours sûr d'être nourri et entretenu tant bien que mal par son maître, avantage qu'il ne serait pas sûr de retrouver dans le cas où il devrait pourvoir lui-même à sa subsistance. Il y a beaucoup d'ouvriers libres qui meurent de misère ; il n'y a pas de chance pour que l'esclave soit dans le même cas, le maître a trop d'intérêt à ne pas le laisser dépérir. Ainsi donc, le travail de l'esclave comporte le minimum de productivité. Il en est de même du travail du serf et l'on peut

---

(1) Nous avons essayé de résumer cette discussion d'après la *Science de la Morale*, ch. LXXI.

dire de l'ouvrier incorporé dans une association commecelles de l'ancien régime. Là, en effet, l'ouvrier ne pouvant passer maître que dans des circonstances rares et difficiles, se bornait à faire la tâche commandée par le patron sans s'inquiéter des résultats. Il n'avait aucun motif de chercher à se perfectionner dans sa profession, puisque son meilleur travail devait profiter à un autre et il avait peu à s'inquiéter de son sort ou du chômage possible, puisque la corporation était pour lui, au moins en droit, une société de secours, sur laquelle il pouvait compter. L'ouvrier, dans la corporation, soumis à la maîtrise, incapable d'instituer par son mérite une concurrence, ne se distingue donc pas, économiquement parlant, de l'esclave antique (1).

Il n'y a donc de travail profitable que le travail libre et exposé à la concurrence. C'est là un point d'accord entre la science de l'utile et celle de l'honnête où il est fort heureux que se rencontrent la morale et l'économie politique.

On peut regretter parfois que la réforme anti-esclavagiste ait eu lieu trop brusquement et sans que les propriétaires d'esclaves qui pouvaient compter sur les droits acquis, aient pu prendre d'autres mesures pour s'assurer des moyens de subsistance : on peut regretter qu'elle ait eu lieu à l'aide de moyens violents, mais, à tout prendre, le service qu'elle a rendu à la civilisation est immense.

ÉCLAIRCISSEMENTS

I

Justification directe de l'esclavage par Aristote.

« La propriété est une partie intégrante de la famille ; sans les choses de première nécessité les hommes ne sauraient vivre ni vivre heureux ; or, pour accomplir son œuvre, la propriété a besoin d'instruments spéciaux parmi lesquels les uns, comme le gouvernail d'un navire par exemple, sont inanimés, et les autres, comme le matelot, sont vivants ; les instruments sont eux-mêmes l'objet de la propriété ; l'esclave est aussi une propriété vivante. Si chaque outil pouvait, sur un ordre reçu ou même deviné, travailler de lui-même, si les navettes tissaient toutes seules, si l'archet jouait tout seul de la cithare, les entrepreneurs se passeraient d'ouvriers, et les maîtres d'esclaves. » Pour comprendre

(1) V. Laveleye, *Le Socialisme contemporain*, 1885, Alcan, Introduction.

dans toute sa portée le raisonnement qui précède, il faut le mettre en rapport avec un principe qu'Aristote ne formule pas en traitant de l'esclavage, bien qu'il eût trouvé là sa place naturelle, mais qu'il exprime souvent dans le cours de son ouvrage (v. Liv. II, chap. VI, § 2, *Politique*), savoir, que dans un État bien constitué, les citoyens ne doivent point avoir à s'occuper des premières nécessités de la vie. C'était une idée fort répandue chez les gens qu'un citoyen doit être un homme de loisir, et cette idée était la conséquence nécessaire d'une organisation sociale et politique où, complètement absorbés par le service de l'état, par l'exercice de leurs droits et l'accomplissement de leurs devoirs civiques, les individus n'avaient pas un instant à consacrer aux travaux indispensables pour pourvoir aux besoins de la vie ; de plus, ces travaux grossiers, de l'avis des Grecs, entretenaient l'ignorance et inspiraient des sentiments inférieurs qui rendaient l'homme incapable de s'occuper des affaires publiques. Ainsi donc, aux yeux d'Aristote, comme aux yeux de toute l'antiquité, il y a dans la société des fonctions d'un ordre inférieur qui doivent être remplies, mais auxquelles un citoyen n'a pas le temps de s'adonner, et qui d'ailleurs, indignes d'un homme libre, doivent être réservées à une classe dégradée, aux esclaves.

Il faut voir maintenant s'il est des hommes ainsi faits par la nature ; si, pour qui que ce soit, il est juste et utile d'être esclave, ou bien si tout esclavage est un fait contre nature. La raison et les faits peuvent résoudre aisément ces questions. L'autorité et l'obéissance ne sont pas seulement choses nécessaires ; elles sont encore choses éminemment utiles. Quelques êtres, du moment qu'ils naissent, sont destinés, les uns à obéir, les autres à commander, bien qu'avec des degrés et des nuances bien diverses. Ces deux éléments d'obéissance et de commandement se retrouvent partout comme une condition que la nature impose à tous les êtres animés.

Quand on est inférieur à ses semblables autant que le corps l'est à l'âme, la brute à l'homme (et c'est la condition de tous ceux chez qui l'emploi des forces corporelles est le seul et le meilleur parti à tirer de leur être), on est esclave par nature. Pour ces hommes-là, ainsi que pour les autres êtres dont nous venons de parler, le mieux est de se soumettre à l'autorité du maître ; car il est esclave par nature, celui qui peut se donner à un autre ; et ce qui précisément le donne à un autre, c'est ne pouvoir aller jusqu'à ce point de comprendre la raison quand un autre la lui montre, sans la posséder par lui-même. Les autres animaux ne peuvent pas même comprendre la raison et ils obéissent aveuglément à leurs impressions.

E. Van der Rest. *Platon et Aristote*, p. 373. Alcan, 1876.

II

Réserves et embarras de Platon sur la question de l'esclavage.

Il n'est personne qui ne dise qu'il faut des esclaves fidèles et affectionnés, et qu'il s'en est trouvé beaucoup qui ont montré plus de dévouement que des frères ou des fils, et qui ont sauvé la vie, les biens et toute la famille de leurs maîtres.

On dit aussi d'un autre côté qu'il n'y a aucun fond à faire sur un esclave, que son âme n'est capable d'aucun sentiment vertueux, et qu'un homme sensé ne s'y fiera jamais. C'est ce que le plus sage des poètes nous donne à entendre, lorsqu'il dit que Jupiter prive de la moitié de leur intelligence ceux qui sont réduits en esclavage. Suivant que les hommes partagent l'un ou l'autre de ces sentiments contraires, les uns, ne se fiant nullement à leurs esclaves, les traitent comme des bêtes féroces, et, à force de coups de fouet et d'étrivières, rendent leur âme non seulement trois fois, mais vingt fois plus esclave ; les autres tiennent une conduite toute opposée.

Il est évident que l'homme, animal difficile à manier, ne consent qu'avec une peine infinie à se prêter à cette distinction d'homme libre et d'esclave, de maître et de serviteur, introduite par la nécessité. Par conséquent, l'esclave est une possession bien embarrassante. L'expérience l'a fait voir plus d'une fois ; et les fréquentes révoltes arrivées chez les Messéniens, les maux auxquels sont sujets les États où il y a beaucoup d'esclaves parlant la même langue, et encore ce qui se passe en Italie, où des esclaves vagabonds exercent toutes sortes de brigandages, tout cela ne le prouve que trop. A la vue de tous ces désordres, il n'est pas surprenant qu'on soit incertain du parti qu'on doit prendre ; je ne vois que deux expédients : le premier de ne point avoir d'esclaves d'une seule et même nation, mais, autant qu'il est possible, des esclaves qui parlent entre eux différentes langues, si l'on veut qu'ils portent plus aisément le poids de leur servitude ; le second, de les bien traiter, non seulement pour eux-mêmes, mais encore plus pour ses intérêts. Ce bon traitement consiste à ne point se permettre d'outrages envers eux, et à être, s'il se peut, plus équitable vis-à-vis d'eux qu'à l'égard de nos égaux. En effet, c'est surtout dans la manière dont on en use avec ceux qu'on peut maltraiter impunément que l'on fait voir si on aime naturellement et sincèrement la justice et si on déteste véritablement l'injustice. Celui donc qui n'aura rien à se reprocher de criminel ou d'injuste dans ses relations avec ses esclaves sera aussi pour eux le plus capable de déterminer en eux la naissance et le progrès de la vertu. On peut porter le même jugement avec autant de raison sur la conduite que tient tout maître, tout tyran, en général tout supérieur, envers ceux qui lui sont soumis. Quand un esclave a manqué, il faut le punir, et ne pas s'en tenir à de simples réprimandes, comme on ferait à l'égard d'une personne libre ; ce qui le rendrait plus indiscipliné. Quelque chose qu'on ait à lui dire, il faut toujours prendre un ton de maître, et ne jamais se familiariser avec ses esclaves soit hommes, soit femmes. Les maîtres qui tombent dans ce défaut affaiblissent leur autorité, et rendent à leurs esclaves l'obéissance plus pénible.

PLATON. *Lois*, livre VI, éd. H. Etienne, p. 776, trad. SAISSET.

III

L'esclave dans la famille antique.

Le besoin réciproque que le pauvre a du riche et le riche a du pauvre fit des serviteurs. Mais dans le régime patriarcal, serviteurs ou esclaves, c'est tout un. On conçoit, en effet, que le principe d'un service libre, volontaire, pouvant cesser au gré du serviteur, ne peut guère s'accorder avec un état social où la famille vit isolée. D'ailleurs, la religion domestique ne permet pas d'admettre dans la famille un étranger. Il faut donc que par quelque moyen le serviteur devienne un membre et une partie intégrante de cette famille. C'est à quoi l'on arrive par une sorte d'initiation du nouveau venu au culte domestique.

Un curieux usage, qui subsista longtemps dans les maisons athéniennes, nous montre comment l'esclave entrait dans la famille. On le faisait approcher du foyer, on le mettait en présence de la divinité domestique ; on lui versait sur la tête de l'eau lustrale et il partageait avec la famille quelques gâteaux et quelques fruits. Cette cérémonie avait de l'analogie avec celle du mariage et celle de l'adoption. Elle signifiait sans doute que le nouvel arrivant, étranger la veille, serait désormais un membre de la famille et en aurait la religion. Aussi assistait-il aux prières et partageait-il les fêtes. Le foyer le protégeait ; la religion des dieux lares lui appartenait aussi bien qu'à son maître, c'est pour cela que l'esclave devait être enseveli dans le lieu de sépulture de la famille.

Mais par cela même que le serviteur acquérait le culte et le droit de prier, il perdait sa liberté. La religion était une chaîne qui le retenait. Il était attaché à la famille pour toute sa vie et même pour le temps qui suivait la mort.

Son maître pouvait le faire sortir de la basse servitude et le traiter en homme libre. Mais le serviteur ne quittait pas pour cela la famille. Comme il y était lié par le culte, il ne pouvait pas sans impiété se séparer d'elle. Sous le nom d'*affranchi* ou sous celui de *client*, il continuait à reconnaître l'autorité du chef ou patron et ne cessait pas d'avoir des obligations envers lui. Il ne se mariait qu'avec l'autorisation du maître, et les enfants qui naissaient de lui continuaient à obéir.

FUSTEL DE COULANGES. *Cité antique*, p. 130.

IV

*Le serf, au moyen âge, en France a su se relever lui-même
de la servitude par son esprit municipal.*

L'évêque Adalbéron, dans un poème latin adressé au roi Robert, ne reconnaissait que deux classes dans la société : les clercs qui prient, les nobles qui combattent. Au-dessous, bien loin, sont les serfs et manants qui travaillent, mais ne comptent pas dans l'Etat. Ces hommes que l'évêque Adalbéron ne comptait pas l'effrayaient pourtant. Il pressentait avec douleur une révolution prochaine. « Les mœurs changent, s'écrie-t-il, l'ordre social est ébranlé ». C'est le cri de tous les heureux du siècle à chaque réclamation partie d'en bas. Il ne se trompait point ; une révolution commençait qui allait tirer les manants de servitude pour les élever au niveau de ceux qui étaient alors les maîtres du pays. Mais il lui a fallu, à cette révolution, sept cents ans pour réussir (1).

Au XI° siècle, les manants ne trouvant nulle part de protecteur et de tous côtés l'oppression, s'étaient associés pour se défendre. Ils avaient arraché aux seigneurs le droit de s'administrer eux-mêmes, ils avaient bâti des murailles et des tours, organisé une milice, élu des magistrats. Ils vécurent de la sorte un siècle et demi, dans une fière indépendance, mais aussi dans l'isolement et sur le qui-vive ; non moins ennemis de l'ancien seigneur qui n'avait pas oublié ses droits, que de la cité voisine qui faisait concurrence. La royauté, arrivant au pouvoir absolu, s'inquiéta de ces foyers de libre discussion et d'indépendance. Les habitants eux-mêmes, dégoûtés bien souvent de leurs institutions républicaines par les dépenses qu'elles exigeaient et par les périls où l'isolement les jetait, laissèrent dès le milieu du treizième siècle, la royauté intervenir dans leurs affaires et veiller à la gestion de leurs finances. Cette intervention deviendra, de jour en jour, plus grande, et les communes peu à peu disparaîtront. Alors, au lieu d'être citoyen de sa ville, on sera bourgeois du roi. Notre pays échappa ainsi au danger d'avoir, comme l'Italie, mille républiques et d'être comme elle livrée en proie, pendant des siècles, à l'anarchie municipale et à l'étranger. Mais aussi, à un autre point de vue, ce fut une transformation mauvaise, parce qu'on alla trop loin dans ce sens jusqu'à supprimer ces libertés urbaines par lesquelles la nation aurait eu la forte éducation politique qui lui a toujours manqué (2).

Au douzième siècle, les serfs avaient déjà été admis à témoigner en justice ; et des papes, Adrien IV, surtout Alexandre III, dont il reste une bulle célèbre, avaient demandé leur liberté. Au treizième, les affranchissements furent très nombreux ; car les seigneurs commençaient à comprendre qu'ils gagneraient à avoir sur leurs terres des hommes libres, laborieux, plutôt que d'y garder des serfs paresseux « qui négligent de travailler, en disant qu'ils travaillent pour autruy ».

Ainsi, au sein de la population roturière, un double mouvement avait eu lieu, qui, ôtant aux uns des droits exclusifs, et tirant les autres de servitude, tendait à former de tous les non-nobles une classe dont les membres seraient solidaires. Tous les pays ont eu des communes et des serfs, la France seule a eu le tiers état.

V. Duruy. *Histoire de France*, t. I, p, 275. (Hachette et Cie.)

(1) Le premier soulèvement des serfs en faveur de l'établissement de la *Commune* eut lieu en Normandie au X° siècle sous le roi Robert, en 997. Le poète normand, Robert Wace, chantre de Bayeux, mort en Angleterre en 1184, a célébré ce soulèvement dans le *Roman de Rou* (Rollon).

(2) Écrit sous le second Empire.

CHAPITRE XV

MORALE SOCIALE (suite)

LES DROITS INDIVIDUELS

RESPECT DE LA PERSONNE DANS SES CROYANCES ET SES OPINIONS. — LIBERTÉ RELIGIEUSE ET PHILOSOPHIQUE. — PRINCIPES ET LIMITES DE LA TOLÉRANCE.

I. — LA LIBERTÉ DE CONSCIENCE ET L'INTOLÉRANCE

1. Les opinions étant les manifestations extérieures de la personnalité sont respectables comme elle. — L'homme ne vit pas seulement de la vie du corps, il a des besoins autres que les besoins physiques. Il se fait naturellement des convictions sur la plupart des grandes questions qui intéressent sa destinée ; il veut surtout contrôler la situation qui lui est faite dans l'Etat, se choisir librement un idéal religieux et lui réserver le culte qui lui convient. De là trois sortes de libertés auxquelles il tient d'autant plus qu'il a d'avantage conscience de lui-même. D'abord, la liberté de discussion en matière civile et politique ; puis la liberté philosophique qui n'en est que la forme plus élevée, car elle comporte la revendication des droits de la conscience dans les questions de philosophie, de droit, d'histoire et de science ; en dernier lieu, la liberté religieuse. L'homme social revendique sur tous ces points le droit de ne recevoir que de lui-même toutes ses opinions. Il veut de plus, que la manifestation publique de ses convictions ne soit pas réprimée par une autorité quelconque, tant qu'elle ne porte pas atteinte matériellement aux personnes. Il réclame donc en un mot cette espèce d'égards que mérite la conviction de l'agent moral lorsqu'il manifeste son activité dans le plus précieux et le plus élevé de ses produits, les idées issues de son intelligence, les croyances issues de son cœur. Idées et croyances sont la personne même manifestée aux autres personnes, et, à ce titre, semblent devoir être objets de déférence de la part de tous.

2. Ce n'est pas la tolérance mais le respect qui leur est dû.
— On donne d'ordinaire à ce devoir social à l'égard des opinions un nom qui fait tort à la chose, quand au lieu du mot respect on se sert du mot tolérance. Si l'on y réfléchit en effet, ce mot ne semble désigner qu'un acte de patience et d'indulgence à l'égard d'un mal réel et en soi détestable, mais qui serait néanmoins produit dans la limite des droits de chacun. La simple tolérance ne suffit pas si on la prend dans ce sens étymologique. Ce n'est pas cette aptitude qu'il faut réclamer des autres vis-à-vis de nous, c'est le respect qu'il faut exiger; et si l'on se place au point de vue d'autrui ce n'est pas seulement la tolérance qu'il faut accorder, c'est même plus encore que le respect, c'est la sympathie pour les manifestations de la personnalité dans ses œuvres les plus hautes, les opinions réfléchies, les croyances religieuses et les opinions philosophiques. Voilà comment la question se pose dans l'état de paix.

3. Les limites de ce respect se posent seulement dans l'état de guerre en raison du mal social que peut produire la liberté. — Comment se fait-il qu'on soit obligé de réclamer ce qui paraît si juste et semble si facile à accorder? Si nous restons au point de vue de la morale pure, il va sans dire que dans la République des fins, le domaine de la conscience étant absolument inviolable et aucune personne par hypothèse ne devant user pour un but injuste de la liberté de professer sa doctrine, il est certain que la liberté de manifester publiquement l'état de cette conscience est un droit absolu et sans restrictions possibles. Mais si nous nous plaçons au point de vue de la morale appliquée et dans un monde qui est celui de la réalité, où les mauvaises volontés peuvent user de la liberté qu'on leur laisse pour professer une doctrine corruptrice, pour exciter des troubles dans la République et en général pour commettre des injustices, la question se pose de savoir : 1° dans quelles limites la liberté de conscience doit être respectée ; — 2° dans quelles limites il convient de la restreindre.

4. La liberté de conscience était le droit commun dans la civilisation antique. — S'il faut imposer une limite aux consciences et à leurs manifestations extérieures en raison des injustices possibles, quand, jusqu'où, à qui convient-il d'introduire cette réserve au droit individuel? C'est là toute la difficulté. Cependant la réponse est relativement facile quant à la liberté philosophique. Nous entendons par là le droit de spéculer sur des matières qui à cause de leur nature désintéressée ne peuvent pas d'ordinaire, au moins en tant qu'on ne prétend pas passer de la théorie à l'application, apporter de trouble dans l'État, telles que les questions de science, d'art, de morale, de politique, d'économie, de métaphysique. Cette liberté en matière de spéculation était à peu près entière dans la civilisation antique, sous la réserve que les penseurs n'attaquassent pas la religion nationale. La condamnation de Socrate est un crime de la réaction oligarchique à Athènes. Mais la philosophie morale, comme science, a été de très bonne heure, chez les Grecs, indépendante de l'autorité religieuse. C'est le cas des Sages de la Grèce. A Rome même, dès l'apparition de la philosophie grecque, les conceptions religieuses ne constituèrent plus un gouvernement sacerdotal des âmes, et la vie morale ne fut plus entretenue que par la philosophie. Mais l'indépendance de la morale vis-à-vis de la métaphysique n'a été proclamée que par Aristote qui la fonda sur la psychologie. Les écoles suivantes n'acceptèrent pas cette séparation : ainsi les Stoïciens, les épicuriens, les mystiques alexandrins firent de la règle des mœurs une déduction de leurs théories spéculatives. En tout cas, la religion ne prétend pas dominer l'éthique dans toute l'antiquité (1).

5. **L'intolérance est corrélative de l'autorité théologique.** — Il en est autrement depuis le christianisme qui affecte d'être une doctrine d'application universelle. C'est, en effet, une religion qui non seulement présente des solutions sur toutes les questions de la philosophie, mais encore revendique une autorité décisive sur toutes les sciences. Après avoir subi longtemps ce servage intellectuel, les sciences positives ne se sont constituées à part qu'au XVII° siècle; mais les sciences morales ont été réservées à la théologie, du consentement de tous les penseurs, depuis Descartes jusqu'à Malebranche. C'est le XVIII° siècle qui a affranchi la philosophie morale, de deux façons : 1° empiriquement avec les utilitaires, et 2° rationnellement avec Smith, Rousseau, Kant. La caste théocratique qui dans le moyen âge et jusqu'à la dernière limite des temps contemporains, prétendait tenir en

(1) Les faits cités par Fustel de Coulanges (v. ch. XI, Éclaircissement II) ne sont pas en opposition avec nos observations, restreintes à la liberté philosophique.

tutelle aussi bien le spirituel que le temporel, agissait prudemment, à son point de vue, étant donnée la tendance de l'homme à passer de l'idée libre à l'action libre. Mais, à s'en tenir au droit humain et rationnel, la liberté philosophique doit être accordée dans la plus large mesure possible : et même on ne voit pas pourquoi une limite quelconque serait imposée à celles d'entre ces manifestations de la conscience cultivée qui s'adressent à un public naturellement instruit et capable en cela de juger la portée et la valeur des opinions émises.

6. La tolérance devrait être complète pour les opinions d'ordre purement scientifiques. — Plus la sphère dans laquelle on exerce cette liberté est étroite, c'est-à-dire plus est restreint le nombre des personnes qui peuvent en recevoir les effets, plus ces personnes sont supposées mûres et sages, et plus la liberté de conscience doit être complète. Par exemple, on ne voit pas ce qui peut s'opposer à la propagation d'hypothèses comme celle de l'éther, de la théorie mécanique de la chaleur, de la formation des couches géologiques, du mouvement de la terre autour du soleil (1). Qui peut en être juge sinon un petit nombre d'esprits que leur culture antérieure met en état de comprendre les théories émises, ensuite de les apprécier ? Il n'y a là aucun danger social et aucune raison d'apporter une limite au droit de spéculer. D'abord par qui serait-elle apportée ? Par l'État ? Mais il n'est point compétent en ces matières. Par un corps constitué chargé spécialement de l'inquisition des opinions scientifiques ? Mais ce corps constitué serait compétent ou non. S'il ne l'est pas, son autorité est nulle ; s'il l'est, il ne peut être composé que de ces personnes compétentes elles-mêmes, auxquelles il est juste de ne pas donner un droit de juridiction sur les inventions et productions des autres membres de cette élite.

7. De même pour les questions de philosophie morale. — Quant aux questions relatives à la philosophie proprement dite, non seulement leur manifestation doit être dégagée d'entraves, mais entourée de sympathies ou tout au moins de respect, parce que c'est par la vie et la lutte des idées générales qu'une

---

(1) Cependant ce fut là le motif de la condamnation de Galilée et de l'abstention de Descartes qui avait découvert de son côté la même vérité. V. *Disc. de la Méthode*, début de la V⁰ partie, et Laplace. *Exposition du système du monde*, ch. IV., cités : Éclaircissements IV et V.

nation élève son niveau intellectuel. La paix dans la spéculation est le sommeil de l'esprit ; et une nation dont l'esprit perd l'habitude de la méditation active est une nation qui se déprave. Il est bon qu'il y ait des hérésies et des controverses et il faut que les doctrines les plus opposées comme matérialisme et spiritualisme, évolutionnisme, panthéisme puissent s'exposer au grand jour. Les opinions solides n'ont rien à craindre de la discussion ; et les autres, exposées librement et développées dans toutes leurs conséquences se servent quelquefois à elles-mêmes de réfutation. L'intolérance ordinaire des doctrines entre elles et de ceux qui les professent, est un fait très réel et très regrettable, trop général même pour n'être pas fondé sur une disposition de la nature humaine, mais dont les mauvais effets diminuent à mesure que la culture intellectuelle aide au dégagement des lumières morales.

8. Mais la prétention de posséder l'absolu du vrai, du beau, du bien, est la source naturelle de l'intolérance. — Celles de nos inclinations qu'on peut appeler supérieures, parce qu'elles sont propres à l'homme (1), ont en effet pour caractère de nous faire sortir de nous-mêmes et de développer en nous le besoin de faire partager leurs objets et les biens qu'ils comportent au plus grand nombre possible de nos semblables. C'est là le prosélytisme (2). Il ne suffit pas à l'homme de poursuivre, d'obtenir dans sa sphère individuelle la vérité ; dès qu'il la possède, il veut la faire approuver, partager. L'admiration pour le beau peut se complaire parfois dans la solitude, mais finit toujours par rechercher des sympathies et surtout supporte malaisément l'opposition des goûts différents ; elle veut enfin s'étaler au grand jour et se faire connaître. Enfin le sentiment religieux peut difficilement se priver de cette association des âmes qui forme les Églises (3) ; et comme l'idéal proposé semble être la perfection pour ceux qui l'invoquent, toute opposition d'autel à autel semble un retour à des états de croyance inférieurs ou hostiles et la passion qui institue le culte finit par y joindre un droit de réclamer l'assentiment universel. Chacun se croit alors possesseur non pas seulement d'une vérité, mais de

---

(1) V. ch. VI, la Leçon sur la personnalité ; comparaison de l'homme et de l'animal, et *Cours de Morale pratique. Premières données de la Conscience.*

(2) Du grec *pros*, en avant, et *zelaô*, je recherche, j'ambitionne.

(3) Du grec *ecclesia*, choix et réunion.

la vérité absolue, et il est naturel que la vérité soit intolérante à l'égard de l'erreur (1). De là les dispositions polémiques et les prétentions au gouvernement des âmes.

II. — LA LIBERTÉ, INSTRUMENT DE TOUTES LES CROYANCES EST LE FONDEMENT DU RESPECT AUQUEL ELLES ONT DROIT

9. Une philosophie qui récuse tout absolu est donc la plus favorable école de tolérance. — Cependant une doctrine philosophique qui fait dépendre toute affirmation de la liberté est amenée à renoncer à une évidence qui s'imposerait fatalement aux esprits, et se trouve naturellement très bien disposée à la tolérance (2). C'est le cas de la philosophie critique qui refuse de voir l'absolu en aucune manifestation de toute pensée et qui fait de la croyance le fondement de toute certitude. Ni dans les sciences de la nature, ni même dans les sciences exactes par excellence l'absolu ne peut se rencontrer ou s'obtenir, mais tout y est subordonné à des affirmations premières qui sont *proposées* à l'assentiment de volontés raisonnables.

10. En effet, l'absolu ne se rencontre ni dans les sciences inductives ni dans les sciences exactes. — Dans l'induction, l'analogie, se mêle une part énorme de croyance, c'est-à-dire de bonne volonté, de consentement. La pensée accepte ces vastes jugements parce qu'elle trouve raisonnable de croire ; la raison y a son compte ; mais elle ne cède pas à la contrainte d'une vérité absolue ; elle met quelque chose d'elle-même dans les phénomènes qui sont les matériaux bruts du savoir ; et ce quelque chose d'individuel qui seul fait la science est presque tout. Car si vous retranchez des sciences inductives tout ce qui est croyance, hypothèse, analogie, il ne vous restera que des catalogues de faits sans lien, sans portée, sans valeur scientifique, car, comme l'a bien dit Aristote, il n'y a pas de science du particulier.

Par quoi commencent toutes les sciences exactes ? Par des principes et des axiomes qu'on ne démontre pas ; on les accepte comme évidents. C'est-à-dire qu'on y croit parce que cela est raisonnable. Mais toutes nos croyances ne sont-elles pas en une

---

(1) Eclaircissement II.
(2) V. ch. IV, sur les conséquences de la thèse de la liberté, quant à la science.

certaine partie notre œuvre ? Ce qui mérite le beau nom de croyance, est-ce le préjugé aveugle, qui nous est venu sans réflexion, que nous avons reçu avec le lait de la nourrice ? N'est-ce pas plutôt le résultat d'un examen, d'une délibération réfléchie ? Et voulez-vous qu'il y ait délibération sans liberté ? Voulez-vous qu'il y ait examen et décision sans indépendance ?

11. Le doute méthodique est donc le remède aux excès du fanatisme. — Cependant le renoncement à l'absolu du savoir n'est pas, il s'en faut du tout au tout, l'abandon de la vérité, le scepticisme. Il est vrai que celui-ci, quand il est invoqué comme méthode de la construction scientifique ou philosophique et qu'il n'est pas un refus définitif de confiance en la validité de l'esprit humain ; le doute provisoire, en un mot, ainsi que l'a nommé Descartes, et mieux encore le *doute méthodique* est la condition même de la science en même temps que la garantie du respect réciproque des convictions.

« Le signe radical de la volonté, dit M. Renouvier, la marque essentielle de ce développement achevé qui fait l'homme capable de spéculation sur toutes choses, et l'élève à la dignité d'être indépendant et autonome, c'est la possibilité du doute. Ainsi n'est-il pas étonnant que l'homme vraiment éclairé et profondément cultivé se distingue beaucoup plus par les points de jugement où il se laisse aller au doute, et convient de son ignorance que par ceux où il possède une assurance imperturbable. Au contraire, l'ignorant doute peu, le sot encore moins, et le fou jamais. Le monde serait bien différent de ce qu'il est, si la plupart des hommes savaient douter. On ne les verrait pas, esclaves de leurs habitudes et de leurs préjugés, ne s'y soustraire le plus souvent que pour subir le pouvoir de l'imagination et s'éblouir des prestiges que la force ou l'éloquence de quelques-uns sont en possession d'opérer. (1) »

12. Règles de la formation des opinions : L'examen porté sur toutes les propositions. — Nous concluons donc non pas au scepticisme qui est une langueur intellectuelle et même, s'il est définitif et entier, un suicide mental, mais au devoir d'examiner avant d'affirmer. L'examen peut durer longtemps. Mais nous voulons être libre de l'arrêter ou de le continuer si cela

(1) *Psychologie*, II, p. 147.

nous paraît raisonnable. Nous ne voulons pas prendre pour suffisantes les premières suggestions de l'imagination ; nous tenons à ce que chaque affirmation passe par le crible de la critique ; nous n'admettons pas qu'il y ait des principes qui s'imposent sans discussion. Nous voulons qu'on discute même les axiomes, parce que beaucoup de préjugés et d'erreurs se sont fait accepter sous forme d'axiomes et nous ne voulons plus être dupes. Les solutions proposées par les sciences de la nature ne seront pas pour nous un « mol oreiller » pour une tête satisfaite. Nous chercherons à distinguer le définitif du provisoire, et le provisoire est une bonne partie des richesses scientifiques actuelles. Qui voudrait garantir, par exemple, l'absolue vérité des deux fluides électriques, de la théorie des interférences, de l'éther impondérable, de la loi des travaux moléculaires, etc.? En parcourant l'histoire des progrès et des défaillances de la science, comme en soumettant à la critique la forme même de l'affirmation scientifique, nous trouverions non pas une raison de désespérer de l'esprit humain, mais un moyen de lui ménager de nouvelles conquêtes qui seraient, celles-là, du moins, inaliénables. En cela nous trouverions et une leçon de modestie et de prudence qui doit nous profiter pour l'établissement de nos croyances.

13. Se tenir en garde contre la précipitation et la prévention. — Sachant que de grands esprits se sont trompés pour avoir trop vite affirmé, nous serons d'autant plus modestes et ne prétendrons pas atteindre la vérité absolue pour cette seule raison qu'elle nous paraît telle. Nous ne déclarerons pas impossible et absurde à première vue, ce que tout d'abord nous jugerons inconcevable. Avant de prononcer en nous-mêmes un jugement d'importance, nous ferons des restrictions et nous plaiderons avec conscience le pour et le contre à nos propres yeux. Nous serons très exigeants en fait de preuves pour nous-mêmes et pour les autres. Comme nous aurons pris la précaution de former lentement et sûrement nos croyances, nous n'admettrons pas que les autres se permettent, pouvant mieux, des affirmations précipitées ; comme nous aurons abordé les problèmes sans préjugés, nous réclamerons d'autrui la même réserve. Descartes nous fournit une maxime pour conduire notre esprit en disant que sa première règle était « de ne recevoir jamais aucune chose pour vraie qu'il ne la connût évidemment être telle, c'est-à-dire d'éviter soigneusement la prévention et la précipitation (1). » Nous concluons qu'il faut savoir douter à propos, affirmer à propos, examiner toujours, ne se décider que par choix, et ne pas craindre l'hérésie, car l'hérésie veut dire choix (2).

14. La personne se mettant tout entière dans ses croyances les rend ainsi éminemment respectables. — Voilà une leçon de modestie et de prudence. Il y a aussi dans cette doctrine une leçon plus haute ; c'est le précepte de tolérance. En effet, si nous avons remarqué la façon dont se forme en nous la croyance (3), à quelles chances d'erreur elle est exposée, de quelle surveillance laborieuse elle doit être entourée, nous comprendrons que ce qui fait sa valeur morale, ce qui la rend éminemment respectable en nous-mêmes et en toute personne, c'est qu'elle n'est pas seulement une adhésion de l'esprit à la splendeur de l'évidence, elle est encore une conquête de la volonté libre, et aussi une œuvre d'amour, de satisfaction où le cœur se prend tout entier.

Rien n'est plus difficile, en effet, pour l'être pensant, que de soustraire son jugement à l'action paralysante de la coutume. Se faire une opinion qui ne doive que le moins possible à autrui, secouer le poids des préjugés et faire table rase de ses croyances irréfléchies, pour ne rien admettre comme vrai sans discussion contradictoire, faire enfin que tout le système de nos pensées soit notre œuvre personnelle — illuminée, avant tout, des rayons de notre intelligence, échauffée et vivifiée par cette passion qui fait les convictions fortes, et complétée par tout l'enchaînement des conséquences qu'une volonté fidèle à soi-même se croit tenue d'y attacher — c'est là une entreprise pleine de dangers, mais pleine d'honneur et à laquelle on reconnaît les plus vigoureux esprits. Et encore n'en est-il pas un peut-être, même parmi les plus grands réformateurs dont chacun détermine un cycle de l'humanité pensante, qui ait pu briser complètement les liens de cette solidarité par laquelle ils sont restés hommes de leur temps, de leur race, de leur secte (4).

(1) *Disc. de la Méthode*, Éd. Brochard, p. 37. V. un commentaire profond de cette 1ʳᵉ règle de la méthode, p. 91 à 105 du même volume. L'évidence alléguée par Descartes comme critère de la vérité est sujette à caution, car chacun se réclame de son évidence. Il n'y a donc pas de critère de certitude.

(2) En grec *haïresis*. V. Éclaircissement I.

(3) V. ch. IV, comment l'explication de l'erreur est possible par l'intervention de la liberté.

(4) V. ch. VI, Éclaircissement IV.

15. La lutte salutaire des opinions ne doit avoir lieu que sur le terrain de la raison c'est-à-dire par la dialectique. — Aussi, les croyances qui méritent vraiment cette désignation ne sont pas seulement des formules et des mots ; elles sont la manifestation la plus précieuse et la plus complète de la personne morale : elles sont des actes. Quand on songe à ce qu'elles ont dû coûter de réflexion, d'examen, de scrupules, de débats contradictoires et intimes à celui qui les professe, on se sent pris de respect, et même on peut dire avec Pascal : « On est tout étonné et ravi ; car on s'attendait de voir un auteur et on trouve un homme ». Les croyances d'autrui se constituant comme les nôtres et n'étant chez personne l'expression de l'absolue vérité, s'imposant nécessairement à tout esprit sans hésitation possible, qui donc voudra se proclamer dépositaire de la vérité même, et à ce titre forcer les autres à entrer (1) dans sa foi ? Cette attitude intolérante serait cependant la seule raisonnable si la liberté ne devait pas avoir part dans l'affirmation du vrai. « Mais, en tant que la vérité doit être ainsi épousée, en quelque sorte, par la volonté, acceptée par le cœur en même temps que par l'esprit, n'est-ce pas une absurdité de prétendre la faire entrer de force dans les âmes ? Comment, par des procédés intolérants, contraindre une volonté à se rendre ? Comment amener un cœur que l'on meurtrit, dont on a exaspéré les passions, à nous faire cet acte de condescendance intime, à abdiquer sa croyance au profit de la nôtre ? Nous cherchons à attirer, à captiver, et nous employons des moyens qui irritent et repoussent. L'intolérance est donc une aberration, une inintelligence radicale de la nature des croyances, autant qu'une faute et une injustice (2). »

III. — LIMITES DE LA TOLÉRANCE

16. Les préjugés ne méritent pas de respect ; quand ils sont agressifs ils méritent répression. — Cependant toutes les opinions ne sont pas respectables ; et nous sommes décidés à n'accorder notre déférence à aucun point de vue, ni même notre sympathie à deux sortes d'opinions qui ne nous paraissent pas les mériter. Il s'agit d'abord de celles qui se parent à tort du

---

(1) *Compelle intrare*, force-les d'entrer, dit l'intolérance théologique du moyen âge.

(2) Marion. *Leçons de Morale*, p. 241.

titre prestigieux d'opinion, alors qu'elles sont simplement des préjugés reçus « de coustumière façon », des manières de penser toutes faites, sur lesquelles on ne s'est pas donné la peine de réfléchir ni d'instituer un débat contradictoire ; en un mot les opinions courantes, ainsi appelées parcequ'elles ne sont à personne et ne portent la marque d'aucune personnalité que nous ayons à respecter. Nous honorons les œuvres de la personne pensante ; nous ne respectons pas et ne voulons pas tolérer les caprices d'intelligences paresseuses qui ne consentent pas à s'imposer le labeur de l'examen. Voilà une série de prétendues opinions pour lesquelles nous avons tout au plus de la pitié, une indulgence provisoire, en tant qu'elles ne seraient pas systématiquement réfractaires au progrès, mais que nous nous proposons de réformer dans la mesure de notre influence, et de poursuivre avec toute l'énergie dont nous pouvons disposer, si elles sont des assiettes de l'esprit acceptées comme définitives et opposées délibérément à l'amélioration mentale du milieu social.

17. Les opinions destructives de l'état social sont dans le même cas. — En second lieu, nous ne voulons pas respecter les opinions qui sont manifestement corruptrices de l'intelligence, du cœur et de la volonté d'autrui, et dont l'effet, si elles se traduisaient par des actes, ne serait rien moins que la suppression même de la dignité humaine ou de la liberté de conscience. Les opinions dont les formules s'opposent sciemment à celle du droit commun, les opinions immorales, en un mot, et les opinions intolérantes non seulement n'ont pas droit à notre respect, mais rencontreront en nous

> ..... Ces haines vigoureuses
> Que doit prêter le vice aux âmes vertueuses (1),

et l'intolérance la plus décidée, attendu qu'en cette occasion, nous sommes non plus sur le terrain de la dignité, mais sur celui de la défense. Voilà dans quelles limites précises nous entendons le devoir de tolérance.

18. Les intolérants n'ont aucun droit à la tolérance. — Nous la refusons aux intolérants, à ceux qui disent : « Donnez-nous la liberté puisqu'elle est dans vos principes, mais nous

---

(1) Molière. *Misanthrope*.

vous la refuserons, quand nous serons les maîtres, car elle n'est pas dans les nôtres ». Jamais sophisme plus effronté n'a mieux montré la grossièreté des personnes qui le formulent. Car elles prétendent être acceptées dans une société avec la réserve de n'en prendre que les avantages sans les charges, et surtout sans la réciprocité du respect. Ce sont des ennemis publics et la seule réponse qu'il faut leur faire, selon nous, est de les empêcher même d'ouvrir la bouche ou d'écrire pour proférer ces maximes cyniques (1). Les prétendus libéraux qui réclament la tolérance même pour les intolérants (Littré, par exemple) ne semblent pas comprendre la différence entre l'état de paix, — où la liberté de chacun ne comporte aucune entrave de la part de l'autorité sociale parce que, d'après l'hypothèse, l'intention de nuire n'est chez personne, — et l'état de guerre où ces mauvaises intentions sont toujours présumables, et nous placent dans le cas de la défense, principe de tous les droits dans l'état troublé de la société réelle, ainsi que nous l'avons dit plusieurs fois. A plus forte raison, cette défense par contrainte et prévention est-elle légitime quand la mauvaise volonté est non seulement supposable, mais affichée sans vergogne et proclamée comme un principe. « Il n'y aurait pas assez de mépris dans l'histoire pour une autorité qui se laisserait amoindrir et outrager sous prétexte de tolérance; les victoires des malfaiteurs sont faites en grande partie de la faiblesse des honnêtes gens; l'histoire hait les dupes, elle les met presque au rang des complices. Le gouvernement de la République doit être, comme les autres, porteur du glaive de justice, et non du roseau d'un pauvre Christ attaché au poteau, qu'on flagelle et qu'on outrage. (1) »

Il faut remarquer que de toutes les philosophies, seule la philosophie critique qui a placé la liberté au cœur même de l'affirmation est à l'aise pour revendiquer l'indépendance absolue des croyances. Les autres systèmes, et par exemple ceux qui nient la liberté (les déterministes), doivent être évidemment embarrassés pour réclamer dans la pratique une liberté qu'ils récusent en théorie, mais nous n'avons pas à nous préoccuper de leur embarras.

(1) C'est une ineptie grossière que la revendication de la liberté absolue pour la presse; comme si l'absolu, qui n'est nulle part dans la sphère pacifique de la spéculation, pouvait retrouver une place dans la sphère troublée des relations sociales.

(2) Discours de M. J. Ferry, le 11 avril 1880. V., en outre, ch. XIII, p. 221, note 1.

19. Les abus de pouvoir. — Cependant les philosophes en général vivent entre eux avec une dignité d'attitude qui honore la pratique de la pensée libre. Malgré la vivacité de polémiques quelquefois acerbes, ils se respectent mutuellement comme individus et c'est chez eux qu'on rencontre le plus fréquemment la proclamation du talent et du mérite spéculatif des adversaires. L'intolérance ne devient un fait grave que dans le cas où les intérêts d'une politique particulière intervenant, il s'agit de faire d'un système des croyances un instrument de gouvernement. Alors, non seulement la révolte est légitime, mais l'insurrection est un devoir. Il y a abus de pouvoir de la part du gouvernement qui veut imposer une doctrine philosophique particulière, de même qu'il y a abus de pouvoir de la part d'une doctrine quelconque, religieuse ou philosophique, lorsque pour obtenir outre le respect, l'adhésion plus ou moins contrainte, elle fait appel à ce qu'on a nommé le bras séculier. Tel est le crime de la théologie au moyen âge et à la Renaissance ; tel est le crime de Louis XIV imposant à ses sujets l'unité religieuse. Le gouvernement universitaire de Victor Cousin, salutaire à son origine parce qu'il instituait un règne des idées sur les ruines morales du premier empire et de la Restauration, ne fut pas sans reproche dans sa longue durée parce qu'il découragea toute initiative indépendante chez les gouvernés et ne sut pas obtenir ni même réclamer pour lui-même l'indépendance vis-à-vis d'un certain autre gouvernement des âmes, rival plus anciennement, plus immoralement organisé et avec lequel il n'osa jamais rompre ouvertement. Dans ces sortes d'abus de pouvoir non seulement les victimes sont atteintes, mais encore, lorsque la réaction survient, le respect disparaît à l'égard de ce qu'il pouvait rester encore de légitime dans l'autorité usurpée. Mais ce sont surtout les Églises et les gouvernements politiques qui ont à perdre à ces excès. Ainsi les fautes d'une seule Église compromettent non seulement tous les clergés, mais encore toutes les religions ; les abus de l'une portent préjudice à celles qui en sont le plus innocentes (1). Chez nous l'indifférence dont se plaignait déjà Lamennais et qui s'attache à presque toute manifestation d'idées nouvelles ou restaurées en ce genre, a été provoquée par les souvenirs des persécutions réciproques dont les diverses intolérances se sont accablées. De même le gouvernement qui abuse de son autorité compromet

---

(1) V. J. Simon : *Dieu, Patrie, Liberté*.

non pas seulement sa forme propre, mais toutes les autres formes possibles de l'autorité. Par bonheur, cette antique lutte entre la violence et la raison (1) dont parle Pascal, finit presque toujours par le triomphe de la raison parce que la conscience est l'énergie la moins compressible. L'esclavage des âmes est beaucoup plus difficile à obtenir que celui du corps, car il n'a aucune chaîne suffisante à son service, sauf celles de l'ignorance et de l'abrutissement dont il est par bonheur toujours possible de s'affranchir, tant qu'il reste encore aux esclaves obtenus ainsi quelque chose d'humain.

ÉCLAIRCISSEMENTS

I

L'hérésie est le sel qui conserve la science.

La supériorité immense de l'esprit grec consiste ordinairement dans l'individualité de la réflexion et, par suite, de la philosophie. Cette individualité essentielle, qui donne lieu aux divergences et engendre les sectes, est aussi une condition de la science, puisqu'elle en est une de la recherche scientifique. L'examen est indispensable ; or, l'examen qui n'amène point la division des jugements n'est pas indépendant et ne peut être sérieux. La recherche étant le moyen de la science en est la vie et pour ainsi dire la réalité aussi longtemps que le but n'est pas atteint, et même encore au delà, en tant que l'individu doit s'approprier la vérité par une poursuite personnelle semblable à celle qui servirait à la découvrir de nouveau. Il résulte de là que la morale même, fut-elle excellente, si elle était sans hérésies possibles, manquerait de vie et de ce sel de la contradiction sans lequel toute vérité risque de se corrompre.

Il est sans doute paradoxal, il est pourtant vrai de dire que la discussion, un examen critique incessamment repris et renouvelé, est une condition capitale de conservation des méthodes et des connaissances acquises, là même où l'entendement paraît décidément enchaîné et la contradiction impossible désormais. A combien plus forte raison doit-il en être ainsi, quand il s'agit non d'une science ou d'un art parvenus à des règles et à des modes d'application fixes, mais de cette doctrine des mœurs dont la constitution rationnelle, à la fois suppose l'adhésion du cœur et s'allie intellectuellement avec des théories toujours contestées ; et de cet art de la vie sage, de cette autonomie du devoir, qui s'exerce au milieu de la liberté des pensées et de la liberté des passions !

RENOUVIER. *Esquisse;* V° Opposition. *Crit. Relig.*, vol. VI, p. 382.

(1) Éclaircissement III.

11

La prétention de posséder la vérité absolue rend intolérant.

Je pourrais étonner au moins l'orgueilleuse opiniâtreté d'un iman (1) ou d'un talapoin (2), si je leur parlais à peu près ainsi :

Ce petit globe, qui n'est qu'un point, roule dans l'espace ainsi que tant d'autres globes ; nous sommes perdus dans cette immensité ; l'homme, haut d'environ cinq pieds est assurément peu de chose dans la création. Un de ces êtres imperceptibles dit à quelques-uns de ses voisins, dans l'Arabie ou dans la Cafrerie : « Écoutez-moi, car le Dieu de tous ces « mondes m'a éclairé ; il y a neuf cent millions de petites fourmis « comme nous, sur la terre, mais il n'y a que ma fourmillière qui soit « chère à Dieu ; toutes les autres lui sont en horreur de toute éternité ; « elle sera seule heureuse, et toutes les autres seront éternellement « infortunées. »

Ils m'arrêteraient alors, et me demanderaient quel est le fou qui a fait cette sottise. Je serais obligé de leur répondre : c'est vous mêmes. Je tâcherais ensuite de les adoucir ; mais cela serait bien difficile.

O sectateurs d'un Dieu clément ! si, en adorant celui dont toute la loi consistait en ces paroles : « Aimez Dieu et votre prochain », vous aviez surchargé cette loi pure et sainte de sophismes et de disputes incompréhensibles ; si vous aviez allumé la discorde, tantôt pour un mot nouveau, tantôt pour une seule lettre de l'alphabet ; si vous aviez attaché des peines éternelles à l'omission de quelques paroles, de quelques cérémonies que d'autres peuples ne pouvaient connaître, je vous dirais : « Transportez-vous avec moi au jour où tous les hommes seront jugés, et où Dieu rendra à chacun selon ses œuvres. »

« Je vois tous les morts des siècles passés et du nôtre comparaître « en sa présence. Êtes-vous bien sûrs que notre créateur et notre père « dira au sage et vertueux Confucius, au législateur Solon, à Pythagore, « à Zaleucus, à Socrate, à Platon, aux divins Antonins, au bon Trajan, « à Titus, les délices du genre humain, à Épictète, à tant d'autres « hommes, les modèles des hommes : Allez, monstres, allez subir des « châtiments infinis en intensité et en durée ; que votre supplice soit « éternel comme moi ! Et vous, mes bien-aimés, Jean Châtel (3), « Ravaillac, Damiens, Cartouche, etc., qui êtes morts avec les for-« mules prescrites, partagez à jamais à ma droite mon empire et ma « félicité. »

Vous reculez d'horreur à ces paroles ; et après qu'elles me sont échappées, je n'ai plus rien à vous dire.

VOLTAIRE. *Essai sur la tolérance.*

---

(1) Prêtre mahométan.
(2) Prêtre bouddhiste de Siam.
(3, Tenta d'assassiner Henri IV et fut écartelé. 1664.

III

Le combat de la vérité et de la violence.

C'est une étrange et longue guerre que celle où la violence essaie d'opprimer la vérité. Tous les efforts de la violence ne peuvent affaiblir la vérité, et ne servent qu'à la relever davantage. Toutes les lumières de la vérité ne peuvent rien pour arrêter la violence et ne font que l'irriter plus encore. Quand la force combat la force, la plus puissante détruit la moindre ; quand on oppose les discours aux discours, ceux qui sont véritables et convaincants confondent et dissipent ceux qui n'ont que la vanité et le mensonge ; mais la violence et la vérité ne peuvent rien l'une sur l'autre. Qu'on ne prétende pas de là néanmoins que les choses soient égales ; car il y a cette extrême différence, que la violence n'a qu'un cours borné par l'ordre de Dieu, qui en conduit les effets à la gloire de la vérité qu'elle attaque ; au lieu que la vérité subsiste éternellement, et triomphe enfin de ses ennemis, parce qu'elle est éternelle et puissante comme Dieu même.

PASCAL. *Douzième Provinciale*, fin.

IV

La condamnation de Galilée.

En publiant ses découvertes, Galilée fit voir qu'elles démontraient le mouvement de la terre ; mais la pensée de ce mouvement fut déclarée contraire aux dogmes religieux par une congrégation de cardinaux, et Galilée fut cité au tribunal de l'inquisition et forcé de se rétracter, pour échapper à une prison rigoureuse.

Une des plus fortes passions est l'amour de la vérité dans l'homme de génie. Plein de l'enthousiasme qu'une grande découverte lui inspire, il brûle de la répandre, et les obstacles que lui opposent l'ignorance et la superstition armées du pouvoir ne font que l'irriter et accroître son énergie... Galilée convaincu de plus en plus, par ses observations, du mouvement de la terre, médita longtemps un nouvel ouvrage dans lequel il se proposait d'en développer les preuves. Mais, pour se dérober à la persécution dont il avait failli être victime, il imagina de les présenter sous la forme de dialogues entre trois interlocuteurs, dont l'un défendait le système de Copernic, combattu par un péripatéticien. On sent que tout l'avantage restait au défenseur de ce système ; mais Galilée ne prononçant point entre eux, et faisant valoir, autant qu'il était possible, les objections des partisans de Ptolémée, devait s'attendre à jouir de la tranquillité qui lui méritaient ses travaux et son grand âge. Le succès de ces dialogues, et la manière triomphante avec laquelle toutes les difficultés contre le mouvement de la terre y

XV. — LIBERTÉ DE CONSCIENCE

étaient résolues réveillèrent l'inquisition. Galilée, à l'âge de soixante et dix ans, fut de nouveau cité à ce tribunal. La protection du grand-duc de Toscane ne put empêcher qu'il y comparût. On l'enferma dans une prison, où l'on exigea de lui un second désaveu de ses sentiments, avec menace de la peine de relaps, s'il continuait d'enseigner la même doctrine. On lui fit signer cette formule d'abjuration : « Moi, Galilée à la soixante et dixième année de mon âge, constitué personnellement en justice, étant à genoux, et ayant devant les yeux les saints Évangiles que je touche de mes propres mains, d'un cœur et d'une foi sincères, j'abjure, je maudis, et je déteste l'erreur, l'hérésie du mouvement de la terre, etc. » Quel spectacle, que celui d'un vénérable vieillard, illustre par une longue vie consacrée tout entière à l'étude de la nature, abjurant à genoux, contre le témoignage de sa propre conscience, la vérité qu'il avait prouvée avec évidence ! Emprisonné pour un temps illimité, par un décret de l'Inquisition, il fut redevable de son élargissement aux sollicitations du grand-duc ; mais, pour l'empêcher de se soustraire au pouvoir de l'Inquisition, on lui défendit de sortir du territoire de Florence.

LAPLACE. *Exposition du système du monde*, ch. IV.

V
Le renoncement de Descartes devant l'Inquisition.

Or, depuis trois ans, j'étais parvenu à la fin du traité qui contient toutes ces choses (ce mouvement de la terre autour du soleil) et je commençais à le revoir afin de le mettre entre les mains d'un imprimeur, lorsque j'appris que des personnes à qui je défère (1), et dont l'autorité ne peut guère moins sur mes actions que ma propre raison sur mes pensées, avaient désapprouvé une opinion de physique publiée un peu auparavant par quelque autre (2), *de laquelle je ne veux pas dire que je fusse* (3), mais bien que je n'y avais rien remarqué avant leur censure que je pusse imaginer être préjudiciable ni à la religion ni à l'État, ni par conséquent qui m'eût empêché de l'écrire si la raison me l'eût persuadé ; cela me fit craindre qu'il ne s'en trouvât tout de même quelqu'une entre les miennes en laquelle je me fusse mépris, nonobstant le grand soin que j'ai toujours eu de n'en point recevoir de nouvelles en ma créance dont je n'eusse des démonstrations très certaines, et de n'en point écrire qui puissent tourner au désavantage de personne. Ce qui a été suffisant pour m'obliger à changer la résolution que j'avais eue de les publier ; car, encore que les raisons pour lesquelles je l'avais prise auparavant fussent très fortes, mon inclination, qui m'a toujours fait haïr le métier de faire des livres, m'en fit incontinent trouver assez d'autres pour m'en excuser.

Discours de la méthode, VIᵉ partie, p. 70, Ed. BROCHARD.

(1) Les théologiens de l'Inquisition.
(2) Galilée.
(3) Cette restriction n'équivaut-elle pas à l'humiliation subie par Galilée ?

CHAPITRE XVI

MORALE SOCIALE (Suite.)

LE DROIT ÉCONOMIQUE

LA PROPRIÉTÉ

I. — FONDEMENT DU DROIT DE PROPRIÉTÉ ET DU DEVOIR D'ASSISTANCE DANS L'ÉTAT DE PAIX

1. Antinomie fondamentale de la propriété et de l'exclusion. — L'homme ne saurait pourvoir à sa conservation dans la nature ni dans la société, sans consommer certains objets utiles à son existence et à sa défense ; il est de plus indispensable qu'il ne soit pas forcé de reprendre entièrement chaque jour la lutte contre les causes de destruction qui viennent de cette nature et de cette société, et qu'il ait un certain minimum de sécurité de l'avenir pour se préoccuper de son *développement*. Ces conditions d'existence ne peuvent être réalisées que si le fait de l'usage des objets matériels est transformé en droit, de telle sorte que le possesseur puisse se dire propriétaire, et exclure autrui de ce qui lui est propre. Propriété, exclusion, voilà les deux termes d'une antinomie fondamentale de l'état social. Nous les examinerons d'abord dans la supposition d'une république idéale, et nous aurons ensuite à montrer comment peut se faire la synthèse des deux prétentions contraires. Nous ferons cet examen pour l'état de société réelle, où nous chercherons les moyens pratiques et rationnels d'assurer le respect de la personne dans ses biens et d'autre part le respect des personnes dépourvues de biens.

2. Le bien commun et les biens particuliers. — Dans un état social supposé normal, les devoirs consistent dans l'effort des citoyens pour accomplir avec continuité certains actes dont le double résultat est : 1° la réalisation du bien commun et 2° celle des biens particuliers, de sorte que tout devoir se résout en *travail* et les conséquences de l'accomplissement du devoir sont des *produits*. Pour le premier résultat, le principe est que le travail doit être partagé également entre tous les membres de l'association puisqu'ils sont tous solidaires du bien qu'elle constitue. C'est la règle de justice. Pour les seconds, il y a lieu de se demander comment se fera la distribution des fonctions et des avantages.

3. En morale pure le devoir de travail et le droit aux produits ne sont pas fondés sur le communisme, mais sur l'individualisme. — Si le travail est en commun, comme les produits, et s'il n'y a pas pour chaque associé une contrainte d'accepter telle part des uns et des autres qui lui sera assignée, si bonnes qu'on suppose les intentions des personnes, elles peuvent se tromper, et l'agent moral se trouve à la merci de ces bonnes volontés, sans garantie pour sa liberté. Si, au contraire, il y a une contrainte exercée sur chacun, les agents n'obéissent plus par devoir, mais par cette contrainte; ils deviennent des instruments de la société, et non seulement le principe d'autonomie est violé aussi bien que dans le cas précédent, mais la moralité même est atteinte en ce que les personnes ne sont plus traitées conformément à leur dignité (1). Si l'on veut maintenir les conditions qui assurent, dans le travail-devoir, la liberté et la dignité de la personne, il faut recourir à l'organisation contraire au *communisme*, c'est-à-dire à l'*individualisme*. Sa formule bien entendue étant : « Chacun pour soi », au moins quant à ce qui ne regarde pas le bien commun, la personne reste maîtresse d'une sphère d'activité abandonnée à son initiative et n'a plus à exiger de ses associés que le respect pour l'œuvre de son développement particulier. Sa destinée est en cela livrée à sa responsabilité et il est propriétaire légitime des produits de son travail, aussi bien que solidaire de sa gestion inhabile ou malheureuse. Ainsi s'établit dans l'état de paix, le droit de propriété non pas seulement sur le besoin de l'individu et son utilité, mais sur son indépendance et sa dignité comme personne morale. Examinons maintenant dans la même hypothèse de la paix, la situation de l'homme dépourvu de biens.

4. L'assistance est un droit du dépossédé non en vertu d'un contrat positif, mais du contrat implicite de solidarité. —

(1) V. Éclaircissement III.

Si la qualité de personne est, dans la société pacifique, le fondement du droit de propriété, il faut admettre que chaque membre de l'association doit avoir sa part de biens propres.

L'un d'eux vient à perdre par manque d'habileté ou par un cas de force majeure (car nous éliminons de l'hypothèse la mauvaise volonté, d'où qu'elle vienne). Il demande alors, en vue de son relèvement, l'assistance de ses semblables. Il n'est pas fondé, évidemment, dans l'hypothèse, à se dire lésé par la société et à revendiquer cette assistance, comme pour la restitution d'une chose due, attendu qu'il n'y a pas dette de la part d'autrui. Sa sphère de possession particulière lui ayant été scrupuleusement réservée par ses associés. D'une part, par conséquent, la société n'est pas supposée responsable de son malheur et d'autre part, aucun de ses semblables n'a à se le reprocher. La justice, entendue comme respect des contrats primitifs, permettrait donc de lui refuser l'assistance. Mais là où cesse la justice comme vertu d'abstention commence la justice comme vertu du cœur, qui, nous l'avons vu, est impliquée dans l'autre, en morale pure, et nous voyons apparaître dans la société normale un devoir nouveau-né des maux inévitablement attachés à la nature des choses. Si l'homme dépourvu de biens fait encore partie de l'état social, il peut invoquer en effet, non plus le contrat positif, mais le contrat naturel ou plutôt rationnel, qui stipule implicitement un partage du bien commun, dont il est accidentellement exclu. Ce bien commun, en effet, ne peut exister que comme garantie des biens particuliers. Le malheureux peut donc légitimement *attendre* l'accomplissement de la *promesse* de solidarité impliquée dans le contrat social.

5. L'assistance n'est pas revendicable individuellement. — Mais à qui s'adressera sa réclamation? Ce ne peut être à telle personne particulière, qui, voulût-elle l'assister non par devoir envers lui, mais par devoir de bonté envers soi-même, ne pourrait cependant être sommée de soulager à elle-seule tous les cas possibles de dénûment individuel et n'en posséderait assurément pas les moyens; il lui faudrait même pour cela abandonner, à titre gratuit, ce qu'elle doit réserver, pour l'usage obligatoire, liée qu'elle serait d'autre part à des contrats particuliers, naturels ou acquis. En supposant même que l'individu ainsi interpellé se sacrifiât entièrement aux réclamants, le sacrifice serait inutile et ne résoudrait pas la difficulté, car le

XVI. — LE DROIT ÉCONOMIQUE (LA PROPRIÉTÉ)

bienfaiteur se trouverait descendu à son tour au rang des hommes dépourvus de tout, et la question de l'assistance se poserait de nouveau à son sujet.

6. Elle ne peut être obtenue que par une entente des bonnes volontés. — Si donc l'assistance ne peut être réclamée des individus, il faut qu'elle soit une dette collective. On se retournera donc contre la société des propriétaires. Mais il n'y a de droit et de devoir que pour les personnes, et une société n'est pas une personne, malgré toutes les analogies tirées de l'histoire naturelle et tendant à identifier une société à un organisme et une personne à une société d'organes. « Un droit est sans fondement s'il n'est pas revendicable sur des personnes déterminées. Penser autrement, c'est ou imputer une responsabilité à ce qui n'est point une personne, ce qui est intelligible, ou rendre, au fond, chaque personne responsable de ce que l'ensemble de toutes ne se porte pas à certaines résolutions, ce qui est injuste (1). » Si, au contraire, on renonce à cette abstraction réalisée : la société, pour envisager sous ce nom une réunion d'individus moraux liés par un contrat, un devoir sera exigible de ces individus. Il ne s'agit pas évidemment d'un appel à leurs bons sentiments, mais d'une dette contractée par toute personne vis-à-vis de toute personne. Dans la société de fait, organisée tout autrement que selon la règle idéale, le groupement des personnes en vue des œuvres d'assistance a déjà produit quelques résultats compensateurs de l'abus énorme de la propriété ; les états interviennent aussi en plusieurs circonstances pour soulager ce qu'ont de trop scandaleux certaines misères ; mais cette manière d'accomplir un devoir social est si insuffisante et surtout si peu prudente que les revendications socialistes, alors qu'elles veulent se dégager de toutes formules violentes et comminatoires semblent bien celles d'un droit méconnu qui se dresse en face du droit des possédants. Au contraire, si nous envisageons la société rationnelle des personnes qui n'auraient d'autre règle que la justice, le conflit entre les droits du possédant et du dépossédé, est apaisé par les bonnes volontés qui se chargent elles-mêmes de réparer le mal survenu aux citoyens de la république, et n'attendent pas un appel fait à leur charité ; elles paient une dette, non plus déterminée positivement, mais impliquée généralement

---

(1) Renouvier, *Science de la morale*, I, p. 102.

dans la promesse de solidarité contractuelle, elles ne font pas un don ; elles rendent à la dignité d'autrui ce qui lui est dû et ne peuvent se prévaloir envers l'assisté que du devoir accompli, non du mérite ou même de la charité qui humilie celui qui en est l'objet.

II. — LA PROPRIÉTÉ ET L'EXCLUSION DANS L'ÉTAT DE GUERRE

7. La propriété résultant de la conquête s'excuse par la prescription, mais ne se justifie pas. — Mais ces relations des personnes sont troublées dans l'état de guerre qui est l'état réel et la propriété doit justifier son existence en invoquant des droits non plus dérivés seulement de la nature de l'être raisonnable, mais manifestés à l'occasion de circonstances historiques.

On reproche d'abord à la propriété individuelle de n'être que le résultat d'une injustice initiale, d'être une usurpation violente par la conquête et l'usage devenu exclusif de biens naturels qui appartenaient à tous. Proudhon, en tête d'un ouvrage publié en 1848 pour exposer les revendications socialistes, disait : « La propriété, c'est le vol. » Il n'entendait par là, il est vrai, que cet usage de la propriété qui pourrait porter le nom général d'usure ; mais sa formule saisissante peut servir à résumer les objections faites à la propriété traditionnelle. Presque partout, en effet, le sol, source première de la richesse, a été usurpé par des conquérants. Par exemple, les Romains ont dépossédé les Gaulois, au 1er siècle avant J.-C. Ils ont été dépossédés à leur tour par les barbares de Germanie au v^o siècle après J.-C. Puis au ix^o siècle, les Normands ont repris une partie du sol de la France aux Francs, etc. A cette objection, quelques économistes, se plaçant uniquement au point de vue de l'utilité et des nécessités de fait, répondent par l'impossibilité de rechercher le premier coupable et de faire rentrer en possession le propriétaire légitime. Sur les huit millions de propriétaires fonciers dont on admet l'existence en France (1), à peine se trouverait-il cent familles dont les titres de propriété ou seulement la possession pourrait remonter jusqu'à l'époque des dernières invasions européennes. On ajoute que l'usurpation, qui est incontestable, a été depuis longtemps rachetée par la culture et les travaux consacrés au sol ainsi devenu une richesse nationale ; qu'en outre les impôts fonciers et les redevances payées à l'état chaque fois que la terre

---

(1) De Foville. *La France économique*, p. 60.

change de propriétaire (1) ont depuis longtemps fait revenir à la société le prix du sol usurpé. Enfin, on invoque la *prescription,* c'est-à-dire la déchéance des droits du vrai propriétaire à partir d'une époque éloignée depuis laquelle il n'a pas fait acte d'ayant droit, pendant que le simple possesseur faisait *valoir* sa terre (2). Et il est certain que si la longue possession, l'oubli et la solidarité des anciens crimes, le travail prolongé, la transmission de génération en génération, ne peuvent justifier l'appropriation du sol par un individu, il ne reste plus aucune raison pour qu'un peuple entier s'approprie une portion de la terre à l'exclusion d'autres nations. Aussi arrive-t-il que les socialistes qui protestent contre la propriété individuelle, protestent également, quand ils sont conséquents, contre la propriété nationale et se font citoyens de l'univers, cosmopolites. La protestation contre la conquête et l'annexion opérée en dépit des vœux des populations est fondée en effet (outre d'autres raisons juridiques que nous indiquerons) sur la prescription non interrompue pendant des siècles. Quand les derniers conquérants disent à la France : « Vous nous avez pris, sous Louis XIV et sous Louis XV des provinces que nous vous reprenons aujourd'hui, étant les plus forts, » nous répondons qu'il y avait alors en notre faveur une longue prescription et que le droit du plus fort invoqué en ce cas, outre son immoralité, est encore un sophisme, puisqu'il tend, de revanche en revanche, à perpétuer la guerre et le règne de la force, au lieu d'établir un droit. La prescription est le seul remède à cette prolongation des maux de la guerre. La conscience moderne est pénétrée de cette nécessité et c'est pour empêcher la prescription de courir depuis nos défaites, que les vaincus protestent tous les jours (3). Mais tous ces arguments, malgré leur valeur ne sont que des manières de présenter les faits actuels d'appropriation, comme nécessaires et de les justifier parce qu'ils sont accomplis.

8. L'occupation première, l'utilité de la propriété perpétuelle, la transmission héréditaire, ne résolvent pas le conflit entre la possession et l'exclusion. — On soutient plus fermement la propriété en invoquant un droit formel, celui du premier occupant, c'est-à-dire le droit pour une personne de pouvoir

---
(1) Droits de mutation.
(2) Sur l'état de la propriété, les manières de l'acquérir et de la perdre, V. *Code civil*, liv. II, tit. II; art. 544 à 577.
(3) Voir Eclaircissement II.

à ses fins à l'aide d'objets actuellement sans maître. Cette thèse soulève une première objection : le sol et les instruments de travail qu'il fournit étant entièrement occupés, n'est-il pas injuste que les survenants se trouvent privés par là des moyens de vivre ? Nous avons vu que dans l'état de paix, le droit de préoccupation s'élimine à la longue par la bonne volonté des possédants. Dans l'état de guerre, au contraire, si l'on considère que chacun doit : d'abord se ménager des garanties matérielles d'existence et ensuite songer qu'il doit surtout compter sur lui-même, on comprend que l'occupation première, consécration d'un fait général, puisse constituer un droit positif de défense personnelle. Mais il reste toujours à objecter à l'occupant : 1° que sa possession exclut tous ses semblables, qui ont autant de titres que lui à se défendre contre les causes de destruction ; 2° que ces garanties, qu'il possède, ne restant pas individuelles, mais passant à ses descendants, l'exclusion est perpétuelle et sans espoir de retour. Ces deux objections ne sont pas levées, à notre sens, par les remarques des économistes sur l'utilité de la perpétuité dans la possession, et en particulier sur les avantages économiques de la conservation de la fortune par l'héritage.

Sur le premier point, on dit que si la propriété n'est pas perpétuelle (1), le fermier temporaire ne voudra pas s'engager à faire des travaux dont il ne doit pas recueillir tous les fruits ; et il est de ces travaux qui demandent cinquante ou cent ans avant de produire les résultats qu'on en attend, par exemple les constructions, canalisations, plantations d'arbres, etc. Si longue qu'on établisse la période après laquelle viendrait un autre fermier, l'approche de la limite arrêterait forcément les travaux d'entretien. La sécurité de l'avenir est, en un mot, la condition des travaux où l'on s'engage à fond. Sur le second point, on fait valoir, en faveur de la transmission héréditaire de la propriété, qu'elle est fondée d'abord sur l'instinct même de la possession qui réclame le droit de donner et de transmettre ; puis sur l'action directe ou indirecte des héritiers dans la formation du patrimoine, enfin sur les droits même de l'héritier à un bien qui avait déjà pu être transmis à sa famille par un ancêtre commun à lui et à ses collatéraux. On ajoute que la production est encouragée par la perspective de laisser dans une situation prospère

---

(1) Leroy-Beaulieu. *Le collectivisme*, 1885.

les descendants du producteur ; que si la fortune personnelle devait revenir à la communauté, à l'Etat, on ne se donnerait pas la peine de la grossir, tandis qu'on y travaille, si l'on est sûr qu'elle doit rester à un petit nombre d'êtres qu'on aime ; qu'enfin si les héritages font des oisifs et des inutiles, ils sont moins nombreux qu'on ne pourrait le croire, et que beaucoup de personnes emploient à des travaux d'utilité publique des capitaux qu'elles n'ont pas amassés elles-mêmes. A toutes ces bonnes raisons, le *déshérité* peut toujours objecter : « Pourquoi vous plutôt que moi (1) ? »

III. — LE DROIT DE DÉFENSE FONDE LA POSSESSION ET LES REVENDICATIONS DES NON-POSSÉDANTS

9. L'appropriation des produits du travail a besoin d'être garantie par le principe de la défense personnelle. — La question posée en ces termes est insoluble. Il faut pour sortir de la difficulté abandonner le droit d'occupation et se placer au point de vue de la défense personnelle, sauf à chercher si ce droit incontestable et fondamental ne se divise pas entre le possédant et le non possédant.

Supposons en effet que, d'une part, la conscience de l'injustice sociale soit éveillée chez les dépossédés réclamant une réforme avec ensemble, et avec cette autorité que la raison sait se donner en se présentant comme raisonnable, et non comme passionnée ; que d'autre part les personnes en possession reconnaissent en partie le « bien fondé » des réclamations ; une situation favorable se présente pour essayer une nouvelle distribution des biens. Mais les conflits s'élèvent dès les premières démarches et l'entente est reconnue impossible. Deux moyens s'offrent alors de faire cesser le conflit. La violence, d'abord. Mais comme le propriétaire ne peut espérer que la violence ne lui enlèverait que la juste part de ses biens qu'il pourrait être convenable de céder à autrui, il est autorisé, surtout en présence des menaces, comme elles se manifestent, à défendre la totalité de son patrimoine. En admettant même qu'un nouveau partage, au

---

(1) Ce contraste entre les héritiers et déshérités est surtout monstrueux en Angleterre, où une superficie d'environ 16 millions de kilomètres carrés n'a que 30,000 propriétaires sur une population de 32 millions (à ne compter que la métropole, car les possessions hors d'Europe ajouteraient une population de 188 millions). Il y a plus, sur les 30,000 propriétaires, 150 possèdent une moitié du sol, le reste appartenant à 29,850. (V. *Revue des Deux-Mondes*, 15 septembre 1882.)

lieu d'être le résultat d'un conflit à main armée, puisse venir à la suite d'une entente, la société institue donc une nouvelle distribution de fonctions et de produits et assigne à chacun des attributions. C'est la conception du phalanstère rêvé par Saint-Simon et tenté par Fourier (1) et ses disciples. Le travail, dans cette organisation étant forcé, surveillé, comme cela se doit pour la stabilité du statut social, cesse d'être œuvre de liberté et la dignité de l'individu disparaîtra avec la morale, dans l'ordre établi ; chacun se sentant alors menacé se met en état de défense, et se constitue ainsi une propriété individuelle.

10. Mais, l'appropriation s'étendant à la longue à tous les produits de l'activité humaine, le droit de conservation se pose encore pour les non-possédants. — On peut invoquer un autre droit que celui de l'occupation, si l'on considère que la personne met quelque chose d'elle-même dans les choses qu'elle emploie à son service, et étendant ainsi sa dignité aux moyens de la soutenir, établit une sorte de droit acquis par le travail à l'appropriation de ses produits. Ainsi, la terre est d'abord attribuée à l'homme qui la cultive ; puis ce sont les outils qui servent à cette culture, capital initial auquel vient se joindre l'habitation et l'enclos y attenant, premières formes de la propriété foncière et mobilière. Puis, si nous sommes en présence d'une propriété collective, comme certains villages russes ou javanais dans lesquels les partages des biens fonds sont périodiques, tandis que les instruments de culture, les bestiaux sont en propre au producteur, il se fait une évolution dans la propriété par suite d'une sélection naturelle entre les membres de la société, et du collectivisme on passe à l'individualisme. Les plus ingénieux augmentent leur richesse mobilière, les autres, par paresse ou inhabileté, la perdent et deviennent incapables de tirer parti de leur lot ; ils le cèdent alors à de mieux outillés et se mettent à leur service pour partager les produits ; de sorte que les premiers restent seuls possesseurs. A la longue, les biens matériels finissent par devenir individuels dans la mesure où ils sont l'objet d'un travail plus intense de l'homme. Après le champ, c'est le troupeau, puis la prairie, puis la forêt, le pâturage sur la montagne, qui dans certaines régions d'Allemagne, de Suisse et de Savoie sont encore possédés collectivement (2). Enfin s'effectue l'ap-

---

(1) 1772-1827.
(2) Leroy-Beaulieu. *Traité de la Science des finances*, t. Ier.

propriation d'objets de plus en plus abstraits, produits de l'activité mentale de l'homme, l'invention, le livre, l'idée, l'œuvre d'art, sa reproduction (1). Tout capital devient ainsi échangeable et susceptible d'être transmis, de sorte qu'il se reproduit un état où certains membres de la société, dépourvus de tout moyen de poursuivre leurs fins personnelles, sont réduits au servage comme dans l'état de communauté. La propriété, aussi bien au point de vue de l'appropriation par le travail qu'au point de vue de l'occupation, aboutit donc à des résultats contraires à son principe : la garantie des libertés, puisque la garantie obtenue par l'un enlève celle de l'autre, et toujours la même protestation s'élève : « Pourquoi pour vous plutôt que pour moi ? »

11. Solution de l'antinomie économique par la charité et le socialisme. — Si nous n'avions affaire qu'à un homme possesseur d'un bien, dans une île déserte, auquel un autre homme, dénué de tout, *naufragé*, vient réclamer l'assistance (1), le devoir du propriétaire serait incontestable, il doit admettre le naufragé au partage, sous des conditions qui ne soient point une réduction à l'esclavage de l'obligé ; il doit même ne pas se borner à un secours momentané, et une fois accordé à cause de l'urgence, mais de plus lui fournir des instruments de travail pour lui permettre de se reconstituer des conditions de vie et de dignité. Aussi est-ce un palliatif insuffisant du scandale des grandes fortunes en Angleterre, que cette taxe des pauvres qui s'élève actuellement à plus de 250 millions par an, et même ces entreprises d'aumône individuelle sans organisation ni lendemain, dont il ne peut résulter qu'un moment de répit pour la classe réduite au servage, et nullement une solution même commençante d'une question sociale dont on pourrait dire qu'elle est la question sociale. Si maintenant nous quittons l'hypothèse d'un homme en face d'un autre, la société collective semble rester débitrice envers les *naufragés* de la fortune ; mais les biens ne lui appartenant pas, elle ne peut les prendre à l'un pour les donner à l'autre. Le devoir d'assistance est donc subordonné, quant à son exécution, à des lois réformatrices du statut social, lois obtenues par le consentement des associés et non mesures de violence qui

---

(1) V. Eclaircissement 1.
(2) La simplicité de cette hypothèse et la netteté qu'elle fournit à la contradiction inhérente au droit de propriété expliquent le succès plus que séculaire du *Robinson* de Daniel de Foë (1663-1731), qui fut traduit de l'anglais dans toutes les langues, dès son apparition.

enlèveraient les dernières garanties d'indépendance à ceux qui les possèdent encore. C'est là l'une des formes possibles du *socialisme d'état ;* les autres se trouvent dans les progrès des initiatives privées organisées en vue d'obtenir la propriété par les voies légales. Sans la propriété, point de garantie pour la dignité ni pour l'indépendance des personnes. Aussi est-ce seulement à ce point de vue qu'on peut envisager comme un droit la propriété chez ceux qui l'ont déjà : elle est leur moyen de défense.

12. Solution de l'antinomie économique par l'impôt. — L'impôt agraire et somptuaire. — C'est un tel moyen qu'il s'agit de procurer à ceux qui en sont dépourvus. Le grand mal étant la concentration de cette richesse en un petit nombre de mains, il semble qu'on soit porté tout d'abord à l'établissement de lois somptuaires. Mais si l'on prend des mesures directes de restriction et si l'on fixe la limite des biens possibles à acquérir par chaque particulier, ainsi qu'on le tenta plusieurs fois à Rome (1), on arrête par là l'essor du travail, on empêche l'application de l'énergie humaine à la production de la richesse, ce qui est une conséquence économique désastreuse, et dont le premier résultat serait de rendre encore plus difficile l'amélioration du sort des indigents. On pourrait encore user de cette restriction directe de la fortune qui consiste dans les *lois agraires,* comme celles que demandaient les Gracques à Rome. Alors on spolie le travailleur du fruit de son travail, soit entre ses mains, soit entre celles de ses descendants, ce qui est injuste et rend plus sensible encore le caractère du droit de défense attaché à la propriété.

13. L'impôt progressif. — Il faut donc abandonner les restrictions directes de la richesse et recourir aux moyens indirects, c'est-à-dire aux impôts. Mais si l'impôt frappe spécialement une catégorie de citoyens, par exemple les plus riches, par cette raison que c'est en leurs mains que se trouve ce qui serait l'organe d'affranchissement pour autrui, il en résultera que ceux-là auront plus de droits dans l'État, qui lui rendront les plus grands services, et nous ouvrons ainsi la porte à l'aristocratie de la fortune, la plus éloignée de l'idéal moral qui se puisse concevoir. Il faut donc que l'impôt soit, au moins pour une partie, un moyen par lequel chaque citoyen s'honorera de contribuer aux services publics et sur quoi il fondera son droit d'in-

---

¹ V. Tite-Live. Discours de Caton sur la loi Oppia, qui limitait le luxe des femmes.

tervenir dans leur contrôle. C'est l'impôt personnel, c'est-à-dire
celui qui frappe nominativement tous les citoyens inscrits
d'avance sur un contrôle. Mais un tel impôt ne suffirait pas
aux besoins à satisfaire; on est donc ainsi amené à un impôt
qui frapperait les citoyens proportionnellement à leur fortune et
qui aurait pour but, en limitant progressivement les facilités
d'accroître cette fortune à mesure qu'elle dépasse une certaine
limite à fixer raisonnablement, de fournir aux associés qui
en manquent, les instruments de travail. Il ne s'agit pas
en effet de faire un simple transfert de fortunes, mais de permettre à ceux qui en sont totalement privés de l'acquérir par la
mise en œuvre de leurs talents et de leur énergie. C'est par là
que se justifierait définitivement la propriété. Comme elle n'est
chez personne l'œuvre unique de son maître, mais est due en
partie aux avantages actuels de l'état social, aussi bien qu'aux
facilités procurées par les circonstances historiques, ceux qui en
sont les détenteurs ont en cela contracté une véritable dette
qu'ils doivent acquitter envers ceux que l'histoire et l'état social
présent ont laissés dépouvus. Ce sont là leurs véritables créanciers (1).

ÉCLAIRCISSEMENTS

I

Corrélation constante des progrès de la famille et de ceux de la propriété.

Dans les mœurs barbares, quand l'autorité du père commence à prendre conscience d'elle-même et à s'affirmer, c'est d'abord sous l'aiguillon de l'intérêt (2). Cette importante révolution se présente, comme un fait économique autant que comme un fait moral.

D'un bout à l'autre, l'histoire de la famille paraît coïncider avec l'histoire de la propriété : il y a une corrélation constante entre ces deux ordres de phénomènes. A la parenté par *promotions* (3), c'est-à-dire à l'absence de toute parenté déterminée, correspond le régime économique de la communauté des biens. A mesure que les parentés deviennent moins vagues et plus restreintes, le commu-

(1) Les questions relatives aux devoirs particuliers à l'égard des biens de la personne et aux droits correspondants sont traitées dans le *Cours de morale pratique*, dans le chapitre sur la Propriété.

(2) C'est-à-dire quand le père s'aperçoit que l'enfant peut être une marchandise dont le trafic est productif, et il en revendique la propriété en même temps qu'il s'occupe de son *élevage*.

(3) C'est-à-dire que les enfants de tel âge sont attribués aux hommes de telle génération. Le partage de la production infantile se fait à l'ancienneté.

nisme (1) perd du terrain, la propriété devient plus particulière. Enfin la propriété individuelle et la parenté personnelle apparaissent ensemble ; et dès que l'homme peut dire : Ceci est mon champ, il peut aussi affirmer sans conteste son autorité domestique, revendiquer la possession exclusive de ses enfants. De part et d'autre s'applique cette loi de tout progrès, le passage graduel du mêlé au distinct, de la confusion et du chaos à une diversité de parties autonomes.

H. MARION. Revue philosophique, 1er vol., p. 94.

II

Opposition entre le droit de conquête et le principe des nationalités.

Il est difficile de faire comprendre à des étrangers pourquoi nous ne pouvons nous résigner à la perte de nos provinces. « C'est la loi de la guerre », disent les Allemands, et le commentaire de ces paroles se devine : « Vous nous avez pris l'Alsace au temps où vous étiez les plus forts ; nous sommes les plus forts aujourd'hui, nous la reprenons ! » C'est en effet ce langage de l'ancienne politique ; il n'aurait surpris personne au siècle dernier ; en ce siècle il ne surprend point les politiciens de l'ancien régime. Mais toute la raison d'être de la France aujourd'hui est justement de représenter une autre politique. Depuis que son unité est faite, qu'elle n'a plus en Europe d'objet d'ambition, qu'elle n'est plus occupée qu'à discuter des principes et des théories, elle est par excellence la nation rationaliste et sensible, conduite par des idées et des sentiments. L'idée qu'on ne peut disposer d'hommes comme de troupeaux a pénétré nos esprits. Elle y a éveillé la sympathie envers tous ceux que la force opprime (Grèce, Irlande, Italie). On nous a fait ce que nous ne voulons pas qu'on fasse à autrui. La guerre ne nous a pas laissé seulement cette humiliation de la défaite qui est intolérable pour un grand peuple. En nous prenant des âmes qui étaient nôtres et qui voulaient rester des âmes françaises, le vainqueur a blessé toutes nos idées et toutes nos convictions. C'est pourquoi nous avons dans notre misère cet honneur singulier d'être obligés de poursuivre au nom de l'universelle justice, la réparation des torts qui nous ont été faits. Notre patriotisme se confond avec la raison des temps modernes, et ce n'est pas seulement pour nous, c'est aussi pour l'Europe et pour le monde entier qu'il faut souhaiter que nous recouvrions la force et que nous acquérions la sagesse.

ERNEST LAVISSE. Le Principe des nationalités. Revue Bleue 31 oct. 1885.

III

Tout socialisme implique l'esclavage.

Qu'est-ce qui constitue l'esclave ? Nous nous le représentons en pre-

---

(1) C'est-à-dire la propriété de toute la communauté, à l'exclusion des droits de tout individu déterminé.

XVI. — LE DROIT ÉCONOMIQUE (LA PROPRIÉTÉ)

mier lieu, comme un homme possédé par un autre. Cependant, pour que cette possession ne soit pas seulement nominale, il faut qu'elle soit rendue effective par le contrôle des actes de l'esclave, contrôle exercé habituellement au profit du contrôleur. Ce qui en réalité caractérise l'esclave, c'est qu'il travaille par contrainte pour contenter les désirs d'un autre. Ce rapport de dépendance admet divers degrés. Si nous nous rappelons qu'à l'origine l'esclave est un prisonnier dont la vie est à la merci de celui qui l'a pris, il suffit de noter ici qu'il y a une forme dure de l'esclavage où, traité comme un animal, il doit dépenser tous ses efforts au profit de son maître. Sous un système moins dur, quoiqu'il soit principalement occupé à travailler pour son maître, on lui accorde un peu de temps pendant lequel il peut travailler pour lui-même et un peu de terrain où il peut cultiver de quoi se donner un supplément de nourriture. Une amélioration ultérieure lui accorde le droit de vendre les fruits de son lopin de terre et de garder le produit de la vente. Ensuite nous arrivons à la forme encore plus modérée qui apparaît là où, ayant été un homme libre cultivant sa propre terre, il est réduit par la conquête à l'état de servage ; dans ce cas, il doit fournir à son maître, chaque année, une quantité déterminée de travail ou de produits, ou les deux à la fois, gardant le reste pour lui-même. Enfin, dans quelques cas, comme en Russie jusqu'à une époque récente, il a la permission de quitter la propriété de son maître et de travailler ou de faire ailleurs le commerce pour lui-même sous condition de payer une redevance annuelle. Qu'est-ce qui nous fait dire dans ce cas que l'esclavage est plus ou moins dur ? Évidemment notre opinion est déterminée par le degré de contrainte sous lequel l'individu travaille au profit d'un autre au lieu de travailler à son propre profit.

Si tout le travail de l'esclave est pour son maître, l'esclavage est dur ; si une faible partie seulement, il est léger. Allons maintenant plus loin. Supposons qu'un propriétaire meure, et que sa propriété et ses esclaves soient mis entre les mains de fidéicommissaires ; ou supposons que la propriété et tout ce qu'elle renferme soit achetée par une compagnie, la condition de l'esclave en sera-t-elle meilleure, si la quantité de son travail forcé reste la même ? Supposons qu'à une compagnie nous substituions la communauté ; cela constitue-t-il une différence pour l'esclave si le temps qu'il doit donner au travail des autres est aussi long, et si le temps dont il peut disposer pour lui-même est aussi court qu'auparavant ? La question essentielle est de savoir combien de temps il est forcé de travailler pour les autres et combien de temps il peut travailler pour lui-même. Le degré de son esclavage varie suivant le rapport entre ce qu'il est forcé de donner et ce qu'il peut garder ; que son maître soit un individu ou une société, peu importe. Si, sans option, il est obligé de travailler pour la société, et reçoit du fond commun la portion que la société lui accorde, il devient l'esclave de la société. L'organisation socialiste nécessite un esclavage de ce genre.

HERBERT SPENCER. *L'individu contre l'État*, ch. II. *L'esclavage futur*, p. 50, trad. GERSCHEL, 1888. F. Alcan.

CHAPITRE XVII

MORALE SOCIALE (Suite.)

LE DROIT DOMESTIQUE

LA FAMILLE
SA CONSTITUTION HISTORIQUE

I. — LES ORIGINES HISTORIQUES DE LA FAMILLE

1. La famille est-elle dérivée du communisme ou l'humanité est-elle primitivement patriarcale ? — Peut-on assigner à l'état social une origine historique ? L'humanité a-t-elle commencé par le groupement des individus dans la famille et des familles dans l'État ? C'est là une opinion qui a pour elle la grande majorité de ceux qui se sont occupés de la question. Mais certains auteurs attachés à l'hypothèse évolutionniste prétendent remonter dans l'histoire humaine plus haut que l'État patriarcal et trouver dans la promiscuité et le communisme la véritable origine de l'état domestique. Voici donc un problème à étudier avant de déterminer les droits dans la famille et dans l'État : le patriarcat est-il un état social résultant d'une longue préparation antérieure, ou bien est-il le fait premier de la nature ?

2. Arguments historiques en faveur du patriarcat initial. — Voyons d'abord le résumé de la thèse qui présente le patriarcat comme l'état initial de l'humanité ; nous l'empruntons à l'auteur même de la thèse contraire, que nous exposerons ensuite. Presque tous ceux qui ont entrepris de retracer la genèse de l'humanité ont admis comme un axiome évident par lui-même que les plus anciennes réunions d'êtres humains ne sauraient avoir connu d'organisation plus simple ni plus primitive que celle de la famille patriarcale. L'origine de toute société, a-t-on répété depuis l'antiquité, c'est l'agglomération naturelle des parents par le sang, composée du père, de la mère et de

XVII. — LE DROIT DOMESTIQUE (LA FAMILLE)

leurs descendants ; c'est là le groupe primordial donné par la nature au commencement des choses. Dans cette famille le père *règne* en qualité de *propriétaire absolu* de sa femme, de ses enfants, et des biens de la petite communauté ; à sa mort, l'aîné de ses fils lui succède et continue à gouverner la famille : bientôt, grâce aux naissances, cette association de parents s'agrandit et devient un *clan (gens, génos)*.

Dans le cours des générations, ce clan, par l'effet de l'accroissement normal de la population, se subdivise lui-même en clans distincts, dont tous les membres, descendant d'une origine commune, se voient rattachés les uns aux autres par les doubles liens de la naissance et de la puissance paternelle. Ces clans en se réunissant forment une *tribu*, et plus tard (toujours par l'effet d'une série de concentrations successives autour d'un noyau originaire), les tribus, en se rapprochant, constituent une communauté politique, dont le chef (*rex, basileus*) descend en ligne directe de l'ancêtre des différents chefs de clans et de tribus. Ainsi se seraient formés, dans les temps préhistoriques, les peuples, les nations, simples extensions de la famille naturelle qui, dans cette théorie, aurait joué le rôle d'une *monade*, souche de l'humanité (1).

3. Théorie évolutionniste de la promiscuité initiale. — Au contraire, selon la théorie évolutionniste, le premier aspect sous lequel s'offrent les sociétés primitives est celui des grandes masses, et non pas de la petite famille patriarcale. Au sein de ces masses, la parenté individuelle est inconnue à l'origine : les individus sont affiliés au groupe dans son ensemble, à la *horde* entière ; l'enfant a pour père tous les pères de la communauté et — chose plus répugnante encore à notre sentiment, — il ne connaît pas une femme seule en qualité de mère, mais toutes les femmes de la horde le tiennent indistinctement pour leur fils.

Après une nuit dont on ne saurait calculer la durée, sortant comme d'une matière à l'état diffus et sans organisme, le genre humain manifeste une tendance continue à « l'individuation », tendance qui paraît avoir été sa loi de développement ; les masses paraissent se scinder ; de petits groupes s'isolent plus ou moins de la horde et commencent à vivre d'une existence particulière.

A ce moment s'élabore le principe de la famille. Le mariage,

---
(1) Giraud-Teulon. *Les Origines de la Famille.* Paris, 1874, début.

c'est-à-dire l'union plus ou moins durable d'un nombre plus ou moins grand d'individus, devient une habitude ou une nécessité dans les communautés primitives.

La notion de parenté individuelle surgit, mais d'abord limitée aux seuls parents par les femmes ; la première « famille » se dessine, se groupe autour de sa mère, et non du père. Dans ces groupes de consanguins, l'oncle maternel remplit souvent l'office du patriarche, et les biens passent en ligne indirecte du frère de la mère, au neveu.

Enfin, résultat tardif d'évolutions séculaires et de lentes améliorations dans les conditions économiques, la famille patriarcale, basée sur le principe du mariage, — union d'un seul homme avec une ou plusieurs femmes, — apparaît sur la scène antéhistorique, comme un progrès de l'esprit humain sur d'antiques et grossières institutions. A son avènement un vieux monde s'écroule, et sur ses ruines s'élèvent ces sociétés qui nous paraissent déjà vieilles, lorsque commence l'histoire proprement dite (1).

4. Objections à l'évolutionnisme. — Telles sont les deux théories opposées sur le problème de l'origine sociale. Or, faire commencer la société humaine par l'état de communisme sexuel ou de *gynécocratie* (2) et de promiscuité des enfants, c'est invoquer, au fond, comme un principe historique, la doctrine de l'évolution qui met au point de départ de l'humanité la brutalité ou l'animalité pure. On peut faire trois objections à cette théorie :

5. L'évolution humaine ne doit pas commencer plus bas que celle des animaux chez lesquels on trouve des passions familiales essentielles. — 1° D'abord, en se plaçant par hypothèse au point de vue de l'évolution elle-même, si l'on ne veut voir dans l'homme primitif rien de plus qu'un animal, il faut accorder qu'il doit y avoir dans cet animal au moins ce qui se trouve dans bien d'autres encore aujourd'hui, savoir, assez de dispositions sociales telles qu'amour de la progéniture, amour familial, passion dominatrice, jalousie, pour l'amener de cet état qu'on suppose initial jusqu'à l'état de famille, sans qu'il ait dû passer forcément par l'intermédiaire de la promiscuité ou de la filiation exclusivement maternelle. L'interposition de ce degré dans l'évolution est, *a priori*, au moins

---

(1) Giraud-Teulon. *Les Origines de la Famille.*
(2) Du grec *kraté*, puissance; *gunaikos*, de la femme.

inutile. Bien plus, prétendre que cette transition est nécessaire c'est non seulement conclure en dépassant la prémisse générale de l'évolution, qui n'en demande pas tant, mais c'est encore se compliquer gratuitement la tâche déjà lourde d'établir la continuité de la série.

6. Les faits de société familiale inférieure sont incontestables, mais rien ne prouve qu'ils sont plutôt primitifs que dérivés. — 2° Il est vrai que l'on trouve en quantité des documents dans les auteurs anciens et chez les observateurs modernes qui prouvent assez qu'en effet de tels états sociaux inférieurs ont été adoptés très anciennement par certains peuples, comme on les rencontre aujourd'hui encore par exemple à Hawaï, mais il n'est aucun document ni induction régulière qui démontre leur caractère *primitif*. Le domaine de la préhistoire n'est pas celui de la science positive. Rien ne s'oppose à ce que ces états sociaux dégradants pour l'humanité ne soient en réalité des états d'humanité dégradée. Ce qu'on présente comme bestialité primitive pourrait fort bien n'être que corruption ultérieure. Hypothèse pour hypothèse, nous ne voyons pas en quoi celle qui ravale la nature de l'homme serait préférable à celle qui lui accorde la faculté de déchoir.

7. Chez les peuples dont l'histoire positive est d'abord patriarcale, on ne trouve pas trace d'un état antérieur différent. — 3° Il est des peuples dont l'histoire remonte positivement jusqu'à l'état patriarcal, et pas au delà. Ce sont justement les peuples qui ont vraiment commencé la civilisation, et dont l'esprit, le travail et les traditions ont presque exclusivement déterminé cette civilisation qui nous est venue en héritage. Il faudrait, pour soutenir la théorie évolutionniste, démontrer que les anciennes sociétés patriarcales, par exemple chez les Aryens des diverses branches, chez les Sémites hébreux, chez les Arabes, chez les Chinois, ont été réellement précédées par les états sociaux qu'on allègue comme leurs antécédents; et cette preuve est encore à faire.

8. Chez les Aryens, ces institutions familiales ont précédé les institutions politiques. — 4° Il se trouve même des inductions historiques, reposant sur des documents authentiques contraires à la théorie évolutionniste sur ce sujet. Aussi, selon M. Fustel de

Coulanges, l'état familial est manifestement à l'origine de la civilisation indo-européenne, si l'on compare les institutions de la famille et celles de l'État. Les institutions *politiques* des Aryas de l'Orient et celles des Aryas de l'Occident n'offrent presque aucune analogie. Si l'on compare, au contraire, les institutions *domestiques* de ces divers peuples, on s'aperçoit que la famille était constituée d'après les mêmes principes dans la Grèce et dans l'Inde ; ces principes étaient d'ailleurs, d'une nature si singulière, qu'il n'est pas à supposer que cette ressemblance fût l'effet du hasard ; enfin, non seulement ces institutions offrent une évidente analogie, mais encore les mots qui les désignent sont souvent les mêmes dans les différentes langues que cette race a parlée depuis le Gange jusqu'au Tibre (1). On peut tirer delà une double conclusion : l'une est que la naissance des institutions domestiques dans cette race est antérieure à l'époque où ces différentes branches se sont séparées ; l'autre est qu'au contraire la naissance des institutions politiques est postérieure à cette séparation. Les premières ont été fixées dès le temps où la race vivait encore dans son antique berceau de l'Asie centrale ; les secondes se sont formées peu à peu dans les diverses contrées où ses migrations l'ont conduite.

On peut donc entrevoir une longue période pendant laquelle les hommes n'ont connu aucune autre forme de société que la famille. C'est alors que s'est produite la religion domestique, qui n'aurait pas pu naître dans une société autrement constituée et qui a dû même être longtemps un obstacle au développement social. Alors aussi s'est établi l'ancien droit privé, qui plus tard s'est trouvé en désaccord avec les intérêts d'une société un peu étendue, mais qui était en parfaite harmonie avec l'état de société dans lequel il est né (2).

II. — MODIFICATIONS DE LA FAMILLE DANS LEUR DÉVELOPPEMENT HISTORIQUE

9. La famille grecque est d'abord patriarcale, puis autocratique quand l'État est démocratique, enfin démocratique quand l'État devient une monarchie. — En passant aux sociétés sur la vie desquelles nous avons des documents certains, on voit, chez les Grecs, la famille changer de condition,

(1) Éclaircissement II.
(2) Fustel de Coulanges. *Cité antique*, p. 128.

selon les temps. Jusqu'au vᵉ siècle avant J.-C., on trouve un grand respect de la mère de famille, égale au père et surtout protégée dans sa dignité par la monogamie, et dans son indépendance par sa dot. C'est l'état patriarcal correspondant dans la famille à une société politique de forme plutôt aristocratique que monarchique. Au vᵉ siècle, la vie publique étant devenue démocratique, le père de famille est absorbé par les devoirs de citoyen, de soldat, de commerçant, et même par les besoins de vie intellectuelle dont la satisfaction ne pouvait se trouver à Athènes que sur l'*agora* (place publique), dans les entretiens brillants des sophistes, de Socrate, sous les Portiques, où l'on discutait en plein air toutes les questions du jour. Pendant ce temps, que devient la femme grecque? Délaissée dans son appartement (gynécée), sur la cour intérieure, elle ne travaille pas, parce que que le travail est œuvre servile; elle n'élève pas les enfants, parce qu'elle ne sait rien; elle s'ennuie, ou elle joue avec les petits enfants, élève des oiseaux, joue de la cithare.

Du reste le mari, qui a tous les droits sur les biens et sur les personnes, sauf le droit de mort et de déshérence, use doucement de son autorité, et la femme, sans être son esclave, comme elle le sera à Rome, est plutôt une pupille insignifiante, et simplement la mère des enfants. Le principe général dominant la famille grecque étant qu'il est de l'intérêt de l'Etat que la population s'accroisse, les mariages se font par force. Le célibat est interdit, même puni d'amende; les veufs doivent se remarier; les mariages sans enfants sont dissous au bout de dix ans par l'autorité publique. Aussi le Grec se marie uniquement pour être en règle avec la loi. Mais tout l'intérêt de son existence est hors de chez lui.

Les poètes, les moralistes, les théoriciens de l'histoire ont souvent célébré les qualités d'harmonie et d'équilibre de la vie hellénique, surtout dans la période dont nous parlons en ce moment. Mais ce qui est manifeste, pour nous, c'est justement le manque d'équilibre et de pondération dans les pouvoirs publics de cette démocratie où le gouvernement est directement celui du peuple, sans contrôle et sans appel, et c'est aussi le manque d'harmonie entre la vie publique, qui a des principes républicains, et la vie domestique où le pouvoir est despotique.

La même discordance entre la vie du citoyen et celle de la famille se présente encore, mais en sens inverse, dans la période suivante de l'histoire grecque, tant il semble que l'Hellène, qu'on présente parfois comme ayant vécu de la vie pleinement humaine, s'est simplement mis tout entier dans chacune des fonctions sociales, exclusives des autres, que le développement historique a éveillées en lui. Ainsi ce fut d'abord un héros pour qui la gloire était tout ; puis un citoyen dont l'existence s'épuisait sur l'agora ; enfin un homme d'intérieur qui n'a plus que des vertus privées quand la Grèce n'est plus que l'ombre d'elle-même. En effet, après la chute de la liberté grecque sous la domination macédonienne, la vie publique est supprimée, la vie du foyer recommence et se reconstitue sous la double et heureuse influence du stoïcisme naissant et des humaines doctrines de Socrate et de Xénophon. (Voir les *Mémorables* et l'*Economique*.) C'est une troisième période de la famille grecque, contemporaine de la fin de la République romaine et de la naissance du christianisme. Celui-ci changera très peu de chose aux rapports juridiques de famille, mais il en élèvera l'idéal.

10. La famille romaine est despotique dans tout le cours de l'histoire, malgré les changements dans la forme de l'État. — Dans la société romaine, l'individu est écrasé sous la double autorité du *père*, maître absolu de la vie et des biens de tous les membres de la famille, et de l'État qui pèse de tout son poids sur le *paterfamilias* lui-même. Le fils, esclave jusqu'à la mort de son père, doit la désirer ardemment, et devient, quand elle arrive, le maître absolu à son tour ; même sa mère passe sous sa tutelle. Il ne peut, avant ce temps, rien posséder en propre, que sa paye de soldat ou ses honoraires de prêtre. Du reste, il n'est même compté comme membre de la famille, que si son père, aux pieds duquel on l'a déposé en naissant, a consenti à le reconnaître ou n'a pas jugé à propos de le vendre. Quant à la femme, elle n'a aucun droit, elle ne peut avoir que des vertus individuelles, dont la principale est de former dans ses enfants de dociles instruments pour les passions politiques de la *gens* dont elle fait partie. Elle est esclave comme les autres membres de la famille malgré son titre de matrone, qui est purement honorifique, puisqu'elle le porte même si elle n'a pas d'enfants, et qui signifie : épouse du maître des esclaves. Sa condition est encore plus dure que celle de la femme grecque, puisque son mari a sur elle le droit de mort sans appel possible à la justice civile (1).

---

(1) Eclaircissement I.

11. Dans la famille chrétienne du moyen âge, jusqu'à la Révolution, l'idéal s'élève au point d'être inaccessible, mais la réalité reste beaucoup au-dessous de la vie antique. — Dans la famille chrétienne primitive le droit romain subsiste, mais la conception morale change. Jésus répand sur le monde l'Évangile de la bonté, de l'amour des faibles et de la fraternité universelle déjà préparée du reste par le stoïcisme. La famille en profite; et s'il est vrai que peu de chose ait changé dans sa constitution juridique, au moins l'esclavage domestique est tempéré par des sentiments nouveaux, s'ils peuvent être mis en pratique. Mais l'idéal que propose le réformateur n'est pas de ce monde, et c'est au delà des bornes de la vie qu'on cherche le bonheur. L'idéal de pureté, de détachement, de douceur et d'amour qu'il recommande ne peut être qu'une protestation contre les horreurs que la vie réelle, politique et domestique présentera de plus en plus à mesure que se développera cette période de l'histoire qu'on n'a pas osé désigner autrement que comme un intervalle entre la civilisation perdue et la civilisation retrouvée. Du reste, la doctrine des Pères n'est pas indulgente à la femme et le mariage est présenté par eux comme un état moins parfait que le célibat religieux.

Les barbares qui viennent des forêts de la Germanie vers le ve siècle, apportent avec eux un respect mystique de la femme, d'où sortira le culte chevaleresque des dames pendant la première période de la féodalité. Mais, pendant tout le moyen âge, les liens de famille souffrirent de l'instabilité de l'existence et de l'incertitude dans la condition de l'individu. On peut dire qu'en toutes choses, c'est un recul de mille ans sur la civilisation antique. A la Renaissance, au xviie siècle, la famille est sous la loi du droit d'aînesse institué pour la conservation du bon renom de la race, reportant, de génération en génération, tous ses avantages sur un seul représentant. A la fin du xviie siècle et pendant tout le xviiie, la famille subit une décadence de plus en plus profonde, sous les mauvais exemples donnés par la cour et les grands, imités en cela par les bourgeois.

12. La Révolution a émancipé la famille et l'aurait constituée sur ses vraies bases rationnelles sans l'influence napoléonienne sur le Code civil. — La Révolution française a commencé à poser les bases véritablement morales du droit dans la famille en proclamant « les droits de l'homme et du citoyen ». Au lieu de la société patriarcale, ou féodale, dans laquelle l'individu est toujours mineur, elle a institué une société où chacun contracte librement, et formulé un code positif des droits et devoirs des époux, des parents, des enfants, code de beaucoup supérieur aux législations antiques dont elle s'est, néanmoins, fréquemment inspirée. Si Jésus a jeté dans le monde le cri de la charité et de la fraternité, la Révolution a fondé l'ère du droit et de la liberté. Dans la société moderne, les enfants cessent d'être en tutelle quand ils ont assez de raison pour être les seuls arbitres de leur destinée; et la mère de famille, tout en restant capable de se donner le charme de la femme grecque dans le gynécée ou les vertus de la matrone romaine, peut se faire en outre l'ouvrière du bonheur commun autour du foyer. La Révolution lui a donné l'indépendance; c'est à elle d'en user en montrant qu'elle la mérite par ses progrès en bonté et en dignité morale. Quant au père, son autorité, de monarchique et absolue qu'elle était, fût devenue entièrement républicaine, si l'esprit qui domina surtout dans cette partie de la rédaction de notre Code civil n'eût été en réaction avec les principes de la Révolution.

Il nous reste à examiner quelles sont, au point de vue de la morale, les relations parfaites à établir entre les fondateurs de la famille, le mari et la femme.

ÉCLAIRCISSEMENTS

I

Le droit tyrannique dans la famille romaine.

La constitution de la Rome primitive était, comme toutes les constitutions des républiques anciennes, violente à la nature humaine. Créée dans des circonstances très pénibles, au milieu de dangers incessants, qui faisaient sentir un besoin impérieux de force et d'unité sociale; créée par des esprits et pour des esprits encore incultes et tout à fait incapables d'idées abstraites et un peu délicates à saisir, la constitution romaine ne sut pas trouver de moyen terme entre la faiblesse de la société civile, et l'absorption de l'individu par l'État. La théorie d'après laquelle l'individu tient tous ses droits de la société civile qui peut en disposer à son gré; d'après laquelle encore l'individu n'a point de droit à l'encontre de la masse de ses concitoyens; en un mot, l'esclavage civil de l'individu à l'égard de l'État, placé à côté de la liberté politique la plus étendue, fut le contre-sens où tombèrent toutes les républiques anciennes. Mais tandis que les autres législations ne crurent pouvoir établir l'omnipotence de l'État qu'en détruisant la famille, Rome, avec le sens politique et l'instinct utilitaire qui la distingua toujours, saisit parfaitement la nature de la famille, et vit qu'elle pouvait se prêter merveilleusement à l'établissement et à l'affermissement de la société. La famille forme naturellement une société très énergique et très unie ; c'est une masse puissante, résistante par elle-même, capable de fournir une base large et fortement assise pour la société civile. Le seul danger qu'elle renferme, c'est que l'esprit d'exclusivisme qui la caractérise ne s'oppose à l'unité civile. Mais si le chef de famille est mis par la constitution sous une dépendance étroite vis-à-vis de l'État, plus il a de pouvoir sur sa propre famille, plus toute cette famille se trouve mise sous la dépendance de l'État. L'État ne perd rien à exercer sa domination par un intermédiaire, si d'une part cet intermédiaire est soumis à un empire absolu de l'État, et si, d'autre part, il exerce sur ses subordonnés un empire aussi absolu que celui auquel il est lui-même sujet. Ainsi, ce qui répugnait à la constitution des républiques anciennes, c'était une organisation simple, libérale, vraiment paternelle de la famille ; mais établir dans toutes les familles autant de véritables petites sociétés civiles, unies à la grande par des liens énergiques et indissolubles, c'était corroborer la société civile elle-même, et apprendre aux citoyens l'obéissance passive, dès leur plus tendre enfance, et à l'école la mieux faite pour graver dans les âmes des impressions ineffaçables. La puissance paternelle romaine, armée d'un droit absolu sur la personne et les biens des enfants, fut une merveilleuse invention pour donner à la famille tous les caractères que cherchait en elle le législateur antique.

BOISTEL. *Le Droit dans la Famille*, 1864, p. 2. Thorin.

II

L'autorité paternelle dans l'antiquité.

Rien, dans notre société moderne ne peut donner une idée de la puissance paternelle dans l'antiquité. Le père n'est pas seulement l'homme fort qui protège et qui a aussi le pouvoir de se faire obéir ; il est le prêtre, l'héritier du foyer, le continuateur des aïeux, la tige des descendants, le dépositaire des rites du culte ; toute la religion réside en lui.

Le nom dont on l'appelle, *pater*, porte en lui-même de curieux renseignements. Le mot est le même en grec, en latin, en sanscrit ; d'où l'on peut déjà conclure que ce mot date d'un temps où les Hellènes, les Italiens et les Hindous vivaient encore ensemble dans l'Asie centrale. Quel en était le sens et quelle idée présentait-il alors à l'esprit des hommes ? On peut le savoir, car il a gardé sa signification première dans les formules de la langue religieuse et dans celle de la langue juridique. Lorsque les anciens, en invoquant Jupiter, l'appelaient *pater hominum Deorumque*, ils ne voulaient pas dire que Jupiter fût le *père*(1) des dieux et des hommes ; car ils ne l'ont jamais considéré comme tel et ils ont cru, au contraire, que le genre humain existait avant lui. Le même titre de *pater* était donné à Neptune, à Apollon, à Bacchus, à Vulcain,

---

(1) C'est-à-dire *celui qui engendre*.

à Pluton, que les hommes assurément ne considéraient pas comme leurs pères ; ainsi le titre de *Mater* s'appliquait à Minerve, à Diane, à Vesta, qui étaient réputées trois déesses vierges. De même dans la langue juridique le titre de pater ou *paterfamilias* pouvait être donné à un homme qui n'avait pas d'enfants, qui n'était pas marié, qui n'était même pas en âge de contracter le mariage (1). L'idée de paternité ne s'attachait donc pas à ce mot. La vieille langue en avait un autre qui désignait proprement le père, et qui, aussi ancien que pater, se trouve comme lui dans les langues des Grecs, des Romains et des Hindous (*ganitar*, en grec *gennêtêr*, en latin *genitor*). Le mot pater avait un autre sens. Dans la langue religieuse on l'appliquait aux dieux ; dans la langue du droit à tout homme qui avait un culte et un domaine. Les poètes nous montrent qu'on l'employait à l'égard de tous ceux qu'on voulait honorer. L'esclave et le client le donnaient à leur maître. Il était synonyme des mots *rex*, en grec *basileus*, *anax*. Il contenait en lui non pas l'idée de paternité, mais celle de puissance, d'autorité, de dignité majestueuse.

Qu'un tel mot se soit appliqué au père de famille jusqu'à pouvoir devenir peu à peu son nom le plus ordinaire, voilà assurément un fait bien significatif et qui paraîtra grave à quiconque veut connaître les antiques institutions. L'histoire de ce mot suffit pour nous donner une idée de la puissance que le père a exercée longtemps dans la famille et du sentiment de vénération qui s'attachait à lui comme à un pontife et à un souverain.

Fustel de Coulanges. *Cité antique*, p. 99.

(1) De même, le nom de la mère de famille, *materfamilias*, n'est qu'un titre d'honneur de la matrone, il signifie : épouse du maître, et on le donne même à la femme qui n'a pas d'enfants.

CHAPITRE XVIII

MORALE SOCIALE (Suite.)

LE DROIT DOMESTIQUE

LA FAMILLE

SA CONSTITUTION MORALE

I. — RECHERCHE DE L'IDÉAL DANS LE MARIAGE

1. L'association monogamique étant libre et perpétuelle d'intention doit être préparée par un examen suffisant pour éclairer les volontés contractantes. — La famille se constitue par l'union monogamique, et les devoirs des époux, dont l'observation est la base de tous les devoirs de famille, commencent même avant le mariage. En effet, le mariage étant l'acte le plus important de l'existence, puisque ses conséquences s'étendent et se renouvellent durant toute la vie, on ne doit l'accomplir qu'après mûres réflexions.

Dans la société moderne par opposition à la société antique, le mariage n'est pas prescrit par l'état en vue de l'augmentation de la population; c'est donc un contrat librement passé entre personnes égales en dignité, malgré des différences de nature et de caractères insuffisantes du reste pour faire perdre à l'un des contractants la qualité de personne. Comme l'engagement n'est pas temporaire, mais considéré comme devant être définitif, on voit l'importance d'une connaissance préalable et réciproque assez approfondie pour s'assurer qu'il y aura dans l'avenir union possible et permanente entre les parties contractantes. Dans les liaisons d'amitié ordinaires le contraste des caractères est parfois une raison de plus pour que l'union soit solide; mais si ce contraste est vraiment excessif, la société des personnes amies peut se dissoudre sans injustice. On n'a dans ce cas qu'à reconnaître une erreur, et tout est dit; au contraire dans l'union conjugale, où l'abandon réciproque des personnes est plus complet, et même le plus parfait que comportent les relations humaines, cette solution à l'amiable est inadmissible, surtout lorsque au droit mutuel des époux s'ajoute le droit et l'intérêt d'un tiers, l'enfant, pour lequel il n'y a de garantie que dans l'indissolubilité de la société conjugale.

2. Cette délibération préalable est la condition de permanence du contrat. — C'est donc un premier devoir que d'assurer cette permanence de l'union entre les personnes dans le mariage par un examen suffisamment sérieux des chances de durée qui peuvent tenir aux caractères, aux idées, aux passions, à la situation sociale et économique de chacun des futurs époux. Ce devoir est même si prédominant que de son accomplissement dépend la valeur du choix à intervenir et, par suite, la valeur du lien contracté. Car des personnes d'une valeur morale très réelle peuvent cependant être tellement séparées par la nature ou l'éducation que toute société entre elles puisse être condamnée d'avance à un conflit permanent. Ce serait donc manquer à la première condition de la constitution familiale que d'y instituer tout d'abord le conflit comme principe.

3. Les mariages d'intérêt. — En second lieu, il faut choisir entre trois sortes de mobiles qui peuvent déterminer l'union conjugale : ou les suggestions de l'intérêt, ou les inspirations du cœur, ou les considérations simplement raisonnables et d'où le cœur est absent.

Quant au mariage inspiré exclusivement par l'intérêt, il a l'avantage de n'être pas « l'union de la faim et de la soif. (1) » Un homme ne devrait jamais s'engager à devenir le chef et le soutien d'une famille avant d'avoir acquis par son travail le moyen de remplir ses devoirs domestiques avec dignité et sécurité. Ainsi, c'est une mesure de prudence et même de dignité personnelle que de retarder le mariage jusqu'à ce que cette condition au moins soit obtenue. Le patrimoine mis en commun doit suffire pour que la condition sociale des époux ne soit pas à ce point inférieure à ce qu'elle était auparavant, que le mariage devienne pour tous deux une sorte de déchéance sociale ; c'est une règle de prudence élémentaire. Mais si le mariage n'est qu'une manière de s'enrichir, et si l'un des époux est considéré comme un simple moyen d'obtenir des biens matériels, de la fortune, de l'influence sociale, etc., il y a là un outrage à la personne même qui est prise pour *moyen*, au lieu d'être recherchée comme *fin*.

(1) Mot de Saint-Simon.

Aussi les unions qui ne sont faites que dans ce but, ne sont pas des mariages, mais des sociétés utilitaires dans lesquelles par malheur, les sociétaires ne sont pas égaux en droits, quoique obligés de rester en société. Il y a donc violation de la liberté des personnes, de leur égalité et de leur dignité. Nous sommes là devant le plus mauvais des états sociaux possibles

4. Les mariages d'inclination. — S'il ne faut accorder à la prudence économique qu'un rôle auxiliaire dans le mariage, doit-on considérer uniquement ou même avant tout la convenance réciproque des sentiments? Assurément il ne peut y avoir d'associations matrimoniales ayant chance de réaliser le bien commun des personnes que si ce bien, sérieusement entrevu et même « calculé », non plus au sens économique mais au point de vue de la somme des biens moraux d'après l'arithmétique de Bentham, et de plus, vivement désiré d'avance, est considéré, après l'accord des volontés, comme devant devenir une raison de se lier de plus en plus étroitement. En un mot là où l'union profonde des cœurs et des volontés fait défaut, il n'y a pas mariage. La simple justice engage les époux vis-à-vis l'un de l'autre; mais s'ils se bornent à respecter la justice et à faire taire en eux-mêmes les passions contraires aux droits réciproques, leur société sera peut-être encore juridique, correcte, mais non plus morale au sens profond du mot, parce qu'elle sera non pas l'œuvre des bonnes volontés, mais une double contrainte, et cet état artificiel fatiguera la nature à la longue. S'il faut faire un effort continu pour s'empêcher de protester contre le lien conjugal, cet effort sera possible, mais le bonheur viendra rarement dans une telle union, quoique le respect réciproque puisse y être irréprochable. La bienveillance mutuelle, la sympathie et l'abandon des cœurs apportent à la justice un si puissant concours qu'on peut se demander ce qu'il adviendrait d'elle si elle était toute seule pour astreindre les hommes à leurs devoirs.

C'est à cette occasion surtout, qu'il convient de rappeler la légitimité de notre besoin de bonheur; il ne peut être satisfait que si l'amour est d'accord avec la raison, que si le cœur va au même but que la justice. Lorsque cette identité se rencontre, nous avons la meilleure garantie morale sous laquelle puisse être conservé un contrat entre personnes engagées pour toute leur vie à n'avoir qu'une même volonté, ou au moins des volontés définitivement concordantes après les conflits inévitables dans la meilleure démocratie dont le mariage doit être le type. C'est donc par l'accord des sentiments que se font les meilleurs mariages. Mais s'ensuit-il que l'inclination doive être l'unique mobile du mariage? Non. Dans le cas d'une passion réciproque, approuvée par la raison et conforme à la justice aussi bien qu'à la dignité des personnes, ce n'est pas la passion seule qui rend bon le contrat, c'est l'approbation donnée par la raison. Donc toutes les fois que malgré l'accord des sentiments la raison protestera, c'est à elle que doit rester le dernier mot. L'inclination pure ne suffit pas à garantir la valeur du contrat, car elle ne comporte pas de règle en elle-même.

5. Les droits du cœur et de la raison dans le mariage. — De plus, lorsque la passion seule demande le mariage, la personne dont l'union est désirée n'est plus envisagée que comme un moyen d'obtenir la satisfaction d'un penchant. C'est le plaisir propre d'un des contractants et parfois des deux, qui se trouve être le but poursuivi ; mais ce qui doit être la fin de notre conduite, c'est la personne elle-même et le développement de ses fins. Il faut donc se demander si le bonheur recherché est compatible avec le respect de la personne dont on l'attend, et avec son bien envisagé d'une manière générale. S'il y a des probabilités suffisantes pour qu'un mariage projeté d'un commun accord, doive empêcher l'un des époux d'obtenir la destinée à laquelle ses talents, son mérite et ses chances de réussite lui donnent, pour ainsi dire, droit, il est du devoir de l'autre d'envisager dans l'union désirée non pas ses fins particulières mais celui de la personne qui servirait de moyen à la réalisation de ce penchant et le devoir alors est de refuser le contrat, pour que l'être dont on souhaite le plus grand bien possible n'en soit pas privé par le fait de celui qui le désire le plus, ce qui serait là, outre une contradiction, une marque d'égoïsme.

6. Les mariages de raison. — Enfin, s'il est vrai que ni l'intérêt égoïste seul, ni la sympathie seule ne peuvent servir de règles dans le choix des personnes, faut-il se guider par des convenances d'où ces deux mobiles seraient exclus ou tout au moins subordonnés et qui déterminent ce qu'on est convenu d'appeler les mariages de raison? Il peut s'en faire de tels pour empêcher, par exemple, une race de s'éteindre dans son dernier descendant, pour réconcilier deux familles ou deux États, ou par dévouement pur d'un des conjoints à l'autre, ou enfin pour justifier devant la loi un commerce dont l'intérêt et la passion étaient d'abord absents, mais où le dévouement constant et journalier d'un sexe à l'autre, ne peut être admis par l'opinion publique (à laquelle il est bon de déférer) que dans le lien conjugal. Le mariage de Pauline et de Polyeucte est un mariage de raison. Et il arrive souvent que ce sont les meilleurs, si la raison n'est pas invoquée à la légère. Car l'inclination peut venir par le fait de l'habitude et de la bonne volonté réciproque. Mais cela suppose que le cœur au moins ne proteste pas. Il est alors sans sympathie profonde, mais aussi sans hostilité déclarée ; à la longue il peut se mêler, par les bons effets de l'habitude, au concert de la bonne volonté et de la raison. Le mariage de raison se justifie donc parce qu'il peut devenir plus tard, s'il ne l'est pas encore, un mariage de cœur. Ajoutons que lorsque le cœur proteste au point de mettre en péril la bonne volonté qui abdique ou les ordres de la raison qui commande, il y a imprudence à ne pas écouter ses antipathies.

Tels sont les mobiles qui doivent présider à la constitution de la famille et à la recherche de l'idéal qu'elle comporte.

II. — L'AUTORITÉ ET L'ÉGALITÉ DANS LA FAMILLE

7. Les relations de débit et crédit entre les contractants suppose l'égalité. — Le mariage accompli, de nouveaux devoirs s'imposent aux époux. Le plus général est celui de respecter l'engagement pris. Comme on a contracté en vue du bien commun, il faut que chacun des contractants puisse s'en remettre à la bonne volonté, à la loyauté de l'autre : 1° pour l'accomplissement de tous les actes prescrits positivement par le contrat, alors même que l'un pourrait s'en dispenser à l'insu de l'autre ; 2° pour l'accomplissement de tous les actes non prévus, mais de même nature que ceux qui ont été stipulés d'avance et qui peuvent contribuer au bien commun, but de l'association. C'est la confiance, la *créance* réciproque qui donnent à chacun des époux le droit d'attendre quelque chose de l'autre, de se fier à la promesse faite. D'autre part celui qui a promis a contracté une *dette* vis-à-vis de l'autre. C'est de cette façon que se justifient tous les devoirs particuliers des époux (1).

(1) Éclaircissement II.

8. Les conflits ne doivent pas être résolus, comme ils le sont dans les Codes positifs, par la prédominance constante de l'un des époux. — D'abord à n'envisager, comme nous l'avons fait jusqu'ici, que les relations idéales des époux, et non pas celles qu'ont instituées les lois écrites, le premier principe de leur conduite est le respect de l'égalité entre les personnes et le partage raisonnable du devoir, du travail et de l'autorité en vertu de cette égalité même. L'un ne doit jamais exiger de l'autre que ce que celui-ci peut consentir raisonnablement à lui donner. Comme il y a égalité des droits, aucun époux n'est fondé à user de violence envers l'autre ; mais chacun doit traiter l'autre comme une fin. Cependant, en cas de conflit, l'un des deux peut-il être considéré comme devant avoir de droit le dernier mot ? La question serait alors de savoir lequel. Si nous restons dans l'hypothèse de la paix, la réponse semble facile. Comme il n'y a pas à supposer la mauvaise volonté d'aucune part, le plus apte à comprendre ce qui est le meilleur pour le bien commun obtiendra naturellement la déférence de l'autre. Mais il est pratiquement difficile de reconnaître auquel des deux il faut attribuer ces qualités. Souvent c'est l'homme qui serait fondé à revendiquer la primauté dans l'association, à cause de sa culture personnelle, plus rationnelle ordinairement et plus capable aussi de s'élever aux conceptions générales et abstraites du droit et de l'intérêt ; à cause de sa supériorité d'énergie comme protecteur de la communauté ; à cause enfin de la responsabilité qui lui incombe dans le bien-être qu'il doit procurer par son travail. Mais, en fait, il arrive très souvent que la femme comprend mieux que lui le bien commun. Les lois positives n'ont pas cru devoir laisser les conflits s'apaiser par l'entente des bonnes volontés, ni remettre à l'arbitre des époux la disposition de l'autorité dans la famille. Dans la presque unanimité des codes historiques, cette autorité est attribuée au mari.

9. Si la monogamie place une personne dans le servage d'une autre, elle est la plus monstrueuse iniquité sociale. — Mais cette solution est contraire au principe de l'association en général entre les agents moraux tel que nous l'avons formulé et qui implique l'égalité du droit et du devoir, entre les deux personnes (1). Le mariage est en effet la représentation empirique (2)

---

(1) V. ch. xii.
(2) Kant aurait dit le *schéma*.

de ce couple humain idéal que nous avons posé pour établir la relation de débit et crédit dans la sphère supérieure de la moralité. Si dans cette relation la différence des sexes, des natures, des tempéraments devait entraîner nécessairement la subordination d'une volonté à une autre, avec le principe d'obéissance comme règle de conduite d'un agent raisonnable encore, malgré les infériorités de fait alléguées, il faudrait dire que la loi du mariage est contraire à la loi morale et inacceptable en principe, même pour l'état de guerre puisqu'elle tendrait à perpétuer cet état. Nous devrions regarder les monogamies comme destinées à disparaître dans la mesure de nos progrès vers l'état de paix, travailler, par suite, à les abolir, ainsi que toutes les autres conditions qui maintiennent le servage de la personne (1). En effet, les deux époux ayant les mêmes droits, en tant que personnes, librement associées, aucune des deux ne peut être subordonnée à l'autre, et c'est à la raison qui s'estime la plus forte et la plus pure à faire valoir cette supériorité par les voies mêmes de la raison.

10. Les conflits doivent être apaisés dans la famille bien mieux encore que dans l'état par la raison républicaine et non par le droit monarchique. — En ce sens, les mœurs antiques, aussi bien que la pratique moderne du mariage, présentent un degré de moralité supérieure à la législation elle-même qui assujettit la femme. Nous voyons fréquemment l'accord s'établir par la raison même et par la déférence aux influences légitimes de l'expérience ou de l'affection, reconnues dans l'un des époux par l'autre. Souvent même la loi est plus qu'inférieure aux mœurs, elle est un asservissement choquant du plus juste à un gouvernement domestique abusif ou violent. Celui des deux époux qui cède à des contraintes injustes, par raison et par souci du bien commun se montre par là le plus digne de commander; donc la solution du conflit par l'obéissance légale est injuste (2). Ce que la loi morale réclame des personnes engagées dans une société consentie, c'est qu'elles se mettent volontairement d'accord. Cela est vrai aussi bien de la petite société constituée par la famille que de la grande société l'Etat, où il est immoral d'admettre un droit de commander que l'un des membres aurait *à priori* sur les autres La solution du conflit par la paix entre les volontés et

(1) Renouvier. *Science de la morale*, I, p. 587.
(2) V. Éclaircissement IV.

par l'accord des raisons est la seule morale. C'est la solution républicaine dans l'Etat, où il est si difficile de l'obtenir ; dans la famille où la difficulté est réduite au minimum, et où les passions bienveillantes, en conformité avec l'intérêt commun si nettement senti augmentent encore la facilité d'apaiser le conflit, il est inconcevable qu'on persiste à réclamer pour le sexe dit *fort* un droit monarchique.

Tels sont les principes sur lesquels doit se fonder l'autorité dans la famille s'il s'agit seulement des rapports entre les époux. L'autorité des parents sur les enfants réclame d'autres principes sur lesquels nous reviendrons (1).

III. — L'ESPRIT DE FAMILLE. — LA FIDÉLITÉ ET L'AFFECTION. LA FAMILLE EST L'ÉCOLE DES VERTUS

11. Devoir de fidélité réciproque. — Les relations conjugales introduisent entre les personnes des devoirs plus étroits encore, et surtout celui de la fidélité réciproque. Chaque contractant ayant par hypothèse été libre en s'engageant et averti que sa promesse était définitive, est tenu de ne pas s'en affranchir selon les variations possibles de ses sentiments et de ne contracter, même d'une façon temporaire, aucune autre association en dehors de celle qui a été promise. Ainsi la monogamie, la seule union acceptable aux yeux de la raison, doit être respectée pour toute la durée prescrite par l'engagement, lequel a été voulu comme perpétuel. En réalité, il est peu de peuples chez lesquels la monogamie soit complète en fait. C'est évidemment là un symptôme d'infériorité morale, de dégradation des coutumes, qui témoigne de la légèreté avec laquelle est envisagé le contrat conjugal, le plus étroit cependant de tous et même le plus moral. L'adultère de l'un ou l'autre époux est également criminel. C'est déjà une violation de la promesse, s'il est simplement souhaité sans être accompli. Ainsi Pauline dans Polyeucte ne veut même pas admettre l'idée du bonheur qu'elle aurait eu en épousant Sévère. En vain allègue-t-on la différence des suites possibles selon la faute de l'un ou de l'autre ; ce n'est pas uniquement par le résultat qu'il faut juger

---

(1) V. l'Eclaircissement III. Les questions relatives aux devoirs et droits réciproques des parents et des enfants sont traitées dans le chapitre correspondant du *Cours de morale pratique*.

les actes, mais c'est d'abord et surtout d'après l'intention et elle est aussi perverse dans un cas que dans l'autre (1).

12. Il ne porte que sur l'action de la volonté dans les passions et est une forme particulière du devoir général de travail commun. — Cependant la promesse de fidélité par laquelle la personne s'engage elle-même en ce qu'elle a de plus sien et de plus intime, ne peut être faite et acceptée moralement qu'en tant qu'elle n'engage pas absolument l'avenir des sentiments, mais seulement la volonté et les actes qui en dérivent. Ce qui peut être raisonnablement promis et raisonnablement exigé, c'est un effort, un travail continu de la liberté pour maintenir l'intégralité de ce qui est attendu, quant aux sentiments, à l'assistance réciproque et à la communauté des plaisirs et des peines plus étroite qu'avec toute autre personne. Il est donc bon qu'il y ait entre les époux des contrats aussi explicites que possible, car on ne peut s'en rapporter pour leur exécution aux beaux mouvements de la passion; et il est meilleur encore que la société civile intervienne pour substituer un contrat positif et de contrainte à un contrat purement moral, parce qu'il faut que chaque conjoint soit garanti contre la mauvaise volonté possible de l'autre. Ainsi la monogamie, avec les garanties civiles de publicité, de durée précise, pour la revendication de la paternité qui doit être indubitable, est le meilleur moyen de faire régner une paix relative dans les relations sexuelles, en contrevenant le moins possible au principe de dignité des personnes.

13. Devoir d'affection mutuelle. — Enfin le dernier devoir celui qui résume tous les autres, c'est celui d'affection réciproque. C'est à peine un devoir, car il est tellement dans la nature des rapports conjugaux qu'il semble inutile de le prescrire. Néanmoins l'expérience nous montre d'une part que la passion est inconstante et fugitive, et que d'autre part elle est le plus puissant auxiliaire de la raison, lorsqu'elles sont d'accord toutes deux ; cet accord peut être préparé par la volonté puisqu'elle est capable d'agir sur l'imagination et la passion, ces deux éléments essentiels de nos affections. L'affection conjugale est donc aussi, dans cette mesure, sous la dépendance de la volonté et par conséquent peut être prescrite comme un devoir,

(1) C'est cette question qui est débattue d'une façon dramatique dans la comédie d'A. Dumas, *La Princesse Georges*, et dans celle de Pailleron, *Froncillon*.

En effet les rapports des personnes, dans la société conjugale, sont tellement continus et nécessitent tant de concessions réciproques et d'abdications du droit absolu de chacun, que la justice toute seule serait insuffisante à faire respecter les devoirs, si l'amour n'intervenait pour faire envisager non seulement comme tolérables, mais encore comme désirables et aimables, les restrictions du droit personnel. La tolérance même ne suffirait pas, car elle suppose la lutte, le conflit, au moins possible. Or l'état de mariage ne peut le comporter qu'accidentellement. Il doit être dans son ensemble un état de paix, de repos et d'abandon des âmes. Les personnes y doivent être tellement certaines de la bonne volonté réciproque qu'il leur faut cesser, pendant de longues périodes, d'être en éveil pour la protection de leurs droits individuels. S'il en était autrement, si l'état de guerre pouvait être substitué à l'état de paix normal, le contrat de dévouement serait violé et le mariage le pire des états de société.

14. L'esprit de famille est l'école des vertus sociales. — S'il est, au contraire, ce qu'il doit être, l'esprit dont s'inspire la famille est la source de toutes les vertus de l'homme.

Dès que l'enfant paraît, la communauté de nouveaux devoirs, de sacrifices continuels à une personne nouvelle issue de la société même, resserre celle-ci et en fait la plus étroite que l'humanité puisse comporter. L'enfant rend en quelque mesure aux parents, par sa simple présence entre eux ce qu'il en reçoit, car s'il les oblige à faire plus pour lui qu'ils n'eussent fait pour eux-mêmes, il les oblige aussi à se perfectionner pour lui servir d'exemple et à se fortifier pour lui servir de protection. La pratique de la bienveillance et de l'affection dans la famille est le seul correctif que les sociétés modernes puissent apporter à l'individualisme fondé sur la liberté et l'égalité. L'exercice de la solidarité dans une sphère d'abord étroite rend plus facile celui de la fraternité dans la sphère plus large de l'Etat, et par l'éducation qu'il ménage pour les bons sentiments, il est la source de l'esprit national. On a dit que la famille est l'école des vertus civiques. Rien n'est plus vrai. C'est dans ce milieu salutaire, où les droits et même les devoirs sont adoucis quant à leur revendication par l'affection et la confiance mutuelles, que s'éveille en l'âme de l'individu le souci d'un ensemble dont il est solidaire, et le besoin de se dévouer, en même temps que le respect des traditions et le sentiment de l'idéal (1). Ce sont là les éléments dont se formera plus tard l'idée plus haute de la patrie, et l'on voit par là que le communisme de la République de Platon, sacrifiant l'esprit de famille à l'État, épuise la seule source dont puisse naturellement venir l'esprit national (2).

ÉCLAIRCISSEMENTS

I

Avantages et dangers de l'esprit de famille.

L'esprit de famille fait la force, la stabilité et la dignité des familles. Il resserre l'union en maintenant les traditions des ancêtres et faisant marcher plusieurs générations dans une voie commune et vers un même but. Ainsi se forme en chaque pays l'aristocratie de tous les degrés, et par cette transmission d'un même esprit, une vertu plus solide, qui devient comme héréditaire, s'établit dans les familles. Mais le mal ici-bas est toujours à côté du bien, et souvent l'excès d'une qualité devient un vice. Cet esprit conservateur tend naturellement à devenir exclusif, jugeant tout au point de vue de son intérêt, de ses maximes, de ses préjugés, et finissant souvent, à cause du changement inévitable des circonstances, par être en désaccord avec le présent et hostile à l'avenir.

L'égoïsme et la rivalité des familles contribuent parfois à la ruine de l'État. Si elles ne sont maintenues par un pouvoir prépondérant, comme dans les monarchies puissantes, elles entrent en lutte et déchirent la société. On l'a vu au moyen âge, alors que les forteresses des grandes familles hérissaient les montagnes, dominaient les plaines, embarrassaient les villes et opprimaient les populations. La société était une guerre continuelle, d'autant plus terrible qu'elle s'agitait au sein du même peuple et que personne ne pouvait y échapper. Aussi la monarchie absolue, ou le despotisme, sortent presque toujours d'une pareille situation dont ils sont le triste remède.

L'esprit de famille aveuglé, fanatisé par la passion, devient encore par une autre voie un instrument d'injustice, de désordre et de crime. Il transmet le mal comme le bien, les haines comme les affections, et ce mal et ces haines, envenimés par les passions antérieures qu'ils ont excitées, s'infusent avec le sang, par la parole et par les exemples dans le cœur des enfants. Ils y deviennent comme une seconde nature, comme un instinct funeste qui tend aveuglément à la ruine de ceux qui en sont l'objet ; et en outre, ces préjugés, légués par les ancêtres avec l'autorité d'une dernière volonté ont, aux yeux de leurs descendants, quelque chose de sacré, qui confond malheureusement dans leur esprit

---

(1) Il y a une contre-partie à ces qualités de l'esprit de famille. Elle a été signalée par l'abbé Bautain. Éclaircissement I.
(2) V. ch. IX.

le crime avec le devoir. De là des ressentiments interminables, des vengeances atroces, la soif du sang ennemi, et d'épouvantables forfaits que les lois et les gouvernements sont trop souvent impuissants à empêcher et à punir.

L'abus le plus commun de l'esprit de famille est la partialité pour les siens contre l'équité et au mépris des droits d'autrui. C'est l'écueil ordinaire du pouvoir : ceux qui ont l'autorité en mains, qui distribuent les emplois ou manient la fortune publique, sont le plus tentés de ce côté, soit par les instances et l'avidité de leurs proches, soit par l'ambition d'élever ou d'enrichir leur famille. On s'élève soi-même en élevant les siens, on se fortifie de la puissance qu'on leur donne ; car l'égoïsme de la famille se ramène en définitive à celui qui en est le chef. Si cet abus devient général dans une nation, le gouvernement s'affaiblit en se déconsidérant, et les populations perdent le respect de l'autorité, qui paraît les exploiter dans un intérêt privé. Les liens entre les gouvernants et les gouvernés se relâchent, l'affection périt avec la confiance, et alors il ne faut plus qu'un choc pour briser la machine politique et rompre l'unité sociale. L'esprit de famille poussé à cet excès s'appelle le *népotisme* (1).

M.-L. BAUTAIN. *Manuel de philosophie morale*, p. 368. Hachette et Cie.

II

Les sentiments de famille d'après Aristote.

1° *L'amitié conjugale.*

L'union de l'homme et de la femme n'a pas pour unique effet de perpétuer la famille; ils s'associent l'un à l'autre pour entretenir tous les autres rapports de la vie. Bientôt les fonctions se partagent ; celles de l'homme et de la femme sont très différentes. Mais les époux se complètent, en mettant en commun leurs qualités propres. C'est là ce qui fait précisément qu'on trouve tout à la fois l'agréable et l'utile dans cette affection. Cette amitié peut même être celle de la vertu, si les époux sont honnêtes l'un et l'autre ; car chacun d'eux a sa vertu spéciale, et c'est par là qu'ils peuvent mutuellement se plaire. Les enfants deviennent, en général, un lien de plus entre les conjoints ; et c'est là ce qui explique pourquoi l'on se sépare plus aisément quand on n'a pas d'enfants ; car les enfants sont un bien commun aux deux époux ; et tout ce qui est commun est un nouveau gage d'union.

2° *L'amour maternel.*

Qu'on n'accuse pas Aristote d'avoir placé la femme dans une espèce d'infériorité ; il sait quelles sont les limites de son intelligence et de sa raison, mais il reconnaît aussi que, moins habituée que l'homme à réfléchir et moins capable de se diriger elle-même, elle le surpasse

---

1 Du mot latin *nepos, nepotis* = neveu, descendant.

par les qualités du cœur. Quand il veut donner un exemple d'une affection parfaite et désintéressée, c'est la femme qu'il nous propose pour modèle. L'amitié semble consister bien plutôt à aimer qu'à être aimé. Ce qui le prouve, c'est le plaisir que ressentent les mères à prodiguer leur amour. On en a vu plusieurs qui, ayant dû abandonner leurs enfants se complaisaient à les aimer encore, par cela seul qu'elles savaient qu'ils étaient d'elles, ne cherchant même pas à obtenir quelque retour d'affection, parce que cet échange de sentiments réciproques ne pouvait plus avoir lieu ; ne demandant pour leur part rien que de voir leurs enfants bien venir, et ne les en aimant pas moins avec passion, quoique ces enfants dans leur ignorance ne pussent jamais rien leur rendre de ce qu'on doit à une mère.

Cité par LALLIER. *La femme athénienne*, 1875. p. 36.

III

L'autorité paternelle d'après Aristote.

Bien que fondant sur le même principe l'infériorité de la femme et celle des enfants, Aristote ne confond pas le pouvoir marital avec le pouvoir paternel ; loin de les assimiler, il les distingue formellement, eu égard à ce qu'il y a de différent dans la nature de la femme et dans celle des enfants ; il appelle le pouvoir marital, un *pouvoir républicain* c'est-à-dire un pouvoir analogue à celui du magistrat dans un État libre, avec cette différence toutefois que, dans la constitution républicaine, on passe ordinairement par une alternative d'obéissance et d'autorité, tandis que le rapport de l'homme à la femme reste toujours un rapport d'obéissance pour celle-ci et d'autorité pour celui-là ; quant au pouvoir paternel, il l'appelle un pouvoir royal ; remarquons qu'il ne l'appelle pas un pouvoir despotique ; la différence est importante : le pouvoir royal s'exerce dans l'intérêt des sujets ; le pouvoir despotique, pouvoir essentiellement arbitraire, n'a en vue que l'intérêt du despote.

E. VAN DER REST. *Platon et Aristote*. p. 388.

IV

Comment l'injustice naît et progresse par les faiblesses de l'autorité dans la famille.

L'habitude de la vie injuste est encouragée jusqu'à pouvoir paraître naturelle, si la faiblesse répond au caprice et la concession sans terme à des exigences croissantes. L'orgueil et la prépotence grandissent de tout le mépris dont elles accablent leurs victimes ; le fort paraît alors appelé par sa force à imposer sa volonté, et l'esclave semble esclave par nature.

C'est ce qu'on observe, par exemple, dans les relations conjugales :

il n'est pas douteux qu'elles n'aient été une occasion notable de l'introduction du mal dans le monde, par l'effet composé de l'amour qui cède et de la volonté qui avance. Le pouvoir domestique et ses abus ne trouvaient pas dans les anciennes familles livrées à elles-mêmes autant d'empêchements et de correctifs que dans une société étendue et organisée, où ils en trouvent encore si peu.

Or, le premier homme qui a voulu vivre du travail de sa femme en se livrant à la paresse a eu le sentiment d'un voleur; et celui qui a levé la main sur elle a ressenti l'émotion d'un assassin.

RENOUVIER. *IVe Essai de Critique générale. Philosophie de l'Histoire*, p. 69.

CHAPITRE XIX

MORALE SOCIALE (Suite.)

LE DROIT POLITIQUE

L'ÉTAT

I. — LE PRINCIPE ET LES DROITS CONSTITUTIFS DE L'ÉTAT

1. Le principe de la formation de l'État est non pas le familisme, mais l'individualisme. — D'après la discussion instituée sur l'origine historique probable de la société (1), sa forme primitive peut avoir été le groupement des individus sous les relations de famille, puis des familles en tribus et des tribus en états. Quoi qu'il en soit de ce problème, destiné à rester quelque temps encore sans solution scientifique, on ne saurait dire qu'en fait ni en droit, l'État actuel soit un composé de familles. Cette situation pouvait se présenter, par exemple, à l'origine de l'État romain et a pu persister pendant une longue période, mais le principe rationnel de tout état est non pas le familisme, mais l'individualisme fondé sur la double notion de la dignité des personnes et du respect réciproque qu'elles se doivent quand elles ont consenti à former une association. Si l'État dérivait, comme un composé, de la famille, celle-ci serait l'unité dont la multiplication constituerait la force sociale, et les lois ne pourraient s'adresser, dans leurs commandements et leurs prohibitions, qu'à ces sortes d'unités collectives. A ce compte, les individus qui sont sans famille ne feraient pas partie de l'État, et ceux qui font partie d'un groupe familial ne sauraient agir sur l'État qu'indirectement et en contribuant à déterminer la volonté et le vote du représentant de la famille. Il nous paraît utile de signaler ce qu'a de défectueux cette définition de l'État encore fréquemment usitée malgré les différences profondes qui séparent le droit antique du droit moderne.

---

(1) Ch. XVIII.

2. Une nation a deux sortes d'éléments de formation : les uns historiques, les autres rationnels. — Qu'est-ce donc qu'une nation ? Ses éléments sont de deux espèces : les uns sont donnés par l'expérience et sont formés par la solidarité qui a réuni les hommes de générations successives sous des liens de sentiment, de pensée, d'action commune ; les autres sont rationnels et prennent la forme d'un contrat soit explicite, soit simplement tacite et accepté par chaque nouvel arrivant que fournit le progrès historique des générations (1).

3. Les éléments historiques se dégagent progressivement pour faire la nation. — Les cités se sont fondées en effet toujours par des associations d'individus ou contraintes, ou consenties, ou fortuites. Tout d'abord, il est probable que la religion a groupé les hommes, après que le souci de la défense collective contre les dangers de la vie, et le besoin de l'assistance commune dans la recherche des biens nécessaires eurent été suffisamment apaisés pour permettre, dans la sécurité obtenue par les fonctions purement défensives et animales, la manifestation de fonctions plus hautes, de sentiments expansifs et proprement humains, pour lesquels le loisir et l'assurance du lendemain sont indispensables. Dès lors, des coutumes s'engendrent et produisent des lois, avec des manières générales de sentir et de juger le bien et le mal. L'origine historique, la race, la langue et ses combinaisons propres à l'expression d'actes, de pensées et de sentiments développés en communauté, favorisent et entretiennent la formation d'unités sociales plus ou moins compactes et distinctes des unités analogues par l'habitation en des régions différentes, par les fonctions économiques spéciales et le genre de vie que déterminent les lieux. Enfin, quand les souvenirs de l'existence en commun s'accumulent assez pour donner lieu à des traditions, ceux qui naissent dans le groupe déjà formé apprennent l'histoire de leurs ancêtres et attachent à cette naissance le privilège de faire partie de la nation (2) qui prend ainsi conscience d'elle-même à peu près comme le ferait une personne morale, quoique avec bien moins de précision et surtout de continuité. Les solidarités imposées par la force des choses deviennent alors des solidarités acceptées, et revendiquées,

---

(1) V. Éclaircissement I.
(2) *Natio*, de *nascor*, je nais.

quant au bien accompli et quant aux infortunes subies. Après que la pensée a été saisie d'une certaine liaison des hommes composant l'unité nationale, le cœur en féconde l'idée, l'instinct et la coutume en accentuent le besoin, et la volonté en régularise la forme en instituant des lois, qui sont l'œuvre de la raison pratique, selon l'état de conscience et de perfection où elle est arrivée au moment où la question de droit se pose pour elle.

4. Exemple : formation de l'idée de patrie française. — C'est ainsi par exemple que l'on peut assigner une date à la première apparition de l'idée d'une patrie française. L'entreprise religieuse de la délivrance d'un tombeau groupa les passions et les dévouements au douzième siècle, et le mouvement des croisades parti de France, exécuté d'abord exclusivement par des Français, au moins quant à la première (1147), terminé par des Français (septième croisade, 1248, et huitième, 1270), mérita le nom de « *Gesta Dei per Francos* » (1) et fit qu'en Orient encore aujourd'hui tous les chrétiens, quelque langue qu'ils parlent, sont appelés Francs. De plus, dans le partage de l'immense armée en divers corps de nations, à travers de lointaines contrées, et au milieu de peuples d'une autre religion, les croisés se sentirent d'abord frères en Christ ; puis les hommes d'un même pays se reconnurent pour enfants d'une même patrie et se groupèrent autour d'insignes qui de loin et dans le désordre des marches et des luttes, faisaient un symbole visible du sentiment en voie de formation. Les Français du nord se rapprochèrent des Français du midi ; la fraternité nationale, perdue depuis les temps de Rome, à peine un instant sentie sous Charlemagne, fut retrouvée sur la route de Jérusalem (2), en même temps que le caractère expansif de la race se retrouvait sur la même route suivie quinze siècles auparavant par ces Gaulois qui étaient allés trouver Alexandre, menacer Delphes, et faire trembler l'Asie, et qui devait être encore reprise huit siècles plus tard par cette même race portant cette fois à l'Europe non plus l'esprit d'aventure, non plus la foi religieuse en ses ardeurs belliqueuses, mais la foi rationnelle et les principes de la révolution française.

5. Les conventions sociales organisent l'État et son autorité par des lois, un gouvernement et des fonctionnaires.

(1) Actions de Dieu accomplies par le moyen des Francs.
(2) Duruy. *Histoire de France*, I vol., p. 267.

— Les éléments historiques de ce groupement social font la nation ; le contrat fait l'État. Les contrats réels sont des tentatives pour réaliser dans les relations humaines le contrat idéal ; mais la marche de l'humanité est plus lente que celle des consciences personnelles. Les principes ne se découvrent pas en un jour, et, une fois aperçus, leurs conséquences se déroulent quelquefois difficilement et se pratiquent plus difficilement encore. Cependant, le progrès devient possible quand le peuple lève le joug de l'instinct et de l'habitude pour examiner avec réflexion le contrat qui le lie, de fait, à ses traditions. Alors s'établit, normalement, par le consentement des libertés, une autorité déléguée dans la fonction de maintenir le *statut* social contre toutes les causes de destruction possible. En effet, comme la liberté des individus ne saurait se déployer au dehors dans sa plénitude et que celle de chacun peut être détruite ou gênée par l'emploi de celle d'un autre, le bien positif exige une organisation collective destinée à garantir par la contrainte la liberté des individus en la réduisant à la mesure compatible avec la même liberté chez les autres. Telle est la justice, principe de l'État, sa raison d'être et la borne de sa compétence (1). Les lois représentent la puissance publique, et celle-ci représente la raison en ce qu'elle a obtenu de netteté dans la conscience du peuple qui l'invoque. Mais cette raison doit être exprimée dans des formules qui, si compréhensives qu'on les fasse, laissent toujours échapper une infinité de cas particuliers. De là, la nécessité d'un magistrat chargé de parler et d'agir au nom de la raison, et de décider à sa place dans les cas où la loi n'a pas disposé, par suite de l'impossibilité où l'on est de préciser tous les détails dans les règlements généraux. Ainsi, la loi avec les interprètes et agents de ses fonctions, ses *fonctionnaires*, voilà les organes de la puissance publique (2).

6. Le progrès des États se fait quand les coutumes se conforment à la raison. — Sans cette organisation, les nations sont incapables de progrès ; celles chez qui elle est instituée de bonne heure assez énergiquement pour résister à l'action de coutumes contraires et de passions perturbatrices,

---

(1) Extrait d'une lettre de M. Secretan, 1880.
(2) Nous ne parlons ici que du principe même de la loi. Les diverses espèces de lois, politiques, civiles, pénales, économiques, sont étudiées et distinguées sous le titre de *Morale civique* dans le *cours de Morale Pratique*.

mais aussi avec assez de souplesse pour admettre les modifications qu'un idéal plus haut entrevu tendrait à introduire, ces nations sont les plus capables de progrès. Au contraire, celles chez qui le besoin d'une puissance publique organisée systématiquement se fait sentir trop tard, en ce sens que les mauvaises coutumes auraient déjà pris le dessus, ou trop tôt, dans cet autre sens que l'ardeur dans le progrès se trouverait déjà éteinte quand la constitution se fixe, ces nations sont stationnaires. En règle générale on peut dire que les nations progressives sont celles où l'opinion devance toujours le code et où le code rejoint le plus vite possible l'opinion. Cette double circonstance ne se rencontre malheureusement que par exception dans l'histoire. Les Romains en ont donné le rare exemple; le contraire se voit chez les Hindous et les Chinois, chez qui la stabilité des institutions exclut tout progrès. L'Angleterre ne présente, en son développement, que l'une des conditions de l'amélioration sociale; car l'opinion publique y est assurément progressive, mais le code reste toujours bien loin derrière elle. De nos jours, après deux révolutions qu'on a pu comparer à celle de 1789, malgré de profondes différences, le code anglais est encore en grande partie féodal. La France semble réunir les deux qualités nécessaires pour s'affranchir graduellement de la solidarité historique. Aux époques où le progrès dans les idées se fait le plus rapide, les constitutions se succèdent si vite qu'elles ont à peine le temps de s'organiser en habitudes. Depuis 1789 jusqu'en 1804, on en compte cinq ou six, et de cette époque jusqu'en 1885, date de notre constitution actuelle, nous l'avons modifiée au moins sept fois dans l'intervalle. C'est peut-être trop, et il manque sans doute un contrepoids de stabilité à notre esprit de progrès.

7. Deux points de vue pour juger le progrès d'un État. — La société politique depuis son origine a laborieusement parcouru toutes les étapes concevables dans la réforme des constitutions, avant d'atteindre l'idéal qui ne sera réalisé que dans la république des fins. On peut envisager à deux points de vue, l'un historique, l'autre moral cette série de perfectionnements : 1° pour chercher quelle a été *en fait* la loi du changement, s'il y en a une, ou, 2° pour déterminer *en droit* et au nom de la raison, quelle doit être la forme de gouvernement la plus voisine de l'idéal social, puisque nous ne pouvons rentrer dans l'état de paix qu'en nous échappant progressivement et avec effort de l'état de guerre.

Voici d'abord ce qui nous paraît être la loi la plus générale du progrès dans la formation de l'Etat.

8. Historiquement les premières sociétés comportaient des états particuliers des personnes et le progrès s'est fait dans le sens du régime contractuel. — Plus l'individu a été affranchi des liens sociaux autres que celui qui l'attache directement à l'État, c'est-à-dire à la communauté de ses égaux, et plus sa liberté, en se dégageant elle-même, a pu perfectionner les contrats organiques dont dépend la société politique. La loi du progrès social se trouverait donc dans le passage des sociétés où les personnes sont astreintes à la règle de conditions particulières (telles que l'état d'esclave, de fils en tutelle, etc.), aux sociétés où nulle relation n'est établie entre les personnes particulières autrement que par contrats, et où les relations entre la totalité des membres de l'Etat dépendent d'un contrat général explicite ou tacite. Ainsi, l'autorité du père de famille, royale à l'origine, a fait place au régime contractuel, selon M. H. Sumner Maine. Le mouvement des sociétés progressives a été uniforme sous ce rapport. Pendant toute sa durée il a été remarquable par la dissolution graduelle de la dépendance de famille (1), qui a été remplacée peu à peu par les obligations individuelles. L'individu, selon le même auteur, est constamment (2) substitué à la famille comme l'unité sociale dont s'occupe le droit civil. Le progrès a été plus ou moins rapide, et il existe encore des sociétés dans lesquelles, bien qu'elles ne soient pas entièrement stationnaires, on ne peut apercevoir la décadence de l'ancienne organisation qu'au moyen d'études patientes. Mais quelle qu'ait été la rapidité de la marche du progrès, il n'a jamais subi ni réaction ni recul (3), et les retards apparents qu'il a éprouvés ont été occasionnés par l'absorption d'idées et de coutumes antiques venues d'une source étrangère. Et il n'est pas difficile de voir quel est le lien social qui remplace peu à peu les formes de réciprocité de droit et de devoir usitées à l'origine dans la famille :

---

(1) C'est-à-dire la dépendance des divers individus composant la famille, relativement au chef, le patriarche-roi.

(2) De plus en plus, dans la suite des époques historiques.

(3) Ceci est très contestable si l'on regarde au passage d'une époque quelconque à la suivante. Il y a eu, en ce sens, des réactions, des reculs. Mais si l'on ne regarde que l'ensemble du développement historique, le progrès *paraît* continu.

c'est le contrat. Partant, comme d'une station de l'histoire, d'un état social dans lequel tous les rapports des personnes se résumaient en rapports de famille, nous semblons avoir marché constamment vers un ordre social dans lequel tous ces rapports résultent de la volonté des individus (1).

9. Le contrat entre les individus est le terme du progrès. — Dans l'Europe occidentale, le progrès fait dans cette direction a été considérable. Ainsi l'état d'esclave a disparu (2) et a été remplacé par le rapport contractuel de serviteur à maître. L'état de femme en tutelle, si l'on comprend par tutelle une autre que celle du mari, a aussi cessé d'exister ; depuis sa majorité jusqu'à son mariage, tous les rapports de la femme sont des rapports contractuels. De même l'état de fils en puissance n'a plus de place dans le droit des sociétés européennes modernes. Si une obligation civile lie le père et l'enfant devenu majeur, c'est une obligation à laquelle le contrat seul donne force légale. Les exceptions apparentes sont de celles qui confirment la règle. L'enfant mineur, l'orphelin en tutelle, l'aliéné, ont un état réglé par le droit des personnes. Mais pourquoi ? on invoque des motifs différents dans le langage conventionnel des différents régimes, mais en substance on arrive au même point. La grande majorité des jurisconsultes soutiennent que les personnes que nous venons de désigner sont soumises au contrôle extérieur, simplement parce qu'elles ne sont pas capables de juger de leurs propres intérêts ; en d'autres termes, elles manquent de la première condition requise pour pouvoir s'obliger par contrat. Le mot *état* peut être employé utilement dans une formule destinée à exprimer la loi du progrès que nous venons d'indiquer, et qui, quelle que soit sa valeur, semble suffisamment constatée. Toutes les formes d'*état* mentionnées dans le droit des personnes viennent des pouvoirs et privilèges que possédait autrefois la famille, et qui sont quelquefois encore invoqués. Si donc nous employons le mot *état*, comme les meilleurs écrivains, dans le sens de ces conditions personnelles

---

(1) Cette observation doit être ajoutée à celles que nous avons présentées dans le ch. XVII sur la Famille, contre l'hypthèse de la promiscuité comme antérieure au patriarcat.

(2) Il faut se rappeler, cependant, que Voltaire plaidait encore pour l'affranchissement des serfs du Jura et que c'est seulement depuis 1861 qu'il n'y a plus, officiellement, de serfs en Russie. En Afrique et en Asie, l'esclavage est encore une plaie qui couvre plus du tiers de la terre.

seulement, et ne l'appliquons pas aux conditions qui sont de près ou de loin le résultat d'une convention, nous pouvons dire que *le mouvement des sociétés progressives a jusqu'à présent consisté à passer de l'état au contrat* (1).

II. — EXAMEN DES DIVERS SYSTÈMES D'ÉTABLISSEMENT DE L'AUTORITÉ PUBLIQUE

10. Les diverses constitutions ont une valeur propre par rapport à l'idéal moral. — Au second point de vue, celui des conditions morales des progrès et du régime le plus rationnel à appliquer aux relations de la cité, trois formes de gouvernement sont possibles : la monarchie, l'aristocratie et la démocratie. Aristote et avant lui Platon avaient déjà senti l'intérêt d'un examen théorique de leur valeur respective, afin de choisir entre ces divers moyens de réaliser l'idéal social. Nous savons de quel côté penchait Platon. Sa monarchie philosophique, entre autres défauts, a celui d'être purement utopique, malgré une série importante de concessions faites aux nécessités de la pratique et dont on s'aperçoit en faisant la lecture des *Lois* après celle de la *République*. On ne saurait reprocher à Platon d'avoir placé trop haut son idéal, mais seulement d'avoir ignoré la distinction indispensable entre l'état de bonne volonté supposable entre personnes parfaites, et l'état de conflit voulu qui caractérise les relations réelles des hommes entre lesquels il s'agit non pas d'imposer *a priori* la justice absolue, mais de diminuer la quantité d'injustice. Aristote, plus soucieux de la réalité, en ce point comme en bien d'autres, dit que les constitutions doivent se régler sur le caractère et les besoins du peuple pour qui elles sont faites, et que la plus mauvaise en soi peut être la meilleure en certain cas. Il est certain que le respect de la lettre des constitutions ne suffit pas pour atteindre les fins qu'une nation s'est proposées en l'établissant. Les lois positives ne sont que des moyens plus ou moins bien conçus pour réaliser le droit et il y a quelque chose de supérieur encore au respect sincère et profond de la loi, c'est la conscience claire et la volonté de l'idéal juridique. Cependant il faut reconnaître que les divers systèmes de gouvernement positif, présentent en

---

(1) H. Summer-Maine. *L'ancien Droit*, trad. Courcelle-Seneuil, p. 158.

eux-mêmes des facilités plus ou moins grandes pour la réalisation de la moralité.

11. La monarchie est la forme d'Etat la moins compatible avec la dignité des personnes. — La monarchie, où le souverain non seulement est maître de nom, mais de fait, gouverne et règne, est la forme la plus éloignée de l'idéal. En effet, une certaine personne se trouve, par suite d'événements sans valeur morale, en possession de commander pour ses fins propres à des hommes réduits ainsi au rôle de *moyens*, et qui portent le nom significatif de sujets (1). La succession au pouvoir par hérédité, conséquence presque nécessaire de la monarchie, est attentatoire à la dignité humaine. Par l'hérédité, en effet, une nation est transmise d'un maître à un autre comme une propriété matérielle.

La comparaison du berger et du troupeau, si naïvement rapportée encore par Labruyère (2), exprime parfaitement cette relation immorale entre un possesseur et une chose possédée appliquée au prince et aux sujets. En outre, le prétendu droit héréditaire, s'il peut faire oublier parfois son horreur en amenant à la tête de l'Etat un homme de génie, se montre dans toute son injustice quand il introduit un monstre ou un imbécile, ce dont notre histoire nationale offre des exemples. Enfin, il est inutile de discuter (3) un droit qui serait déféré par Dieu à certaines familles pour le gouvernement des peuples, cette théorie étant aussi injurieuse pour la divinité, ainsi rendue responsable de la conduite de ses délégués, que pour la conscience humaine qui considère son autonomie comme le premier des biens.

12. L'aristocratie est aussi défectueuse à moins d'être élective. — L'aristocratie ne répond guère mieux aux prescriptions de la morale, car en ce système c'est le hasard de la naissance et non un droit qui donne à certains hommes pouvoir sur les autres : la dignité de la personne n'est donc pas respectée. Cependant il y a lieu de faire une distinction. Si l'on entend par aristocratie le gouvernement des meilleurs, selon l'étymologie (4), c'est une conception du gouvernement très désirable et que l'état de paix

---

(1) Du latin *sub*, dessous, et *jactus*, jeté.
(2) Chapitre du Prince et de la République.
(3) Comme nous n'avons pas discuté *la traite* de l'esclave dans le ch. XVI.
(4) *Aristos*, le meilleur ; *kratô*, pouvoir.

réaliserait assurément. Cependant, qui déterminera quels sont les meilleurs ? Si c'est la foule des citoyens assemblés à cet effet, c'est elle qui a réellement le pouvoir et nous passons de l'aristocratie à la démocratie. Si ce sont les meilleurs eux-mêmes qui se qualifient tels, et s'arrogent le pouvoir en vertu de cette qualification, le critère auquel on fait aussi appel est le pur arbitraire. En réalité, c'est toujours le plus fort qui gouverne dans l'aristocratie, et tous les philosophes qui ont préconisé le gouvernement des meilleurs ont préféré, en fait, les oligarchies de leur temps aux gouvernements libres.

13. La démocratie et la séparation des trois pouvoirs. — La démocratie serait donc la seule forme politique capable de satisfaire aux conditions de l'idéal, quelles que soient du reste ses difficultés pratiques. Son principe est le gouvernement des membres de l'État par eux-mêmes, puisque l'autorité qui vient du consentement des libertés individuelles est déléguée à des citoyens munis à cet effet de pouvoirs électifs; en pratique, ces pouvoirs y sont séparés de façon à conserver une indépendance réciproque, mais tous émanent directement ou indirectement d'un choix, d'une élection, qu'il s'agisse d'exécuter les lois (pouvoir exécutif ou *gouvernement*), d'en juger la violation (pouvoir judiciaire ou *magistrature*), ou d'en établir les dispositions (pouvoir législatif ou *parlement*). Cette dernière fonction, fondement et source des autres, s'accomplit par des discussions où chaque représentant d'une fraction déterminée du peuple a le droit de *parler* sur les intérêts généraux et particuliers qui lui sont confiés. De là le nom de gouvernement *parlementaire*, dont les formes varient, selon le mode de nomination des législateurs et selon le degré d'influence laissé au pouvoir législatif dans l'établissement du pouvoir exécutif (1).

14. Avantages du gouvernement parlementaire. — C'est assurément dans cette forme de la démocratie, le parlementarisme, que réside la règle la plus sûre de l'exercice rationnel du pouvoir. Ses propriétés principales sont : la publicité des débats sur les intérêts communs, non seulement dans le Parlement, mais encore dans les *réunions* et *associations* de toute nature; le contrôle sincère et constant de la puissance publique, les garan-

---

(1) Les devoirs et droits particuliers des fonctionnaires de ces trois ordres sont étudiés dans le *Cours de morale pratique*, sous le titre de *Morale civique*.

ties suffisantes à l'ordre et à la liberté (puisqu'il comporte une presse affranchie d'entraves autres que celles du droit commun à tous les citoyens), la prépondérance de l'opinion, la participation, par représentation, du grand nombre à la gestion des affaires, enfin la possibilité de s'ouvrir aux réformes que signale l'opinion comme exigées par l'expérience politique et le progrès général.

15. Il est la seule forme rationnelle de la démocratie. — Il n'y a pas de milieu, du reste, entre cette grande chimère, le gouvernement direct de la multitude, possible peut-être dans les états minuscules comme la république athénienne, mais qui même sous cette réserve, n'a pas manqué d'aboutir à la monarchie ou à des dictatures momentanées, et, d'autre part, le régime parlementaire pur et simple ou gouvernement du peuple par délégation. En effet, la multitude, très apte à faire prévaloir des sentiments et des tendances, à soutenir de son approbation, de son dévouement les mesures prises par ses représentants, n'est pas propre à gouverner, puisqu'il n'y a pas de gouvernement sans unité de direction, et surtout puisque la multitude ne manifeste ses conceptions que sous la forme de la passion, qui, comme nous l'avons déjà dit, est l'absence même de toute règle. Ce serait donc un très grand mal qu'elle gouvernât directement, et c'est un très grand bien qu'elle puisse gouverner par des intermédiaires.

16. Les essais antérieurs de ce gouvernement ont été compromis par la faute des hommes. — Le problème politique qui s'est posé en France depuis un siècle exactement accompli aujourd'hui est la conciliation entre le gouvernement unitaire avec ce qu'il comportait de pouvoir personnel, et le nouveau régime dont le principe est la participation de la nation au gouvernement. Chaque fois que la question s'est présentée, la seule solution qui parut acceptable a été le régime parlementaire dont l'Angleterre fournissait un modèle, bien qu'imparfait encore, depuis un siècle et demi. Trois fois essayée, la solution a trois fois échoué par la faute commune du pouvoir qui avait peine à renoncer à d'anciennes prérogatives et de l'opposition qui, au lieu de conquêtes patiemment obtenues et mises à profit, voulait tout avoir à la fois, et de force (1).

(1) Éclaircissement III.

17. Avantages et défauts de la démocratie. — Le suffrage universel, corollaire de la démocratie, est moralement nécessaire ; mais on peut regretter qu'il ait été introduit trop hâtivement dans certaines sociétés, et sans garanties suffisantes sur la capacité et la moralité des électeurs. Il a du reste pour conséquence la loi des majorités qui impose à la minorité l'obéissance tant qu'elle reste minorité. Ce principe est injustifiable en morale pure : cent membres de l'État n'ont pas le droit de faire subir leur volonté à un seul. Mais dans l'état de guerre il faut à tout prix procurer une paix relative à la société ; or, la majorité est ce qui se rapproche le plus de l'unanimité exigée par l'idéal. Donc, la loi des majorités est la moins mauvaise de toutes celles qui peuvent régir les hommes en société ; mais il faut s'efforcer d'en corriger les effets encore injustes, travailler autant que possible à l'apaisement des cœurs, préparer l'unanimité en abordant les réformes les plus mûres dans l'opinion et les moins propres à accentuer l'état de conflit, garantir en un mot les droits des minorités. Enfin, le principal défaut des démocraties est peut-être le souci d'une égalité jalouse qui confond son objet avec les inégalités naturelles et désirables entre les hommes. Elle ne peut prétendre supprimer l'aristocratie des talents et des capacités qu'on voit se former heureusement partout, et à qui on est obligé de recourir pour constituer un gouvernement. Ce qui serait possible, c'est l'égalité des bonnes volontés et peut-être celle d'un développement intellectuel élémentaire capable de rendre chacun apte à disposer raisonnablement de son vote.

III. — LIMITES DES FONCTIONS DE L'ÉTAT ET DES SENTIMENTS DONT IL EST L'OBJET

18. Le rôle de l'État. Ni gérant ni tuteur. — Ainsi constitué, l'État a des fonctions générales quant à la protection des intérêts et à l'entretien de la vie morale de la nation. Il n'est pas, en effet, comme le pensent certains économistes, un simple gérant, ayant pour devoir uniquement d'assurer un libre jeu des intérêts par l'institution d'une police intérieure et et extérieure. C'est en outre un délégué moral, ayant comme tel des droits et des devoirs. Il doit, en certains cas, prendre sous sa tutelle pour les défendre contre l'injustice les personnes qui ne peuvent rencontrer un autre protecteur efficace. Ce principe admis, on a la solution de la plupart des questions journalières sur la mission de l'État. Il ne faut pas assurément que l'État soit tout et l'individu rien ; mais le nihilisme administratif est chose à la fois moralement mauvaise et contraire aux véritables intérêts des particuliers. L'État est donc *à la fois gérant et tuteur moral*. Il n'y a pas contradiction entre l'initiative individuelle et l'initiative de l'État. C'est en effet par la liberté que doivent s'accomplir toutes les réformes, sous peine de violer la liberté. Or, les législations faites à priori et imposées de toutes pièces aux générations à venir, sans tenir compte du changement possible des mœurs et des intérêts, sont impuissantes à atteindre leur but pratique, si elles ont une sorte de valeur esthétique dont était frappé Descartes (1). Dans l'état de paix, l'autorité étant l'œuvre des libertés consentantes, c'est à elle que reviendrait l'initiative des efforts pour les buts généraux : mais dans l'état de fait, les délégués ne sont pas toujours d'accord avec les mandants et il faut attendre que la liberté ait formé des mœurs et des courants d'opinion pour que ceux-ci prêtent une force véritable aux réformes demandées (2).

19. Quatre principes des réformes. — Il nous reste à indiquer les principes généraux de ces réformes et les moyens d'améliorer la société de fait pour la rapprocher de la société idéale. Chaque citoyen doit travailler, autant qu'il dépend de lui à ce progrès, mais la question des réformes est délicate entre toutes parce qu'il y faut tenir compte des faits et des droits acquis. Le premier principe est donc de maintenir, au-dessus des nécessités actuelles, une conception nette de l'idéal. Nous ne devons pas souffrir que la réalité vicie définitivement et sans protestation de notre part les prescriptions de la morale (3). Mais on ne peut s'élancer brusquement dans l'idéal et substituer sans délai à une société profondément viciée une société irréprochable. Il faut donc apprécier en conscience ce qui est possible ; car si le citoyen est tenu par le devoir envers soi de faire tout ce que

---

(1) Éclaircissement II.
(2) Les ministères particuliers ou services dont doit se charger l'Etat, défense nationale, travaux publics, affaires étrangères, éducation nationale, etc., sont étudiés dans leurs rapports avec la *morale civique* dans le *Cours de morale pratique*.
(3) Renouvier. *Science de la morale*, II, 196.

commande la loi morale pour réaliser l'état rationnel, il doit tenir compte des mauvaises volontés comme du consentement d'autrui. Voilà donc un second principe : la considération du possible et des volontés opposantes. Ces deux premières maximes pourraient se résumer dans celle de mesurer l'écart entre l'idéal et le réel. Le principe suivant revient à mettre l'habileté pratique au service de la justice. Et en effet, voici les principes directs de la pratique : il faut choisir, pour travailler aux réformes désirables, des moyens tels qu'ils soient efficaces et qu'en eux-mêmes, s'éloignant aussi peu que possible de ce qui est moralement permis, ils soient encore les plus propres à amener le règne de la justice dans les meilleures conditions. Enfin, en thèse générale, la violence doit être écartée comme moyen des réformes (1). Non seulement la violence est mauvaise en soi, mais encore il est prouvé historiquement qu'elle est à peu près impuissante à préparer le règne de la justice. Une révolution violente est, d'ordinaire, suivie d'une réaction et si celle-ci n'a pas lieu, il y a simplement un remplacement, non un redressement des abus.

20. L'amour de la patrie et le cosmopolitisme. — L'observation de toutes ces règles par l'Etat et par chacun de ses membres nous amènerait à l'idéal. Lorsque tous les progrès seraient obtenus, nous toucherions enfin à cette république parfaite qui ne comporterait plus qu'une seule « société des hommes », selon l'expression des Stoïciens. Les rivalités d'intérêts et des passions s'éteindraient même entre les diverses nations également parvenues à la pratique de la raison et dispensées d'user réciproquement du droit de défense, puisque la bonne volonté serait universelle, comme la sagesse. Alors serait réalisé ce monde nouveau que le plus grand des poètes modernes a symbolisé si magnifiquement dans l'aérostat vertigineux qui s'élève au-dessus de l'Océan où flotte, démonté, *le Leviathan*, vaisseau difforme du monde ancien (2). Alors pourrait se manifester le sentiment du cosmopolitisme, qui dans l'état actuel des choses, s'il se généralisait, serait destructif des moyens mêmes de se réaliser. Le patriotisme est l'école de la fraternité humaine comme la famille est l'école du patriotisme. On ne peut aimer suffisam-

---

(1) V. Éclaircissement IV.
(2) V. la pièce intitulée *Plein ciel*, dans la *Légende des Siècles*.

ment les nations étrangères tant que saignent les blessures de la patrie, et nous n'avons pas trop de forces vives à lui consacrer, pour en perdre le meilleur dans l'œuvre de la confusion des peuples.

21. La patrie doit être aimée plus encore pour ses maux que pour ses biens. — Ce qu'il faut aimer, c'est non seulement la patrie glorieuse, mais surtout la patrie malheureuse et qui demande tous nos efforts pour son relèvement et le maintien de sa dignité. C'est là ce que sentait fortement un des hommes de notre temps qui mérita, entre tous, le nom de patriote (1), quand il disait : « Oh oui, la France glorieuse et replacée, sous l'égide de la République, à la tête du monde, groupant sous ses ailes tous ses enfants désormais unis pour la défendre au nom d'un seul principe, et présentant au monde ses légions d'artistes, d'ouvriers, de bourgeois et de paysans; oh oui, il est bon de faire partie d'une France pareille, et il n'est pas un homme qui, alors, ne se glorifiât de dire à son tour : Je suis citoyen français ! Mais il n'y a pas que cette France glorieuse, que cette France révolutionnaire, que cette France émancipatrice et initiatrice du genre humain, que cette France d'une activité merveilleuse et, comme on l'a dit, cette France nourrice des idées générales du monde; il y a une autre France que je n'aime pas moins, une autre France qui m'est encore plus chère, c'est la France misérable, c'est la France vaincue et humiliée, c'est la France qui est accablée, c'est la France qui traîne son boulet depuis quatorze siècles, la France qui crie, suppliante, vers la justice et vers la liberté, la France que les despotes poussent constamment sur les champs de bataille, sous prétexte de liberté, pour lui faire verser son sang par toutes les artères et par toutes les veines ; la France que dans sa défaite, on calomnie, que l'on outrage ; oh ! cette France-là, je l'aime comme on aime une mère; c'est à celle-là qu'il faut faire le sacrifice de sa vie, de son amour-propre et de toutes ses jouissances égoïstes; c'est de celle-là qu'il faut dire : « Là où est la France, là est la patrie (2) ! »

---

(1) Gambetta. *Discours et plaidoyers politiques*, III, p. 135. Édités par J. Reinach.
(2) V. Éclaircissement I.

ÉCLAIRCISSEMENTS

I

Une nation se constitue par des traditions et un contrat continué.

Une nation est une âme. Deux choses qui, à vrai dire, n'en font qu'une constituent cette âme. L'une est dans le passé, l'autre dans le présent. L'une est la possession en commun d'un riche legs de souvenirs ; l'autre est le consentement actuel, le désir de vivre ensemble, la volonté de continuer à faire valoir l'héritage qu'on a reçu indivis. L'homme ne s'improvise pas. La nation, comme l'individu, est l'aboutissant d'un long passé d'efforts, de sacrifices et de dévouement. Le culte des ancêtres est de tous le plus légitime : les ancêtres nous ont fait ce que nous sommes. Un passé héroïque, des grands hommes, de la gloire (j'entends de la véritable), voilà le capital social sur lequel on assied une idée nationale. Avoir des gloires communes dans le passé, une volonté commune dans le présent ; avoir fait de grandes choses ensemble, vouloir en faire encore, voilà la condition essentielle pour être un peuple. On aime en proportion des sacrifices qu'on a faits, des maux qu'on a soufferts. On aime la maison qu'on a bâtie et qu'on transmet. Le chant spartiate : « Nous sommes ce que vous fûtes ; nous serons ce que vous êtes (1) », est dans sa simplicité l'hymne abrégé de toute patrie.

Dans le passé, un héritage de gloire et de regrets à partager, dans l'avenir un même programme à réaliser ; avoir souffert, joui, espéré ensemble, voilà ce qui vaut mieux que des douanes communes et des frontières conformes aux idées stratégiques ; voilà ce que l'on comprend malgré les diversités de la race et de la langue. Je disais tout à l'heure : « avoir souffert ensemble » ; oui, la souffrance en commun unit plus que la joie. En fait de souvenirs nationaux, les deuils valent mieux que les triomphes ; car ils imposent des devoirs ; ils commandent l'effort en commun.

Une nation est donc une grande solidarité, constituée par le sentiment des sacrifices qu'on a faits et de ceux qu'on est disposé à faire encore. Elle suppose un passé, elle se résume pourtant dans le présent par un fait tangible : le consentement, le désir clairement exprimé de continuer la vie en commun. L'existence d'une nation est (pardonnez-moi cette métaphore) un plébiscite de tous les jours, comme l'existence de l'individu est une affirmation perpétuelle de la vie. Oh ! je le sais, cela est moins métaphysique que le droit divin, moins brutal que le droit prétendu historique. Dans l'ordre d'idées que je vous soumets, une nation n'a pas plus qu'un roi le droit de dire à une province: « Tu

---

(1) Nous entrerons dans la carrière
Quand nos aînés n'y seront plus ;
Nous y trouverons leur poussière
Et la trace de leurs vertus. (*La Marseillaise.*)

m'appartiens, je te prends. » Une province, pour nous, ce sont ses habitants ; si quelqu'un en cette affaire a le droit d'être consulté, c'est l'habitant. Une nation n'a jamais un véritable intérêt à s'annexer ou à retenir un pays malgré lui. Le vœu des populations est en définitive le seule critérium légitime, celui auquel il faut toujours en revenir.

RENAN. — *Qu'est-ce qu'une nation?* (Discours prononcé à Tréguier (Côtes-du-Nord).

II

Descartes recommande l'emploi des méthodes *a priori* dans la législation et la science.

Je m'imaginai que les peuples qui, ayant été autrefois demi-sauvages, et ne s'étant civilisés que peu à peu, ont fait leurs lois à mesure que l'incommodité des crimes et des querelles les y a contraints, ne sauraient être si bien policés que ceux qui, dès le commencement qu'ils se sont assemblés, ont observé les constitutions de quelque prudent législateur. Je crois que si Sparte a été autrefois très florissante, ce n'a pas été à cause de la bonté de chacune de ses lois en particulier, vu que plusieurs étaient fort étranges et même contraires aux bonnes mœurs, mais à cause que, n'ayant été inventées que par un seul, elles tendaient toutes à même fin. Et ainsi je pensai que les sciences des livres, s'étant composées et grossies peu à peu des opinions de plusieurs diverses personnes, ne sont point si approchantes de la vérité que les simples raisonnements que peut faire naturellement un homme de bon sens touchant les choses qui se présentent. Et ainsi encore je pensai que, pour ce que nous avons tous été enfants avant que d'être hommes, et qu'il nous a fallu longtemps être gouvernés par nos appétits et nos précepteurs, qui étaient souvent contraires les uns aux autres, ni les uns ni les autres ne nous conseillaient peut-être pas toujours le meilleur, il est presque impossible que nos jugements soient si purs ni si solides qu'ils auraient été si nous avions eu l'usage entier de notre raison dès le point de notre naissance, et que nous n'eussions jamais été conduits que par elle.

DESCARTES. *Discours de la méthode*, II° partie, p. 31.

III

La conservation des abus anciens vaut mieux que les réformes imprudentes.

Ces grands corps (les Etats) sont trop malaisés à relever étant abattus, ou même à retenir étant ébranlés, et leurs chutes ne peuvent être que très rudes. Puis, pour leurs imperfections, s'ils en ont, comme la seule diversité qui est entre eux suffit pour assurer que plusieurs en ont, l'usage les a sans doute fort adoucies, et même il en a évité ou corrigé insensiblement quantité auxquelles on ne pourrait si bien pourvoir par prudence ; et enfin elles sont quasi toujours plus supportables que ne serait leur changement, en même façon que les grands chemins qui tournoient entre des montagnes deviennent peu à peu si unis et si commodes, à force d'être fréquentés, qu'il est beaucoup meilleur de les suivre que d'entreprendre d'aller plus droit, en grimpant au-dessus des rochers et descendant jusqu'au bas des précipices.

C'est pourquoi je ne saurais aucunement approuver ces humeurs brouillonnes et inquiètes qui, n'étant appelées ni par leur naissance ni par leur fortune au maniement des affaires publiques, ne laissent pas d'y faire toujours en idée quelque nouvelle réformation ; et si je pensais qu'il y eût la moindre chose en cet écrit par laquelle on me pût soupçonner de cette folie, je serais très marri de souffrir qu'il fût publié.

DESCARTES. *Discours de la méthode, id.*, p. 33.

IV

Principe des réformes : la justice des revendications n'exclut pas la clémence des moyens.

Les devoirs terribles existent. N'accuse pas qui n'est pas accusable. Depuis quand la maladie est-elle la faute du médecin ? Oui, ce qui caractérise cette année énorme (1), c'est d'être sans pitié. Pourquoi ? parce qu'elle est la grande année révolutionnaire. Cette année où nous sommes incarne la Révolution. La Révolution a un ennemi, le vieux monde ; elle est sans pitié pour lui, de même que le chirurgien a un ennemi, la gangrène, et est sans pitié pour elle. La Révolution extirpe la royauté dans le roi, l'aristocratie dans le noble, le despotisme dans le soldat, la superstition dans le prêtre, la barbarie dans le juge, en un mot tout ce qui est la tyrannie dans tout ce qui est le tyran.

L'opération est effrayante, la Révolution la fait d'une main sûre. Quant à la quantité de chair saine qu'elle sacrifie, demande à Boerrhaave (2) ce qu'il en pense. Quelle tumeur à couper n'entraîne une perte de sang ? Quel incendie à éteindre n'exige la part du feu ? Ces nécessités redoutables sont la condition même du succès ; un chirurgien ressemble à un boucher ; un guérisseur peut faire l'effet d'un bourreau. La Révolution se dévoue à son œuvre fatal. Elle mutile mais elle sauve. Quoi ! vous lui demandez grâce pour le virus ! vous voulez qu'elle soit clémente pour ce qui est vénéneux ! Elle n'écoute pas. Elle tient le passé, elle l'achèvera. Elle fait à la civilisation une incision profonde d'où sortira la santé du genre humain. Vous souffrez ? sans doute. Combien de temps cela durera-t-il ? le temps de l'opération.

(1) 1793.
(2) Célèbre médecin et professeur de Leyde qui fut le fondateur de l'enseignement clinique (1668-1738).

Ensuite vous vivrez (t. II, p. 207). « Un jour, ajoute Cimourdain, la Révolution sera la justification de la Terreur. »

A quoi Gauvain répond : « Craignez que la Terreur ne soit la calomnie de la Révolution. Liberté, Égalité, Fraternité, ce sont des dogmes de paix et d'harmonie. Pourquoi leur donner un aspect effrayant ? Que voulons-nous ? Conquérir les peuples à la République universelle. Eh bien ! ne leur faisons pas peur. A quoi bon l'intimidation ? Pas plus que les oiseaux, les peuples ne sont attirés par l'épouvantail. Il ne faut pas faire le mal pour le bien. On ne renverse pas le trône pour laisser l'échafaud debout. Abattons les couronnes, épargnons les têtes. La Révolution, c'est la concorde et non l'effroi. Les idées douces sont mal servies par les hommes incléments. Amnistie est pour moi le plus beau mot de la langue humaine. Je ne veux verser de sang qu'en risquant le mien... Soyons pendant la bataille les ennemis de nos ennemis et après la victoire leurs frères. »

V. Hugo. Quatre-vingt-treize, t. II, p. 210.

V

La patrie est bien moins dans le sol que dans la fermeté de l'âme nationale.

Certes il est beau d'agrandir son pays de nouvelles provinces ; ou parlons en termes qui conviennent mieux à nos malheurs, il est affreux de se voir arracher une partie de la terre paternelle. Mais quels que soient ses revers, un pays est entier, il est digne de son passé, il est capable de soutenir son ancienne gloire, de défendre ses intérêts, quand il n'a rien perdu des qualités de l'âme nationale ; quand il a toute sa pénétration, tout son élan, toute sa générosité ; quand il est sûr que chacun remplira son devoir en toute occasion et jusqu'à la mort, du chef de l'Etat jusqu'au plus humble des citoyens ; depuis le général d'armée jusqu'au dernier soldat. C'est se tromper sur les écoles sur leur but, sur leur grandeur, que d'y voir surtout la propagation de la science ; il faut y chercher, il faut y mettre la propagation du courage et de la vertu.

Apprendre à ne pas défaillir quand parle l'humanité ou la patrie, c'est apprendre son métier d'homme et de citoyen. Fondons des écoles pour éclairer l'intelligence, mais surtout pour fortifier les volontés. Un peuple innombrable, avec une immense étendue de terre, et de terres fertiles, s'il manque d'initiative et de courage, est voué à la décadence, à la défaite, au mépris ; tandis qu'une poignée d'hommes au cœur de chêne, jetés sur une terre ingrate, trouveront ou se feront la route vers le succès et l'avenir. Ils luttent contre l'homme ennemi, contre la nature ennemie ; ils endureront les privations ; ils braveront les périls ; ils ne connaîtront ni les découragements, ni la fatigue ; ils transformeront la terre, ils parcourront la mer sans maîtres et sans rivaux ; ils se feront de leurs rivaux des auxiliaires ou des serviteurs. Ils seront

Rome ou Venise, ou l'Angleterre, ou la Hollande, partant d'un coin de terre pour conquérir un monde. Ce n'est pas une bataille perdue, une armée anéantie, une province arrachée qui commence la chute d'un peuple ; un peuple ne meurt que par le relâchement des mœurs, par l'abandon des habitudes viriles, par l'effacement des caractères, par l'invasion de l'égoïsme, par le scepticisme. Il meurt par la corruption ; il ne meurt pas de ses blessures.

Jules Simon. *Dieu, patrie, liberté*, 1883, p. 294. (Calmann Lévy.)

TROISIÈME PARTIE
PRINCIPES DE LA RELIGION NATURELLE

CHAPITRE XX

I

LES SANCTIONS

I. — INSUFFISANCE DES SANCTIONS POSITIVES EN DEHORS DE LA MORALE PURE

1. La loi morale, pour avoir autorité sur nous ne doit pas être contredite constamment par les faits. Souvent ils la confirment. — En supposant tous les devoirs observés, la vertu serait réalisée en ce monde, mais si la raison, notre maîtresse pièce, comme dit Montaigne était par là, satisfaite, cette autre fin de notre nature, le besoin de bonheur aurait-il également satisfaction ? La conscience en effet, nous l'avons déjà dit, réclame un équilibre entre la vertu et le bonheur; elle exige que les motifs pour lesquels nous respectons la loi morale ne soient pas ébranlés dans la conscience par le spectacle d'un désaccord entre le bien que nous avons voulu faire et le mal qui en résulterait malgré les efforts de la bonne volonté. Il est certain que si malgré l'énergie que nous mettons à réaliser dans le monde actuel l'idéal de la République des fins, ni la société des hommes, ni la nature ne se prêtaient à ces efforts pour enregistrer en quelque sorte et organiser les bons effets produits par la volonté; en un mot si les lois du monde actuel étaient réfractaires à la solidarité du bien elles constitueraient peut-être encore un ordre, en soi, mais en tout cas, un ordre inintelligible pour nous, c'est-à-dire un pur chaos qui répugne tout aussi bien à notre raison spéculative qu'à notre raison pratique. Notre nature exige donc que les motifs que nous avons d'accomplir la loi morale gardent toute leur autorité, malgré certains faits qui, s'ils se généralisaient, rendraient illusoire la confiance en la valeur de ces motifs. Au contraire, dans un grand nombre de circonstances, la société ou la nature fournissent les résultats attendus par les bonnes volontés agissantes, de telle sorte que la loi morale, sacrée pour la conscience paraît consacrée par l'ordre des faits. Or on entend par sanctions d'une loi tout ce qui peut la rendre sacrée pour ses observateurs (1).

2. Dans l'état de paix, les sanctions s'accomplissent normalement. — Si nous nous plaçons sur le terrain de la morale pure, c'est-à-dire dans l'état de paix, la question des sanctions n'offre aucune difficulté ; d'abord la conscience d'un agent lui représentant le bien comme une obligation, lui apporte aussi ce plaisir ou cette peine que nous éprouvons en nous jugeant auteurs libres du bien ou du mal. La joie d'avoir bien fait est considérable dans un état de choses où la conscience n'est pas altérée (2) : en cet état, la sensibilité morale ne peut avoir qu'un aspect, celui de la satisfaction et non pas du remords, puisque les volontés y sont supposées continuellement bonnes. Une autre sanction s'y ajoute : c'est celle des avantages personnels attachés au respect de la loi ; le meilleur moyen de faire ses affaires est d'être honnête, du moins dans la république des fins, et il en serait ainsi dans la société réelle si nous en croyons Bentham. De plus l'opinion publique c'est-à-dire la sanction sociale accordant à chacun l'estime qu'il mérite, ne se trouve jamais en défaut dans la société correcte, puisque l'estime ne se trompe jamais d'adresse dans l'hypothèse. Enfin comme à tout prendre, le bonheur ne se trouve pas distribué d'une façon équivalente à la vertu, la conscience en vient à postuler une série indéfinie d'existences de la personne de façon à permettre aux lois naturelles de prolonger suffisamment leur action, concurremment avec celle de la loi morale, et l'on est, de cette manière, conduit à admettre que ces lois de la nature sont d'accord, dans leur fond dernier, avec les exigences de la raison pratique. En vertu de la liaison étroite du physique et du moral, toute bonne résolution laisse des traces dans l'organisme et la vertu s'organise, dans le sens étymologique du mot.

3. Insuffisance des sanctions individuelles dans l'état de guerre. — Mais il en est tout autrement dans l'état de guerre ;

(1) Renouvier. *Science de la morale*, 1 vol. Les sanctions.
(2) Éclaircissement II.

XX. — LES SANCTIONS

sans doute, il faut compter que les mauvaises résolutions entraînent à la longue dans cette existence ou dans une autre des modifications physiologiques propres à constituer un châtiment; mais il s'en faut de beaucoup que cette sanction soit constante et suffisante. Beaucoup d'individus sont capables en vertu de leur tempérament de supporter une vie très déréglée sans faiblir; d'autres, au contraire, dont la vie est un modèle de vertu n'ont que maladies et douleurs. Quant à la sanction du remords et de la satisfaction de conscience, elle est profondément altérée; d'abord la sensibilité morale des hommes et leur délicatesse à sentir l'aiguillon du remords est très variable, et il est même à remarquer que cette délicatesse de conscience est en proportion de la valeur morale de l'homme (1); ainsi ce sont ceux qui ont le moins à se reprocher qui sont les plus sensibles, et ce sont les moins corrects dans leur existence qui tiennent le moins compte de ces protestations qu'il suffit de ne plus écouter pour ne les plus entendre. Du reste, l'habitude émousse le remords et les grands coupables finissent par n'en plus avoir. Qu'est-ce au fond que le remords ? C'est l'attente d'un châtiment; or, comme ce châtiment ne se présente pas toujours, l'esprit s'habitue à ne pas rencontrer ce châtiment quand il l'attendait : il finit par considérer le remords comme une ancienne superstition qui disparaît devant les progrès de l'expérience (2).

4. Insuffisance des sanctions sociales. — Quant aux sanctions sociales, elles sont encore plus troublées par le passage de l'état idéal à la vie réelle. L'estime et le mépris font fausse route, soit que la conscience de chacun étant un domaine fermé pour les autres, les hommes aient trop peu de perspicacité pour soupçonner ce qui s'y passe et qu'ils se bornent à tenir compte des actes extérieurs, soit que le jugement moral étant vicié par toutes les influences corruptrices du milieu, on ne sache plus estimer ce qui est estimable et mépriser ce qui mérite le mépris.

Une sanction nouvelle s'ajoute, il est vrai, à celles qui s'appliquent en morale pure ; c'est la sanction légale (pénale et rémunératrice) apportée par la société dans le système des châtiments et des récompenses ; mais cette sanction, utile, sans doute pour réprimer les plus gros crimes ou rendre hommage aux actes de vertus éclatants est assurément la plus impuissante de toutes

---

(1) Éclaircissement I.
(2) Lévy-Bruhl (thèse sur la *Responsabilité*, p. 86).

quand il s'agit d'atteindre la culpabilité véritable et de récompenser le mérite. Que de malhonnêtes gens échappent tous les jours au Code pénal et que d'actes méritoires qui restent ignorés !

5. L'affirmation d'une vie future est le recours contre cette insuffisance. — En résumé, les sanctions en cette vie sont tout à fait insuffisantes et il faut toujours en venir, si on tient à un accord entre la vertu et le bonheur, à postuler une vie future dans laquelle le mécanisme des choses étant supposé pénétré de raison, le coupable sera frappé, et amené peut-être à se repentir. Il n'est pas défendu de croire que tout agent moral pourra se relever à la condition de se mettre sérieusement en possession de sa raison et de s'affranchir de la solidarité du mal. Quant aux justes, il faut espérer qu'ils trouveront leur récompense dans la joie d'avoir bien fait et qu'il leur sera permis de faire dans la vertu des progrès qui les rapprocheront de plus en plus de la perfection.

6. La sanction de la vie future n'est pas incompatible avec la justice la plus désintéressée. — Cependant on peut objecter que d'abord les sanctions tirées de la sensibilité et de l'intérêt n'ont aucune vertu obligatoire ; en second lieu que le désintéressement est, ainsi que l'a montré Kant, la condition première de toute moralité. Par conséquent il semble que promettre une récompense à l'agent vertueux, c'est risquer de le faire agir en vue de cette récompense; et par suite, c'est dégrader sa dignité. Donc le devoir doit être accompli uniquement par devoir, sans aucun espoir quant à la vie future. Cette austérité pessimiste est celle des Stoïciens ; elle a été de nos jours présentée comme l'attitude morale la plus correcte par M. Vallier dans sa thèse sur l'intention (1). Des arguments du même genre ont été présentés contre l'idée de sanction par M. Fouillée (2) et M. Guyau (3). Nous avons déjà répondu en partie à ces critiques; nous ajoutons seulement ici que la vertu a le droit d'être payée de retour quand elle a fait le bien, mais qu'il faut distinguer la rémunération de la récompense (4). La rémunération est exigée par la justice, car, si dans la société contractuelle j'ai

---

(1) Voir la fin du ch. x sur les Stoïciens.
(2) Critique des systèmes de morale contemporains.
(3) Esquisse d'une morale sans obligation, ni sanction.
(4) Renouvier. *Science de la morale*, I, 287.

respecté en vous la dignité de la personne, j'ai par là même acquitté ma *dette* et j'ai le droit d'exiger en retour le même respect comme une créance ou un crédit que j'ai sur vous : c'est là ce que réclame la raison. Mais d'autre part il se peut que j'aie fait plus que n'exigeait la simple justice : j'ai donc mérité, j'ai fait intervenir la bienveillance, la charité, l'amour ; il est donc juste encore qu'une compensation me soit donnée, surtout si je ne l'ai point attendue. L'amour qui vient en outre de la justice, lorsque celle-ci est déjà satisfaite, ne permet à nul être aimé de ne pas rendre l'amour. Ainsi donc la sanction satisfait à la fois la raison puisqu'elle comporte une rémunération pour la justice et elle satisfait aussi le sentiment puisqu'elle comporte une récompense pour le mérite. Et si cette sanction obtient déjà un commencement d'exécution dans la vie actuelle en vertu du perfectionnement individuel par l'influence du moral sur le physique elle peut s'étendre au delà de cette vie très légitimement et devient alors un mobile d'action acceptable pour les âmes les plus désintéressées.

II. — CORRECTION DES FORMULES KANTIENNES DES POSTULATS

7. La liberté doit être entendue comme une réalité phénoménale ; elle explique alors et le terme final du progrès et le mal résultant de la chute initiale. — C'est ainsi que les sanctions se présentent à nous à titre de postulats de la vie future. Kant est le premier qui se soit rendu compte que toutes les prétendues démonstrations antérieures à lui, fondées sur des considérations de métaphysique rationnelle étaient insuffisantes pour asseoir les convictions quant à la vie future, la divinité et la liberté. Il a présenté ces trois thèses sous forme de postulats, c'est-à-dire de demandes telles que la raison ne peut pas prouver les propositions alléguées, mais se trouverait arrêtée dans sa marche si on ne les lui accordait pas. Kant n'a pas donné des formules parfaitement exactes de ces trois objets suprêmes de la spéculation morale. Nous savons déjà que sa doctrine de la liberté est insuffisante puisqu'il relègue cette liberté dans le monde de l'absolu (noumène), tandis que le monde où nous sommes (celui des phénomènes) serait le domaine de la nécessité. Il est vrai que Kant fait dépendre la liberté d'une autre raison encore, l'existence de la loi morale ; et c'est là le plus solide argument à faire valoir en faveur d'une liberté réelle. Mais il est au moins inutile de faire intervenir la considération d'une différence entre le monde de la réalité absolue, qui ne nous préoccupe d'aucune manière, et le monde des phénomènes, où se passe la vie réelle. L'inconvénient de cette théorie est de nous donner le choix entre la négation des phénomènes comme illusoires et étrangers à la véritable réalité dont le siège est alors placé en Dieu et, généralement, dans les noumènes, — ou bien d'autre part la négation de Dieu et des noumènes comme notions vides en tant que portant sur l'inconnaissable. Pour sortir de ce cruel dilemme, il faut introduire la liberté dans le monde des phénomènes, celui où nous vivons. A cette condition, non seulement la liberté prend un sens positif, mais elle devient véritablement une sanction, car elle nous rend capables de préparer la venue de nos fins morales ; puis elle nous impute la responsabilité du mal qui persiste et enfin elle nous impose l'élimination de ce mal pour tout l'avenir. Cette façon de comprendre la liberté comme réelle a une portée explicative considérable. En effet, tout en limitant la responsabilité aux actes dont nous sommes personnellement les auteurs, mais en la faisant remonter, dans l'individu, puis dans l'humanité, jusqu'à son origine la plus reculée, elle permet d'attribuer à la liberté elle-même les actes primitifs dont les conséquences ont dans la suite détruit la liberté et institué dans les choses, en vertu d'une longue solidarité, des dépravations devenues nécessaires. C'est ainsi qu'on en peut venir à expliquer par la liberté non seulement le mal moral actuel, mais encore la chute initiale, le péché originel, première condition du mal physique, et même la formation des êtres tels qu'ils sont devenus par le jeu de leurs initiatives. De même en effet que la poursuite de l'idéal moral peut perfectionner la personne entière, corps et âme, de même une déchéance originelle a pu dégrader la personne entière, corps et âme en développant ses mauvais effets d'abord faiblement, puis d'une façon intense et multipliée par la contagion de l'exemple, le poids de l'habitude, l'enchaînement de toutes les solidarités.

8. L'immortalité personnelle est posée en même temps que l'ordre moral dans le monde, sans un garant externe. — Quant à l'immortalité, Kant l'a présentée comme solution d'une antinomie entre le bonheur et la vertu. Deux propositions en effet sont possibles. 1° Le bonheur est cause de la vertu. 2° La vertu est cause du bonheur. Or, la première est radicalement fausse, car un acte fait exclusivement en vue du bonheur est sans valeur morale, quand même il serait extérieurement conforme à la vertu. Quant à la seconde, si elle est fausse dans l'expérience présente, puisque tout acte vertueux ne produit pas à son auteur un bonheur proportionnel, elle n'est pas fausse radicalement, car la raison exige que la vertu devienne en général, cause de bonheur et plus particulièrement, pour que le monde ne lui apparaisse pas comme œuvre de déraison, elle réclame, après cette vie, une série d'existences dans lesquelles l'agent moral se rapprochera de plus en plus de l'idéal et où son bonheur croîtra proportionnellement à sa vertu.

Kant suppose 1° que cette antinomie entre le bonheur et la vertu ne peut être résolue dans un monde tel que nous pouvons le concevoir d'après l'expérience actuelle, et 2° qu'il faut, pour réaliser l'harmonie, un auteur de la nature chargé d'établir un nouvel ordre moral. Examinons d'abord cette dernière condition. Le recours à un auteur de la nature qui soit à la fois législateur, rémunérateur et vengeur complique inutilement la difficulté, puisque l'harmonie en question est possible, on vient de le voir, au sujet du postulat de la liberté, par le libre exercice de nos activités sans qu'une volonté supplémentaire intervienne pour assurer la sanction de nos actes. Si une autorité législative extérieure et supérieure au monde est nécessaire pour attribuer à chacun la rémunération à laquelle il a droit, c'est que l'ordre des choses ne suffit pas de lui-même à amener ce résultat ou même, peut le rendre impossible quand une action supplémentaire n'intervient pas. C'est donc que cet ordre des choses n'est pas, de sa nature, conforme à la raison, et absolument n'est pas un ordre. Il suffit donc, inversement, de supposer cet ordre pour que la moralité y ait sa place, avec la justice et le bonheur ; l'hypothèse d'un garant de cet ordre qui serait distincte et lui serait extérieure est inutile, puisque toute moralité, y compris la perfection morale, fait naturellement partie de l'ordre. C'est donc en vain que Kant prétend l'en distinguer et l'y superposer comme condition.

Quant à la première difficulté soulevée par Kant, on peut démontrer qu'il n'est pas nécessaire pour comprendre un monde normal, de renoncer aux analogies tirées du monde tel qu'il est donné dans l'expérience, mais qu'il suffit de le concevoir de plus en plus modifié selon les lois dont nous avons déjà l'idée en présence des transformations subies par la nature physique sous l'influence de la nature morale. Il suffit d'augmenter en intensité et en durée ces transformations pour trouver les conditions acceptables d'une permanence des personnes au delà de la vie actuelle. Ce à quoi nous tenons uniquement sur ce point, c'est à la continuation personnelle de l'être raisonnable. Un être qui n'aurait rien de commun avec celui que l'expérience nous montre en nous-mêmes, ne nous intéresserait à aucun titre, et ce n'est pas pour lui que nous postulons l'immortalité, c'est pour l'être que nous sommes, vivant dans le monde où se développent nos passions et nos activités, ou du moins, dans un monde analogue. Toute autre immortalité vous laisse parfaitement indifférents. Nous ne voulons donc, pour notre vertu, qu'un bonheur qu'elle puisse apprécier, et ici encore les tentatives de Kant sur le monde absolu ou nouménal lui font abandonner la réalité.

9. Dieu peut être conçu comme la moralité même de l'ordre cosmique. — Quant au troisième postulat, celui de la divinité, la formule qu'en donne Kant et qui est impliquée dans celle de l'immortalité que nous venons de critiquer, est incorrecte pour des raisons analogues. Il est d'abord inutile de faire intervenir une cause de l'ordre cosmique transcendante à cet ordre. De plus si Dieu est séparé absolument du monde physique comme du monde moral, on ne comprend plus le rapport qu'il pourrait avoir avec eux pour les organiser en vue de les mettre en harmonie (1). Nous avons un moyen de concevoir d'une façon positive Dieu en le plaçant au sein même de cette harmonie, en le faisant immanent au lieu de le séparer et de le faire transcendant. « Si nous nous demandons le nom de cette harmonie de la conscience et de la nature, de cet ordre éminent du monde, nous pouvons accepter avec Kant les prestigieuses lettres que tout homme prononce pour désigner ce qui lui paraît, selon ses lumières, le bien souverain de l'univers : la *Divinité*. » N'exigeons rien de plus de la philosophie ; n'exigeons ni garantie de la loi harmonique extérieure à cette loi même, ni être inconditionné et par conséquent inconnaissable invoqué pour rendre compte de cette loi.

10. C'est sur ces données rationnelles que les religions positives édifient des conceptions anthropomorphiques. —

---

(1) *Critiq. relig.*, IV, p. 80.

Il est légitime d'ajouter à ces affirmations rationnelles qui constituent la base de la religion naturelle, des croyances anthropomorphiques donnant lieu aux religions positives ; mais si ces croyances doivent inspirer le respect et même la sympathie du philosophe, elles sont des œuvres issues des imaginations et des passions individuelles ou même collectives, et à cause de cela elles sont dénuées de tout caractère obligatoire pour la raison (1).

ÉCLAIRCISSEMENTS

I

Le coupable, acceptant et même réclamant la sanction de sa faute, paye son tribut à la justice.

(Gauvain, général de la République, chargé de faire fusiller le chef des Vendéens Lantenac, le fait évader parce que, selon lui, Lantenac a expié tous ses crimes en sauvant d'un incendie trois petits enfants, et en se livrant à l'armée républicaine pour accomplir cet acte d'humanité. Gauvain se traduit ensuite lui-même devant un conseil de guerre présidé par Cimourdain, son ami passionné, qui a obtenu la faveur d'être nommé représentant de la Convention à l'armée de l'Ouest, pour accompagner celui qu'il regarde comme un fils adoptif.)

Cimourdain l'interroge :
— Qui êtes-vous ?
— Je suis commandant en chef de la colonne expéditionnaire des Côtes-du-Nord.
— Êtes-vous parent ou allié de l'homme évadé ?
— Je suis son petit neveu.
— Vous connaissez le décret de la Convention ?
— J'en vois l'affiche sur votre table.
— Qu'avez-vous à dire sur ce décret ?
— Que je l'ai contresigné, que j'en ai ordonné l'exécution, et que c'est moi qui ai fait faire cette affiche au bas de laquelle est mon nom.
— Faites choix d'un défenseur.
— Je me défendrai moi-même.
— Vous avez la parole.
Cimourdain était devenu impassible, seulement son impassibilité ressemblait moins au calme d'un homme qu'à la tranquillité d'un rocher.
Gauvain demeura un moment silencieux et comme recueilli.
Cimourdain reprit :
— Qu'avez-vous à dire pour votre défense ?
Gauvain leva lentement la tête, ne regarda personne et répondit :
— Ceci : une chose m'a empêché d'en voir une autre, une bonne action, vue de trop près, m'a caché cent actions criminelles ; d'un côté

(1) Éclaircissement III.

un vieillard, de l'autre des enfants, tout cela s'est mis entre moi et le devoir. J'ai oublié les villages incendiés, les champs ravagés, les prisonniers massacrés, les blessés achevés, les femmes fusillées ; j'ai oublié la France livrée à l'Angleterre ; j'ai mis en liberté le meurtrier de la patrie. Je suis coupable. En parlant ainsi, je semble parler contre moi ; c'est une erreur. Je parle pour moi. Quand le coupable reconnaît sa faute, il sauve la seule chose qui vaille la peine d'être sauvée, l'honneur.

— Est-ce là, répartit Cimourdain, tout ce que vous avez à dire pour votre défense ?

— J'ajoute qu'étant le chef, je devais l'exemple, et qu'à votre tour, étant les juges, vous le devez.

— Quel exemple demandez-vous ?

— Ma mort.

— Vous la trouvez juste ?

— Et nécessaire.

— Asseyez-vous (1).

V. HUGO. *Quatre-vingt-treize*, IIIe partie.

II

Dieu, c'est la justice présente à la conscience.

..... Je sais que Dieu semble incertain,
Vu par la claire-voie affreuse du destin.
Ce Dieu, je le redis, a souvent dans les âges
Subi le hochement de tête des vieux sages.
Je sais que l'inconnu ne répond à l'appel
Ni du calcul morose et lourd, ni du scalpel ;
Soit. Mais j'ai foi. La foi, c'est la lumière haute.
Ma conscience en moi, c'est Dieu que j'ai pour hôte.
Je puis par un faux cercle, avec un faux compas,
Le mettre hors du ciel ; mais hors de moi, non pas,
Il est mon gouvernail dans l'écume où je vogue.
Si j'écoute mon cœur, j'entends un dialogue.
Nous sommes deux au fond de mon esprit, lui, moi.
Il est mon seul espoir et mon unique effroi,
Si par hasard je rêve une faute que j'aime,
Un profond grondement s'élève dans moi-même ;
Je dis : Qui donc est là ? l'on me parle ? Pourquoi ?
Et mon âme en tremblant me dit : C'est Dieu. Tais-toi...

V. HUGO. *L'Année terrible*.

---

(1) Comparer ce morceau avec celui qui est cité ch. IX, Eclaircissement II.

III

La morale est non pas indépendante, mais souverain arbitre des religions et des métaphysiques.

Les religions, depuis les plus grossières jusqu'à la plus épurée, qualifient les actes humains de bons ou de mauvais selon qu'elles les supposent être ou non conformes à la volonté, et de nature à causer ou non la satisfaction de telle puissance invisible de laquelle dépendent le bonheur ou le malheur des individus ou des nations. Le devoir est alors subordonné à une déclaration externe qui le définit (jusque dans le cas où le siège principal de cette révélation est envisagé dans le sanctuaire de la conscience), au lieu d'être considéré sous son aspect rationnel de forme de la raison pratique. Les deux points de vue ne sont nullement incompatibles, attendu que rien n'empêche que les devoirs passent pour divinement prescrits en forme de commandement, et qu'ils aient leur sanction dans un ordre établi par le créateur, et qu'en même temps la loi du devoir soit inhérente à la constitution morale de l'agent libre ; mais il s'élève une importante question de méthode, qui intéresse profondément la critique de la connaissance. Les hommes de religion exclusive voudraient que le principe de la morale fût pris de la religion et que la religion fût juge de la morale ; pour le philosophe cela ne se peut, car les principes premiers de la logique et les principes premiers de la morale gouvernent la sphère entière de l'esprit, et il est inadmissible que les religions soient soustraites à la critique, échappent aux critères universels de la vérité.

La vérité religieuse, en tant qu'elle se fait connaître, a son premier fondement dans l'état d'une conscience individuelle et ne se transmet à d'autres consciences que par des voies dans lesquelles le sentiment et la foi communicative sont encore les principaux mobiles. Il résulte de là que si la doctrine ou métaphysique ou morale d'une religion est mise en question entre des personnes quelconques, l'examen auquel cette doctrine sera soumise devant se régler sur des principes communs, il faudra de toute nécessité que ce soit sur les principes généraux de la morale et de la raison. Donc, la « vraie religion » ne peut s'attribuer à cet égard aucun privilège sur les religions fausses. *Sa* morale devra paraître au tribunal de la morale ; car, encore bien qu'il y ait division entre les doctrines éthiques, touchant l'origine et la nature d'une loi morale, il ne laisse pas d'exister des principes moraux communs, de même qu'il existe, en dépit des systèmes divers des philosophes, une raison commune, une logique dont il n'est certainement pas une croyance religieuse qui ne subisse plus ou moins l'empire.

Je conclus définitivement à l'existence première de ces notions, à celle d'une *forme* générale du devoir, à la variabilité et à la corruptibilité de sa *matière*, et à la dépendance des déterminations de l'idée religieuse par rapport à celles de la moralité.

L'expression de « morale indépendante », ayant été très répandue de notre temps et très discutée, je ne dis pas approfondie, il est à propos de remarquer ici que la morale subit tant pour la doctrine qu'en application, des influences de la part de toute religion et de toute philosophie qui règnent plus ou moins à une époque quelconque. En ce sens, la morale ne peut se dire indépendante, excepté pour des préceptes ou maximes empiriques, et tout autant qu'on ne les soumet pas à l'examen. Mais il n'y a ni philosophie ni religion au monde qui aient pu se constituer sans dépendre au moins en partie de données morales antérieures et premières, ou de leurs altérations. En cet autre sens, la morale est originale et absolument indépendante, et ce sont les croyances et les doctrines qui dépendent d'elle.

RENOUVIER. *Esquisse...* V⁰ Opposition, v. *Crit. relig.*, VI vol., p. 365.

CHAPITRE XXI

PRINCIPES DE LA RELIGION NATURELLE

II

DIEU

I. — LES PREUVES DE L'EXISTENCE DE DIEU
(PREUVES MÉTAPHYSIQUES. — PREUVES MORALES)

1. L'athéisme comme méthode, l'athéisme comme doctrine. — A cette conception de Dieu s'opposent les conceptions que les métaphysiciens de tous les temps ont introduites : 1° pour démontrer son existence ; 2° pour déterminer ses attributs. Remarquons d'abord que le point de vue de la philosophie critique est le plus favorable de tous au théisme. En effet, d'après notre étude du problème de la liberté, les arguments de l'athéisme qui se disent fondés sur la science sont dépourvus de valeur : par exemple l'éternité de la matière, l'incréabilité de la force, l'enchaînement régressif et sans terme des causes, sont pour nous des chimères. Une certaine forme de l'athéisme peut être considérée comme la vraie méthode rationnelle dans les questions de religion naturelle, s'il consiste à rejeter les idoles de l'ancienne métaphysique et les attributs contradictoires d'une substance infinie. Quant à cet autre athéisme qui prétend se fonder sur des conceptions prétendues scientifiques, mais qu'aucune science ne trouve en son domaine et qui ne sont que métaphysiques, pour nier la moralité comme l'une des lois du monde, en un mot l'athéisme que nous pouvons appeler immoral à cause de cette négation, est celui auquel nous opposons la doctrine du théisme moral en ce qu'elle a de plus affirmatif (1).

(1) Le théisme est le caractère de tous les systèmes philosophiques qui, rejetant la révélation, ou, du moins, n'en tenant pas compte, admettent cependant l'existence de Dieu sur des preuves rationnelles ou morales, son action sur le monde, une religion et un culte public. Le déisme n'admet que l'existence de Dieu. V. Éclaircissement I.

2. Les preuves métaphysiques de l'existence de Dieu. — Examinons d'abord les arguments invoqués par la philosophie dogmatique en faveur de l'existence de Dieu. Ils peuvent se ranger en deux catégories : 1° preuves métaphysiques ; 2° preuves morales.

3. La preuve ontologique et son insuffisance. — Kant les a examinées dans la troisième partie de la critique de la raison pure (dialectique). En premier lieu se présente l'argument ontologique (1), c'est-à-dire fondé sur l'idée même de l'être parfait, considérée comme impliquant son existence. Saint Anselme avait déjà formulé cet argument ; il a été repris par Descartes et Leibnitz. Il se réduit à ceci : le concept de l'être le plus grand et le plus parfait possible implique nécessairement l'existence de cet être ; car si l'on pouvait en concevoir un autre ayant toutes les perfections du premier et l'existence en plus, ce dernier serait plus grand que l'être le plus grand, ce qui est impossible. Donc l'être le plus grand possible ou l'être parfait a nécessairement l'existence.

Cet argument a été combattu au moyen âge par le moine Gaunilon, et Kant en a donné la critique définitive en faisant remarquer que l'existence n'est nullement comprise dans le concept d'un être : par exemple que les angles d'un triangle valent deux droits, cela est tout aussi vrai, qu'il existe ou non des triangles. Ainsi l'idée que nous nous faisons du triangle n'implique pas l'existence réelle de cette figure. L'existence n'est donc pas un attribut qui puisse faire partie de l'idée d'un sujet et la modifier selon que cette existence y entre ou n'y entre pas. Cette considération est vraie de tout concept, sans exception possible, et s'applique par conséquent à celui de la perfection métaphysique, laquelle, loin d'impliquer l'existence, enveloppe des contradictions insolubles, comme nous le verrons. L'argument ontologique ne prouve donc pas ce qu'il prétend.

4. La preuve cosmologique est un abus du principe de causalité. — Si, au lieu de partir de l'idée de Dieu, on part de l'existence des objets déterminés, on raisonne ainsi : un objet donné dans l'expérience ne s'est pas fait lui-même ; il doit donc avoir une cause supérieure et antérieure à toute expérience, et pour avoir ces caractères, cette cause doit être Dieu.

---

(1) De *on*, *ontos*, être.

A cet argument qu'on appelle cosmologique (1), parce qu'il est fondé sur la contingence du monde, on peut répondre deux choses. Tout d'abord, de ce que quelque chose existe, on conclut en vertu de la loi de causalité, à l'existence d'un être situé en dehors de l'expérience, à un être transcendant, c'est-à-dire à un absolu. Mais la loi de causalité n'a de valeur que dans les limites de l'expérience possible ; elle est un moyen au service de la raison pour comprendre cette expérience : il n'est pas forcé, néanmoins, que tout soit compréhensible dans la nature, et surtout il n'est nullement prouvé que cette loi qui nous rend l'expérience possible et la réalité intelligible ait une valeur au delà du domaine de notre esprit (2).

En second lieu, lors même qu'on aurait pu conclure légitimement à la nécessité d'une cause pour expliquer le monde, il n'est nullement démontré par là que cette cause soit Dieu ; elle peut être toute réalité imaginable la matière ou le mouvement, etc. ; l'argument n'est donc pas valable pour l'usage auquel on le destine.

5. La preuve téléologique emprunte une partie de sa force à l'argument cosmologique, et, par cela même, est invalidée. — Enfin nous arrivons à la preuve des causes finales ou preuve physico-théologique ou plus simplement téléologique (3). Elle peut se décomposer en trois moments : 1° Il y a de l'ordre dans le monde. Sur ce premier point, nous sommes loin d'introduire la moindre contestation, puisque c'est sur cette proposition que nous fondons l'harmonie possible des deux ordres, le naturel et le moral. 2° Cet ordre ou disposition de moyens en vue d'une fin, cette finalité exige un ou des principes situés hors du monde c'est-à-dire transcendants. 3° Ce principe doit être un à cause de l'unité de plan qui se voit dans le monde.

Cette argumentation aboutit à poser l'existence d'un créateur de l'ordre, d'un organisateur, *démiurge* (4) ou l'existence d'une cause du monde à laquelle du reste Socrate et Platon n'ont pas songé en tant que créatrice absolument. L'idée de création *ex nihilo* s'est introduite plus tard ; on a voulu alors que l'argument des causes finales prouvât non seulement l'existence d'un architecte,

---

(1) *Cosmos*, monde.
(2) V. Éclaircissement II.
(3) *Telos*, fin, parce qu'elle se tire des *fins* ou intentions constatées dans le monde.
(4) De *dèmios*, commun, général, et *ergon*, œuvre.

mais en même temps, celle d'un créateur transcendant, et on a invoqué pour cela l'argument cosmologique, exposant ainsi l'argument des causes finales aux mêmes critiques qui infirment la valeur du précédent. Ainsi la démonstration qui prétend s'appuyer sur le principe de finalité s'appuie en réalité sur celui de causalité. On s'élève en effet à l'idée d'un être en qui cette finalité serait contenue par avance, mais on n'explique pas la finalité par cela qu'on la met en Dieu ; on ne fait que la transposer ; et cette troisième preuve n'atteint pas non plus le but proposé.

6. Les preuves morales. — Il convient cependant de reconnaître la force de l'argument fondé sur la finalité à la condition que cette finalité soit d'ordre éthique. Nous n'aurons pas ainsi un argument pleinement démonstratif, mais une suggestion très forte sans laquelle le monde moral, auquel nous tenons par-dessus tout, cesse d'avoir un sens. C'est donc aux preuves morales qu'il faut revenir.

7. Dieu garant de la vie future et le consentement universel. — Le premier argument de ce dernier genre consiste à dire que la conscience pratique exige l'immortalité pour l'établissement d'un équilibre entre le bonheur et la vertu et qu'il faut un organisateur de cet équilibre moral, autrement dit, qu'il faut un Dieu. Mais cette affirmation doit être bornée à celle de la moralité de l'univers, satisfaisante à la fois pour la raison et pour le cœur. On invoque également le consentement universel en faveur de l'existence de Dieu. Par lui-même, ce consentement ne prouve rien ; mais ceux qui contestent sa valeur peuvent être mis en demeure de rendre compte au moins de la croyance générale et d'en prouver l'illusion.

8. Les arguments passionnels. — Les deux seules raisons vraiment satisfaisantes sont celles qu'on tire d'abord du besoin d'assistance de l'homme accablé par la douleur et qui ne trouve dans le monde personne capable d'y compatir suffisamment. Dans l'extrême malheur, l'âme humaine cherche un confident suprême et cet appel du cœur à la Bonté souveraine n'a rien d'irrationnel puisque c'est au milieu de la souffrance, ce désordre moral, un acte de foi dans l'ordre et la raison. Si, de plus, nous faisons intervenir l'idée de justice, l'argument passionnel prend une grande force ; car le juste persécuté exige qu'il y ait une conscience capable de comprendre qu'il est juste, de plaindre sa souffrance et de rétablir ultérieurement l'équilibre des relations normales des choses, atteint dans sa personne. Cette conscience invoquée comme elle l'est dans l'Écriture sainte, par Job ou Jérémie avec une éloquence passionnée, serait une conscience parfaite qui fournirait la mesure, le type de la moralité. Ce n'est plus là l'être absolu, synthèse de toutes les contradictions métaphysiques, mais un être plus intéressant, affirmé constamment par la foi morale et religieuse de l'humanité. Bossuet a dit magnifiquement : « Mon âme, âme raisonnable, mais dont la raison est si faible, pourquoi veux-tu être et que Dieu ne soit pas? Hélas! vaux-tu mieux que Dieu? Âme faible, âme ignorante, dévoyée, pleine d'erreur et d'incertitude dans ton intelligence, pleine, dans ta volonté, de faiblesse, d'égarement, de corruption, de mauvais désirs, faut-il que tu sois et que la certitude, la compréhension, la pleine connaissance de la vérité, l'amour immuable de la justice et de la droiture ne soit pas (1) ? »

En résumé, au sein du monde et au plus haut degré de l'être, la conscience morale réclame l'existence d'une bonne volonté soucieuse de conserver un accord fondamental entre les lois cosmiques et la loi morale, par conséquent, une volonté libre; car une volonté n'est vraiment bonne que si elle est libre, mais pratiquant le bien d'une façon aussi constante que libre.

II. — LES ATTRIBUTS DE DIEU

LE PANTHÉISME

9. Conditions logiques, psychologiques et morales de l'établissement de la Religion naturelle. — Nous n'avons pas *prouvé* l'existence de Dieu, car c'est impossible. Nous avons indiqué cependant les motifs moraux de croire en lui; nous avons montré ce qu'il y a de rationnel dans l'affirmation que la moralité doit être immanente au monde. L'existence de Dieu ne peut être ni garantie par le recours aux faits, c'est-à-dire par constatation (2), ni par la déduction, puisque la rigueur de toute déduction n'est que l'enchaînement logique des propositions entre elles

---

(1) *Élévations à Dieu sur les mystères*. 1re semaine, 1re Élévation.
(2) C'est en désespoir de cause et par l'absence de foi véritable que Musset

en dehors de la vérité du point de départ, et qu'il ne s'agit pas tant ici de bien raisonner, que de décider si l'on admettra ou non la vérité d'une proposition servant de point de départ à une foule d'autres. Ce qu'il faut avant tout obtenir c'est un article de foi venant d'une volonté raisonnable et passionnément émue par ce débat, le plus grave de tous. Préciser et développer par des symboles les termes de l'affirmation que nous avons émise est l'œuvre des religions, et à plus forte raison leur appartient-il de déterminer les attributs de la nature de Dieu.

Cependant il est des conditions auxquelles elles sont subordonnées dans cette œuvre de détermination de la nature divine. Et tout d'abord il est une condition logique à laquelle elles doivent se soumettre pour rester raisonnables. Leurs constructions relèvent toutes de l'esprit humain et de ses lois fondamentales dont la plus élémentaire est le principe de contradiction, garantie suprême et irréductible de la pensée contre le vertige. Toute affirmation contradictoire doit être éliminée comme une violence à la raison. Celle-ci se trouve alors, en effet, dans le cas de légitime défense, fondement de tout droit, dans la vie pratique, ainsi que nous l'avons montré, et de toute affirmation dans la vie spéculative.

Une condition psychologique s'impose à la formation et à l'acceptation de tout mythe religieux. En effet, il s'agit ici de déterminer les attributs d'un être. Or, nous ne connaissons directement qu'un seul être, c'est la personne humaine, et les attributs psychologiques et moraux de celle-ci sont les seuls auxquels on puisse recourir pour caractériser un être quelconque, au-dessous de l'homme et au-dessus de lui. La loi de toute religion comme de toute philosophie, comme de toute science, ainsi que nous tâcherons de le prouver ailleurs, c'est l'*anthropomorphisme* avoué ou inavoué; car nous ne pouvons qu'induire l'existence et la nature des êtres différents de nous-mêmes en nous servant du seul instrument d'induction possible, la pensée humaine qui ne peut s'abandonner elle-même quand elle s'efforce de sortir de soi. Si la Divinité est conçue comme personnelle, on

---

a pu adresser à Dieu cette sommation d'avoir à se présenter dans le domaine des faits pour être objet de constatation :

... Si nos angoisses mortelles
Jusqu'à toi peuvent parvenir,
Brise cette voûte profonde
Qui couvre la création ;
Soulève les voiles du monde
Et montre-toi, Dieu juste et bon !   (*Espoir en Dieu.*)

ne pourra donc pas lui prêter de qualités incompatibles avec ce que nous pouvons comprendre de toute personnalité.

Enfin il y a pour toute religion une condition morale à remplir pour se faire reconnaître de la raison humaine, c'est de ne pas rester au-dessous des prescriptions de celle-ci, et surtout de n'y pas contredire. Sans doute les systèmes religieux et métaphysiques sont objets de libre croyance et la spéculation a ses principes et ses méthodes propres même en matière religieuse. Mais plus cette liberté du penseur est grande, plus il faut lui rappeler cette règle supérieure à tous les systèmes : les exigences de la conscience morale prévalent contre les hardiesses de la spéculation (1). D'autre part c'est un devoir pour le moraliste d'intervenir dans les conséquences pratiques des systèmes; la philosophie morale n'a pas le droit d'abdiquer devant eux. Son indépendance est hors de cause; mais ce qu'il faut affirmer hautement parce que la négation est presque universelle, c'est l'impossibilité d'une religion et d'une métaphysique indépendantes de la morale. Celle-ci doit d'une part s'élever jusqu'à l'affirmation de la Divinité, sans laquelle assurément elle peut se fonder, mais aussi sans laquelle elle n'aurait pas son couronnement. C'est en cela que consiste l'affirmation première de la religion naturelle; mais outre l'affirmation du postulat de la Divinité, la philosophie morale doit encore prendre l'attitude critique et polémique, maintenir les exigences de la conscience et examiner les systèmes qui n'y satisfont pas (2).

10. Le Dieu du Panthéisme. — Le plus ancien et le plus grand, par la conception du principe et par la cohérence logique, est le panthéisme, ainsi que nous l'avons déjà remarqué (3). Selon ce système, qui obtient son exposition la plus parfaite dans l'*Ethique* de Spinoza, Dieu est l'être, tout l'être (4), en dehors de toute relation, (5) absolu, éternel, infini, unique substance comportant l'infinité des attributs (dont nous ne connaissons cependant que deux : l'étendue et la pensée), et se déve-

---

(1) C'est le cas de la conception de la vie divine d'après Aristote. V. Eclaircissement IV.
(2) V. Eclaircissement III, et ch. xx, Eclaircissement III.
(3) Ch. iv, § 1.
(4) De là le nom de Panthéisme (*pan*, tout, et *theos*, dieu).
(5) *Ab-solutus*, dégagé de ; n'ayant de rapport avec aucun être.

loppant, quoique indivisible, on une infinité de modes qui sont les divers êtres étendus et pensants que nous connaissons, que nous sommes. La substance, n'ayant rien en dehors d'elle pour arrêter son développement, puisqu'elle est tout, est libre, mais elle n'a pas à choisir entre les possibles ou les futurs ambigus, puisque tous les possibles sont en elle, et qu'elle est tout le réel. Il en résulte que la Substance-Dieu ne peut tendre à aucune fin, car désirer, c'est manquer, c'est être imparfait; or Dieu est parfait, donc il est tout ce qu'il a à être. Tel est le Dieu de Spinoza.

11. Objections au Panthéisme. — 1° Mais si Dieu est ainsi, il faut dire que l'homme n'est pas; c'est simplement une manière d'être, un mode du seul être, Dieu. Le monde n'est pas non plus, pour la même raison; et le panthéisme, pour absorber toute réalité dans l'être absolu, est, au regard de la nature et de l'homme, un nihilisme. Cette objection est essentielle; mais les suivantes la confirmeront.

Toute réalité peut être placée soit dans la substance soit dans les phénomènes. Si nous la mettons dans la première, nous aboutissons au nihilisme; si nous la mettons dans les phénomènes, il ne reste plus pour la substance identifiée à Dieu par hypothèse, qu'une notion vide de réalité.

2° Le mot par lequel nous désignons Dieu est même vide de sens, car Spinoza entend par substance « ce qui est en soi et est conçu par soi, c'est-à-dire, ce dont l'idée peut être formée sans avoir besoin de l'idée d'une autre chose (1) ». Mais ce qui est conçu en dehors de toute relation, c'est-à-dire même en dehors de cette relation avec l'esprit qu'on appelle connaissance, n'est pas conçu du tout. La substance du panthéisme pourrait bien être un assemblage de concepts tous concevables séparément, mais inconcevables dans leur ensemble; donc cet ensemble est contradictoire.

3° De plus, un nombre infini d'attributs supposés actuels est une pure absurdité; tout nombre qui exprime une réalité étant forcément fini, tout nombre même étant fini, une somme finie d'attributs finis ne peut faire un infini.

4° Si cependant le panthéisme a de tous temps eu des partisans, comme la plus forte des doctrines métaphysiques, c'est

---

(1) *Éthique*, 1re partie, définition III (trad. Saisset, p. 1).

qu'il se donne pour capable d'expliquer le monde tout entier sans rien laisser d'obscur ni de douteux. Mais pour procéder à cette explication, il doit ou absorber dans la substance unique des choses l'esprit et alors il devient le pur matérialisme, « la plus creuse des philosophies », car il identifie des contradictoires ; ou inversement il pose d'abord l'esprit pour en faire sortir la matière, et c'est l'idéalisme qui se heurte à l'irréductibilité de l'étendu et de l'inétendu (1) ; ou enfin il fait sortir la matière et l'esprit de la substance, ce qui n'est possible qu'après les y avoir mis implicitement, et alors il n'explique rien, mais a seulement l'apparence d'expliquer quelque chose.

12. Conclusion sur le Panthéisme. Il contredit à la fois la raison spéculative et la raison pratique. — Faut-il donc sacrifier à un pareil système les exigences de la conscience morale ? Nous avons déjà vu, en présence du problème de la liberté, qu'entre deux systèmes également fondés en apparence sur des raisons présentables, nous étions décidés à choisir l'alternative la plus conforme à nos intérêts moraux. Ici nous n'avons pas même à hésiter. Le panthéisme a contre lui les quatre raisons précédentes qui nous paraissent suffisantes pour l'éliminer au nom de la raison raisonnante. La raison raisonnable ou pratique nous en ferait un devoir, au besoin ; car ce système fait de Dieu et de l'homme de purs automates, mus par une nécessité intérieure, et, prétendant expliquer le monde, il laisse en dehors de son explication le monde moral qui est pourtant lui aussi une partie de la réalité, la plus importante, la plus certaine et la seule connue directement.

III. — LES ATTRIBUTS DE DIEU
LE THÉISME MÉTAPHYSIQUE

13. Le rejet des preuves métaphysiques entraîne celui des attributs métaphysiques. — Les preuves métaphysiques de l'existence de Dieu ne nous ayant pas paru recevables, comme elles étaient seules capables de nous faire admettre des attributs métaphysiques en Dieu, on peut prévoir que nous rejetterons également ceux-ci. Les preuves morales,

---

(1) Voir ch. I.

que nous avons maintenues ne peuvent donc nous conduire qu'à des attributs moraux dans la personne divine.

Cependant il nous faut donner des raisons contre la possibilité d'un Dieu défini par la synthèse de caractères tels que l'*unité* la *simplicité*, l'*immensité*, l'*éternité*, l'*immutabilité*. Nos raisons reviennent toutes à dire qu'un tel assemblage d'attributs est : 1° contradictoire ; 2° inconciliable avec la conscience.

14. Ces attributs sont ou contradictoires ou inconciliables avec la conscience psychologique ou morale. — I. Si l'on entend par *l'unité* de Dieu que ce caractère ne peut convenir qu'à un seul idéal moral, c'est une thèse soutenable et nous n'en concevons pas d'autre. Cependant la divinité peut être conçue comme étant la perfection de plusieurs personnes constituant la société parfaite et se gouvernant par une seule loi : celle de la justice irréprochable et de la vertu la plus haute. Il ne resterait plus qu'à s'expliquer sur le moyen d'attribuer à une telle divinité la création : c'est ce que nous ferons plus loin.

II. Si la *simplicité* signifie l'unité absolue sans multiplicité, elle supprime dans la personne divine la conscience, car toute conscience est essentiellement pluralité. Dire, en d'autres termes, que Dieu est l'homogène pur, en qui rien ne se distingue ni ne se sépare, c'est revenir à l'*Un* de Parménide et de Spinoza.

III. Si l'*immensité* signifie l'étendue si grande qu'elle échappe à toute mesure, l'étendue infinie, nous nous retrouvons en présence d'un infini actuel, concept contradictoire; mais si l'immense est ce qui n'a aucun rapport avec la mesure, parce qu'il est de l'ordre de la qualité et non de la quantité, nous avons vu (1) que c'est là le caractère des phénomènes psychiques et il est parfaitement admissible que la personne divine n'en comporte pas d'autres.

IV. Si l'*éternité* signifie la durée infinie, c'est encore la contradiction précédente. Mais si l'éternel est ce qui n'a aucun rapport avec la durée, il va de soi qu'il exclut la conscience, puisque toute conscience se développe dans le temps. Si donc Dieu existait sans durée, il ne nous intéresserait en aucune façon puisqu'il n'aurait aucun rapport avec le monde.

V. Enfin, si l'*immutabilité* signifie le caractère d'un être qui est tout ce qu'il a à être et ne peut changer sa nature, c'est

---

1) Ch. I.

l'exclusion de la liberté chez cet être, puisqu'un être libre est celui qui peut changer ses déterminations. Si d'autre part l'immutabilité signifie l'impossibilité de recevoir dans sa conscience un changement quelconque, Dieu ne peut rien apprendre en outre de ce qu'il sait; il sait donc tout déjà et son immutabilité dans le savoir est l'omniscience ou la prescience. Mais comment alors comprendre que nos actes puissent être libres, s'ils sont prédéterminés dans la pensée de Dieu? Cette difficulté a été la croix des métaphysiciens de tout le moyen âge jusqu'à Leibnitz qui y a épuisé des trésors d'une érudition immense et une dialectique subtile, mais en définitive impuissante. Il faut se résigner à abandonner un des bouts de la chaîne dont parle Bossuet, et si Dieu prévoit tout, comme il ne dépend pas de nous de déjouer ses prévisions, nos actes ne sont donc plus libres, ni moraux et nous ne sommes que des machines sans dignité; si au contraire nous tenons à maintenir la liberté, et avec elle la moralité, il faut renoncer à placer en Dieu un attribut contradictoire avec ces deux notions (1).

LE THÉISME MORAL

15. L'immutabilité est concevable comme possession constante et volontaire de la perfection morale. — Il est un sens cependant où l'immutabilité divine serait acceptable, si 'on comprend que Dieu, pouvant changer, ne change pas cependant, parce que sa volonté le maintient invariablement dans l'état de perfection, car suivant constamment la ligne du bien, il vit selon le mot des Stoïciens, en conformité avec lui-même et toute modification de son attitude apporterait une diminution de sa perfection. Ce qui est parfait au point de vue de l'art comme au point de vue de la morale, c'est ce qui est tellement achevé, fini, irréprochable qu'on ne saurait y rien retrancher ni ajouter. Mais les métaphysiciens entendent d'ordinaire tout autrement la perfection. Pour eux, c'est l'ensemble de tous les attributs infinis dont nous avons plus haut montré le caractère contradictoire et qu'ils réunissent cependant pour en constituer la perfection ou l'infini de l'être. Entre cette perfection métaphysique et la perfection morale il faut choisir, car l'une exclut nécessairement l'autre.

1 V. ch. III. *Le déterminisme théologique.*

16. Les attributs moraux de Dieu. — Nous nous déciderons, comme nous l'avons déjà fait, dans le sens de nos intérêts moraux les plus chers et les plus nettement manifestés, et nous chercherons ce qu'il est possible d'atteindre par la pensée dans la nature divine en lui transférant les seuls attributs à nous intelligibles. Nous admettrons donc que Dieu est une personne libre, mais non d'une liberté absolue et immuable ; qu'il a pu limiter volontairement sa science et ses prévisions pour assurer notre liberté, et qu'il a fait sur ce point tout ce qu'il devait ; donc cette science est susceptible de s'augmenter au fur et à mesure que ses objets se manifestent à elles. C'est-à-dire que Dieu connaît nos actes après que nous les avons accomplis, ou du moins qu'il n'est pas impossible à l'homme de se prononcer avec une véritable indétermination sur les actes futurs, soumis à sa délibération. Enfin, la perfection de Dieu est, selon nous, celle qu'il se donne et qu'il pourrait cependant ne pas se donner : nous devons lui rendre grâce de ce qu'il consent à être Dieu (1).

17. Dieu créateur. — Nous le devons surtout si nous le considérons comme créateur (2). Car le monde actuel peut être le résultat d'un consentement de sa part. Se trouvant avant l'existence réelle du monde, en face d'une pluralité de combinaisons possibles de l'être, il a permis la réalisation de celle d'entre ces combinaisons qui lui paraissait la plus propre à produire, définitivement et moyennant le concours des libertés humaines, un accord entre la moralité de l'homme et la nature. Il faut, en tout cas, un commencement au monde, car on ne peut admettre la régression à l'infini des causes.

18. Conclusion. — En somme, nous repoussons le Dieu métaphysique, comme n'étant qu'un assemblage d'attributs contradictoires entre eux et, de plus, incompatible avec la conscience et la moralité, nous affirmons celui seul qui nous intéresse, c'est-à-dire une personne douée d'intelligence, de volonté, de sensibilité, et nous croyons que cette volonté est bonne, qu'elle est le type réel et constant de la perfection morale se mettant en rapport par la création avec un monde moral comme elle-même, c'est-à-dire impliquant la liberté.

(1) Expression de M. Sécrétan.
(2) Sur la création. V. *Crit. Relig.*, IV, p. 53.

ÉCLAIRCISSEMENTS

I

La philosophie d'Aristote, commentée par la théologie chrétienne, est l'origine du Déisme ou Religion naturelle.

L'époque la plus brillante de la scolastique chrétienne est en même temps celle de l'apogée de l'autorité d'Aristote. Après s'être défié un moment de ses doctrines physiques, où l'on a cru voir professée l'éternité du monde et du temps, on prend, dès 1230 environ, l'ensemble des écrits d'Aristote pour texte des leçons de philosophie. Aristote est l'expression de la lumière surnaturelle. La raison n'embrasse pas la foi, mais elle y conduit. Aristote, représentant de la raison est le précurseur du Christ dans les choses de la nature comme saint Jean-Baptiste est son précurseur dans les choses de la grâce. Et l'aristotélisme, ainsi défini, circonscrit et subordonné, devient l'origine de ce qu'on a appelé dans la suite le déisme (1) et la religion naturelle. A cette époque, on y trouve tout ce qu'exige la théologie. Il ne peut démontrer la vérité des dogmes, mais, à leur égard, il réfute les objections et présente des raisons vraisemblables.

Ainsi, Aristote, au moyen âge, est partout un excitateur des esprits et une autorité ; mais son œuvre la plus considérable est sans contredit la constitution de cette philosophie chrétienne si complète, si précise, si logique, si fortement établie dans ses moindres détails, qu'elle semblait créée pour l'éternité. Elle a fait loi dans les collèges de l'Université en France jusqu'au XVIII° siècle. En 1624, la Sorbonne défendait à peine de vie de rien enseigner contre les anciens. En 1671, les professeurs sont encore invités à respecter le péripatétisme sous peine d'exclusion. Au commencement du XVIII° siècle, l'aristotélisme scolastique cède la place aux idées nouvelles. — Ce n'est pas de la raison qu'est venue la première attaque vraiment meurtrière, c'est de la foi. Luther non seulement remarqua les différences importantes qui séparaient la philosophie aristotélicienne du christianisme, mais surtout il jugea impie de chercher un accord entre la foi donnée par Dieu et la raison corrompue par le péché. OEuvre de l'homme, la philosophie aristotélicienne, avec sa prétention de traiter des choses divines, ne pouvait être qu'erreur et sacrilège ; à se concilier avec elle, la religion ne pouvait que s'altérer et se dénaturer. Aristote était un maître d'hérésies : le salut de la religion était dans l'absolue extinction de ses doctrines.

BOUTROUX. *Grande Encyclopédie*, p. 951.

(1) Nous disons plutôt *théisme*, d'après notre définition précédente, § 1.

II

La causalité est un moyen pour l'esprit de comprendre la nature, mais rien ne prouve que tout dans la nature soit compréhensible.

La loi de la cause suffisante est tout simplement la prétention de vouloir tout comprendre. En présence des phénomènes de la nature, la tendance de notre esprit est de chercher des notions générales et des lois naturelles. Les lois naturelles ne sont que des notions générales qui comprennent les variations naturelles. Mais comme il nous faut considérer les lois naturelles comme valables indépendamment de notre observation et de notre pensée, tandis que les notions générales ne seraient qu'une manière de mettre de l'ordre dans notre pensée, nous exprimons cela en appliquant à ces lois les dénominations de causes et de forces. Lors donc que nous ne pouvons pas ramener des phénomènes naturels à une loi, et que, par conséquent, nous ne pouvons pas poser la loi comme valable objectivement et comme étant la cause des phénomènes, nous cessons de pouvoir concevoir ces phénomènes.

Mais nous avons besoin de chercher à les concevoir, car nous n'avons pas d'autre moyen de les soumettre à notre intelligence ; il faut donc les examiner en admettant que nous parviendrons à les concevoir. De cette façon, la loi de la cause suffisante n'est rien d'autre que le besoin qu'éprouve notre intelligence de soumettre toutes nos perceptions à sa domination : ce n'est pas une loi naturelle. Notre entendement est la faculté de former des idées générales ; il ne trouve rien à faire de nos perceptions sensibles et de nos expériences s'il ne peut pas former des idées, des lois générales, qu'il rend objectives ensuite sous le nom de causes. Lorsque les phénomènes peuvent être ramenés à un rapport causal déterminé, ce rapport est assurément un fait objectivement valable, et correspond à des rapports objectifs particuliers qui existent entre les phénomènes ; dans notre pensée, nous exprimons un pareil rapport comme étant un rapport causal, et nous n'avons aucune autre manière de l'exprimer.

De même que le mode d'action particulier à notre œil est d'éprouver des sensations lumineuses, et que, par suite, nous ne pouvons voir le monde que comme un phénomène lumineux, de même notre intelligence a pour fonction particulière de former des idées générales, c'est-à-dire de chercher des causes, et elle ne peut, par conséquent, comprendre le monde que comme une connexion causale. Outre l'œil, nous avons encore d'autres organes pour nous mettre en rapport avec le monde extérieur ; ainsi le toucher et l'odorat s'appliquent-ils à bien des choses que nous ne pouvons pas voir. A côté de l'intelligence, au contraire, nous n'avons aucune faculté de même ordre pour comprendre le monde extérieur. Donc nous ne pouvons pas nous représenter l'existence de ce que nous ne pouvons pas comprendre.

HELMHOLTZ. *Optique physiologique*, trad. JAVAL, p. 590.

Il ne s'agit pas de décider si réellement tous les faits peuvent se ramener à des causes ; c'est-à-dire, si la nature est toujours intelligible, ou bien si elle présente des variations qui, se dérobant au domaine de la spontanéité nécessaire, appartiennent au domaine de la spontanéité libre. Mais, on peut l'affirmer, la science qui a pour but de concevoir la nature doit admettre la possibilité de cette dernière conception : et elle doit, ensuite de cette hypothèse, poursuivre son œuvre, ne fut-ce que pour acquérir la certitude irrécusable que nos connaissances sont limitées.

Crit. Phil. V, p. 167.

III

La religion naturelle de Jésus.

Jamais on a été moins prêtre que Jésus, jamais plus ennemi des formes qui étouffent la religion sous prétexte de la protéger...

Un culte pur, une religion sans prêtres, et sans pratiques extérieures, reposant toute sur les sentiments du cœur, sur l'imitation de Dieu, sur le rapport immédiat de la conscience avec lui, étaient ses principes. A quoi bon des intermédiaires entre l'homme et son père ? Dieu ne voyant que le cœur, à quoi bon ces purifications, ces pratiques qui n'atteignent que le corps ? — Ce n'est pas ce que l'homme mange qui le souille, mais ce qui sort de son cœur. — Il dédaignait tout ce qui n'était pas la religion du cœur. Les vaines pratiques des dévots, leur rigorisme extérieur, qui se fie pour le salut à des simagrées, l'avaient pour mortel ennemi. Il se souciait peu du jeûne... Les pharisiens propagateur de ces mômeries étaient le point de mire de tous ses coups. — L'amour de Dieu, la charité, le pardon réciproque, voilà toute sa loi. Rien de moins sacerdotal. Le prêtre, par état, pousse toujours au sacrifice public, dont il est le ministre obligé ; il détourne de la prière privée qui est un moyen de se passer de lui. On chercherait vainement dans l'Evangile une pratique religieuse recommandée par Jésus. — Sa doctrine était si peu dogmatique qu'il ne songea jamais à l'écrire, ni à la faire écrire ; ce n'est pas un fondateur de dogmes, un faiseur de symboles.

Les moins chrétiens des hommes furent d'une part les docteurs de l'Eglise grecque qui, à partir du IVᵉ siècle, engagèrent le christianisme dans une voie de puériles discussions métaphysiques, et d'une autre part, les scolastiques du moyen âge latin, qui voulurent tirer de l'Evangile les milliers d'articles d'une « Somme » colossale. Adhérer à Jésus en vue du royaume de Dieu, voilà ce qui s'appela d'abord être chrétien.

Jésus a fondé la religion dans l'humanité, comme Socrate a fondé la philosophie, comme Aristote a fondé la science. Il y a eu de la philosophie avant Socrate, et de la science avant Aristote. Depuis Socrate et depuis Aristote, la philosophie et la science ont fait d'immenses progrès ; mais tout a été bâti sur le fondement qu'ils ont posé. De même avant Jésus la pensée religieuse avait traversé bien des révolutions ; depuis

Jésus, elle a fait de grandes conquêtes. On n'est pas sorti cependant, on ne sortira pas de la notion essentielle que Jésus a créée. Il a fixé pour toujours l'idée du culte pur. La religion de Jésus, en ce sens, n'est pas limitée. L'Église a eu ses époques et ses phases ; elle s'est renfermée dans des symboles qui n'ont eu ou qui n'auront qu'un temps ; Jésus a fondé la religion absolue, n'excluant rien, ne déterminant rien, si ce n'est le sentiment.

On cherchait vainement une proposition théologique dans l'Évangile.

RENAN. *Vie de Jésus*, ch. VI et VII.

IV

La vie divine est celle de la contemplation, d'après Aristote.

Entre les actions vertueuses, celles du politique et du guerrier l'emportent en beauté et en grandeur ; elles sont cependant sans loisir, elles tendent à une autre fin et ne sont pas recherchées pour elles-mêmes. Au contraire l'action de la pensée semble l'emporter en gravité, puisqu'elle est toute spéculative, n'a d'autre fin qu'elle-même et comporte un plaisir spécial qui accroît encore l'énergie de la pensée. De plus, cette action se suffit à elle-même, elle admet des loisirs, et exclut la fatigue autant que cela est possible à l'homme ; enfin, toutes les qualités qu'on attribue à l'homme souverainement heureux semblent être celles d'un tel acte. C'est donc cet acte même qui serait le bonheur parfait pour l'homme quand il remplit une durée normale d'existence; car rien d'incomplet ne peut faire partie du bonheur.

Mais une telle vie serait au-dessus de la condition humaine. Car ce n'est pas en tant qu'homme qu'on vivrait ainsi, mais en tant qu'on aurait en soi quelque chose de divin. Or, autant ce principe divin diffère de ce qui est composé d'un corps et d'une âme, autant son énergie diffère de celle de toute autre vertu. Si la raison est divine, relativement à l'homme, ainsi la vie selon la raison sera divine, relativement à la vie humaine. Il ne faut donc pas, comme on nous le conseille, n'avoir que des pensées conformes à l'humanité, parce qu'on est homme, ni penser uniquement aux choses mortelles, parce qu'on est mortel, mais nous rendre, en tant qu'il est en notre pouvoir, immortels et faire tout ce qui est possible pour vivre selon ce qu'il y a de plus sublime en nous ; car si ce genre de vie ne peut tenir qu'une petite place dans notre vie terrestre, il l'emporte de beaucoup sur tout le reste par sa puissance et sa dignité. Il semble même que ce principe est ce qui fait l'homme, puisqu'il est ce qu'il y a d'essentiel et de meilleur en nous ; ce serait donc absurde de ne pas choisir la vie qui lui est conforme, mais d'en suivre une autre.

ARISTOTE. *Ethique à Nicomaque*, liv. X, § 7.
Ed. Bekker, 1177, b. 16.

CHAPITRE XXII

PRINCIPES DE LA RELIGION NATURELLE

III

L'IMMORTALITÉ

I. LE PESSIMISME. — L'OPTIMISME

1. Les termes du débat entre l'optimisme et le pessimisme. — Des trois postulats annoncés comme principes essentiels de la religion naturelle, la liberté, Dieu, l'immortalité, nous avons examiné le premier et le second. Mais le troisième n'a jusqu'ici été présenté que comme un vœu de la conscience. Il reste à dire, pour achever l'exposition de ce que nous appelons le théisme moral, comment est possible la conservation des personnes après la vie actuelle; comment la nature des choses peut se prêter à l'immortalité; comment enfin se fonde cet acte de foi par lequel nous affirmons la moralité des lois cosmiques. Affirmer la permanence des personnes, ce n'est rien moins, en effet, que regarder le déterminisme de la nature physique comme se mettant au service des lois morales. Cela est-il possible? Le monde se prête-t-il à l'introduction de la moralité? en subit-il l'influence? voilà des questions sur lesquelles les hommes ont toujours été partagés en deux camps : les optimistes, qui ont des solutions affirmatives, en général, sur ces deux points, et les pessimistes qui répondent que la nature est le règne des forces indifférentes, quand ils ne vont pas jusqu'à placer le mal au cœur même de cette nature.

2. Deux méthodes d'examen. — Pour juger le débat entre l'optimisme et le pessimisme, on peut se placer à deux points de vue, l'un empirique ou spéculatif, mais non moral, l'autre moral, c'est-à-dire : 1° chercher si en fait la somme des biens l'emporte sur celle des maux dans le monde, et c'est une sorte de bilan qu'il s'agit d'établir ; 2° chercher non pas ce qu'il en est sur ce sujet dans le monde, mais ce qui peut être et même ce qui doit être, si la nature tant physique que mentale n'est pas essentiellement réfractaire à une transformation d'après la loi du mieux.

3. L'appel à l'expérience pessimiste. — La statistique des biens et des maux est rendue impossible par l'absence d'une unité de mesure. — La statistique des biens et des maux faite par le pessimisme, depuis Job et même avant lui, jusqu'à nos jours, se termine par une déclaration d'excédent en faveur du mal. Cependant Hartmann, le plus brillant disciple du pessimiste allemand Schopenhauer, est obligé de convenir que son maître a exagéré les conclusions et il soutient qu'il y a des plaisirs positifs, comme ceux de la science, de l'art, qui ne sont pas de simples cessations de la douleur. De plus, ainsi que nous l'avons objecté à Bentham et à Mill, avec un de leurs compatriotes, M. Sidgwick (1), la statistique entreprise sur ce point est impossible puisqu'il n'y a pas d'unité de mesure pour apprécier les plaisirs et les douleurs. Le pessimisme empirique ou même *a priori* n'est donc qu'une affaire de caractère ; ce n'est pas une doctrine, c'est une simple croyance personnelle et *amorale*, car elle n'est pas forcément immorale.

4. L'appel à l'expérience optimiste. — Leibnitz ne justifie pas, mais constate seulement le mal physique, moral et métaphysique. — Il en est de même de la doctrine opposée, l'optimisme, représentée surtout par Leibnitz et exposée systématiquement dans les *Essais de Théodicée* (2), où il essaya de justifier Dieu sur les trois points suivants : le mal métaphysique, le mal physique, le mal moral.

Le premier est l'imperfection inhérente à la créature, le défaut de réalité, la limitation d'être. Leibnitz l'explique en disant que Dieu ne pouvait pas créer le monde parfait, car il y aurait eu alors deux perfections, dont aucune n'eût été absolue, puisqu'elles se seraient limitées réciproquement, au moins comme relatives l'une à l'autre. Ceci accordé, l'optimisme serait suffisamment justifié, et il ne serait pas besoin de chercher à expliquer le mal physique ni même le mal moral. Cependant, pour être

---

(1) V. Guyau. *Morale anglaise*, F. Alcan, 1887, p. 153 à 151.
(2) De *Theos*, Dieu, et *diké*, procès. Leibnitz plaide la cause de Dieu, 1710.

complet, Leibnitz insiste et s'ingénie à montrer, lui aussi, par la statistique des maux et des biens que ces derniers l'emportent en somme dans la vie, et qu'elle vaut par conséquent la peine d'être vécue. Bayle lui objecte que la douleur n'est pas nécessaire même comme moyen d'avertir l'homme qu'il sort des voies de la nature et que Dieu eût bien pu remplacer ce moyen d'instruction par le plaisir, en variant les degrés de son intensité. Leibnitz ne voit rien à répondre, sauf que la douleur est peut-être un moyen plus fort que le plaisir diminué, pour arrêter l'homme sur une mauvaise voie. — Quant au mal moral, le péché, l'erreur, il l'attribue à la liberté. Mais Leibnitz ne croit pas à cette liberté, qui violerait dans le monde le principe de la *raison suffisante*, celle de ses inventions métaphysiques à laquelle il tient le plus.(1).

En un mot, tout l'optimisme de Leibnitz revient à dire que Dieu n'est pas absolument tout-puissant; que le mal préexistait, dans la nature des choses, à sa volonté (2), et qu'il n'a pu qu'accepter dans la création le moindre mal possible. Leibniz constate donc le mal, il ne l'explique ni le justifie (3).

Le pessimisme moral. Refus de croire à la récompense de la vertu. — Les deux systèmes de l'optimisme et du pessimisme étant insoutenables tant qu'on en reste à l'exposé plus ou moins complet des faits, il faut s'élever plus haut et chercher comment le bien moral serait possible dans le monde.

Certains moralistes disent que la question ne devrait pas même être posée, car le devoir suffit à diriger notre conduite et nous n'avons pas à nous inquiéter des suites de nos actes quand nous sommes en règle avec notre conscience (4) :

Faites votre devoir et laissez faire aux dieux (5).

Cependant, le mal, en fait, remplit le monde. Mais c'est là, selon ces stoïciens austères, une nécessité devant laquelle il faut s'incliner. Les manichéens, qui admettaient, comme Empédocle, un principe du bien et un principe du mal dans la nature, avaient donc raison; la lutte entre ces deux forces est la loi même des

---

(1) V. ch. III, éclaircissement II.
(2) Et en cela il s'oppose à Descartes qui met cette volonté de Dieu au-dessus de sa nature même. V. ch. III, éclaircissement IV.
(3) C'est cet optimisme qui inspire encore le passage du poème *La Justice*, éclaircissement III.
(4) V. ch. VIII.
(5) Corneille.

choses et le drame n'aura pas de fin, « le tragique est la loi du monde », dit Banhsen. Il en résulterait que la méthode des moralistes qui suivent Kant est illégitime quand ils se décident dans les questions spéculatives, d'après ce qu'ils appellent leurs préférences morales ; en réalité, ils ne font qu'affirmer ce qui est conforme à leurs désirs et à leurs croyances ; ils prennent leurs souhaits pour des réalités.

6. L'optimisme moral. Justification de la méthode des postulats. — Sur ce dernier point, la méthode dont nous avons déjà donné une application dans notre étude de la liberté étant mise en cause, nous essayerons d'abord de la justifier. Quel est le philosophe qui fait autrement que nous, et prétend affranchir ses affirmations de l'indice personnel qu'y placent ses propres croyances ? Il s'agit donc d'opposer croyance à croyance. Mais si les nôtres n'ont point la faveur de telle ou telle école, on nous permettra bien de les proposer à l'adhésion d'autrui, et de chercher à faire voir qu'en faisant appel aux besoins manifestes et impérieux de la nature morale, nous ne proposons pas un conformisme passionnel contre lequel nous avons protesté (1), mais simplement une déférence aux vœux de la raison pratique qui doivent d'être écoutés, non réprimés. En d'autres termes, dans la question de l'immortalité en particulier, les tendances de la nature humaine sont, à notre sens, des données *aprioriques* desquelles nous déduisons un prolongement quelconque de la personnalité au delà de la mort afin que ces tendances ne soient point comme des moyens dénués de fin et comme des lois naturelles inscrites en faux contre l'ordre général de finalité et d'harmonie qui se voit dans la nature. Le pessimisme, même moral, des stoïciens comme Épictète ou Vallier (2) n'est qu'une croyance et elle ne démontre pas le caractère illusoire de la nôtre, tandis que nous prétendons démontrer la violence injustifiable que fait la leur à la nature humaine.

7. Renoncer à l'espoir de la vie future enlève au devoir un mobile puissant. Admettre cet espoir est engager les bonnes volontés. — Assurément, en effet, la bonne volonté est le plus grand des biens de ce monde et « elle brillerait encore de tout son éclat » si les lois cosmiques s'opposaient à ce qu'elle

---

(1) V. ch. vii° sur l'utilité et le plaisir.
(2) *L'Intention morale*, F. Alcan, 1882.

portât ses fruits. Mais il faut convenir que l'homme serait près d'un découragement légitime s'il voyait ses efforts n'aboutir à rien. La moralité, intacte en droit, serait dans la pratique fort compromise si, travaillant à réformer mon caractère, je ne puis arriver à aucun résultat parce que les lois de la nature me trahissent, et si à chaque instant mon effort est à recommencer. De plus, si les lois de l'hérédité et de la solidarité des hommes dans le temps étaient telles que les vices physiques et moraux fussent seuls aptes à s'enregistrer et à s'organiser, à l'exclusion des bons effets de la volonté et de la culture, les meilleurs d'entre nous finiraient par douter du bien en le voyant ainsi tourné en dérision par la nature. Le pessimisme est donc une croyance funeste à la moralité.

Nous lui opposons (car il n'y a pas de milieu entre les deux thèses) la croyance à l'accord possible dans l'avenir entre les lois du monde et celles de la volonté ; nous disons qu'il faut croire à l'efficacité des efforts pour le bien et à la souplesse plastique de la nature physique en tant que capable de faire porter des fruits aux bonnes actions de l'agent libre. Il ne faut pas dire avec l'optimisme vulgaire : « Tout est pour le mieux », mais affirmer que par l'intervention de nos libres initiatives, nous pouvons rendre le monde meilleur (1).

II. — LA LIBERTÉ CAUSE DU MAL ET CONDITION DE L'IMMORTALITÉ

8. L'instinct de l'immoralité. — Mais la conscience réclame davantage. Nous sortons imparfaits de cette vie ; ceux qui ont travaillé à s'améliorer verront-ils leurs efforts perdus et ne pourront-ils les continuer comme ils le voudraient ? Ceux qui ont failli ne pourront-ils se relever ? La personne qui affirme si énergiquement son droit au progrès se verra-t-elle dénier ce droit par la nature ? L'anéantissement qu'elle repousse de toute son énergie lui sera-t-il imposé ? Son désir le plus ardent et le plus intime, celui de persévérer dans l'être, sera-t-il trompé, alors qu'il est soutenu par les meilleures de nos tendances, les grandes aspirations du cœur, les nobles passions, l'indomptable élan de la pensée à l'heure de sa suprême éclosion, lorsqu'elle se projette en embrassant le temps (2), la liberté s'élevant à l'espérance

(1) V. Conclusion du ch. IV sur la liberté.
(2) Eclaircissement I.

d'une victoire future, « l'amour enfin, l'amour plus fort que la mort, c'est-à-dire la nature arrivée à la conscience de la passion par laquelle elle est », et se faisant dans l'instant même où elle se renouvelle et se régénère la promesse et la conviction de sa propre immortalité?

9. La mort n'est qu'une apparence grossière. — La conscience morale réclame donc comme un impérieux instinct une harmonie entre les fins de l'univers et la tendance qui est le fond de notre être. Mais deux faits terribles de discordance s'opposent, en apparence, à ce vœu de la conscience. Ce sont, du côté de la nature, la mort, et du côté de la volonté le mal.

Mais la mort est-elle réelle? Si on l'entend comme l'anéantissement des individus, comme la suppression complète et définitive des personnes, elle n'est pas démontrée et ne peut l'être. Leibnitz, comme nous le verrons plus loin, n'y voit, qu'une transformation. Plutôt que de croire au bien sans espérance, au mal impuni, à l'abîme sans fond de l'être inconscient qui détruit tout ce qu'il engendre, le grand poète qui a, dans ses dernières œuvres, si magnifiquement abordé les questions morales comme celles que nous agitons, V. Hugo, proteste au nom de la conscience et préfère au néant tout le cortège des superstitions antiques sur l'enfer et Satan qui constituent au moins une survivance. « Soit, dit-il aux négateurs de l'immortalité, soit, plus d'enfer!

> Mais rien après la vie,
> Rien avant; la lueur, des ténèbres suivie;
> Tout, ramené, pour l'homme à l'instinct animal;
> Le bien n'ayant pas plus raison contre le mal
> Que le tropique n'a raison contre le pôle;
> Tout réduit à l'atome inerte, inconscient,
> Sourd, tantôt tourmenteur et tantôt patient!
> Que la création, ivre d'obscurité
> Soit idiote et n'ait à son extrémité
> Rien qu'on puisse nommer amour, raison, justice!
> Qu'après avoir vomi, lugubre elle engloutisse,
> Et n'ait pour résultat, en souffrant, en créant,
> Que de donner un peu de vermine au néant!
> Quoi! Lorsqu'on s'est aimé, pleurs et cris superflus,
> Ne jamais se revoir, jamais, jamais! Ne plus
> Se donner rendez-vous, au delà de la vie!
> Quoi! La petite tête éblouie et ravie,
> L'enfant qui souriait et qui s'en est allé,
> Mères, c'est de la nuit, cela s'est envolé!

Quoi ! le seul lieu qu'on ait besoin d'aimer sur terre
Et de sentir vivant, le tombeau, serait mort !
En présence des cieux, quoi, l'espérance a tort !
Le deuil qui tord mon cœur en exprime un mensonge !
Pas d'avenir ! un vide où l'œil égaré plonge !
Fosse en la profondeur, linceul sur la hauteur !
Pour mouvement la vie et la mort pour moteur !
Pour s'éteindre à jamais un instant on s'allume ;
Tout est l'horrible roue et Rien le cabestan !...
Rien ? — Oh ! reprends ce Rien, gouffre, et rends-nous Satan ! !

10. La liberté explique non seulement l'origine et la fin du mal, mais l'origine et la destinée de l'être. — Quant au mal sous toutes ses faces, qui semble une négation définitive de l'ordre et de l'harmonie dans la nature, il a sa solution dans la donnée de la liberté. Le mal moral, même, ne peut pas se séparer du mal physique, car s'il y a une explication du désordre qui contraste avec l'ordre, il faut que cette explication soit unique. Or, le mal est possible, comme le bien, dans les actes de l'homme, si celui-ci est libre. Le plus grand bien que nous puissions concevoir est un ordre établi par la volonté libre qui, capable de déchoir, est aussi capable de se relever. Dans l'hypothèse théologique d'un Être dont la puissance unique et la connaissance infinie enveloppent tous les phénomènes, la liberté est exclue non seulement à l'origine des êtres, mais dans leur existence actuelle, où le bien et le mal ne sont plus concevables. Si, au contraire, nous nous bornons à poser la liberté et avec elle la moralité de l'ordre universel, nous obtenons une solution satisfaisante des difficultés inhérentes à la donnée du mal, et nous sommes fondés à attendre une réparation du désordre actuel. Et le mal physique lui-même, la maladie, la dégénérescence, la faiblesse de l'organisme en face de la nature trouve aussi son explication impliquée dans celle du mal moral. Si nous posons, en effet, des êtres libres à quelque époque originaire que l'on voudra, nous devons les concevoir comme doués de conscience morale et placés, par le fait de leurs passions, entre des résolutions opposées qui, en se réalisant, entraînent de longues et irréparables suites de conséquences. Il suffit, après cela, d'admettre la corrélation que nous avons fréquemment invoquée entre toutes les fonctions de l'être et particulièrement entre l'être physique et l'être moral, pour concevoir que des résolutions passées à l'acte d'une manière

---

(1) *Religions et Religion*, p. 101, Ed. Levy.

habituelle engendrent une solidarité de l'ordre organique dont la répétition et la longue accumulation ont pu « créer, constituer ces manières d'être, ces habitudes immensément variées qui sont les êtres mêmes et les lois mêmes de la nature ». Ainsi une seule explication embrasse tous les genres du mal et la thèse de la liberté a les conséquences les plus hautes et les plus profondes quant à la création du monde, à l'origine du mal et à sa disparition possible de l'ordre des choses (1).

11. L'immortalité est l'œuvre des libertés collectives. — Cette œuvre de la restauration n'est pas possible dans les conditions actuelles de l'existence, car un seul n'y peut atteindre le bien général, ni même son bien propre. Donc l'harmonie, l'accord du bonheur et de la vertu doit être attendu du temps, c'est-à-dire du progrès des agents libres dans la pratique de cette liberté. Mais la vie présente n'y peut suffire, car alors l'idéal ne serait pour chacun de nous que l'état où il meurt, ou bien ce serait l'état d'une humanité impersonnelle où la jouissance du bonheur auquel je travaille serait réservée à d'autres (2). Aussi l'immortalité de la personne est la seule solution possible du problème de la destinée, et la liberté donne la raison pour laquelle cette solution effective et non plus seulement d'espérance et de croyance, est remise au développement ultérieur de la vie personnelle. « L'immortalité est le droit au progrès, la liberté en est l'usage (3). »

III. — LES MOYENS DE L'IMMORTALITÉ

12. Conditions logiques et morales des hypothèses. — Quant aux moyens physiques d'assurer cette immortalité, ils sont abandonnés aux conjectures ; on ne peut alléguer ici d'hypothèses positives, mais seulement critiquer ce qu'il peut y avoir de contradictoire dans les systèmes proposés par la métaphysique au nom d'une prétendue évidence rationnelle ou de contraire aux analogies de notre nature mentale actuelle.

13. La spiritualité de l'âme et la séparation du corps. — Le plus ancien système, et peut-être le moins solide qui se soit

---

(1) V. ch. XXI, § 17.
(2) V. Éclaircissement II.
(3) Renouvier, *Psych.* III, p. 180.

présenté pour rendre compte de la survivance de l'être, est celui qui considère le corps comme corruptible et périssable, tandis que l'âme, substance une, simple et incorruptible, échappe, en vertu de sa simplicité, à la décomposition élémentaire, et subsiste, après la mort physique, non comme immortelle, mais comme éternelle en tant que force indestructible. Cette éternité de la substance est le dogme fondamental du matérialisme aussi bien que l'idéaliste chimère de Descartes et de Platon ; elle ne résout nullement la difficulté, car une telle substance peut être fort bien conçue comme exténuée par alanguissement ou dissociation des fonctions, possibilité dont nous voyons la preuve dans la dégénérescence de la vie mentale chez certains êtres dégradés ou affaiblis. Cette hypothèse de la spiritualité pure de l'âme est encore la moins conforme aux analogies que montre l'expérience, parce qu'une séparation complète de l'âme et du corps, excluant jusqu'à la solidarité harmonique et constante de leur développement, choque violemment l'idée que la psychologie nous fournit sur la nature humaine. Elle est donc inadmissible à cause de l'impossibilité de concevoir la personne autrement que constituée par toutes les fonctions que nous avons trouvées dans son essence (1), et dont chacune sert de soutien à celles qui lui sont supérieures, depuis l'organisme jusqu'à la sensibilité, l'entendement, la passion, la volonté libre.

14. Rappel de la loi de solidarité des fonctions humaines. — En vertu de la loi d'anthropomorphisme que nous avons déjà signalée, nous ne pouvons concevoir aucun être inférieur, supérieur ou ultérieur à l'homme, autrement que constitué par le parallélisme de la pensée et de son organe donnés en relation constante. Ce n'est pas là une hypothèse sans fondement ; car elle repose sur des analogies très fortes avec l'expérience actuelle, et elle a été considérée comme la vérité non seulement par les ancêtres de notre race qui lui ont donné une forme naïve, n'exigeant d'eux aucune spéculation, comme l'imagination des âmes corporelles d'Homère, des Védas, des Celtes, mais encore par des philosophes tels que Leibnitz, et des savants tels que Claude Bernard. Le premier, en effet élève jusqu'à la hauteur d'un principe cette harmonie constante des deux ordres de phénomènes (2).

(1) V. ch. vi et *Cours de morale pratique*. Premières données de la conscience.

(2) *Monadologie*, § 72 et 73. Ed. Boutroux ; comparer Ed. Nolen, F. Alcan.

« Il n'y a pas, dit-il, des âmes tout à fait séparées… Il n'y a ni génération entière ni mort parfaite prise à la rigueur, consistant dans la séparation de l'âme. Ce que nous appelons générations sont des développements, comme ce que nous appelons morts sont des enveloppements et des diminutions. » Quant à Cl. Bernard il déclare cette hypothèse parfaitement recevable, non comme doctrine philosophique, mais comme anticipation de l'ordre des sciences, sur les découvertes à venir dans les recherches proprement physiologiques sur la composition première des germes et des embryons.

15. Survivance de la chair. — N'est-il pas en effet très naturel et très simple de croire que l'âme, en notre état de corps vivant, étant attachée à un sujet matériel, ce qui restera d'elle après la mort sera encore joint à un sujet de la même espèce, mais insensible actuellement, et qu'elle paraîtra toujours unie soit à celui-là, soit à un autre quand elle viendra à se manifester sous de nouvelles formes ? C'est là une application raisonnable de cet autre principe de Leibnitz, la *continuité* dans la superposition des fonctions, et c'est également une induction de l'expérience aussi simple que possible et exempte de toute théorie métaphysique sur l'essence de l'esprit ou de la matière. En opposition avec cette hypothèse de la survivance d'un organisme corrélatif de l'âme dans la vie future, l'hypothèse contraire d'un esprit pur, d'une pensée fonctionnant sans aucun organisme, même raffiné et délicat autant qu'on le voudra, par conséquent d'un entendement sans sensibilité ou d'une sensibilité sans organe des sens, cette hypothèse est aussi pleinement inintelligible, pour nous, qu'une nature ou un organisme sans rien d'analogue à la conscience. En un mot, nous croyons fermement à quelque chose comme la survivance de « la chair » accompagnement indispensable de celle « de l'esprit ».

16. Conclusion : accord fondamental du monde et de la raison. — Au reste, le champ des hypothèses est illimité et nous ne sommes tenus d'en accepter aucune. Nous ne concluons pas à l'immortalité en vertu d'un syllogisme, mais nous fondant sur la conception la plus élevée de notre raison, l'idée de justice, nous établissons en face de la nature le droit de la personne à subsister, à diriger et à poursuivre sa destinée. C'est la conséquence la plus haute de l'optimisme moral, dernier résultat de la méthode critique (1). Elle aboutit à l'affirmation d'un ordre supérieur de finalité qui enveloppe le monde; elle est la formule suprême d'un dogmatisme moral ; elle est, selon l'expression même de son fondateur, « la religion dans les limites de la raison ».

ÉCLAIRCISSEMENTS

I

L'instinct de l'immortalité.

Qu'importe qu'un affaiblissement sensible de l'amour, de la volonté, de la pensée, attende souvent l'homme à la fin de sa carrière ; que dans sa jeunesse même il puisse être atteint d'une sorte de désenchantement vital et d'un besoin de tout oublier et de ne rien sentir ; qu'il s'éprenne d'un goût raisonné pour le néant ; plus que cela, qu'il se trouve capable de l'envisager en face, chose difficile et rare plus qu'on ne croit, et qu'en le contemplant il l'appelle ? Ni la passion lasse, ni la passion désespérée, ni les intermittences de la vie morale, ni la décadence ne sont des objections contre l'instinct de l'immortalité. La lassitude conclut au sommeil, non pas au néant ; elle conclut à la mort quand les organes ruinés, le cœur trompé ou flétri, l'intelligence épuisée, la volonté vaincue par l'habitude, et l'habitude elle-même odieuse frappent d'impuissance les instruments de la vie présente ; mais le néant qui s'offre alors sous les voiles de la mort n'est que la négation des choses connues et méprisées, non de tout désir et de toute conscience. L'envahissement journalier du sommeil n'implique-t-il pas un détachement analogue avec l'espérance du réveil, et du retour des fonctions à leur franc exercice, et d'un heureux succès des événements, et d'une direction meilleure de la volonté? Si donc l'espérance est au chevet, le dernier jour, telle à peu près qu'elle fut à l'expiration de chaque veille, l'instinct de l'immortalité s'y tient avec elle et la soutient. Si elle n'y est point, mais que le regret amer en occupe la place, ce même instinct se fait sentir, tout combattu qu'il puisse être par une réflexion dont les motifs ne sont pas infaillibles sans doute. S'il n'y a ni espérance ni regret, mais paix, repos, inertie croissante, l'absence des passions est un sommeil anticipé qui ne prouve rien contre le réveil. Enfin, voulons-nous supposer la joie désespérée d'en finir, si peu commune chez les mourants et chez les suicidés eux-mêmes (les sentiments contradictoires de ces derniers sont instructifs) alors, de même que la haine vient en témoignage de l'amour dont elle est la perversion, l'instinct renversé démontre l'instinct.

RENOUVIER. *Psychologie*, III° vol., p. 169.

---

(1) V. Éclaircissement V.

II

L'immortalité de la race substituée à celle de l'individu.

La mort est la cessation définitive de la vie individuelle. N'est-ce pas cette certitude même qui fait le prix de la vie, qui surexcite et pousse à leur développement extrême les facultés d'un organisme périssable ? Pourquoi l'homme se hâte-t-il d'aimer, de créer, de savoir et d'agir, sinon parce qu'il doit mourir et qu'il le sait ? Les promesses d'outre-tombe sont des consolations vaines ; en est-il de plus efficaces ? Nulle autre que la conscience d'avoir pleinement vécu, d'avoir exercé tous les droits, rempli tous les devoirs, d'avoir résumé en soi toutes les leçons du passé, toutes les aspirations de l'avenir.

Mais l'homme n'est pas seulement un individu. Rattaché aux morts par une hérédité physique et morale, aux vivants de toute sorte, il l'est encore à ceux qui naîtront de lui et de ses semblables ; il travaille à une œuvre commune que sa mort n'interrompt pas. Le sentiment de cette perpétuité est la source des hautes pensées et des grandes actions. A défaut de la gloire qui fait vivre les noms et les œuvres, il ennoblit la volupté du travail par l'idée d'une solidarité indéfinie dans l'espace et dans le temps. Il y a une sorte d'immortalité, celle de l'espèce, concept autrement élevé que l'immortalité individuelle. Gardons-nous seulement de retomber dans le réalisme du moyen âge, n'allons point personnifier des êtres collectifs, univers, espèces, humanité. Et qu'y gagnerions-nous ? Le genre humain, composé de tous les individus, ne finira-t-il pas à son tour ? Et cette immortalité limitée enlève-t-elle rien à la réalité de la mort ? Disons que la mort est un fait inévitable, qui ne demande ni résignation, ni rébellion et qui nous conseille de vivre. C'est ce qu'on a toujours fait dans le monde depuis qu'il existe des êtres animés et qu'on fera jusqu'à l'heure inévitable où d'autres formes, des êtres nouveaux, dans des conditions inconnues, reprendront à leur tour la lutte pour la vie, pour le bonheur, pour la justice.

ANDRÉ LEFEVRE. *République française*, 26 nov. 1880.

III

Notre protestation contre le mal provient d'une conception insuffisante de l'ensemble du monde.

L'injustice du sort est un grief d'enfant
Qui, malade, abhorrant la cuillerée amère,
La déclare nuisible et s'en prend à sa mère.
La douleur et la mort, sans doute il les fallait
Pour que l'homme devînt le demi-Dieu qu'il est ;

XXII. — L'IMMORTALITÉ

Le mal nous déconcerte, et pourtant qui peut dire
Si l'univers, où tout se repose et s'attire,
Pourrait survivre avec un atome de moins
Ou de plus, confié, pour nous plaire, à nos soins ?
Dans nos comptoirs, pendant que le vendeur calcule
Et compare les poids soumis à la bascule,
L'acheteur défiant ne se dit pas lésé
Tant que monte et descend l'objet pour lui pesé ;
Il laisse le marchand fixer en conscience
Et l'observe, attentif, mais sans impatience,
Trouvant dans sa lenteur, loin d'en être irrité,
Un gage de prudence et de sincérité.
Mais l'homme, à la nature où s'opère en silence
Un échange éternel dans une autre balance,
Réclame sans paiement un astre de son choix.
Il croit, demandant compte aux soleils de leurs poids
Que l'axe autour duquel ils tournent tous ressemble
Au trébuchet posé sur son genou qui tremble.
Dans la libration de ce grand balancier
Il exige et veut voir l'œuvre d'un justicier ;
Et, le jugeant lui-même, il le rend responsable
D'une cuisson qu'à l'œil lui fait un grain de sable,
Sans comprendre, aveuglé par son menu chagrin
Que l'axe eût dû fléchir pour détourner ce grain ;
Que l'immense faveur, de lui seul ressentie,
Sur des mondes sans nombre, aussitôt répartie
En désastres sans nombre eût dû sévir contre eux :
L'éternité pour rendre un éphémère heureux !

SULLY PRUDHOMME. *Justice*, p. 221. Lemerre.

IV

Affirmation d'un accord à venir entre les lois cosmiques et la morale.

Terre et cieux ! si le mal régnait, si tout n'était
Qu'un dur labeur, suivi d'un infâme protêt ;
Si le passé devait revenir, si l'eau noire,
Vomie, était rendue à l'homme pour la boire,
Si la nuit pouvait faire un affront à l'azur,
Si rien n'était fidèle, et si rien n'était sûr,
Dieu devrait se cacher de honte, la nature
Ne serait qu'une lâche et lugubre imposture,
Les constellations resplendiraient en vain !...

. . . .

Que l'avenir soit fait de méchanceté noire,
C'est ce que pour ma part, je refuse de croire.

Non, ce ne serait pas la peine que les vents
Remuassent le flot orageux des vivants,
Que le matin sortît des mers, semant les pluies
De diamant aux fleurs vaguement éblouies,
Et que l'oiseau chantât et que le monde fût,
Si le destin n'était qu'un chasseur à l'affût,
Si tout l'effort de l'homme enfantait la chimère,
Si l'ombre était sa fille et la cendre sa mère,
S'il ramait nuit et jour, voulant, saignant, créant,
Pour une épouvantable arrivée au néant !
Non, je ne consens pas à cette banqueroute.

. . . .

Ah la réalité, c'est un paiement sublime !
Je suis le créancier tranquille de l'abîme ;
Mon œil ouvert d'avance attend les grands réveils.
Non, je ne doute pas du gouffre des soleils !
Moi, croire vide l'ombre où je vois l'astre éclore !
Quoi le grand azur noir, quoi, le puits de l'aurore
Serait sans loyauté, promettrait sans tenir !
Non, d'où sort le matin sortira l'avenir.
La nature s'engage envers la destinée ;
L'aube est une parole éternelle donnée.
Les ténèbres là-haut éclipsent les rayons ;
C'est dans la nuit qu'errants et pensifs nous croyons ;
Le ciel est trouble, obscur, mystérieux ; qu'importe !
Rien de juste ne frappe en vain à cette porte.
La plainte est un vain cri, le mal est un mot creux.
J'ai rempli mon devoir, c'est bien, je souffre heureux...
Car toute la justice est en moi, grain de sable.
Quand on fait ce qu'on peut, on rend Dieu responsable ;
Et je vais devant moi, sachant que rien ne ment,
Sûr de l'honnêteté du profond firmament.

V. Hugo. *L'Année terrible.*

TABLE DES MATIÈRES

Programme de morale. (Enseignement spécial 6ᵉ année)   I
Programme de morale. Écoles normales primaires (2ᵉ année)   II
Programme de morale. Enseignement secondaire des jeunes filles (4ᵉ année)   III
PRÉFACE   V

PREMIÈRE PARTIE

PRINCIPES DE LA MORALE

CHAPITRE I. — LES FAITS DE L'ORDRE MORAL   1
    Irréductibilité des faits psychiques et moraux au point de vue des catégories de qualité (p. 3), quantité (p. 5), position (p. 6), succession (p. 7), causalité (p. 9), finalité et personnalité (p. 12).

    Eclaircissements :

    I.   Matérialisme et spiritualisme. (*Critique philosophique.*) .   14
    II.   Transfert analogique de nos attributs psychiques aux autres êtres. (Renouvier)   15
    III.   Parallélisme des faits physiques et moraux. (Vacherot) .   16
    IV.   Théorie idéaliste de la perception. (Huxley)   17
    V.   Application de la quantité à l'ordre moral. (Pillon) . .   18
    VI.   Le monde n'existe que par la conscience. (Tyndall) . .   19
    VII.   Inconscience des phénomènes organiques. (Huxley) .   20
    VIII.   Disposition spontanée des faits de conscience en séries successives. (Taine.)   21
    IX.   L'homme en face de la nature. (Huxley.)   22

CHAPITRE II. — LA LIBERTÉ. — LA THÈSE CONTENUE DANS LA CROYANCE . . .   23

    § I.   La croyance universelle au libre arbitre   23
    § II.   La liberté n'est ni un fait ni un théorème   29

    Eclaircissements :

    I.   L'expérience n'est ni pour ni contre la liberté. (Renouvier.)   31
    II.   La conscience morale postule la liberté. (Kant.)   32
    III.   La liberté est posée dans une croyance, non par une démonstration. (D'Alembert.)   33
    IV.   Trois sens du terme liberté. (Pillon.)   34

TABLE DES MATIÈRES

Chapitre III. — La liberté. — L'antithèse : le déterminisme. 35

§ I. Le déterminisme théologique. La prescience divine . . . 36
§ II. Le déterminisme scientifique. 38
§ III. Le déterminisme métaphysique. 42
§ IV. Le déterminisme psychologique. 45

Eclaircissements :

I. Toute prévision est approximative. (Renouvier.). . . . 52
II. Principe de la raison suffisante. (Leibnitz.) 53
III. Le principe de causalité, loi subjective, ne dérive pas de l'expérience. (Helmholtz.) 53
IV. La volonté divine supérieure à l'intelligence. (Descartes.). 54

Chapitre IV. — La liberté. — La synthèse : l'optimisme psychologique. 56

§ I. Position du dilemme. 56
§ II. Les moyens d'option. 58
§ III. Les conséquences de l'option. A. *Conséquences logiques.* 61
                                            B. *Conséquences morales.* 64
§ IV. Solution du dilemme. 66

Eclaircissements :

I. Tout déterminisme est une forme du panthéisme. (Renouvier.) 68
II. L'indéterminisme d'Epicure. (Guyau.) 69
III. Objection du mécanisme à la contingence. (Dubois-Reymond.) 70
IV. Equations différentielles de mouvements indéterminés (Boussinesq.) 71

Chapitre V. — La Responsabilité 73

§ I. Nature et conditions de la responsabilité 73
§ II. Limites de la responsabilité. 74
§ III. Degrés de la responsabilité 79

Eclaircissements :

I. Valeur absolue de la bonne intention. (Kant.) 83
II. Concessions réciproques des déterministes et indéterministes. (Brochard.). 84
III. Responsabilité et obéissance passive. (Benjamin Constant.) 85

Chapitre VI. — La Personnalité morale. 86

§ I. Les degrés de l'individualité 86
§ II. Les individualités inférieures. 88
§ III. Les individualités supérieures. 93

Eclaircissements :

I. Valeur absolue de la personne. (Kant.) 98
II. Le sentiment de la personnalité. (Renouvier.) 98
III. Le raisonnement comparé chez l'animal et l'homme. (Leibnitz.) 99
IV. Action des initiatives personnelles. (J. T.) 100

TABLE DES MATIÈRES

Chapitre VII. — Les fins de la vie humaine. — Le bonheur. — L'utilité . 101

§ I. Le problème moral 101
§ II. Dialectique ascendante des systèmes :
   1re partie : *Morale du bonheur personnel* 104
   2° — *Morale de l'utilité sociale* 110
§ III. Dialectique régressive des systèmes 115

Eclaircissements :

I. Le souverain bien est la vie contemplative. (Descartes.) . . 119
II. Morale du plaisir maximum. (Platon.) 120
III. Valeur relative des systèmes de morale non déontologiques. (*Petit traité*.) 121
IV. Obscurité du concept du bonheur. (Kant.) 123
V. L'arithmétique des plaisirs. (J. T.) 124

Chapitre VIII. — Le devoir. — I. Morale de Kant 125

§ I. Les systèmes qui réduisent le devoir 125
§ II. Le système du devoir 128
§ III. Intégration des éléments de moralité autres que le devoir 137

Eclaircissements :

I. Clarté immédiate des jugements de la conscience morale. (Rousseau.) 141
II. Caractère absolu de l'impératif moral. (Jules Simon.) . . . 142
III. La dignité fait toute la valeur de la personne. (Kant.) . . . 3

Chapitre IX. — Le devoir. — II. Socrate et Platon. Les morales anciennes du devoir (*A. B.*) 145

§ I Les grandes dates de la morale du devoir 145
§ II. La morale hellénique. Morale de Socrate. (*A.*) 147
§ III. Morale particulière de Platon. (*B.*) 151

Eclaircissements :

I. La responsabilité du vertige mental. (Jules Lequier.) . . . 155
II. Le châtiment volontaire. (Platon.) 155
III. Le mythe du Phèdre. (Platon.) 157
IV. Identité de la science et de la vertu. (Platon.) 158

Chapitre X. — Le devoir. — III. Aristote et les stoïciens (*C. D.*). . . 160

§ I. Aristote (*C.*) 160
§ II. Les Stoïciens (*D*) 163
§ III. Le Stoïcisme et la morale de Kant 168

Eclaircissements :

I. Le bonheur d'après Aristote. (Boutroux.) 172
II. L'incertitude de l'avenir est une condition du désintéressement. (Kant.) 173
III. La vertu et les passions dans le stoïcisme. (Ravaisson.) . . 174
IV. Qui n'a pas la vertu parfaite a tous les vices. (Ravaisson.) . 175
V. Le sage est supérieur à Jupiter. (Ravaisson.) 175
VI. L'idéal moral selon Aristote, Jésus, les Stoïciens. (Henneguy.) 176
VII. La morale stoïcienne jugée par un chrétien. (Pascal.) . . . 177

TABLE DES MATIÈRES

DEUXIÈME PARTIE

PRINCIPES DU DROIT

Chapitre XI. — Morale de l'individu. La dignité humaine 179

§ I. Sphère élémentaire de la morale. Déduction du devoir individuel 179
§ II. La dignité humaine fondement de tout devoir. La morale indépendante 185

Eclaircissements :

I. Toute moralité est fondée sur la dignité. (Massol.) 190
II. L'Etat antique absorbe l'individu. (Fustel de Coulanges.) 191
III. Action des initiatives sur la destinée du monde. (J. T.). . 192

Chapitre XII. — Morale sociale — I. Le devoir et le droit. 194

§ I. Sphère supérieure de la moralité. Fondement de la morale sociale. 194
§ II. L'état de paix et la morale pure. 198
§ III. L'état de guerre et la morale appliquée. 201

Eclaircissements :

I. Moralité de l'hypothèse d'un contrat historique. (*Critique philosophique.*) 205
II. Droit naturel et droit de contrainte. (*Petit traité de morale.*) 207
III. Le point de vue juridique et le point de vue moral quant à la notion du droit. (*Revue philosophique.*). 208

Chapitre XIII. — Morale sociale. — II. Justice et charité. 209

§ I. Devoirs stricts et devoirs larges. 213
§ II. La Justice et la Charité en morale pure. 213
§ III. La Justice et la Charité dans l'état de guerre. 218

Eclaircissements :

I. La Justice pure implique la Charité. (Renouvier.) 223
II. Accord de la justice et de l'amour. (Vallier.) 224

Chapitre XIV. — Morale sociale. — III. L'esclavage. 226

§ I. Examen des hypothèses justificatives. 226
§ II. Le principe des réformes dans la légalité provisoire. . . 231
§ III. L'esclavage au point de vue économique. 235

Eclaircissements :

I. Justification de l'esclavage par Aristote. (Van der Rest.). 236
II. Réserves de Platon sur l'esclavage. (*Les Lois.* Platon.) . . 237
III. L'esclave dans la famille antique. (Fustel de Coulanges.) 239
IV. Le serf au moyen âge. (Duruy.) 239

Chapitre XV — Morale sociale. — IV. Liberté de conscience. 241

§ I. La liberté de conscience et l'intolérance. 241

TABLE DES MATIÈRES

§ II. La liberté, source des croyances et fondement du respect. 246
§ III. Limites de la tolérance. 250

Eclaircissements :

I. L'hérésie est le sel de la science. (Renouvier.) 254
II. La prétention à la vérité absolue, source d'intolérance. (Voltaire.) 255
III. La vérité et la violence. (Pascal.) 256
IV. Condamnation de Galilée. (Laplace.) 256
V. Renoncement de Descartes devant l'inquisition. (Descartes.) 257

CHAPITRE XVI. — MORALE SOCIALE. — V. LA PROPRIÉTÉ. 258

§ I. La propriété et l'assistance dans l'état de paix. 258
§ II. La propriété et l'exclusion dans l'état de guerre. 262
§ III. Le droit de défense est le fondement de la propriété et des revendications des non-possédants. 265

Eclaircissements :

I. Corrélation des progrès de la famille et de la propriété. (Marion.) 269
II. Le droit de conquête et le principe des nationalités. (Lavisse.) 270
III. Tout socialisme implique l'esclavage. (Herbert Spencer.) 270

CHAPITRE XVII. — MORALE SOCIALE. — VI. LA FAMILLE. 272

§ I. Sa constitution historique. Ses origines. 272
§ II. Les progrès dans l'état de la famille. 276

Eclaircissements :

I. Le droit tyrannique dans la famille romaine. (Boistel.) 280
II. L'autorité paternelle dans l'antiquité. (Fustel de Coulanges.) 281

CHAPITRE XVIII. — MORALE SOCIALE. — VIII. LA FAMILLE. 283

§ I. Recherche de l'idéal dans le mariage. 283
§ II. L'autorité et l'égalité dans la famille. 287
§ III. L'esprit de famille. — La famille est l'école des vertus. 290

Eclaircissements :

I. Avantages et dangers de l'esprit de famille. (Bautain.) 293
II. Les sentiments de famille d'après Aristote. (Lallier.) 294
III. L'autorité paternelle d'après Aristote. (Van der Rest.) 295
IV. Progrès de l'injustice par les concessions de l'autorité. (Renouvier.) 295

CHAPITRE XIX. — MORALE SOCIALE. — IX. L'ÉTAT. 297

§ I. Le principe et les droits constitutifs de l'État. 297
§ II. Examen des divers systèmes d'établissement de l'autorité publique. 304
§ III. Limites des fonctions de l'État et des sentiments dont il est l'objet. 308

Eclaircissements :

I. Une nation se fait par des traditions et un contrat continué. (Renan.) 311

II.	Les méthodes *a priori* dans la législation. (Descartes.)	312
III.	Conservation des abus anciens et réformes imprudentes (Descartes.)	313
IV.	Principe des réformes. La justice des revendications n'exclut pas la clémence des moyens. (V. Hugo.)	314
V.	La patrie est moins dans le sol que dans l'âme nationale. (Jules Simon.)	315

TROISIÈME PARTIE

PRINCIPES DE LA RELIGION NATURELLE

CHAPITRE XX. — LES SANCTIONS. 317

§ I. Insuffisance des sanctions positives en dehors de la morale pure 317
§ II. Correction des formules kantiennes des postulats. 321

Eclaircissements :

I. La punition réclamée par le coupable. (V. Hugo.) 325
II. Dieu est la justice présente à la conscience. (V. Hugo.) . 326
III. Rapport de la morale et des religions. (Renouvier.) . . . 327

CHAPITRE XXI. — DIEU. 329

§ I. Les preuves de l'existence de Dieu. 329
§ II. Les attributs de Dieu. — *Le Panthéisme.* 333
§ III. Les attributs de Dieu. — *Le Théisme métaphysique.* . . 337
Le Théisme moral. 339

Eclaircissements :

I. La philosophie d'Aristote est la source du déisme. (Boutroux.) 341
II. Le principe de causalité n'explique pas toute la nature. (Helmholtz.) 342
III. La religion naturelle de Jésus. (Renan.) 343
IV. La vie divine est la contemplation. (Aristote.) 344

CHAPITRE XXII. — L'IMMORTALITÉ. 345

§ I. Le pessimisme. — L'optimisme. 345
§ II. La liberté, cause du mal et condition d'immortalité. . . 349
§ III. Les moyens de l'immortalité. 352

Eclaircissements :

I. L'instinct de l'immortalité. (Renouvier.) 355
II. L'immortalité de la race et de l'individu. (A. Lefèvre.) . 356
III. Le mal et l'optimisme. (Sully-Prudhomme.) 365
IV. Accord des lois cosmiques et morales. (V. Hugo.). . . . 367

www.ingramcontent.com/pod-product-compliance
Lightning Source LLC
Chambersburg PA
CBHW070454170426
43201CB00010B/1336